日韓交流と高麗版大蔵経

馬場久幸

法藏館

日韓交流と高麗版大蔵経◎目次

日韓交流と高麗版大蔵経

序章　研究の目的と研究成果の整理

第一節　研究の目的と意義

中国では宋の時代、太祖の勅令により開宝五年（九七二）に大蔵経の雕造が始められ、太宗の太平興国八年（九八三）に完成している。これを勅版大蔵経という（宋の蜀という地方で開版されたため蜀版大蔵経ともいうが、一般的には開宝蔵と呼ぶ。以下、開宝蔵と呼称）。これは漢字文化圏において最初となる刊本大蔵経の刊行であった。(1)

この影響を受けて、高麗でも顕宗の時代に大蔵経の雕造が開始された。この雕造作業は顕宗二年（一〇一一）に開始され同二十年（一〇二九）に一応終了しているが、その後も引き続き大蔵経の雕造が続けられた。顕宗の時代には一〇七六部五〇四八巻が完成し、徳宗・靖宗を経た文宗の時代には、宋の新訳経典等二〇〇〇余巻の追雕を終えている。この大蔵経は開宝蔵に倣い一行一四字詰、巻子装の形式をとっている。これが高麗の初雕大蔵経である。

初雕大蔵経の完成後、大覚国師義天（一〇五五―一一〇一）は宣宗二年（一〇八五）宋に入り、『花厳大不思議論』など章疏三〇〇〇余巻を蒐集し、古逸の章疏を求めるため遼（契丹）や日本にも書を送った。こうして『新編諸宗教蔵総録』（以下『義天録』と略称）三巻を編集した後、大興王寺に経蔵都監を置いて一〇一〇部四七四〇巻の章疏類の刊行に至った。これが義天の続蔵経（教蔵）である。

しかし、高宗十九年（一二三二）のモンゴル軍の侵入によって初雕大蔵経の版木が所蔵されていた符仁寺が焼かれてしまう。こうした状況において高麗人は仏力をもってモンゴル軍を追い払うことを決意する。これが再び大蔵経を雕造する発端となり、高宗二十三年（一二三六）に大蔵経の再雕が発願された。この作業は大蔵都監を設置して進められ、一六年の歳月をかけてようやく高宗三十八年（一二五一）に完成を迎えた[2]。

この際に大蔵経の雕造と並行して、守其《しゅき》が開宝蔵や契丹版大蔵経（以下、契丹蔵と略称）、初雕大蔵経などを校勘する任務を遂行したため、こうして完成した大蔵経は善本として世に広く知られるようになる。形式も初雕大蔵経と同様に一行一四字詰、一張二三行（例外は除く）で、総巻数は一四九八部六五六九巻である[3]。この版木は、江華島西門外にある大蔵経板堂にあったが、朝鮮時代初期に伽耶山海印寺に移されて現在に至っている。これが高麗の再雕大蔵経である。

本稿で主に扱う大蔵経はこの再雕大蔵経を指すが、高麗時代には二度にわたり大蔵経が造られており、それを区別するため初雕大蔵経を「高麗蔵（初）」とし、再雕大蔵経を「高麗蔵」と略称する。

高麗蔵は歴代の大蔵経の中でも最も優れた大蔵経であるとされてきた。それは前述の通り、開宝蔵や契丹蔵、高麗蔵（初）などを校勘しているからに他ならない。その責任者であった守其は、諸大蔵経にある異同を調べ脱落や文脈断絶、あるいは理解困難な箇所は他の大蔵経を用い修正している。また、重複している箇所がある場合は、各大蔵経を比較して正しく修正しその内容を完璧なものにしている。守其撰の『高麗国新雕大蔵校正別録』（以下、『校正別録』と略称）三〇巻は、校勘時の理由を示したものである。高麗蔵が善本であると言われ、後述するように日本近代の大蔵経刊行において底本とされたのは、このような緻密な校正作業を丁寧に行っていたからである。

日本では江戸時代に、鹿ヶ谷法然院の忍澂（一六四五―一七一一）や越前浄勝寺の順芸（一七六七―一八四七）が、黄檗版大蔵経（以下、黄檗版と略称）と建仁寺所蔵の高麗蔵とを対校し、前者には誤りが多くあることを指摘している。こうした作業も高麗蔵が善本であると評価された所以である。明治時代には増上寺所蔵の高麗蔵を底本とし、大日本校訂縮刻大蔵経（以下、縮刷蔵と略称）が明治十四年（一八八一）から十八年（一八八五）まで出版された。また、現在の仏教学関係の研究において欠かすことのできない大正新脩大蔵経（以下、大正蔵と略称）も、増上寺所蔵の高麗蔵を底本とし、宋・元・明版の大蔵経と対校して出版されている。このように、高麗蔵は世界共通のテキストとして仏教教学のみならず、その他分野の研究にも非常に大きな影響を及ぼしている。

江戸時代以降になり、日本では高麗蔵の優秀性が説かれるようになる。これは高麗蔵が数ある大蔵経の中でも、その内容すなわちテキストが優秀であることを意味する。テキストが優秀であるということは、その国の仏教、仏教教学の水準が高いということを証明している。高麗時代には諦観、義天、知訥など有名な僧侶が輩出された。諦観は中国天台復興のきっかけを作った人物として名高い。義天は周知の通り、大蔵経には入蔵されない章疏類を集めて刊行した（続蔵経〈教蔵〉）人物であり、高麗天台宗の開祖でもある。知訥は曹渓宗の開祖である。これらの人物からして、当時高麗における仏教の水準の高さが窺える。それゆえ、このような優れた大蔵経ができあがる土台が備わっていたと言えよう。

さて、日本において高麗蔵が注目され始めたのは室町時代に入ってからである。この時代は足利氏やその他諸大名が競うように朝鮮に大蔵経を求めた。こうして日本に伝来した数は、四〇蔵とも五〇蔵とも言われている。それ以前も古代から日本には多くの経典が輸入されていたが、これを書写して流布していた。中には一切経の書写もみられたが、『開元釈教録』（以下、『開元録』と略称）に示されているような経典に対する神聖な意味合いはなく、すべての経典という意味に捉えられていたようである。開宝蔵が刊行されて以降、その影響は日本にも及び、刊本の大蔵経が中国から輸入されるようになる。

日本では古代から一切経という名で知られていた大蔵経を書写し、それを供養していたわけであるが、もちろんそこには経典を流布するという功徳にあやかろうという背景があった。では、時代の経過と共にどのように受容され、どのようにして刊本いわゆる印刷へと変化し、高麗蔵に繋がったのか。さらに、室町時代には足利氏や諸大名はどのような目的で大蔵経を輸入し、何に活用したのか。これらに関しては、いまだ検討の余地が残された部分である。また、高麗蔵の雕造背景には、モンゴル軍の退散を祈願するという護国思想が含まれている。高麗蔵の護国性を考える時、日本ではそれをどのように捉えていたのだろうか。高麗蔵の受容について、特に大蔵経の信仰についても詳しく見ていく必要がある。そこで、本稿では室町時代の朝鮮に対する大蔵経の要請と、それによる日本仏教への影響、近世以降の影響についても考察する。

高麗蔵に関する研究は、後述するように一九〇〇年代初頭から始められた。関野貞（一八六八―一九三五）が朝鮮古跡調査において海印寺に版木があることを発見したことにより、日本国内で高麗蔵の研究が始まった。以後、現在まで日韓両国で高麗蔵（高麗蔵〈初〉も含む）に関する多くの研究がなされている。特に韓国では、戦後になってほとんどの研究成果が発表されている。現在、高麗蔵に関する研究において、韓国人研究者は日本の研究成果を踏襲した上で研究を行っているが、日本人研究者はごく少数を除いては韓国側の研究成果をあまり重要視していないように見受けられる。その理由は、一九〇〇年初頭から始まった高麗蔵の研究がほぼ日本人研究者によって行われたものであり、それさえ踏まえていればよしとする考えからかもしれない。しかし、現状を見る限り、果してそれでいいのだろうか。筆者は、現在に至っては日本側の研究にだけ依拠することには限界があると考えている。韓国側の高麗蔵に関する研究成果もたいへん重要であると考え、それらを踏襲した上で研究を進める必要性を感じている。

本稿では、高麗蔵に関する日韓の研究成果を踏まえ、それが日本にどのように受容・活用されたのかについて考察する。こうした研究はこれまで手付かずだったことから、今後の日韓における仏教関係や仏教交流史、さらには刊本大蔵経の刊行史などに大きく寄与するものと期待している。

第二節　日韓における高麗版大蔵経の研究成果とその動向

Ⅰ．はじめに

増上寺の知蔵職として大蔵経を管理していた随天は、同寺に所蔵される三大蔵経の目録である『縁山三大蔵総目録』を編纂するなど、これに関心を寄せていたようである。その随天により、高麗蔵の版木は兵乱によって焼失したものと江戸時代までは考えられていた(4)。しかし、これは、高麗蔵（初）の版木がモンゴル軍によって焼失したことを指しており、その退散を祈願して高麗蔵が造られたという二度目の雕造事業を知らなかったことによる誤りであろうと考えられる。当時の朝鮮では排仏崇儒の政策を執っており、室町時代のような活発な交流がなかったため、大蔵経やその版木に関する情報も得られなかったのが現状であろうと推測できる。また、忍澂も黄檗版と高麗蔵との対校を行っていたことから、それに対する高い関心が窺える。このように、随天や忍澂は大蔵経に少なからず関心を持っていたことは確かであり、高麗蔵をはじめとする大蔵経研究はこの時からすでに始まっていたと言っても過言ではない。

しかしながら、近代的な研究となると、ずいぶん後の一九〇〇年代初頭まで待たなければならない。当時、朝鮮半島の文化財を調査していた関野貞が、海印寺の蔵経閣に高麗蔵の版木が所蔵されていることを発見したことによって、はじめて学界に紹介されることとなった。以降、高麗蔵に関する研究は日本人研究者によって活発に行われるようになる。戦後になると、その研究は高麗蔵の版木を所蔵する韓国が主導権を握る形となった。ここでいう高麗蔵の研究とは、顕宗時代につくられた高麗蔵（初）及び高宗時代につくられた高麗蔵、そして義天の続蔵経（教蔵）とこれらに間接的に関わるものまでを範囲に含める。巻末の附録Ⅰ（高麗版大蔵経関係研究文献目録）は、この範囲の研究論文や著書をまとめて収録したものである。

日本での研究は、関野による発見に始まり現在まで一四四点の論文や本が発表・刊行されている（二〇一四年現在）。一方、韓国での研究は、一九一五年の尚玄（李能和）「海印寺大蔵経板来歴」に始まり、現在に至るまで三一八点の研究論文や単行本が発表・刊行されている（二〇一四年現在）。その数を比べてみると、圧倒的に韓国側の研究によるものの方が多い。高麗蔵に関する研究は、一九五〇年以前に限ってはそのほとんどを日本側の研究が占めていたが、一九五〇年以降は韓国側によるものが増えている。高麗蔵に限ったことではないが、日本による研究の減少について椎名宏雄は、「禅籍の研究のためには、宋版以後の大蔵経の性格を把握することが、大変重要なことにお気づきでしょう。ところが、私はこの大蔵経そのものの研究が、現在は非常に停滞しているのではないかと思います。少なくとも現在は、はるかに戦前の水準以下であるということが、間違いないといえるでしょう。一般に中国仏教の研究者も日本仏教の研究者も、大蔵経に関する知識や関心が希薄なようです[5]」と指摘しているが、高麗蔵の研究に限ってみてもこれは数字の上で証明されている。さらに、その原因について四つを挙げているが、その中でも高麗蔵の研究に関連した部分については、当時編纂中の大蔵経がなかったこと、中国の諸大蔵経や高麗蔵の重要文化財への指定や大刹名藍への秘蔵化により閲覧が容易でないこと、戦後もたらされた敦煌文献の整理に大きなウェイトが占められたことなどが挙げられている。一方の韓国では、日本による統治や朝鮮戦争などの動乱が続いたが、その後は自国の文化に対して関心を示すようになり研究も進む。これは当然の成り行きであり、他の分野同様に高麗蔵に対しても積極的に研究が行われるようになったと言えよう。

韓国では高麗・朝鮮時代前期に印刷されたいわゆる古印本とよばれる高麗蔵がなく、国内最古のものは高宗二年（一八六五）に印刷されたものであり、現在月精寺に所蔵されている。高麗蔵（初）についても韓国国内に何点か確認されているに過ぎない。しかし、一九六二年十二月二十日に海印寺所蔵の大蔵経版木が国宝第三二号に指定されたのを機に、大蔵経を保存するため、一九六〇年代から一九七〇年代にかけて二種類の影印本が出版された。さらに一九九五年には版木が納められた海印寺の蔵経閣がユネスコ（世界文化遺産）に登録されるなど、韓国で文化財に対する意識が高まるにつれ、その研究にいっそうの拍車がかかったものと思われる。こうして見ると、日本では文化財に指定された後にはその研究が減少しているが、韓国では増加傾向にあったことがわかる。それぞれの国で文化財に対する認識の違いはあるかもしれないが、韓国では文化財になったことでより関心が高まったため、このような結果に繋がったようである。

高麗蔵に関する研究の成果は、韓国では崔永好[6]、日本では佐藤厚・金天鶴[7]によって整理されている。前者の崔永好は韓国側の研究成果を整理する上で、一九〇〇年代初頭における日本側の研究動向について当時の状況を踏まえながら批判的に評価している。しかしながら、一九五〇年以降の日本側の研究動向については触れていない。また、義天の続蔵経（教蔵）や『義天録』、守其の『校正別録』に関する評価も見当たらない。研究の範疇としてこれらを収めていなかったのが惜しまれる。後者らは高麗仏教を整理する過程において、これまでの高麗蔵に関する研究史、例えば雕造回数や雕造場所、版木の移動などについて整理しているが、あくまで日本側の研究を対象としているため、韓国側の研究成果までが網羅されているわけではない。これまでの両国の研究成果を見ると、数字の上でも韓国側の研究が多いばかりか新たな成果が出ているにもかかわらず、それが放置され続けている。

以上を踏まえ、本稿では高麗蔵における日韓の研究成果を、日本と韓国にそれぞれ分けて整理する。韓国側については研究成果が膨大であるため、主な研究内容を年代別に概観しその動向について整理する。ただし、義天の続蔵経（教蔵）に関する研究は除外する。

Ⅱ．日本における研究成果とその動向

高麗蔵に関する研究はこれまで数多くなされている。その中でも高麗蔵の雕造年代やその回数に関してはいくつかの異説がある。まず、雕造の回数に関して初めて論じたのは、村上龍佶である。村上は高麗時代には大蔵経が三度にわたり雕造されたと主張している。すなわち、第一回は顕宗二年（一〇一一）であり、第二回は宣宗三年（一〇八六）あるいは同四年以後の大覚国師義天による雕造であり、第三回は高宗二十三年（一二三六）に雕造が開始された時としている(8)。

次に、村上の説とは少し異なるが、小野玄妙(9)も同じく三度の雕造があったと主張している。第一回は顕宗時代、第二回は文宗時代、第三回は高宗時代であるという。文宗時代（一〇四七―八三）には、顕宗時代までに完成した五〇〇〇余巻とその後の新訳経典を含めた六〇〇〇余巻の大蔵経を完成させたとしている。小野が村上と異なるところは、宣宗時代に雕造されたものは義天の続蔵経を指し、それ以外に文宗時代に雕造された大蔵経があると主張していることである。

これら三回であったとする意見に対し、妻木直良[10]は大蔵経の雕造は二回、すなわち第一回は顕宗時代、第二回は高宗時代であると主張している。その理由として、顕宗が没してから徳宗・靖宗を経て文宗が即位するまで、わずか一五年であったことを挙げている。仮に顕宗時代に大蔵経がすでに完成していたとしても、その後文宗の時代に大蔵経が再び雕造されたとは考えられないため、父子相続で雕造事業を行ったとするのが妥当であると主張している。

池内宏[11]もまた、先に述べた村上と小野、妻木の諸説に対しさまざまな資料に基づいて批判した上で、二回説を唱えている。第一回の事業については顕宗十一年（一〇二〇）ないし十二年に始まり、徳宗・靖宗・文宗を経て宣宗四年（一〇八七）までの六六年から六七年もの歳月を費やして完成したと主張している。

先に三回説を唱えた小野は、南禅寺所蔵の高麗蔵の調査を実施し、この第一回目の版木は三種類あると主張している。一つは、第一回雕造本（顕宗および文宗開版・初雕本）とされるもので、顕宗時代に本蔵の五〇四八巻を刊行、文宗時代に新訳経典等約二〇〇〇巻を続刊したものである。残りの二つは、第二回雕造本（開版者未詳・符仁寺本）および第三回雕造本（高宗開版・海印寺本）としている。また、第一回雕造本を高麗蔵（初）、第二回雕造本を高麗蔵、第三回雕造本を新雕本と主張している。小野が唱える符仁寺本の本質は、顕宗・文宗の高麗蔵（初）の古版本と再刻版を合糅して一大蔵を形成しているということにあり、符仁寺本とは第一回雕造本の再刻であると述べている。しかし、第一回雕造本がどのような理由で大部分が消失し、符仁寺本で再刻するに至ったかについてはまったく不明である[12]。

韓国文化財専門委員である朴相国[13]は、高麗蔵の雕造回数について妻木、池内と同様に二回説を主張している。ところが、高麗蔵（初）の雕造年代に関しては、これまでに唱えられた三つの説、すなわち①顕宗二年から宣宗四年、

②顕宗二年から文宗五年（一〇五一）、③顕宗十年（一〇一九）から宣宗四年を取り上げ、顕宗二年に始まった大蔵経雕造事業が五代七六年間にわたって同一の目的で継続されたとする①はあり得ないと述べている。さらに、宋で新訳された経典が継続して高麗に伝わり、それらが徳宗・靖宗・文宗・宣宗の時代に雕造・刊行されたとしている。顕宗以降の歴代王により経典が篤く信仰されたことから、版木の雕造が行われたと見ている。[14]

韓国では、高麗蔵（初）の完成後に幾多の戦乱に巻き込まれ、特に大蔵経やその版木が焼失する結果となった。そのため、高麗蔵（初）は日本においてのみその存在のほとんどが確認されていた。近年に至っては、韓国でも九一部一四七巻の高麗蔵（初）が確認されている。[15] これらの摺印年代を印刷の状態、軸の出来ばえ、褾帯の材料、紙質などから、次の三つに区分している。第一に、高麗蔵（初）最古の巻子装である。その雕造時期は顕宗時代（一〇一〇―三一）に該当する。第二に、一一世紀から一二世紀に雕印された刊本であるが、比較的多くが伝来している。第三に、印刷条件が非常に不良な後刷の巻子装である。この中には印刷の出来ばえが劣っている刊本が多く見られる。これは高麗蔵（初）の雕造が一段落した宣宗四年（一〇八七）以降のある時期に追雕されたものである。一二世紀後半あるいは一三世紀初期に印刷されたものと判断している。[16] 小野玄妙はこうした三つの区分のうち、南禅寺の高麗蔵（初）は文宗時代のものが比較的多く残されていると述べている。[17]

このように、高麗蔵の雕造回数（特に高麗蔵〈初〉）については、現在でも明確にされていない点が多い。高麗蔵（初）の現存数が少ないため、それに関する研究が進んでいないことが原因である。また、高麗蔵（初）の雕造に関してはさまざまな説があるが、現存しているものの中から同一の経典が発見されておらず、比較対照できる経典が存在しないため摺印時期を確定できないことも要因となっている。そのため、顕宗時代から宣宗時代までに雕造された大蔵経を高麗蔵（初）系と呼んでいる。[18]

次に、高麗蔵の日本への伝来と現状についても多くの研究が残されている。日本伝来に関する研究の嚆矢となったのは、鷲尾順敬である。当時の日朝交渉における高麗蔵の最初の伝来は、応永十六年（一四〇九）に室町幕府が管領の斯波義将の名をもって大蔵経を求めたことに始まる。その後、応永三十年（一四二三）と長禄二年（一四五八）には建仁寺に、文明年間には円成寺にそれぞれ奉納されている。日本には九蔵もの高麗蔵が伝来したとされたが、鷲尾によると実際にはこれ以上あったと語られている。[19]室町時代の外交史料である『善隣国宝記』をもとに検討したようである。

これに対し大屋徳城は、『善隣国宝記』以外の史料、特に『碧山日録』や『空華日工集』、『蔭凉軒日録』など禅宗関係の史料に注目して、高麗蔵の日本伝来について研究している。[20]『碧山日録』や『空華日工集』では大蔵経がすでに日本に伝来していること、『蔭凉軒日録』には建仁寺や越後安国寺に大蔵経が伝来したことが記されている。また、大内氏の領国内に八蔵もしくは一三蔵もの大蔵経が所蔵されているとも記されている。これによって『善隣国宝記』で見られる以上に大蔵経が伝来しており、少なくとも一四蔵以上が日本に伝来したと主張している。

上村閑堂も鷲尾と同様に『善隣国宝記』を検討し、朝鮮に対し九回に及ぶ大蔵経要請があったことを明らかにしている。ただ、鷲尾と主張を異にしているのは、最初の要請が応永五年（一三九八）に大内氏を通じてなされたと指摘している点である。[21]それ以外は、共に同じ主張である。

小田幹治郎[22]も日本伝来の高麗蔵について検討した一人である。増上寺の高麗蔵についてはすでに鷲尾によって報告されていたが、東本願寺にも高麗蔵が所蔵されていたこと、日光輪王寺には高麗蔵の残本があること、京都の南禅寺と相国寺、滋賀の石山寺、紀伊の金剛峯寺にも高麗蔵が所蔵されていることを報告している。小田はこれまで知られていなかった寺院所蔵の高麗蔵について検討した。ちなみに、高麗蔵の雕造回数は二回であると主張している。

こうした高麗蔵の日本伝来に関する研究の中で、当時朝鮮総督府の中枢院に勤務していた菅野銀八は、四〇蔵余りの大蔵経が日本に伝来したと指摘している。[23] この数はこれまでの主張の中で最も多い。それ以前の研究は日本の文献によるものであったが、菅野は『朝鮮王朝実録』によってその事実を明確にした。これにより当時の日朝関係がいかに親密であったかも明らかにしている。この報告に関して言えば、日朝関係における高麗蔵伝来に関する研究は一応の成果を収めたと言えるが、[24] 明応八年（一四九九）から天文八年（一五三九）の間にも引き続き大蔵経が伝来していたことは、後に村井章介によって指摘されている。[25]

菅野の研究成果によって日本への大蔵経の伝来が明らかとなったが、それ以降は日本各地に伝存する高麗蔵の伝来経緯や調査報告で、寺院と関連して歴史学的立場から見た研究が主となる。稲葉岩吉[26]は、南禅寺の大蔵経は、宋・元・高麗の大蔵経と日本の写本などが混じった混合蔵であり、そのうち高麗の高麗蔵（初）が一七〇〇帖以上あると報告している。藤井誠一[27]は、菅野の報告には見られなかった紀州の安楽寺への大蔵経伝来について報告している。堀池春峰[28]は、奈良への大蔵経伝来について報告しており、特に円成寺への伝来経緯や増上寺への寄贈について報告している。この大蔵経が朝鮮の世祖時代に摺印されて日本に辿り着いたもので、伝来経路が明確な高麗蔵である。丸亀金作[29]は、現存はしていないものの越後安国寺に伝来した大蔵経について、『蔭凉軒日録』や『朝鮮王朝実録』などの記録を基に、室町時代の政治と寺院との関係から見た日朝交渉と大蔵経の伝来として報告している。植村高義[30]は対馬長松寺、山口麻太郎[31]は壱岐安国寺が所蔵する高麗蔵（初）『大般若波羅蜜多経』についてそれぞれ報告している。秋宗康子[32]は、南禅寺の大蔵経は旧禅昌寺蔵であるとし、そこに書かれた奥書を検討している。梶浦晋[33]は、大谷大学図書館所蔵の高麗蔵の現状と伝来について報告している。同図書館の高麗蔵は摺印年代が高麗末か朝鮮時代初期のものとされ、日本に伝存する中でも古いものに属すると主張している。その他、村井章介[34]は、大蔵経要請に際し通交を行っていた偽使の存在について考察している。

これら従来の研究に対し、藤本幸夫[35]は異なる視点からの検討を試みている。一九九〇年代、中国山西省応県仏宮寺木塔から契丹蔵が発見されたことから、山西省文物局・中国歴史博物館主編『応県木塔遼代秘蔵』[36]が出版され契丹蔵の研究が進んだことによって、藤本は高麗蔵との関係について書誌学的な立場から検討している。

各寺院が所蔵する高麗蔵は、員数調査が行われた後、目録となって出版されている。増上寺の高麗蔵は『増上寺三大蔵経目録』（『増上寺史料集』別巻）として、宋版・元版大蔵経の目録と共に出版されている[37]。高麗蔵の目録の内容としては、各経典の一帖ごとに千字文・経典名・訳者名・序跋・紙数・刊記・柱・刻工者名・現状が明記されている。うち、刻工者名については読みとれる範囲で記載されている。金剛峯寺の高麗蔵については、水原堯栄『高野山見存蔵経目録』（『水原堯栄全集』四）[38]で報告されている。この目録には函号・経名・冊目・冊数・刊（記）年・刀・摘要の八つの項目があるが、増上寺のものと比べてみると簡略にまとめているように思われる。しかしその中の「高麗板刊記奥書目録」には高麗蔵の刊記と奥書が一帖ごとに詳しく書かれている。特に奥書は『増上寺三大蔵経目録』には載っていないため貴重な史料であると言える。また、高野山文化財保存会からも『高麗版一切経目録』が出版されている[39]。これは高野山内の文化財保護に万全を期すために制作されたものである。目録の項目は順・経名・函号・刊記その他・刻工とあり、函には千字文が記され、そこに二〇帖ないし二一帖の経典が各函に納められている。刊記その他の項目には、墨書や奥書が書かれている。刻工には刻工者名が記されているが、日本ではその解明がいまだに進展していない。以上、高麗蔵に関する目録は、増上寺と金剛峯寺を合わせて三部出版されており、今後の蔵経研究の基礎になるだろう。

現在に至り高麗蔵は、日本では重要文化財に、韓国では版木が国宝に指定されており、閲覧が容易ではなくなった。こうした状況下、『重要文化財二二巻　書跡・典籍・古文書Ⅳ』（毎日新聞社、一九七七年）では、日本で重要文化財に指定されている高麗蔵を少しではあるが写真で見ることができる。同じように韓国の高麗蔵も『韓国七〇〇〇年美術大系　国宝巻一二――書芸・典籍――』（竹書房、一九八五年）で版木と経典を写真で見ることができる。

二〇〇〇年代の研究動向については、まず、これまで継承されてきた各寺院や研究機関所蔵の高麗蔵に関する調査報告が二点ある。一つは、南禅寺の大蔵経に関するもので、朝鮮半島から日本への伝来経緯について報告している。(40) もう一つは、大谷大学所蔵の高麗蔵に関する調査報告である。これに関しては、一九九〇年に梶浦晋によってすでに報告されているが、二〇〇六年から二〇〇七年にかけ韓国国立文化財研究所による調査が行われた。大谷大学蔵の特徴として、李穡の跋文が経典の巻末に付いていることが知られているが、その内容を再度検討した結果、跋文通り高麗末期の一三八一年に印刷されたことが明らかになっている。(41)

次に、日朝交渉における大蔵経の伝来に関して、歴史学的な研究も行われている。特に、大内氏によってもたらされた大蔵経がどのように利用されたかについては、領国内では家臣団に対し統合の象徴を確固たるものにするために利用され、対外的には室町幕府との交渉を有利に進める材料にするなど、政治的に利用されていた。(42) また、大内氏による大蔵経輸入の実態とその活用についての研究では、領国支配のために寺院施入したこと、日本国内での外交の道具としていたこと、その閲覧や書写が行われていたことが明らかとなった。(43)

大蔵経を朝鮮から輸入した理由についても検討されている。室町時代に大蔵経を書写すると約四〇〇貫文がかかったとされ、朝鮮に要請した大蔵経であれば三〇〇貫文であったと試算されている。当時の書写の価格、大蔵経が贈与されたことに対する日本からの礼物の価格、経典書写に対する工賃などから試算すると、書写大蔵経が四〇〇〇万円、輸入された刊本大蔵経が三〇〇〇万円ほどになり、朝鮮から入手する方が安かったという見解がある。[44]これに対し、室町時代の大蔵経要請の一因として、室町幕府将軍家の誕生日祈禱での大蔵経転読があったとされる。単に将軍の誕生日を祝うだけでなく、日本の安寧をも祈願するものであり、京都五山を中心に行われていた。そのため、大蔵経が必要であったという見解もある。[45]

この時代には、朝鮮から伝来した大蔵経が書写された事例もあり、その活用に関しても研究されている。[46]江戸時代に黄檗版を対校したことによって、高麗蔵は善本であると評価されるようになった。近世の高麗蔵の活用についての研究、[47]近現代の高麗蔵の受容について金属活字版の大蔵経編纂との関係からの研究[48]など、書誌学的に行われている。南禅寺の高麗蔵（初）が二〇一〇年からウェブで公開されたことから、個別の経典で高麗蔵やその他の大蔵経と比較されるようになった。『四分比丘尼羯磨』に関して言えば、高麗蔵（初）と高麗蔵ではまったく別のテキストであり、契丹蔵によって差し替えられているほか、『十誦律』との関連性が明らかにされている。[49]このように、今後は個別経典の比較が進むことによって、高麗蔵（初）と高麗蔵、或いは開宝蔵や契丹蔵との関係が明らかになると思われる。高麗蔵には東国大学校から出版されたもの、東洋仏典研究会から出版されたものの二種類の影印本があるが、これらの比較によって本の構成や底本が異なることがわかった。さらに、東洋仏典研究会から出版された影印本はその底本が一九一五年に印刷された高麗蔵であり、現在ソウル大学校奎章閣韓国学研究院所蔵のものであることが判明した。[50]また、増上寺、大谷大学、相国寺、建仁寺、泉涌寺、法然寺などの高麗蔵について、同一経典かつ同一箇所における文字の欠落箇所を比較することで、印刷年代の先後関係を明確にしている。[51]これによって、高麗時代や朝鮮時代に版木が補修されていたことが明らかとなった。

高麗・朝鮮時代の社会と高麗蔵に関する研究も存在する。高麗時代においては、高麗蔵の雕造事業と蔵経道場という当時開催されていた法会との関係について考察されており、双方が無関係であることがわかっている。[52] 高麗蔵の雕造は、大蔵都監および分司大蔵都監という機関で行われていたが、それがどこに存在したのかという点については不明であった。このため、版木に刻まれている刻工者の活動分析と、版木の刊記部分の修正などから、これらの機関が南海という地域にあったとしている。[53]

朝鮮時代の研究では、世祖四年（一四五八）に五〇部もの高麗蔵の印刷が実施されているが、これは国内では王権の正統性を内外に誇示するためのものであり、対外的には日本への大蔵経回賜を継続するためであったとしている。[54] ところが、一五〇〇年代中頃からは日本との関係において大蔵経の回賜が見られなくなり、その原因について考察している。三浦の乱以後、朝鮮では儒教を根本精神とする立場に背反する議論が出されたため、方向を転換したものと結論付けている。大内義隆の事例によって、日本では朝鮮側の方針を察知して大蔵経の要請を控えるようになったと考えられている。[55] このように、日本においては高麗時代における仏教界と関連した研究、刻工者や版木の分析による研究、朝鮮時代の政治との関連による研究などがある。

Ⅲ. 韓国における研究成果とその動向

韓国では、初期の高麗蔵研究者はみな、日本の研究成果を踏襲するだけであった。しかし、戦後はそれまでの日本による初期の研究成果をもとにして、その反論に重点が置かれるようになり、さらには新たな研究成果も生まれるようになる。

戦前の韓国側での高麗蔵に関する研究は、尚玄（李能和）[56] による高麗蔵の版木の海印寺への移安時期に関する研究から始まる。これに関する研究は、まず高橋亨によって高麗末説[57] が唱えられた。高橋は「龍岩寺記」（『東文選』

六八巻）の「就江華板堂、印出函闕巻闕張而来」を根拠として忠粛王五年（一三一八）には江華島に、「睡庵長老蔵経于海印寺戯呈」（『陶隠集』中）を根拠として辛禑七年（一三八一）には海印寺にあったと述べ、その間に移されたと主張している。これに対し、李能和は『太祖実録』の太祖七年（一三九八）五月条「丙辰幸龍山江　大蔵経板　輸自江華禅源寺　戊午雨　令隊長隊副二千人　輸経板于支天寺」を根拠として、この年に江華島から京城の支天寺に、その後に海印寺に移されたと、朝鮮初期説を主張している。これらの見解に対して金映遂は、新たな史料として『釈華厳教分章円通記』巻第一〇第一張の版木外側に「丁丑年出陸　此闕失　與知識道元　同願開板　入上　乙酉十月日　首座冲玄」と刻まれていることを指摘した。丁丑年の年代、『釈華厳教分章円通記』が江華島から版木と共に来たものかを検討し、太祖六年（一三九七）から同七年にかけて海印寺に移されたと唱えた[58]。

このように、韓国でも戦前から高麗蔵に関する研究はあったが、ごく僅かであった。研究の動向を見ても日本人研究者と同じ傾向にあり、独自性はまだ見られない。

一九五〇年代には、李鍾源[59]、朴泳洙[60]などによる研究成果が挙げられる。李鍾源の研究は、高麗蔵について概説しているのみで新たな発見には至っていない。朴泳洙は、高麗蔵の雕造年代、海印寺への版木の伝来問題などについて、当時までの研究成果を整理した上で考察を試みているが、明確な答えは出ていない。その例として、前述した版木の移安問題に関しても、『海印寺留鎮八万大蔵経開刊因由』『矯省勝覧及海印寺失火事蹟』による在来説や高麗末期説と『太祖実録』太祖七年の記事を中心とした朝鮮初期説、金映遂の太祖六年丁丑説などを挙げているが、定宗元年（一三九九）正月に太祖、すなわち李成桂（一三三五—一四〇八）が私財を投じて海印寺で大蔵経を印刷していることから[61]、その年には海印寺に版木が移されたと主張している。これに関して崔永好は、「既存の研究成果を総合・整理・再検討したが、朴泳洙の研究内容や視角、叙述方式は既存の範疇を大きく超えず、一、二個の内容に対して新たな事実を説明し、疑問の一端を提示する水準に過ぎなかった」[62]と述べている。しかし、初期の段階で朴泳洙が既存研究や関連資料を整理している点は、その後の韓国人研究者の礎を築いており評価に値する。

一九六〇年代には、金斗鍾[63]、李載昌[64]、徐首生[65]などによる研究成果が挙げられる。金斗鍾は、高麗時代の印刷史について概説している。高麗初期は宋版の影響を受けており、高麗蔵もそれに属すると指摘しているが、後期には高麗独自の版本も存在したとしている。

李載昌は、高麗末期・朝鮮初期の日韓関係と高麗蔵について述べている。日本側の大蔵経請求には崇信仏法としての寺院興隆や利於民という仏教的な原因があり、一方の朝鮮では倭寇の禁圧、捕虜の送還を目的としていた。外交史から見た高麗蔵についてはすでに菅野銀八[66]によって行われているが、当時日本がどのような目的で朝鮮半島に大蔵経を請求したのかは明確ではない。

徐首生は、海印寺の蔵経閣や版木を調査しているが、こうした調査は植民地時代に大蔵経を印出するため小田幹治郎[67]によっても行われていた。当時、一八枚の欠板と二一八ヵ所一〇三六字の欠字が報告されていたが、その後の調査では四六〇〇字余りの欠字があったと報告されている。この論文を通じて徐首生は、高麗蔵が韓民族にとってどれほど偉大なものかを再評価しながら、版木の補修に一日も早く取り組むよう要求している。

この頃には、以上のように出版文化史、日韓交渉史の側面から高麗蔵が研究されはじめた。中国の出版文化の影響を受けながらも、徐々に独自の印刷技術が発達したことで高麗蔵の出版につながった点は、高麗時代の文化水準の高さを立証している。海印寺蔵経閣や版木の調査報告もなされていることから、大蔵経の版木についても徐々に関心が高まってきた時期と言えよう。しかし、日韓交渉史の面では、菅野銀八を超えるような新たな発見はなかったと言わざるを得ない。

一九七〇年代になると崔凡述[68]、金斗鍾[69]、高翊晋[70]、安啓賢[71]、鄭炳浣[72]、文明大[73]、徐首生[74]、李箕永[75]、千恵鳳[76]、閔賢九[77]、朴尚均[78]による研究成果が見られる。まず、崔凡述であるが、一九三七年に高麗蔵が印刷された際の関係者であり、当時の調査資料を詳細に整理して発表している。

この時代の金斗鍾は、『韓国古印刷技術史』において、高麗蔵（初）、義天の続蔵経（教蔵）、高麗蔵に関するそれまでの研究成果を検証して、次のように論じている。高麗蔵（初）の雕造開始年次とその動機について、池内宏の説[79]（顕宗十一―十三年〈一〇二〇―二二〉に考妣〈亡き父母〉の冥福を祈るために創建された玄化寺で雕造が開始された）は、高宗時代に再び雕造された時の現実の状態から過去を憶測して連想したものであると述べている。また、池内説と李奎報の「大蔵刻板君臣祈告文」、宋や契丹の影響を受けて仏教が興隆した高麗でも大蔵経をつくらざるを得なかったとする朴泳洙の説[80]を挙げて、雕造開始年代を顕宗二年（一〇一一）、雕造動機を契丹軍の侵略に対する仏力での退散祈願であったとしたのは、李奎報の「大蔵刻板君臣祈告文」がその根拠になっていると主張した。金斗鍾は、大蔵経の雕造という断片でなく高麗仏教史全体を通してみると、この説が妥当だと判断している。以降、この見解が定説となる。また、高麗蔵（初）の国前本・国後本の問題についても言及している。すなわち、顕宗時に雕造されたものを国前本、文宗時に雕造されたものを国後本としているが、その根拠については不明である。彼もこれまでの研究成果を整理したに過ぎないが、高麗蔵（初）の雕造動機に対する検証は評価に値する。

高翊晋は、『南明泉和尚頌証道歌事実』三巻を高麗末期から朝鮮初期における重要な禅籍であるとし、彼によって高麗蔵の補遺に入蔵されている典籍に対する評価も始まった。また、安啓賢の「大蔵経の雕板」は、韓国で多く引用されたことにより高麗蔵の概説書として評価を得ている。現在、『韓国史』が改訂されてからは千恵鳳がそれを担っている。

鄭炳浣は、小田幹治郎の『高麗板大蔵経印刷顚末』を韓国語に翻訳している。これは一九一五年に明治天皇を追慕するため、高麗蔵を三部印出した際の版木調査や大蔵経の印刷に関する報告書であり、その責務を朝鮮総督府事務次官であった小田が担当していた。

文明大は、一九七六年に東国大学校による江華島の学術調査で禅源寺址を発見した時の調査報告をしている。大蔵都監については、その設置に関し記された『高麗史』や『太祖実録』の資料、武人政権当時の執権者である崔瑀の願刹であったこと、江華宮殿から近いという立地的条件、忠烈王（在位一二七五―一三〇八）の時代に一時宮殿として使われていたことなどを根拠にして、禅源寺に設置されていたと唱えている。それ以降、大蔵都監や分司大蔵都監の場所についてはさまざまな研究がなされているが、これについては後述することとする。

徐首生は、一九七〇年代に入り五編の論文を続けて発表している。一九五四年九月、一九六八年十月、一九七六年六月と三次にわたり海印寺所蔵の蔵経閣の版木調査を報告している。特に、これまで注目されることのなかった高麗蔵の補遺もしくは副蔵と呼ばれるものの総括及びその価値について言及している。補遺の中には高麗の高宗時代に雕造されたもの（『宗鏡録』など）があり、本来ならば正蔵に入れられるべきものであったと主張している。元暁、義湘、慧諶、均如など華厳教学の典籍や、『宗鏡録』『祖堂集』などの禅籍、大蔵経には入らなかった典籍類があることから、その価値について評価している。

東国大学校から出版された影印本が完成したのは一九七六年である。刊本大蔵経の歴史及び高麗蔵の雕造や構成については、李箕永の研究がある。影印本の出版によって、韓国国内での高麗蔵への関心はいっそう高まり、その後の研究方法にも大きな影響を与える存在となった。なぜなら、それまで実地調査でしか見られなかった大蔵経が、ある程度は影印本を参考にして研究が進められるようになったからである。この頃には、韓国国内で初めて高麗蔵

（初）が発見され、それに関する研究も進められた。

千恵鳳は、高麗蔵（初）が文化遺産としての価値があり、開宝蔵や契丹蔵が未伝（当時）であったため、それらの原型と特徴を推察できる貴重な資料になると評価している。高麗蔵（初）と高麗蔵を比較して、『道行般若経』は契丹蔵を底本としたものであるほか、『御製秘蔵詮』は開宝蔵と字体は同じであっても版画の構図内容と版刻技法が異なっていると述べている。従来、高麗蔵（初）は開宝蔵や契丹蔵の覆刻と言われていた。しかし、開宝蔵を底本とした場合は自主的に手を加えて版刻し、契丹蔵を底本とした場合は優秀な本文のみ受け入れ、独自に開版したと主張して、覆刻説を否定している。

閔賢九は、高麗蔵が雕造されたのはモンゴルとの抗戦期であったとし、当時の仏教界と社会情勢をもとに言及している。雕造の背景には、民族意識の統一、文化意識の高揚、当時勢力があった禅宗と教学面に秀でていた教宗との統合があった。そして、崔氏による武臣政権（一一九六―一二五八）が主体となって大蔵経の雕造を遂行したと述べている。しかしながら、高麗蔵（初）の雕造に対する背景については見られない。朴尚均は、高麗とその周辺諸国における大蔵経を中心とした仏典の輸出入について述べている。高麗時代、宋や契丹から仏典を輸入してはいたが、逆に高麗からも仏典を輸出しており、元には写経僧も送られていたとする仏典伝来史について検討している。

以上、一九七〇年代には、書誌学、歴史学、出版文化史の各分野での研究が幅広くなされている。影印本の出版、高麗蔵（初）の発見などにより、高麗蔵（初）は開宝蔵の覆刻であったとする従来の説が否定された点において、書誌学からの研究成果が目覚しい。また、一九六〇年代から実地調査が継続して行われており、補遺に対する評価も始まり、高麗蔵（初）、高麗蔵、補遺のそれぞれが研究されるようになった。

一九八〇年代には、千恵鳳[81]、朴相国[82]、金ジャヨン[83]、李慧惺[84]、金聖洙[85]、呉龍燮[86]、李成美[87]、徐首生[88]、許興植[89]、鄭駜謨[90]、金相鉉[91]、李相哲[92]、姜相奎[93]、権熹耕[94]などの研究成果が挙げられる。

千恵鳳は、引き続き高麗蔵（初）に関する研究を進めた。一九八〇年三月現在で六二部八二巻の高麗蔵（初）が韓国国内で発見され、その版刻技術の高さなどを述べている。また、徐々に話題になり始めた国前本と国後本に関しては、文宗十七年（一〇六三）以前に版刻されたものを国前本とし、契丹蔵が輸入された後、それを底本として版刻したものを国後本としている。その理由として、開宝蔵と高麗蔵（初）の『御製秘蔵詮』を比較した場合、各版画の構図内容と版刻技術が異なっていること、宋太祖の祖諱及び兼避諸字の「竟」字が高麗蔵（初）では四つ確認されたが、そのうちの一つにしか欠画されていないことなどを挙げている。高麗蔵（初）は底本である開宝蔵や契丹蔵の本文を忠実に受け入れ、版式は開宝蔵に準拠している。開宝蔵の内容を取り入れる場合は、臨写などで部分的に補完と補修を加えて版下本をつくり、一行一七字の契丹蔵や国内伝本の内容を取り入れる場合は、そのまま踏襲せず再度開宝蔵の版式で版下本をつくりなおして雕造したと述べている。その他、千恵鳳は高麗蔵（初）の二回雕造説を否定している。国前本は契丹蔵が高麗に伝来する以前のもの、国後本はその伝来後に版刻したものとしているが、国後本は国前本にないものや本文が意味不明なもの、本文に錯写・脱漏の差異、本文が不足している箇所をもう一度版刻して、国前本と同じ函あるいは別の函に編入代替させたと主張している。同氏は日本所蔵の高麗蔵（初）と韓国国内で発見されたそれらの調査に基づいて、その全容解明を試みた。

朴相国は、いわゆる高麗蔵は高宗代に大蔵都監で版刻されたものを指すので、「海印寺高麗大蔵都監版」と称し、大蔵目録に収録されている一四九七種六五五八巻と補遺の四部一五〇巻がその範疇に含まれると主張している。さらに、これら刊記をすべて調べ、大蔵都監及び分司大蔵都監の性格を明らかにし、『高麗史』に記されている一六年という期間が大蔵経の雕造計画を樹立した時からの期間であるとしている。

北朝鮮においても、高麗蔵の研究が行われている。妙香山普賢寺に所蔵されている高麗蔵は、一九一五年に明治天皇を追慕するため印刷された三蔵のうちの一蔵であり、これがいつ頃から話題になったのかは不明であるものの、金ジャヨンは出版文化史の立場から概説している。

李慧惺は、高麗蔵だけでなく大蔵経の体系的な輪郭と一般的に流通している諸経典を紹介している。

金聖洙は、これまで試みられなかった高麗蔵の目録である『大蔵目録』は、『開元録』をはじめとする歴代の諸経録の体系を一元化しているほか、現代の分類体系である図書分類法の原理にも合致するとして、独創的で優秀であり、かつ包括的なものであると評価している。また、近代に出版された『閲蔵知津』の分類体系を踏襲した縮刷蔵の目録、明の『北蔵目録』を踏襲した卍字蔵経の目録と比較した結果、『大蔵目録』の分類体系が仏典目録史上最も精要した『開元釈経録略出』の正統性を継承しているとして、その優秀性を説いている。しかし、近代の大蔵経出版において、優秀であったとされる『大蔵目録』がなぜ踏襲されなかったのかに対する謎については考察されておらず、単にその優秀さを強調した評価のみにとどまっている。

呉龍燮は、『校正別録』の内容を詳しく分析し、国前本は開宝蔵を底本として、国後本は契丹蔵によって雕造されたものであるとした。また、高麗蔵（初）は開宝蔵の覆刻ではないこと、『校正別録』には契丹蔵によって国本や宋本を校勘した例や、それを含んだ国丹・宋丹などの名称で校勘した例が多く見られることから、それが優秀かつ精巧であることなどを指摘している。

李成美は、高麗蔵（初）の『御製秘蔵詮』が南禅寺と韓国の誠庵古書博物館にあり、それらの版が異なっていることから、雕造が二回行われた可能性があると主張している。しかし、明確な答えを見出しておらず、その制作年代もはっきりしていない。これらが美術史の観点から高麗初期のものであるとし、貴重な資料であることを評価している。

許興植は、高麗蔵の補遺は一六部二三一巻あると指摘した上で、これら以外にも「甲寅歳分司大蔵都監重雕（重刻）」「乙巳歳分司大蔵都監開版（雕造）」などの刊記がある四部の典籍について補遺に加えるべきだと主張している。これらを含む補遺に反映された思想性について、正蔵は禅籍が除外されていることから義天の影響があるが、補遺には多くの禅籍が含まれていることから高麗禅宗の特殊性が反映されていると述べている。

鄭駜謨は、『大蔵目録』『校正別録』や『開元録』などの諸経録を調査分析し、新たに発見された高麗蔵（初）の諸経典を参考にして、その『大蔵目録』を復元している。高麗蔵（初）についてはその全貌がいまだ不明であるが、こうした目録の復元は解明の糸口に繋がる非常に重要な資料となる。

金相鉉は、補遺版の一種である『法界図記叢髄録』の内容構成、編纂時期、引用文献などを考察し、それが担う仏教史的意義を明らかにした。また、徐首生は、自身のこれまでの研究成果を整理している。

以上のとおり、一九八〇年代の動向としては、書誌学、仏教文化史、美術史学の側面からの研究がなされている。高麗蔵（初）の版刻技術の高さから、当時の高麗の印刷技術が評価されている。また、高麗蔵の『大蔵目録』が独創的で包括的であると説かれ、高麗蔵（初）の目録が復元されたりするなど、目録研究も行われた。さらに、守其の『校正別録』の分析により契丹蔵の優秀性も説かれるなど、新たな試みも見られる。

一九九〇年代に入ると、高麗蔵に関する研究は大幅に増える。金甲周[95]・金潤坤[96]・許興植[97]・文暻鉉[98]・千恵鳳[99]・金光植[100]・朴相国[101]・崔永好[102]・尹ヨンテ[103]・鄭駜謨[104]・呉龍燮[105]・裵象鉉[106]・姜順愛[107]・崔哲煥[108]・金相鉉[109]、金相永[110]、梁桂凰[111]、羅鐘宇[112]、李智冠[113]、金政鶴[114]、李圭甲[115]、柳富鉉[116]、韓基汶[117]、鄭東楽[118]、崔然柱[119]、金鍾鳴[120]、金致雨[121]などによる、高麗蔵に関する直接的・間接的な研究成果が見られる。また、高麗大蔵経研究所[122]でもさまざまな成果が生まれるようになった。主な研究について概観すると以下の通りである。

金甲周は、大蔵都監の設置時期とその構成や運営について考察している。大蔵都監は江華島の禅源寺に、分司大蔵都監は晋州牧管内の南海県にそれぞれあったと述べている。大蔵都監が江華島にあったというのは『高麗史』を根拠としている。分司大蔵都監については、崔氏政権と関係の深かった李益培が監務を担い全光宰がその副使であり、晋州牧のそれも兼ねていたこと、用材調達に際しての地理的条件、モンゴル軍の支配が及ばなかったことを根拠としている。

金潤坤は、歴史学的な立場、特に高麗時代の政治史や制度から検討を試みている。高麗蔵に刻まれた刻工者名を分析し、それが単に刻工に携わった技術者のみを指しているのではなく、布施をした文人知識人なども含まれているとした。さらに、補遺に含まれる諸典籍を分析し、分司大蔵都監が晋州と南海県にあったという従来の説から、各所あるいは雕造に適した場所にあったとしたほか、それを各道の按察使が管理していたと述べている。また、補遺については正蔵と同じ体系で雕造されたものであるとして、これも正蔵に含むべきだと主張している。補遺が正蔵と同等であるという見解に関して言えば、筆者は反対の立場である。なぜなら、補遺を正蔵として入蔵しようとした可能性もあるが、日本に現存する高麗・朝鮮時代に印刷された高麗蔵にはそれが含まれていない。つまり、高麗・朝鮮時代前期はそれを正蔵として認めていなかったと考えられるからである。

許興植は、大蔵経の雕造経緯や正蔵と補遺の思想性の違いなどを、当時における仏教界の傾向や宗派と結びつけながら論じている。正蔵については高麗蔵（初）の系統を受け継いだ保守的なものであるとし、補遺については実践的かつ行動的な禅宗典籍が多く、それが当時の高麗仏教界を反映しているとした。これまで補遺に関してはあまり評価されてこなかったが、当時の高麗仏教界の現状把握からしてもっと評価すべきであると主張している。

文暻鉉は、高麗蔵の雕造経緯やその場所について、当時の政治支配体制と関連付けて検討している。高麗蔵〈初〉の雕造動機は、顕宗の父母の追善と王家の権威の再興、高麗の文化的欲求と自救心、信仰心であるとして、池内宏の説を評価している。しかし、これまでの見解とまったく異なるのは、高麗蔵〈初〉の焼失についてである。従来は蒙古軍の放火によるものであったというのが周知の見解であったが、モンゴル軍は符仁寺までの襲撃に至らなかったという記録からその説を否定し、当時の政治不信と農民の困窮による反乱によって高麗蔵〈初〉が焼失したと主張している。

朴相国は、大蔵都監と分司大蔵都監での雕造事業に参与した刻工者に注目している。彼らが同年に大蔵都監と分司大蔵都監の両方で版刻作業を行っていたと推測できることから、それぞれが江華島と南海に存在したという説を否定している。また、当時の執権崔瑀によって禅源寺は一二四五年に創建されており、それ以前からあった大蔵都監との関係性を否定し、両都監が南海に存在したと主張している。しかし、南海のどこかという詳細までは明確にされていない。

崔永好は、高麗蔵の版木に残る刻工者名を分析して、雕造作業は文人知識人や地方の下級官人層、華厳・天台・禅の各宗派僧侶をはじめとする全高麗人によって遂げられたと主張している。その背景には、仏教界の疲弊化の克服、民族的危機と現実の克服といった参与者各層が抱えていた諸問題があったとしている。これら参与者の実態を把握することで、大蔵経雕造が単に当時の政治や仏教界に限ったものではなく、高麗の存亡をかけた一大事業であったという全貌が徐々に解明されつつある。

呉龍燮は、これまでに資料不足から注目されることの少なかった『校正別録』と、それを編集した守其について検討している。一部の経論の巻末には、『校正別録』と同じ内容の校勘記が記されており、当初は大蔵経に入蔵される予定ではなかったと主張している。また、守其は大蔵経の雕造当初は江華島にいたという記録があり、開泰寺で校勘事業を行っていたとする従来の説について再考の余地があると述べている。

裵象鉉は、『校正別録』は諸経典を校勘しているが、当時の高麗の状況から見て、偽経と判断された経典であっても、民衆がすでに信仰している場合には除外されはしなかったという実用性かつ為民性を反映していると述べている。また、『校正別録』を版刻したのは僧侶や文人知識層であり、彼らが熟練した刻工者でもあったとしている。

姜順愛は、『開元録』をはじめとする諸経録や『校正別録』の分析を行い、高麗蔵（初）の『大蔵目録』を復元している。さらに、その『大蔵目録』が他の目録とは異なり、累加的な刊行目録の性格を帯びていると主張している。『大蔵目録』の復元は鄭駜謨によってもなされているが、その性格的な部分を新たに究明した点においては評価できる。しかしながら、目録の内容自体は鄭駜謨のそれと変わるところがない。

崔哲煥は、『校正別録』の中には国内伝本を底本として刊行されたものもあるとし、すべてが宋本や契丹蔵に依拠しているわけではないと唱えている。金相鉉は、高麗時代の大蔵経雕造にどのような思想的背景があったのかを検討した結果、この一大事業を達成するためには、全国民の信心と文化的自尊心を確固たるものにし、モンゴルとの抗争に向けて国論を統一することが重要であったと述べている。

高麗大蔵経研究所は、海印寺に所蔵されている大蔵経板の保存及び大蔵経のデジタル化を目的として、一九九三年に設置された研究機関である。研究所での成果として『高麗大蔵経解題』の出版を挙げることができる。これは、高麗蔵に収められている各経典の解題、大蔵経の歴史、高麗蔵の分類体系、索引からなる全六巻で構成されている。

一九九〇年代の動向を見ると、高麗蔵の版木や海印寺所蔵の寺刊版（雑版、私版など）に刻まれている刻工者名を分析することによって、雕造事業への参与形態、刻工者の身分などが明らかにされている。実際に版木などに記された刻工者は一八〇〇余名に及んでおり、その中には進士・隊正・戸長・山人・道人・比丘・和尚などがいることも判明した。また、当時書かれた誌文や跋文なども整理され、雕造と関連した資料として活用されている。これまでに注目されることの少なかった資料の新たな活躍によって、大蔵経の雕造事業の主体、大蔵都監や分司大蔵都監の所在地についても明らかとなってきた。

大蔵都監と分司大蔵都監の所在地に関しては、前者は崔氏政権の願刹である禅源寺にあったとされていたが、そこは版木の一時的な保管場所であったという説が有力である。後者は南海やその近隣地区のみに設置されていたという説がある一方、各所に点在していたという説もある。高麗蔵の雕造経緯や場所について、当時の政治支配体制と関連付けて検討されている。刻工者の身分解明など、大蔵経雕造に関して高麗時代の仏教界だけではなく、社会全体の見地から究明するという歴史学的な研究が多くなされた。

高麗蔵については、印刷の回数、底本の検討、補遺に関する研究、『校正別録』に関する研究などもなされ、歴史学的な研究以外にも書誌学的、思想史的な研究も見られた。若干ではあるが、高麗蔵（初）に関する書誌学的な研究、韓日関係史からみた高麗蔵の研究も見られる。また、金ソナ・朴相珍[123]、朴昭玧・朴相珍[124]、高仁煥[125]、ドチュノ・李泰寧[126]、朴相珍・鄭基浩・金ジェウ[127]などにより、版木の現状や材質などの保存方法について、理工学の方面からの研究も実施されている。

二〇〇〇年代の到来と共に、高麗蔵の研究もさらに活発化しいっそう進んだものとなる。多岐にわたる研究成果が見られるため、分野別に概観する。

まず、姜順愛[128]は『校正別録』が帯びている仏教文化的な位置、校勘学的内容、学術的価値について検討している。『校正別録』の内容を検討して、開宝蔵や契丹蔵などの底本を対照して最も正確な経典を選ぶ方法で高麗蔵の校勘作業が行われていたと主張している。また、高麗蔵（初）の目録の復元や契丹蔵の全貌解明に際して重要な資料的価値があるとした。しかし、国前本と国後本については千恵鳳と同じ見解である。

金潤坤[129]、崔永好[130]、崔然柱[131]、崔ジュンホ[132]らは、刻工者の分析を詳細に行い、高麗蔵の雕造事業における主導層、大蔵都監と分司大蔵都監の運営形態及び役割などについて検討している。雕造の主導層及び参与階層の参与認識などを分析したことで、高麗蔵を多角度で認識するようになった。こうした成果は、高麗蔵に大きな影響を及ぼした高麗蔵（初）との相関関係及び内容の比較に関する研究へと深化していく。大蔵経の雕造は、大蔵都監と分司大蔵都監だけでなく周辺寺院でも行われており、その中心的存在が海印寺であったとしている。海印寺ではそれ以前から寺刊版を発行するなど、雕造に適した要素を持ち合わせていた。また、雕造事業を実施する上で、宗派・階層の区別が無かったという。雕造に際しての実際の版刻方法は、一人で一巻すべてを雕造する巻別分担方式と、共同で一巻を雕造する共同分担方式の両者で行われていたが、分司大蔵都監においては後者が主であったと述べている。

『高麗大蔵経彫成名録集』の出版によって、雕造事業に参与した刻工者の数が二万七〇〇〇名にも及んでいたなど、その全貌がある程度明らかになった。これまで『増上寺三大蔵経目録』や金剛峯寺の『高麗版一切経目録』によって一部の刻工者のみが判明していたが、これによって高麗蔵の雕造に関する研究がより明確になることが期待される。しかし、名前が異体字で刻まれており、刻工者全体に及ぶ解読は充分になされていない。

柳富鉉[133]は、書誌学的な見地から高麗蔵（初）、高麗蔵、開宝蔵の覆刻本である金刻大蔵経（以下、趙城金蔵と略称）、『校正別録』の比較対照を行った結果、高麗蔵（初）と高麗蔵は開宝蔵の覆刻本あるいは修正覆刻本であることを明らかにした。また、高麗蔵の雕造に際しては、開宝蔵が第一次的な底本になっているとし、開宝蔵に無いものや重大な誤りがある場合は、高麗蔵（初）・契丹蔵を二次的な底本としているとした。また、『校正別録』の分析を通じて、契丹蔵との関係についても言及している。契丹蔵は従来の見解どおり優秀な版本であるが、少なからず誤りがあると指摘している。契丹蔵の発見によって、従来『校正別録』でしか知ることのできなかった高麗蔵と契丹蔵の関係が徐々に解明されることが期待される。

寺院所蔵の高麗蔵に関する報告もなされている。金芳蔚[134]は、月精寺所蔵の高麗蔵について紹介している。また、朴相国[135]と馬場久幸[136]は、大谷大学所蔵の高麗蔵の現状について紹介し、経典の巻末に付いている李穡の跋文から高麗末期に印刷された大蔵経であることを明らかにしている。

日韓交流や日本仏教との関係から見た研究も少なくない。貝英幸[137]は、足利氏と大内氏による高麗蔵の請来について検討し、足利氏よりも通交実務を支えた五山僧の意向が強かったと主張している。大内氏については物品以外の人的な交流があったとしている。馬場久幸[138]は、日本に現存する高麗蔵の現状を把握し、それが日本仏教にどのような影響を及ぼしたのかについて検討している。室町時代に日本が高麗蔵を頻繁に求めた理由として、足利氏の将軍家で開催された誕生日祈禱との関連性を示し、それが将軍家にとどまらず日本全体の安寧を祈った法会であったことから、大蔵経が必要であったと述べている。川瀬幸夫[139]は、高麗蔵を善本であると評価した研究者忍澂について検討している。松永知海[140]は、高麗蔵の学術的側面について検討している。その中で、高麗蔵と黄檗版にそれぞれ入蔵されている『大乗本生心地観経』を比較している。崔然柱[141]は、前近代の日韓の交流において、高麗蔵の認識の推移について検討した。高麗蔵を交流の媒体として日韓両国の関係が安定化し、活発に交流が展開されたことにより、日本は各種の仏教文化を受容して成長したとしている。特に、大蔵経が日本仏教界及び文化の発展に大きく寄与したと主張している。

この時代の高麗大蔵経研究所の主な成果としては、テキストファイル化しＣＤとして出版された「高麗大蔵経二〇〇〇」、『高麗大蔵経異体字典』[142]、『高麗大蔵経勘校録』[143]が挙げられる。CDについては、二〇〇一年、二〇〇四年にも改訂版が出版されている。『高麗大蔵経異体字典』には、七四八六種の漢字とそれに関する異体字二万九四七八種が集録されている。『高麗大蔵経勘校録』は、高麗蔵と大正蔵を一字ずつ比較対照し、各々の間違いと両版本に見られる差異を整理するなどして二〇〇四年五月に出版された。しかし、あくまでも高麗蔵と大正蔵をテキストファイルで比較したものであり、すべてを網羅しているものではない。

二〇〇五年には同研究所から『高麗初雕大蔵経集成』全四巻が出版された[144]。これは、南禅寺・湖巌美術館などに所蔵されている高麗蔵（初）をデジタル撮影して、影印出版したものである。以降、符仁寺蔵『高麗大蔵経』に対する関心が大きくなり、研究もさらに飛躍する。この頃、高麗大蔵経研究所および花園大学国際禅学研究所を中心として、南禅寺所蔵の高麗蔵（初）に対する調査が実施され、その成果が収められるようになった[145]。その後も、高麗蔵（初）に関する研究は続くが、南権熙[146]や金聖洙[147]がその中心的役割を果たしている。

その他、文暻鉉[148]、趙東一[149]、呉龍燮[150]、姜へグン[151]、裵象鉉[152]、朴ヨンスン[153]、張愛順[154]、鄭承碩[155]、裵泳基[156]、朴宗林[157]、呉允熙[158]などにより、高麗蔵に関する研究成果が報告されている。

二〇一〇年代に入ってからも高麗蔵に関する研究は継続的に進んでいる。特に、二〇一一年は高麗蔵（初）の発願から一〇〇〇年を迎えた節目の年に当たり、国際学術会議や祝祭典が各所で開催された。「高麗大蔵経千年記念国際学術大会」では、韓国、中国、日本、アメリカの研究者が高麗蔵（初）に関連する研究を発表している。直接的に関連する主な研究として、落合俊典[159]、船山徹[160]、李富華[161]、韓基汶[162]、南権熙[163]、柳富鉉[164]、崔テソン[165]が発表を行った。

このような祭典が開催されると同時に、大韓仏教曹渓宗からは『千年の知恵　千年の器』[166]、文化財庁からは『初雕大蔵経　初雕大蔵経板刻千年記念特別展』[167]という高麗蔵（初）の図録がそれぞれ出版された。前者には朴相国[168]、南権熙[169]の論考が、後者には崔光植[170]、朴相国[171]、呉龍燮[172]の論考が掲載されている。

二〇一二年には「初雕大蔵経と東アジアの大蔵経」という主題の国際学術会議が韓国で開催され、中国や日本の研究者も発表を行っている。ここでの高麗蔵（初）と関連する主な研究は、次の通りである。柳富鉉[173]は、開宝蔵、趙城金蔵、高麗蔵（初）、高麗蔵を相互対照し、高麗蔵（初）を総合的に検討した結果、一四九〇部六五四八巻六三九帙の経典で構成されていること、高麗蔵（初）の雕造完了以降も契丹蔵などで修訂されていること、国前本は修訂以前、国後本は修訂以降の高麗蔵（初）をそれぞれ指していることなどを明らかにした。これについては、後に『高麗大蔵経の構成と底本及び板刻に対する研究』に整理されている。[174]また、落合俊典[175]は、七寺一切経と高麗蔵（初）の大蔵経としての系譜について考察し、唐の長安仏教テキストの系譜を引き継ぐ前者と開宝蔵の流れをくむ後者とではテキストの系譜が異なることを指摘している。

引き続き、二〇一三年には「再雕大蔵経と東アジアの大蔵経」という主題で国際学術会議が開かれたが、高麗蔵に関する研究を挙げると次の通りである。柳富鉉[176]は、現存する開宝蔵、趙城金蔵、高麗蔵（初）、高麗蔵を相互対照、比較分析して高麗蔵の構成と底本について検討した結果、一四九八部六六〇三巻六三九帙で構成されており、開宝蔵（修訂前本と修訂本）を底本として契丹蔵と高麗蔵（初）で修正されているが、高麗蔵（初）を底本としている経典もあるとした。朴鎔辰[177]は、高麗時代の大蔵経雕造の運営と組織について検討し、何点かの問題点を指摘した。松永知海[178]は、高麗蔵の『大蔵目録』とそれを底本とする日本での刊行物を比較した結果、底本と同じ内容のままで刊行したものと、修正を加えたものの二種類があることを明らかにした。梶浦晋[179]は、日本所蔵の高麗蔵の現状について考察し、零本の存在についても言及している。馬場久幸[180]は、日本所蔵の高麗蔵について、同一経典の同一箇所の文字欠落部分を比較することによって、これらの印刷年代の先後を明らかにした。

崔永好[181]は、大蔵都監と分司大蔵都監の設置時期や運営形態、組織体系、都監の所在地と存続期間、その役割や機能についての検討を行い、個別単位の工房が存在していたと主張している。都監は行政・実務の業務を総轄し、所々に編成されて独自に専門人員を確保する役割も担っていた。崔然柱[182]は、朝鮮時代における海印寺での大蔵経印刷事業について検討し、国家的かつ行政的次元での物資調達がなければそれが不可能であったと主張している。刻工者名や刊記、版木の跋文の分析により、補遺の雕造時期や『校正別録』の刻工者について調査や検討が続けられている。

以上、近年においては、高麗蔵（初）発願から一〇〇〇年という記念すべき年を迎え、関連する符仁寺、南禅寺の大蔵経など、多くの研究成果が報告された[183]。高麗蔵（初）だけでなく高麗蔵に関する研究[184]や、海印寺の版木に関する調査報告[185]、大蔵経の雕造場所に関する報告[186]など幅広く研究されている。

Ⅳ．おわりに

以上、日本と韓国における高麗蔵に関する研究成果の概要とその動向について整理した。日韓合わせて四五〇点もの研究成果が存在するが、これをすべて確認することはできなかった。今後は、未見の成果も含めて再整理する必要性を感じている。

高麗蔵の研究は、東アジアの大蔵経刊行史を見る上でも重要である。中国で刊本大蔵経が発見され、それらの影印本が出版されたことによって、書誌学の分野で高麗蔵の研究が進み、国前本と国後本の諸問題においても新たな進展を見せている。

上記の研究成果以外にも、高麗蔵の版木に対する名称に関する議論もある。例えば、高麗蔵（初）や高麗蔵はつくられた回数による呼称である。これらは韓国では版木として理解されているが、日本では印刷されたものとして理解されている。また、八万大蔵経という呼称は、版木の枚数と八万四千の法門を収録した大蔵経という意味で付けられた。そうした中、高宗が大蔵都監を設置して大蔵経を版刻したことから、「海印寺高麗大蔵都監（刻）板」という名称が妥当であるという見解がある。[187]その他、高麗蔵はモンゴル軍の侵略により江華島に遷都した当時から雕造事業が開始され、その事業を主幹していた大蔵都監が江華島にあったことから「江華京板高麗大蔵経」という名称が妥当だとする見解もある。[188]これをもとに版刻場所を基準とした場合、高麗蔵（初）は開京でつくられたので「開京版」とすべきとの意見もある。[189]さらに、所蔵場所から考えた場合、高麗蔵（初）は符仁寺蔵「高麗大蔵経」となるが、これは李奎報の告成文に由来し、版木が最終的には符仁寺に存在したからである。そうすると、高麗蔵は「江華京板高麗大蔵経」ではなく、海印寺蔵「高麗大蔵経」という呼称が妥当である。このように、つくられた回数と場所、版木のあった場所によってその名称も変わるため、どれをもって最も妥当とするのかについては、現時点で正確に断言することができない。[190]

これ以外にも、前述した大蔵都監や分司大蔵都監の場所の問題、版木の海印寺への移動時期の問題などもいまだ明らかにされておらず、今後の課題となっている。

註

（1）開宝蔵の雕造開始と終了の年代は明確ではない。その雕造開始年代には『仏祖統紀』巻四三の「開宝四年説」、『仏祖歴代通載』の「雕造五年説」があり、雕造完成年代については、『仏祖統紀』にだけ、太平興国八年（九八三）の条に、「成都先に太祖の勅を奉じて大蔵経を造り、板成りて進上す。（成都先奉太祖敕造大蔵経板成進上）」（『大正蔵』四九巻、三九八下）とある。一般にこの年に開宝蔵が完成したと言われている。開宝蔵の雕造は開宝五年（九七二）に始まり太平興国二年（九七七）の六年というきわめて短い期間に完成されたという見解がある。竺沙雅章『宋元仏教文化史研究』、汲古書院、二〇〇〇年、三一四―八頁。

（2）『高麗史』巻二四、高宗三十八年辛亥九月条「壬午、幸城西門外大蔵経板堂、率百官行香。顕宗時、板木燬於壬辰蒙兵、王興群臣更願立都監、十六年而功畢」。

（3）この総目録には、補遺一六部二三六巻を含む一五一四部六八〇五巻と書かれている。本稿では補遺を除いた部数と巻数を示した。李瑄根編『高麗大蔵経』四八冊　総目録・索引・解題（日本語版）、同朋舎、一九七八年、一頁。

（4）随天『縁山三大蔵総目録』「高麗喪乱。此版亦委煨燼矣」、『昭和法宝総目録』二巻、一上。

（5）椎名宏雄「大蔵経と禅籍」『駒澤大学大学院仏教学研究会年報』一四号、一九八〇年。

（6）崔永好「江華京板　高麗大蔵経　刻成事業の研究」嶺南大学校博士論文、一九九六年。

（7）佐藤厚・金天鶴「高麗時代の仏教に対する研究」『韓国仏教学SEMINAR』八号、二〇〇〇年。その他、野沢佳美『大蔵経関係研究文献目録』（立正大学東洋史研究室、一九九三年）を参考にした。

（8）村上龍佶『海印寺大蔵経版調査報告書』、韓国政府宮内府、一九一〇年、九頁。

（9）小野玄妙「高麗祐世僧統義天の大蔵経板雕造の事跡」『東洋哲学』一八巻二号、一九一一年。

（10）妻木直良「高麗大蔵経雕板年代」『新仏教』一一巻五・六号、一九一〇年。「再たび高麗大蔵経に就て」『新仏教』一一巻六号、一九一〇年。「三たび高麗大蔵経雕造を論ず」『新仏教』一二巻四号・五号、一九一一年。

（11）池内宏「高麗朝の大蔵経」（上）（下）、『東洋学報』一三巻三号、一四巻一号、一九二三―一九二四年。

（12）二楞学人（小野玄妙）「高麗顕宗及文宗開版の古雕大蔵経」、『仏典研究』一巻一号、一九二九年、「高麗大蔵経雕印考」『仏典研究』一巻四号、一九二九年。

（13）朴相国「高麗大蔵経」『月刊韓国文化』六巻一一号、一九八四年。

（14）『大覚国師文集』「顕祖則彫五千軸之秘蔵、文考乃鏤刻千万頌之契蔵」という史料をどう解釈するかによって異なる。朴相国と小野玄妙は、顕宗時代に大蔵経の雕造事業が終わっていると主張しているが、妻木直良はこれを綺語として解釈している。

(15) 千恵鳳『韓国書誌学研究』、古山千恵鳳教授定年紀念選集刊行会、三省出版社、一九九一年。
(16) 湖林博物館編『湖林博物館所蔵 初雕大蔵経調査研究』、財団法人成保文化財団、一九八八年。高麗蔵（初）を印刷の状態、軸の出来ばえ、襟帯の材料、紙質等の形態的諸条件によって三つに区分していることは、藤本幸夫によって日本に紹介されている。藤本幸夫「高麗大蔵経と契丹大蔵経について」『中国仏教石経の研究――房山雲居寺石経を中心に――』、京都大学学術出版会、一九九六年、二六五頁。
(17) 註（12）、前掲論文、二楞学人（小野玄妙）、一九二九年。
(18) 註（16）、湖林博物館編、前掲書、一九八八年。
(19) 鷲尾順敬「我が国伝来の高麗版大蔵経」『和融誌』一五巻一号、一九一一年。
(20) 大屋徳城「室町時代の記録に見えたる高麗大蔵経」『禅宗』二四七号、一九一五年。
(21) 上村閑堂「足利時代本邦に齎されたる高麗蔵経に就きて」『禅宗』二八五号、一九一八年。
(22) 小田幹治郎「内地に渡れる高麗板大蔵経」『朝鮮』七四号、朝鮮総督府、一九二一年。
(23) 菅野銀八「高麗板大蔵経に就いて」『朝鮮史講座』、朝鮮史学会、一九二五年。
(24) 菅野銀八は、東本願寺の高麗蔵について報告していない。
(25) 村井章介『アジアのなかの中世日本』、校倉書房、一九八八年。
(26) 稲葉岩吉、末松保和「南禅寺大蔵経の瞥見」『朝鮮』一九一号、一九三一年。
(27) 藤井誠一「高麗版大蔵経の紀州への伝来」『紀州文化研究』六号、一九三七年。
(28) 堀池春峰「高麗版輸入の一様相と観世音寺」『古代学』六巻二号、一九五七年。「中世・日鮮交渉と高麗版蔵経――大和円成寺栄弘と増上寺高麗版――」『史林』四三巻六号、一九六〇年。「室町時代における薬師・長谷両寺再興と高麗船」『大和文化研究』五巻九号、一九六〇年。
(29) 丸亀金作「高麗の大蔵経と越後安国寺とについて」『朝鮮学報』三七・三八輯、一九六六年。
(30) 植村高義「対馬の高麗版大蔵経」『宗教研究』四二巻三号、一九六九年。
(31) 山口麻太郎「壱岐国安国寺蔵大般若経について」『山口麻太郎著作集』三巻、佼成出版社、一九七四年。
(32) 秋宗康子「禅昌寺旧蔵『南禅寺一切経』墨書奥書について」『兵庫県の歴史』二四号、一九八八年。

(33) 梶浦晋「本館所蔵高麗版大蔵経――伝来と現状――」『書香』一一号、大谷大学図書館、一九九〇年。
(34) 村井章介「《倭人海商》の国際的位置――朝鮮に大蔵経を求請した偽使を例として――」『日本前近代の国家と対外関係』、吉川弘文館、一九八七年。
(35) 註(16)、藤本幸夫、前掲論文、一九九六年。
(36) 山西省文物局・中国歴史博物館主編『応県木塔遼代秘蔵』、文物出版社、一九九一年。
(37) 増上寺史料編纂所編『増上寺三大蔵経目録』、大本山増上寺、一九八一年。増上寺の大蔵経については、金山正好(他)『増上寺三大蔵経目録解説』(大本山増上寺、一九八二年)、金山正好「増上寺三大蔵経について」(『三康文化研究所報』一七号、一九八二年)、「増上寺三大蔵経について(上・下)」(『増上寺史料編纂所報』九・一〇号、一九八四年)など参照。
(38) 水原尭栄『高野山見存蔵経目録』(『水原尭栄全集』四巻)、同朋舎、一九八一年。ここには、高麗蔵の他に秀衡経・荒河経・宋版大蔵経の目録も収録されている。
(39) 高野山文化財保存会編『高麗版一切経目録』、高野山文化財保存会、一九六四年。
(40) 近藤利弘・任京美訳「大本山南禅寺蔵〈高麗版〉一切経の由来」『花園大学国際禅学研究所論叢』二号、二〇〇七年。
(41) 拙稿「大谷大学所蔵高麗版大蔵経について」『印度学仏教学研究』一一九号、二〇〇九年。「大谷大学所蔵高麗大蔵経の伝来と特徴」『大谷大学所蔵高麗版大蔵経調査研究報告』、大谷大学真宗総合学術センター、二〇一三年。
朴相国「大谷大学の高麗版大蔵経」『大谷大学所蔵高麗版大蔵経調査研究報告』、大谷大学真宗総合学術センター、二〇一三年。

梶浦晋「大谷大学蔵高麗再雕版大蔵経について――その伝来と特徴――」『大谷大学所蔵高麗版大蔵経調査研究報告』、大谷大学真宗総合学術センター、二〇一三年。
(42) 貝英幸「室町期における地域権力と大蔵経」、佛教大学総合研究所紀要別冊『一切経の歴史的研究』、二〇〇四年。
(43) 須田牧子「中世後期における大内氏の大蔵経輸入」『年報中世史研究』三二号、二〇〇七年。
(44) 橋本雄『偽りの外交使節――室町時代の日朝関係――』、吉川弘文館、二〇一二年。
(45) 拙稿「日本における高麗版大蔵経の受容――足利氏を中心として――」、福原隆善先生古稀記念論集『佛法僧論集』、山喜房仏書林、二〇一三年。
(46) 拙稿「北野社一切経の底本とその伝来についての考察」、佛教大学総合研究所紀要別冊『洛中周辺地域の歴史的変容に関する総合的研究』、二〇一三年。
(47) 松永知海「近世における『高麗版大蔵経』の受容――忍澂承認の『麗蔵』と檗蔵との対校とその影響――」『国際シンポジウム「日本仏教と高麗版大蔵経」』、佛教大学宗教文化ミュージアム、二〇一〇年。
(48) 梶浦晋「近現代における日本の漢訳大蔵経編纂と高麗版大蔵経」『国際シンポジウム「日本仏教と高麗版大蔵経」』、佛教大学宗教文化ミュージアム、二〇一〇年。
(49) 楊婷婷「『四分比丘尼羯磨』の高麗初雕本テキストについて」『印度学仏教学研究』一二八号、二〇一二年。
(50) 拙稿「東国大学校本高麗大蔵経について――高麗大蔵経の巻数を中心に――」『印度学仏教学研究』一〇四号、二〇〇四年。「高麗版大蔵経の影印本――東洋仏典研究会影印本について――」『国際シンポジウム「日本仏教と高麗版大蔵経」』、佛教大学宗教文化ミュージアム、二〇一〇年。
(51) 拙稿「日本所蔵の高麗版大蔵経――その諸本から見た印刷年代の検討――」『東アジアと高麗版大蔵経』、佛教大学宗教文化ミュージアム、二〇一二年。
(52) 拙稿「高麗版大蔵経と蔵経道場」『印度学仏教学研究』一一八号、二〇〇九年。
(53) 朴相国「高麗版大蔵経の版刻場所は南海である――大蔵経版からの検討を中心に――」『東アジアと高麗版大蔵経』、佛教大学宗教文化ミュージアム、二〇一二年。
(54) 押川信久「一五世紀朝鮮の日本通交における大蔵経の回賜とその意味――世祖代の大蔵経印刷事業の再検討――」『日朝交流と相克の歴史』、校倉書房、二〇〇九年。
(55) 押川信久「一六世紀の日朝通交における大蔵経求請交渉の推移」『福岡大学人文論叢』四五号、二〇一三年。
(56) 尚玄（李能和）「海印寺大蔵経板来歴」『仏教振興会月報』七号、一九一五年。
(57) 高橋亨「海印寺大蔵経板に就いて」『哲学雑誌』三二七号、一九一四年。
(58) 金映遂「海印寺蔵経板について」『一光』八号、一九三七年。
(59) 李鍾源「大蔵経刻板とその伝説」『東国思想』一号、一九五八年。

(60) 朴泳洙「高麗大蔵経版の研究」『白性郁博士頌寿紀念仏教学論文集』、東国文化社、一九五九年。
(61)『定宗実録』元年正月庚辰条「命慶尚道監司　飯印経僧徒于海印寺、太上王欲以私財印成大蔵経、納東北面所畜菽粟五百四十石　于端・吉両州倉　換海印寺傍近諸州米豆　如其数」。
(62) 註（6）、崔永好、前掲論文、一九九六年。
(63) 金斗鍾「高麗板本について」『古文化』一号、一九六二年。
(64) 李載昌「麗末鮮初の対日関係と高麗大蔵経」『仏教学報』三・四合輯、一九六六年。
(65) 徐首生「伽耶山海印寺八万大蔵経研究（一）」『慶北大論文集（人文・社会）』一二号、一九六八年。
(66) 註（23）、菅野銀八、前掲論文、一九二五年。
(67) 小田幹治郎『高麗板大蔵経印刷顚末』、泉涌寺、一九二三年。
(68) 崔凡述「海印寺刊鏤板目録」『東方学志』一一号、一九七〇年。
(69) 金斗鍾『韓国古印刷技術史』、探求堂、一九七四年。
(70) 高翊晋「証道歌事実の著者について」『韓国仏教学』一号、一九七五年。
(71) 安啓賢「大蔵経の雕板」『韓国史』六巻、国史編纂委員会、一九七五年。
(72) 鄭炳浣「高麗大蔵経印刷顚末」『図書館』三〇巻五号、一九七五年。
(73) 文明大「大蔵都監禅源寺址の発見と大蔵都監板の由来」『韓国学報』三号、一九七六年。
(74) 徐首生「大蔵経の補遺蔵経板研究（一）」『慶北大論文集』二二号、一九七六年。「海印寺大蔵目録の内容的価値批判」『ソンポン　キムソンベ博士華甲紀念論集』、一九七六年。「八万大蔵経の補遺蔵経板研究（上）」『東洋文化研究』三号、一九七六年。「大蔵経の二重板と補遺板の研究」『東洋文化研究』四号、一九七七年。「八万大蔵経板研究――特に二重板と補遺板について――」『韓国学報』九号、一九七七年。
(75) 李箕永「高麗大蔵経　その歴史と意義」『高麗大蔵経』四八巻、東国大学校出版部、一九七六年。
(76) 千恵鳳「初雕大蔵経の現存本とその特性」『大東文化研究』一一号、一九七六年。「初蔵残存本　道行般若経と御製秘蔵詮」『国学資料』二四号、一九七七年。
(77) 閔賢九「高麗の対蒙抗争と大蔵経」『韓国学論叢』一号、一九七八年。

(78) 朴尚均「高麗時代の経典輸伝についての考察」『奎章閣』三号、一九七九年。
(79) 註(11)、池内宏、前掲論文、一九二三年。
(80) 註(60)、朴泳洙、前掲論文、一九五九年。
(81) 千恵鳳「高麗初雕国前本　目連五百問事経について」『東方学志』二三・二四合輯、一九八〇年。「高麗初雕大蔵経——その源流、影響及び異説の検討を中心に——」『成均館大学校人文科学』九号、一九八〇年。「対馬・壱岐の高麗初雕大蔵経版　大般若派羅蜜多経」『仏教と諸科学（開校八十周年紀念論叢）』、東国大学校開校八十周年紀念論叢編纂委員会、一九八七年。「高麗再雕大蔵経の書誌学史的視覚」、『高麗大蔵経研究資料集』Ⅱ、高麗大蔵経研究会、一九八九年。『麗羅印刷術の研究』、景仁文化社、一九八〇年。
(82) 朴相国「海印寺大蔵経板に関する再考察——その名称と板刻内容を中心に——」『韓国学報』三三号、一九八三年。「高麗大蔵経」『東国文化』六巻一一号、一九八四年。
(83) 金ジャヨン「『八万大蔵経』の出版文化史的価値」『歴史科学』一一号、一九八五年。
(84) 李慧惺『八万大蔵経』普成文化社、一九八六年。
(85) 金聖洙「高麗再雕大蔵経の「大蔵目録」に関する研究」『図書館』四一巻四号、一九八六年。「『大蔵目録』と『縮刷蔵目録』・『卍字蔵目録』の分類体系に関する研究」『書誌学研究』創刊号、一九八六年。
(86) 呉龍燮「高麗国新雕大蔵校正別録研究」『書誌学研究』創刊号、一九八六年。
(87) 李成美「高麗初雕大蔵経の『御製秘蔵詮』版画」『美術史学研究』一六九・一七〇号、一九八六年。
(88) 徐首生「八万大蔵経と仏教文化史上の価値性及び保存策」『高麗大蔵経研究資料集』Ⅱ、高麗大蔵経研究会、一九八九年。
(89) 許興植「一三〇六年高麗国大蔵移安記」『高麗大蔵経研究資料集』Ⅰ、高麗大蔵経研究会、一九八七年。「高麗高宗官板大蔵経補板の範囲と思想性」『蕉雨黄寿永博士古稀紀念美術史学論叢』、通文館、一九八八年。
(90) 鄭駜謨「高麗初雕大蔵目録の復元」『書誌学研究』二号、一九八七年。
(91) 金相鉉「『法界図記叢髄録』考」『千寛宇先生還暦紀念　韓国史学論叢』、一九八九年。
(92) 李相哲「教育資料としての海印寺大蔵経の保存環境に関する研究」、仁川大学校教育大学院修士論文、一九八七年。

(93) 姜相奎「高麗八万大蔵経の雕板に関する研究」、公州師範大学校教育大学院修士論文、一九八九年。
(94) 権熹耕『高麗写経の研究』、ミジン社、一九八六年。
(95) 金甲周「高麗大蔵都監の研究」『不聞聞』創刊号、霊鷲仏教文化院、一九九〇年。
(96) 金潤坤「高麗大蔵経の彫成機構と刻手の性分」『民族史の展開とその文化』上、碧史李佑成教授停年退職紀念論叢、一九九〇年。「江華京板高麗大蔵経」の体裁に関する一考」『釜山女大史学』一〇・一一号、一九九三年。「『高麗大蔵経』の刻板と国子監試出身」『国史館論叢』四六号、一九九三年。「『大般若経』の刻成と反蒙抗戦」『韓国中世史研究』二号、一九九五年。「高麗国分司大蔵都監と布施階層」『民族文化論叢』一六号、一九九六年。「高麗大蔵経の東亜大本と彫成主体に対する考察」『石堂論叢』二四号、一九九六年。「江華京板『高麗大蔵経』の内・外蔵の特徴」『民族文化論叢』一八・一九号、一九九八年。「江華京板高麗大蔵経の外蔵に入蔵された『法界図記叢髄録』と『宗鏡録』の分析」『民族文化論叢』二〇号、一九九九年。
(97) 許興植「高麗高宗官版大蔵経の造成経緯と思想性」『歴史教育論集』一三・一四合輯、一九九〇年。
(98) 文暻鉉「高麗大蔵経雕造の史的考察」『仏教と歴史』、李箕永博士古希紀念論叢、韓国仏教研究院、一九九一年。
(99) 千恵鳳『韓国書誌学』、民恩社、一九九一年。
(100) 金光植「対蒙抗争期の寺院政策」『高麗崔氏武人政権の仏教界の運用に関する研究』、建国大学校博士論文、一九九二年。「鄭晏の定林社創建と南海分司都監」『建国史学』八号、一九九三年。
(101) 朴相国「大蔵都監の板刻性格と禅源寺の問題」『韓国仏教文化思想史――伽山李智冠スニム華甲紀念論叢――』上、伽山仏教文化振興院、一九九二年。
(102) 崔永好「武人政権期崔氏家の家奴と『高麗大蔵経』の板刻事業」『釜山女大史学』一〇・一一合輯、一九九三年。「華厳宗系列僧侶の『江華京板高麗大蔵経』の刻成事業参与」『釜山史学』二九号、一九九五年。「『江華京板高麗大蔵経』辺界線所在　人名の板刻事業参与形態」『韓国中世史研究』二号、一九九五年。「高麗武人執権期　僧侶知識人山人の『江華京板高麗大蔵経』刻成事業参与」『石堂論叢』二一号、一九九五。註（6）、前掲論文、一九九六年。「瑜伽宗の江華京板『高麗大蔵経』刻成事業参与」『釜山史学』三三号、一九九七年。「南海地域の江華京板『高麗大蔵経』」刻成事業参与」『石堂論叢』二五号、一九九七年。「天台宗系列の『江華京板高麗大蔵経』刻成事業参与」『地域と歴史』三号、一九九七年。「海印寺所蔵『大方広仏華厳経疏』・『大方広仏華厳経随疏演義鈔』板刻の性格」『韓国中世史研究』四号、一九九七年。
(103) 尹ヨンテ「『八万大蔵経』木版の保存経緯について」『歴史科学』一四六号、一九九三年。
(104) 鄭駜謨「高麗四大蔵経板の顚末——妙香山普賢寺の大蔵経板——」『書誌学研究』一〇号、一九九四年。
(105) 呉龍燮『「高麗新雕大蔵経」後刷考』中央大学校博士論文、一九九四年。「『新編諸宗教蔵総録』の続蔵受容性」『書誌学研究』一三号、一九九七年。「『八万大蔵経』名称の由来」『書誌学研究』一六号、一九九八年。「『校正別録』の完成と入蔵に対する考察」『書誌学研究』一八号、一九九九年。
(106) 裵象鉉『高麗国新雕大蔵校正別録』と守其——〈高麗大蔵経〉の校勘と彫成に反映された一三世紀仏教界の現実認識——」『民族文化論叢』一七号、一九九七年。
(107) 姜順愛「高麗国新雕大蔵校正別録の分析を通して見た初雕及び再雕大蔵経の変容に関する研究」『韓国ビブリア学会誌』七号、一九九四年。「旧大蔵目録の初大蔵経構成体系に関する研究——開元釈教録の比較を中心に——」『書誌学研究』一一号、一九九五年。「旧大蔵目録杜函——楚函までの初雕大蔵経構成体系に関する研究——」『書誌学研究』一二号、一九九六年。「旧大蔵目録の初雕大蔵経構成の累加的性格に関する研究」『月雲スニム古稀記念　仏教学論叢』、東国訳経院、一九九八年。
(108) 崔哲煥「高麗大蔵経の校勘」『月雲スニム古稀記念　仏教学論叢』、東国訳経院、一九九八年。
(109) 金相鉉「高麗大蔵経の刻板の思想的背景」『月雲スニム古稀記念　仏教学論叢』、東国訳経院、一九九八年。「八万大蔵経の板刻と護国思想」『世界と言葉』五号、一九九九年。
(110) 金相永「一然と再雕大蔵経補板」『中央僧伽大学教授論文集』二号、一九九三年。
(111) 梁桂凰「光武三年刷『高麗大蔵経』」『書誌学研究』五巻一号、一九九〇年。
(112) 羅鐘宇「韓国中世対日交渉史研究」檀国大学校博士論文、一九九二年。
(113) 李智冠編『伽耶山海印寺誌』伽山文庫、一九九二年。
(114) 金政鶴「特別寄稿——定林社と南海分司は果たしてどこにあるのか——」『大乗仏教』一月号、一九九三年。
(115) 李圭甲「高麗大蔵経の異体字研究」『中国語文学論集』七号、一九九五年。「高麗大蔵経の異体字整理方案」『中国語文学論集』一一号、一九九九年。
(116) 柳富鉉「『高麗大蔵経』の底本と板刻に関する研究」『韓国図書館・情報学会誌』三二巻三号、一九九七年。
(117) 韓基汶「江華京板『高麗大蔵経』所在 均如の著述と思想」『韓国中世史研究』四号、一九九七年。
(118) 鄭東楽「『江華京板高麗大蔵経』造成の参与僧侶と対蒙抗争」嶺南大学校修士論文、一九九七年。
(119) 崔然柱「高宗二四年『江華京板高麗大蔵経』の刻成事業」『韓国中世史研究』五号、一九九八年。
(120) 金鍾鳴「『高麗大蔵経』の電子化と文献学的重要性」『仏教研究』一五号、一九九八年。
(121) 金致雨「高麗大蔵経正蔵に関する研究」『韓国ビブリア学会誌』八号、一九九八年。
(122) 鄭承碩編『高麗大蔵経解題』、高麗大蔵経研究所、一九九八年。
(123) 金ソナ・朴相珍「海印寺高麗大蔵経　経板庫柱の種類」『韓国木材工学会九五年発表論文集』、一九九五年。
(124) 朴昭玧・朴相珍「海印寺高麗大蔵経板の細胞構造的変化」『韓国木材工学会九五年発表論文集』、一九九五年。「海印寺高麗大蔵経板の現況」『韓国木材工学会　九五年発表論文集』、一九九五年。
朴昭玧「海印寺高麗大蔵経板の樹種と細胞壁劣化」慶北大学校修士論文、一九九六年。
朴相珍『もう一度見る八万大蔵経の話』、運送新聞社、一九九九年。
(125) 高仁煥「八万大蔵経毀損微生物に関する研究」、淑明女子大学校教育大学院修士論文、一九九五年。
(126) ドチュノ・李泰寧「高麗八万大蔵経　経板の構造」『保存科学学会誌』七巻二号、一九九八年。「高麗八万大蔵経　経板の漆」『保存科学学会誌』八巻一号、一九九九年。
(127) 朴相珍・鄭基浩・金ジェウ「高麗大蔵経　経板殿の柱の材質」『木材工学』二七号、一九九九年。
(128) 姜順愛「高麗大蔵経校正別録の学術的意義」『書誌学研究』二〇号、二〇〇〇年。
(129) 金潤坤編『高麗大蔵経彫成名録集』、嶺南大学校出版部、二〇〇一年。『高麗大蔵経彫成名録集』、嶺南大学校出版部、二〇〇一年。
金潤坤『高麗大蔵経の新たな理解』、仏教時代社、二〇〇二年。「高麗国本大蔵経の革新とその背景」『民族文化論叢』二七号、二〇〇三年。「大邱符仁寺蔵高麗大蔵経板とその特性――特に『仏名経』を中心に――」『民族文化論叢』三九号、二〇〇八年。

(130) 崔永好「江華京板『高麗大蔵経』刻成事業の主導層」『韓国中世社会の諸問題』韓国中世史学会、二〇〇一年。「一三世紀中葉の江華京板『高麗大蔵経』の刻成事業と海印寺」『韓国中世史研究』一三号、二〇〇二年。「一三世紀中葉江華京板『高麗大蔵経』の彫成空間と慶州東泉社」『韓国中世史研究』二〇号、二〇〇六年。「一三世紀中葉慶州地域分司東京大蔵都監の運営形態」『新羅文化』二七号、二〇〇六年。「一三世紀中葉『高麗大蔵経』研究の礎石」『地域と歴史』二〇号、二〇〇七年。『江華京板高麗大蔵経の板刻事業の研究』、景仁文化社、二〇〇八年。「一三世紀中葉高麗国大蔵都監の組織体系と運営形態」『石堂論叢』四三号、二〇〇九年。「江華京板『高麗大蔵経』の彫成事業に対する近代一〇〇年の研究史の争点」『石堂論叢』四四号、二〇〇九年。『江華京板『高麗大蔵経』の造成機構と板刻空間』、世宗出版社、二〇〇九年。

(131) 崔然柱「江華京板『高麗大蔵経』の刻成者参与実体とその特性」『韓国中世社会の諸問題』韓国中世史学会、二〇〇一年。「一二・三世紀典籍刊行の類型とその性格」『考古歴史学志』一七・一八号、二〇〇二年。「『高麗大蔵経』刻成人の参与形態と彫成空間」『韓国中世史研究』一六号、二〇〇四年。「『高麗大蔵経』の造成と刻成人の研究」東義大学校博士論文、二〇〇四年。「修禅社と江華京板高麗大蔵経の彫成」『大邱史学』八一号、二〇〇五年。「江華京板『高麗大蔵経』刻成人と都監の運営形態」『歴史と境界』五七号、二〇〇五年。「『合部金光明経』の刊行と『高麗大蔵経』刻成事業」『古文学』六号、二〇〇五年。『高麗大蔵経の研究』、景仁文化社、二〇〇六年。「『高麗大蔵経』の韓日交流と認識推移」『日本近代学研究』一九号、二〇〇八年。「高麗後期の慶尚道地方の書籍刊行体系と運営形態」『石堂論叢』四五号、二〇〇九年。

(132) 崔ジュンホ「高麗大蔵経刻成者の異表記の国語学的意義」『民族語文学』三二号、二〇〇四年。「『高麗大蔵経』刻成人の表記類型と研究方法」『ハンマル研究』一七号、二〇〇五年。「高麗時代の音韻体系研究――高麗大蔵経の刻成人異表記を中心に――」東義大学校博士論文、二〇〇五年。「高麗時代の激音研究――『高麗大蔵経』の刻成人表記を中心に――」『韓国中世史研究』二四号、二〇〇八年。

(133) 柳富鉉「『高麗大蔵経』の底本と板刻に関する研究」『韓国図書館・情報学会誌』三二巻三号、二〇〇一年。「高麗再雕大蔵経に収容された契丹大蔵経」『韓国図書館・情報学会誌』三五巻二号、二〇〇四年。「分司大蔵都監版『宗鏡録』の底本考」『書誌学研究』三〇号、二〇〇五年。「高麗再雕大蔵経と大蔵目録の構成」『書誌学研究』三三号、二〇〇六年。「「高麗再雕大蔵経」と「開宝勅版大蔵経」の比較研究」『仏教学研究』一六号、二〇〇七年。「高麗『初雕大蔵経』華厳経（周本）巻六〇に現れた校正の痕跡」『韓国図書館・情報学会誌』三九巻二号、二〇〇八年。

(134) 金芳蔚「月精寺所蔵 高麗再雕大蔵経 印経本について」『書誌学報』三一号、二〇〇七年。

(135) 朴相国「大谷大学の高麗版大蔵経」『海外典籍文化財調査目録 日本 大谷大学 所蔵 高麗大蔵経』、国立文化財研究所無形文化財研究室編、二〇〇八年。

(136) 拙稿「日本大谷大学所蔵高麗大蔵経の伝来と特徴」『海外典籍文化財調査目録 日本 大谷大学 所蔵 高麗大蔵経』、国立文化財研究所無形文化財研究室編、二〇〇八年。

(137) 貝英幸「高麗版大蔵経と中世の日本」『高麗大蔵経の研究』、東国大学校出版部、二〇〇六年。

(138) 拙稿「高麗版大蔵経の日本伝存に関する研究」『韓国宗教』二七号、二〇〇三年。「高麗大蔵経が日本仏教に及ぼした影響」圓光大学校博士論文、二〇〇八年。

(139) 川瀬幸夫「日本忍澂の大蔵経対校に関する研究――高麗大蔵経との関係を中心に――」、東国大学校修士論文、二〇〇五年。「高麗大蔵経とその研究者忍澂の年報」『日本仏教史勉強室』二号、二〇〇六年。

(140) 松永知海「高麗版と黄檗版との大蔵経対校――忍澂和尚の対校事業の発端の検討――」『高麗大蔵経の研究』、東国大学校出版部、二〇〇六年。「大蔵経に学ぶ――日本近世における高麗大蔵経の評価――」『第二十八次韓日・日韓仏教文化交流大会』、韓日仏教文化交流協議会、二〇〇七年。

(141) 註(131)、崔然柱、前掲論文、二〇〇八年。

(142) 李圭甲編『高麗大蔵経異体字典』、高麗大蔵経研究所、二〇〇〇年。

(143) 高麗大蔵経研究所編『高麗大蔵経勘校録』、高麗大蔵経研究所、二〇〇四年。

(144) 高麗初雕大蔵経集成編纂委員会編『高麗初雕大蔵経集成』一―四巻、高麗大蔵経研究所、二〇〇五年。

(145) 南権熙・鄭右永『日本南禅寺所蔵「高麗初雕大蔵経」調査報告書』、高麗大蔵経研究所・花園大学国際禅学研究所、二〇一〇年

(146) 南権熙「大蔵経」『高麗時代の記録文化研究』、清州古印刷博物館、二〇〇二年。「日本南禅寺所蔵の高麗初雕大蔵経」『書誌学研究』三六号、二〇〇七年。「啓明大学校東山図書館所蔵の古書の資料的価値　啓明大学校東山図書館所蔵初雕

大蔵経と『大方広仏華厳経疏』」『韓国学論叢』三七号、二〇〇八年。

(147) 金聖洙「高麗初雕大蔵経の研究課題」『書誌学研究』三三号、二〇〇五年。「高麗初雕大蔵経の分類体系及び湖林博物館所蔵初雕本の分析に関する研究」『韓国図書館・情報学会誌』三七号、二〇〇六年。

(148) 文暻鉉『高麗史研究』、慶北大学校出版部、二〇〇〇年。「八公山符仁寺所蔵大蔵経の顛末」『符仁寺蔵高麗大蔵経の再照明』、嶺南大学校民族文化研究所、二〇〇八年。

(149) 趙東一「大蔵経往来の文化的意義」『東アジア比較文化』創刊号、二〇〇〇年。

(150) 呉龍燮「『高麗国大蔵移安記』についての考察」『書誌学研究』二四号、二〇〇二年。「江都時期に完成した高麗大蔵経の意味と諸問題」『仁川文化研究』二号、仁川市立博物館、二〇〇四年。

(151) 姜ヘグン「房山石経と華厳経石及び高麗大蔵経の比較研究」『中国語文学論集』二四号、二〇〇三年。

(152) 裵象鉉「高麗時期晋州牧地域の寺院と仏典の彫成――分司南海大蔵都監との関連性を中心に――」『大邱史学』七二号、二〇〇三年。

(153) 朴ヨンスン「我々の文化遺産の香り　五二　法宝宗刹と『高麗大蔵経』」『国土』二七二号、二〇〇四年。

(154) 張愛順「高麗大蔵経編纂の背景」『高麗大蔵経の研究』、東国大学校出版部、二〇〇六年。

(155) 鄭承碩「高麗大蔵経の編制における仏典名の正式化様相」『高麗大蔵経の研究』、東国大学校出版部、二〇〇六年。

(156) 裵泳基「高麗大蔵経（一名八万大蔵経）の隠れた部分を覗く」『北韓』四二一号、二〇〇七年。

(157) 朴宗林「高麗大蔵経造成の精神――過去と未来――」『第二十八次韓日・日韓仏教文化交流大会』、韓日仏教文化交流協議会、二〇〇七年。

(158) 呉允熙「高麗大蔵経の価値と二〇一一年の意味」『民族文化論叢』四〇号、二〇〇八年。

(159) 落合俊典「高麗初雕本より見えてきた諸大蔵経の系譜」『大蔵経：二〇一一年高麗大蔵経千年記念国際学術大会』、（社）蔵経道場高麗大蔵経研究所・金剛大学校仏教文化研究所、二〇一一年。

(160) 船山徹「高麗初雕大蔵経の梵網経研究：予備調査」『大蔵経：二〇一一年高麗大蔵経千年記念国際学術大会』、（社）蔵経道場高麗大蔵経研究所・金剛大学校仏教文化研究所、二〇一一年。

(161) 李富華「『高麗大蔵経』と『趙城蔵』の対照分析からみた『高麗大蔵経』の成果に対する約論」『大蔵経：二〇一一年

高麗大蔵経千年記念国際学術大会』、（社）蔵経道場高麗大蔵経研究所、金剛大学校仏教文化研究所、二〇一一年。
(162) 韓基汶「高麗初期初雕大蔵経版の造成と所蔵処」『大蔵経：二〇一一年高麗大蔵経千年記念国際学術大会』、（社）蔵経道場高麗大蔵経研究所・金剛大学校仏教文化研究所、二〇一一年。
(163) 南権熙「初雕大蔵経の現存本の書誌的研究」『大蔵経：二〇一一年高麗大蔵経千年記念国際学術大会』、（社）蔵経道場高麗大蔵経研究所・金剛大学校仏教文化研究所、二〇一一年。
(164) 柳富鉉「高麗大蔵経の構成と底本及び板刻に対する研究」『大蔵経：二〇一一年高麗大蔵経千年記念国際学術大会』、（社）蔵経道場高麗大蔵経研究所・金剛大学校仏教文化研究所、二〇一一年。
(165) 崔テソン「初雕大蔵経関連遺蹟の現況と諸問題」『大蔵経：二〇一一年高麗大蔵経千年記念国際学術大会』、（社）蔵経道場高麗大蔵経研究所・金剛大学校仏教文化研究所、二〇一一年。
(166) 大韓仏教曹渓宗仏教中央博物館編『千年の知恵　千年の器』、曹渓宗出版社、二〇一一年。
(167) 文化財庁編『初雕大蔵経　初雕大蔵経板刻千年記念特別展』、文化財庁有形文化財課、二〇一一年。
(168) 朴相国「法宝：高麗大蔵経」『千年の知恵　千年の器』、曹渓宗出版社、二〇一一年。
(169) 南権熙「世界の大蔵経と高麗初雕大蔵経」『千年の知恵　千年の器』、曹渓宗出版社、二〇一一年。
(170) 崔光植「千年前の大蔵経、グローバル大蔵経としての課題と役割」『初雕大蔵経　初雕大蔵経板刻千年記念特別展』、文化財庁有形文化財課、二〇一一年。
(171) 朴相国「高麗大蔵経の真実」『初雕大蔵経　初雕大蔵経板刻千年記念特別展』、文化財庁有形文化財課、二〇一一年。
(172) 呉龍燮「初雕大蔵経の焼失と復活」『初雕大蔵経　初雕大蔵経板刻千年記念特別展』、文化財庁有形文化財課、二〇一一年。「守其の家系と巻内校勘記」『書誌学研究』五〇号、二〇一一年。
(173) 柳富鉉「高麗初雕大蔵経の構成と底本」『初雕大蔵経と東アジアの大蔵経』国際学術会議発表論文集、二〇一二年。
(174) 柳富鉉『高麗大蔵経の構成と底本及び板刻に対する研究』、時間の糸車、二〇一四年。
(175) 落合俊典「七寺一切経と高麗初雕大蔵経」『初雕大蔵経と東アジアの大蔵経』国際学術会議発表論文集、二〇一二年。
(176) 柳富鉉「高麗再雕大蔵経の構成と底本」『再雕大蔵経と東アジアの大蔵経』国際学術会議発表論文集、二〇一三年。「初雕蔵『御製秘蔵詮』版画の底本と板刻に対する研究」『書誌学研究』四五号、二〇一〇年。「『御製秘蔵詮』の大蔵経板本の文字異同と校勘」『書誌学研究』四七号、二〇一〇年。「『高麗大蔵経』に対する文献学的研究」『書誌学研究』四九号、二〇一一年。「高麗大蔵経　経板の分司大蔵都監の刊記に対する研究」『書誌学研究』五一号、二〇一二年。「『御製秘蔵詮』の大蔵経板本の底本と板刻に対する研究」『書誌学研究』五五号、二〇一三年。「『仏説末羅王経』の大蔵経板本の文字異同と性格」『書誌学研究』五七号、二〇一四年。

(177) 朴鎔辰「高麗時代の大蔵経雕造の組織と運営」『再雕大蔵経と東アジアの大蔵経』国際学術会議発表論文集、二〇一三年。

(178) 松永知海「日本における高麗大蔵経の目録について——大蔵目録を中心として——」『再雕大蔵経と東アジアの大蔵経』国際学術会議発表論文集、二〇一三年。

(179) 梶浦晋「日本所在高麗版大蔵経の現状と特色」『再雕大蔵経と東アジアの大蔵経』国際学術会議発表論文集、二〇一三年。

(180) 拙稿「日本所蔵の高麗再雕大蔵経——印経本から見た印刷年代の検討——」『再雕大蔵経と東アジアの大蔵経』国際学術会議発表論文集、二〇一三年。

(181) 崔永好「江華京板高麗大蔵経の板刻空間と海印寺の役割」『文物研究』二一号、二〇一二年。「海印寺所蔵の江華京板『高麗大蔵経』の「外蔵」研究（一）——高麗経板の造成時期の再検討——」『石堂論叢』五三号、二〇一二年。「海印寺所蔵の江華京板『高麗大蔵経』の「外蔵」研究（二）：高麗経板の造成性格」『文物研究』二二号、二〇一二年。

(182) 崔然柱「江華島板『高麗大蔵経』造成に対する実証的研究」『地域と歴史』二六号、二〇一〇年。「朝鮮時代『高麗大蔵経』の印経と海印寺」『東アジア仏教文化』一〇輯、二〇一二年。「刻成人から見た高麗国新雕大蔵校正別録彫成」『東アジア仏教文化』一五号、二〇一三年。「分司南海大蔵都監と『高麗大蔵経』の彫成空間」『韓国中世史研究』三七号、二〇一三年。

(183) 金聖洙「高麗初雕大蔵経の雕造の価値と意味に関する研究」『韓国文献情報学会誌』四六巻一号、二〇一二年。
崔然柱「符仁寺蔵『高麗大蔵経』の呼称と造成」『韓国中世史研究』二八号、二〇一〇年。

韓基汶「高麗前期符仁寺の位相と初雕大蔵経板所蔵の背景」『韓国中世史研究』二八号、二〇一〇年。

崔ジョンファン「高麗時代初雕大蔵経と符仁寺」『韓国中世史研究』二八号、二〇一〇年。

尹龍爀「蒙古侵入と符仁寺大蔵経」『韓国中世史研究』二八号、二〇一〇年。

南権煕「南禅寺初雕大蔵経の書誌的分析」『韓国中世史研究』二八号、二〇一〇年。「世界の大蔵経と高麗初雕大蔵経」『千年の知恵　千年の器』、曹渓宗出版社、二〇一一年。註（162）、前掲論文、二〇一一年。

南権煕・鄭在永『日本南禅寺所蔵『高麗初雕大蔵経』調査報告書』、高麗大蔵経研究所・花園大学国際禅学研究所、二〇一〇年。

金聖洙「高麗初雕大蔵経　経板の発願場所及び日時に関する研究」『韓国文献情報学会誌』四五巻二号、二〇一一年。

ミョンヘジョン「中国敦煌写本の俄蔵本と韓国初雕本高麗大蔵経、日本金剛寺筆写本『玄応音義』の比較研究――各板本の相異項目内容の校勘を中心として――」『中国言語研究』四二号、二〇一二年。

(184) 宋日基「高麗再雕大蔵経の造成過程の研究」『書誌学研究』四九号、二〇一一年。

姜順愛「高麗八万大蔵経『瑜伽師地論』の板刻と奉安に関する事例研究」『疏通と人文学』一〇号、二〇一〇年。「高麗八万大蔵経の板刻、奉安及び板架構成に関する研究」『書誌学研究』四六号、二〇一〇年。「高麗八万大蔵経「法苑珠林」の板刻に関する研究」『書誌学研究』五一号、二〇一二年。

金聖洙「高麗大蔵経彫造の動機及び背景に関する研究」『仏教研究』三二号、二〇一〇年。

呉龍燮「守其の家系と巻内校勘記」『書誌学研究』五〇号、二〇一一年。

郭東和「高麗八万大蔵経「阿毘達磨大毘婆沙論」の板刻に関する事例研究」『書誌学研究』四六号、二〇一〇年。

李丞宰「再雕本『華厳経』に附載された巻末音義の起源」『震檀学報』一〇九号、二〇一〇年。

李ドフム「高麗大蔵経：文化論的解釈を中心として」『仏教学研究』三〇号、二〇一一年。

李ギョンスク「『高麗大蔵経』所収「玄応音義」に収録された標題語「梵本」から見た外来語翻訳の様相」『中国言語研究』三五号、二〇一一年。

李ジェス「高麗大蔵経の文化的価値と活用の方案」『韓国教授仏子連合学会誌』一七号、二〇一一年。

南ドンシン「李穡の高麗大蔵経の印出と奉安」『韓国史研究』一六三号、二〇一三年。

蔡尚植「高麗国新雕大蔵校正別録の編纂と資料的価値」『韓国民俗文化』四六号、二〇一三年。

韓相吉「高麗大蔵経の海印寺移運時期と経路」『仏教学研究』三〇号、二〇一一年。

性安「海印寺、八万大蔵経」『漢字研究』五号、二〇一一年。任ドッキュン（性安）「『高麗大蔵経』の海印寺奉安と寺院の位相」『石堂論叢』五四号、二〇一二年。

(185) 拙稿「日本仏教と『高麗大蔵経』――『高麗大蔵経』の学術的利用を中心に――」『日本仏教史研究』六号、二〇一二年。「『高麗再雕大蔵経』の日本流通と活用――琉球国を中心として――」『石堂論叢』五八号、二〇一四年。

(186) 東亜大学校石堂学術院編『国宝第三二号　海印寺大蔵経板重複板調査領域事業報告書』、法宝寺刹海印寺・陜川郡、二〇一三年。

(187) 南海郡・㈶韓国文化遺産研究院編『高麗大蔵経の板刻と南海』、南海郡・㈶韓国文化遺産研究院、二〇一三年。

(188) 註（82）、朴相国、前掲論文、一九八三年、一八〇頁。

(189) 金潤坤「江華京板高麗大蔵経」の体裁に関する一考」『釜山女大史学』一〇・一一号、一九九三年。註（130）崔永好、前掲書、二〇〇九年。

(190) 金ホドン、韓中世史学会。八公山符仁寺経王学術会（二〇〇九年九月）「高麗時代の初雕大蔵経と符仁寺」討論文）。

崔然柱「符仁寺蔵『高麗大蔵経』の呼称と造成」『韓国中世史研究』二八号、二〇一〇年。

第一章　日本所蔵の高麗版大蔵経

第一節　寺院・神社所蔵の高麗版大蔵経

Ⅰ．はじめに

一四世紀後半の東アジアは、大きな変動期を迎えようとしていた。すなわち、モンゴルが中国大陸を支配していたが、農民の反乱によって草原の北方に去り、一三六九年には朱元璋（一三六八―九八）が明を建国して、漢民族国家が成立した。また、朝鮮半島では高麗が滅び、李成桂（太祖、一三三五―一四〇八）が朝鮮を建国した。日本でも足利義満（一三五八―一四〇八）によって南北朝が統一された時期であった。こうした中、日本では明や朝鮮との外交が活発に行われるが、そこで活躍したのが禅僧であった。

このような東アジアの情勢の下、日本と朝鮮の間で交渉は大きな動きを見せるようになる。当初、倭寇に苦慮していた朝鮮が、その取り締まりを日本側に要請したことがきっかけとなり、歴史的な交渉が始まるわけであるが、その後約一五〇年間にわたり豊かな文物の交流がなされる。この頃の日本と朝鮮との交流において、特に日本側は大蔵経を頻繁に要請していた。朝鮮の大蔵経とは、すなわち高麗蔵を指すが、これは数多くある大蔵経の中でも善本と言われている。それは、開宝蔵、契丹蔵、高麗蔵（初）などを校勘しているからである。このように、高麗蔵が善本として評価されたのは朝鮮半島においてではなく、江戸時代に黄檗版とそれを対校した鹿ヶ谷法然院の忍澂[1]（一六四五—一七一一）や浄勝寺の順芸[2]（一七六七—一八四七）によってであり、それ以前の室町時代には善本としての高麗蔵を要請していたわけではなかったであろう。

室町時代の日朝交流の中で高麗蔵は、西国の大名や管領職、琉球国などが競って朝鮮に要請した結果として伝来したものであり、その数は四〇蔵から五〇蔵に及ぶと言われている[3]。一方の朝鮮では、統治理念として儒教が用いられ、文班と武班による両班政治を執り行い、人材を養成する教育制度とそれを選抜する科挙制度を重視した儒教国家が建国された。儒教を統治理念とした政策の一つが「排仏崇儒」であり、これによって仏教界は大きく衰退することとなった。こうした朝鮮側の政策自体も、日本側による頻繁な大蔵経要請の一因となっていたのは確かである。

足利氏や大内氏、斯波氏、畠山氏など西国の大名や管領職、琉球国が大蔵経を要請した主な目的は、寺院の創建や再興のために伽藍を整備し、経蔵を建立して大蔵経を奉納し、領国内の安寧を祈ることであった。このようにして日本にもたらされた高麗蔵であるが、その後の戦乱などにより多くが焼失する結果となり、現在まで残っているのはわずかである。

今日に至り、日本では高麗蔵（初）、高麗蔵、朝鮮経由の中国版大蔵経、あるいは写本の大蔵経と混合されているなど、多様な形態で残されている。また、印刷年代も高麗時代から朝鮮時代、そして日本統治時代や近年に至るまでさまざまである。

そこで、本節では寺院・神社に比較的まとまって所蔵されている高麗蔵を対象として、その現状と伝来経緯につ

いて考察する。(4)

Ⅱ．寺院所蔵の高麗版大蔵経

1．増上寺（東京）

増上寺は、元来武蔵国貝塚にあった真言宗寺院であったが、明徳四年（一三九三）に聖聡（一三六六―一四四〇）によって浄土宗に改宗された寺院である。江戸時代初期には、存応（一五四四―一六二〇）が将軍徳川家康（一五四三―一六一六）の帰依を受けて現在の地に伽藍を造営して以降、徳川家の菩提寺として、また関東十八檀林の筆頭として興隆した。

増上寺の高麗蔵は、一二五九冊（数巻で一冊）、毎半折一二行の袋綴装の形態で残されている。『一切経音義』巻第一〇〇の巻末に付いている金守温撰「印成大蔵経跋」(5)からして、世祖四年（一四五八）に印刷されたことが特徴の一つとなっている。朝鮮時代が排仏崇儒政策を執っていた中、世祖は仏教に対して篤い信仰心を持ち、信眉・守眉・学悦などの高僧とも親交が深かった。世宗二十九年（一四四七）に父である世宗の命を受け、昭憲王后（一三九五―一四四六）の冥福を祈るための『釈譜詳節』をつくり、世祖七年（一四六一）には刊経都監を設置して数多くの仏典を諺文に翻訳し刊行した。また、多くの寺院の重修及び補修を行い、都城での経行を復活させた。(6)世祖三年（一四五七）の冬、先王と先妃並びに祖考霊の福を祈るため、桂陽君（?―一四五七）・尹師路（一四二三―六三）・申叔舟（一四一七―七五）・李仁孫（一三九五―一四六三）・権擥（一四一六―六五）・韓錫文らに対し五〇蔵の大蔵経を印刷するよう命じた。そして、親交のあった信眉・守眉・学悦など禅徳と相談のうえ、各道に紙の分出を求めたほか、慶尚監司の李克培（一四二二―九五）を総監督に据え印刷に着手したのである。(7)こうして、世祖四年には大蔵

経五〇蔵の印刷を終え、各道の名刹・巨刹に奉納した。(8)

では、増上寺の高麗蔵はいつ日本に伝来したのか。『縁山三大蔵経総目録』には、次のような記録がある。

我が三縁山の三大蔵は、第一が宋本であり、第二は元本、第三は高麗本である。（中略）高麗本は後土御門院（一四四二―一五〇〇）の時代である文明年間に、大和の忍辱山円成寺の僧侶である栄弘がもたらし、その寺に蔵したものである。(9)

増上寺の高麗蔵は、もとは和州忍辱山円成寺に所蔵されていたこと、そして文明年間に栄弘（一四二〇―八七）という僧侶によって日本にもたらされたことがわかる。

円成寺の栄弘は、文明十四年（一四八二）に朝鮮へ派遣されている。すなわち、『成宗実録』成宗十三年四月条に次のような記録がある。

日本国王が栄弘首座らを遣わして来聘し、夷千島王遐叉が宮内卿らを送らせ献上物を捧げた。日本国王の書契に曰く「日本国王源義政は、朝鮮国王殿下に謹んで回答を奉ります。両国が千里を隔てながら、代々隣好を修めてきたことは、天にも地にも知られるところです。どうして欺くことができましょうか。ところが近年日本は混乱し、すべてにおいて暫く廃するようになりました。（中略）大和州に教寺があり、円成寺と申します。僧侶の明禅が、阿弥陀仏を奉安して数年が経ちます。昔、唐に妙智という居士が、阿弥陀を昼夜念誦していましたが、ある日の晩に夢を見ました。その夢に、神人は「実に仏陀に拝謁しようものなら、然るべくは日本国円成寺に参れ」とおっしゃいました。（中略）また、大蔵経を求めて寺内に安置し、一国の福を増殖する地とし、法宝を以て、辺境の百姓に利することを望みます。（以下略）」[10]

これによると、栄弘は一国の福を増殖する地として、法宝で民衆らを利するために大蔵経を求めている。現在、円成寺は真言宗の寺院であるが、当時から阿弥陀仏が安置されていたようである。ところで、大蔵経の要請は元来禅宗の僧侶が外交を任されるのだが、この時は禅僧でない僧侶が足利義政の国使として朝鮮に派遣されていた。当時、大蔵経を入手しようと国書を偽造する場合が少なくなかったが、栄弘もこうした形で大蔵経を要請した可能性は否定できない[11]。さて、これに対する朝鮮側の回答として、『成宗実録』成宗十三年四月条に次のようにある。

礼曹に申し上げます。日本国王が要請した大蔵経一件は、慶尚道にあるものを与えて送らせます。（以下略）[12]

このように、慶尚道のある寺院に存在した大蔵経を栄弘に渡したことが確認できる。これを日本に持ち帰り、文明十四年に円成寺に奉納したのである。その後、慶長十四年（一六〇九）に徳川家康が自身の菩提寺である増上寺に寄進したのだが、その際、彼は円成寺に寺領一三〇石のほか、一〇五石を追加で納めて高麗蔵を譲り受けた[13]。

徳川家康は学問を愛護し、仏教を篤く信仰していた。また、政治や外交においても僧侶を起用していた。特に、天台宗の天海（一五三六？―一六四三）、臨済宗の崇伝（一五六九―一六三三）、浄土宗の存応と緊密な関係を維持していた。彼は個人的には浄土宗の信者であり、慶長十年（一六〇五）には増上寺を造営し、同十七年（一六一二）には宗派は異なるが喜多院も造営している。なかでも、増上寺は徳川家康が江戸に幕府を築いた頃より寺檀の関係が成立しており、菩提所とした後に急速な復興を遂げた寺院である。

こうした中、三種類の大蔵経の寄付は、増上寺築造と七堂伽藍の再建という経蔵閣の建立と関連してなされた。鎌倉・室町時代に幕府と諸大名が大蔵経を懇願したように、江戸時代にも日本各地で存在していたものが求められたと考えられる。当時は、文禄・慶長の役の余燼を残しつつも終結し両国の国交が回復し始めた時期であったため、朝鮮に要請するよりは日本各地に渡ってきた大蔵経を追跡調査して入手する方が容易だったのかもしれない。このような経緯が絡み、徳川家康は円成寺の高麗蔵を選んだのではないだろうか。家康が宋・元・高麗の三種類の大蔵経を増上寺に寄進したことについて、金山正好は次のように述べている。

家康公が大蔵経を開版しようという強い希望を懐いておられた。(中略) 増上寺の三大蔵は大蔵経開版の際に照合する用意であったと思われてなりません。[14]

金山正好の見解はあくまでも推測の域を超えないが、日本各地に点在した三種類の大蔵経を寺領と交換して寄進した点、家康が仏教信者で文武を兼ねていた人物である点、慶長十年に将軍職を退いた後に駿府で出版した漢籍の蔵書が一〇〇〇部一〇〇〇〇冊にも及ぶ点を勘案するなら、彼に新たな大蔵経を出版しようという意図があったことは充分に考えられる。

2. 輪王寺（栃木）

輪王寺は天台宗の寺院であり、その創建は奈良時代にまで遡る。江戸時代に入り、徳川家康の庇護を受けて繁栄した。明治時代の神仏分離令によって寺院と神社が切り離された後、東照宮と二荒山神社を統合して「二社一寺」と称されたが、近世まではこれらを総称して「日光山」と呼んだ。

輪王寺に所蔵されている高麗蔵は、六一四冊三一三八巻である。数巻で一冊となり、毎半折一二行の袋綴装である。これまで輪王寺に高麗蔵が所蔵されている事実はあまり知られていなかった。関連研究で唯一、小田幹治郎が次のように述べているのみである。

日光の輪王寺にも高麗板大蔵経の残本があって、慈眼堂の経閣に蔵めてある。巻数は不明であるが、約そ三二箱であろうとのことで一箱概ね五、六冊を収めてある。当時整理中であったから其の後判明したことと思うが、此の経本も正しく海印寺の印本であって、其の印刷の時期は増上寺の本と略ぼ同時のように思われる。綴本であって、渋色の表紙を附け、水色の紙で綴ってある。又題箋はなく、製本の体裁は全く増上寺の本と同一である。[15]

小田幹治郎は輪王寺の高麗蔵を閲覧した結果、蔵上寺のそれと同時期に印刷されたものだとしている。朝鮮時代に印刷された高麗蔵はその装丁が袋綴装となっている。この点から見ると、輪王寺の高麗蔵も朝鮮時代に印刷されたものであると判断できる。伝来に関してはまったくもって不明だが、日光座禅院権別当昌源の木像厨子の墨書銘には、文亀三年（一五〇三）昌源が経蔵に寄進したという内容が記されている。よって、それ以前に伝来したと推測できる。[16]

3. 建仁寺（京都）

建仁寺は臨済宗建仁寺派の大本山で、開祖は栄西（一一四一—一二一五）である。創建されたのは建仁二年（一二〇二）、その年号の付与にともない建仁寺と命名された。諸堂は中国の白丈山を模倣して建立された。創建当時は、天台・密教・禅の三宗兼学であったが、第一一代住職の蘭渓道隆（一二一三—七八）の頃より純粋な臨済禅の道場となった。

建仁寺に所蔵されている高麗蔵は、江戸時代に至るまで善本として名高いものであった。増上寺の寺誌である『三縁山誌』巻二には、「此朝鮮本は京建仁寺の本と当本にて他国他寺に類なし」[17]と書かれている。『三縁山誌』は摂門（一七八二—一八三九）によって文政二年（一八一九）に書かれたが、当時は増上寺の高麗蔵と共に善本と称されていたようである。後述するように、他の場所にも高麗蔵は存在したが、建仁寺のものは江戸時代に学術的に利用され、その名が全国的に知れわたっていたようである。例えば、法然院の忍澂が宝永三年（一七〇六）から五年、浄勝寺の順芸が文政九年（一八二六）から十余年を費やし、高麗蔵と黄檗版を対校している[18]。これ以前にも寛文八年（一六六八）から同十二年（一六七二）まで、妙心寺の竺印祖門の提議により、建仁寺の高麗蔵が全蔵書写されている[19]。しかし、天保八年（一八三七）に起きた火災によってほとんどが焼失し、現在三三七帖一二四冊の全四六一帖冊のみが確認されている[20]。

さて、建仁寺の高麗蔵はいつ日本に伝来したのか。足利義政（一四三六—九〇）は朝鮮に永嵩、全密、慧光などを遣わし、寺院の創建に伴う費用を要請している[21]。これに対する朝鮮側の回答として、『世祖実録』世祖三年（一四五七）五月条に次のような記録が見られる。

日本国王の使者全密らが別れの挨拶をするため、書信で答えるには、「朝鮮国王は日本国王殿下に謹んで回答致す。（中略）我が国は貴国と共に代々にわたって隣好にして敦厚に接するも、私は不徳の身でありながら天の力を受けて幸いにも最初の国難を安定させたが、即位してからの日々が浅く、通問信義を敦厚にする暇がない理由から恥ずかしく思い、書信をして仏刹を重修するための資金を得て、助けにしようとする。ただ本国では銭幣が施行されなくなってすでに長く、官庁と民間に蓄えられたものが充分ではないので、謹んでいくらかのお金を集めて万分の一ではあるが、助けになることを祈る。仏教を広めるは双方で一致しており、貴国の行為を見て嬉しく思う。特別に、大蔵経の令部を送らせ、広げて閲覧するのに備えさせ、併せて土産を我が国に来た使者に贈り、不足ではあるが礼節と信義の証として受け取ってもらおう。（以下略）[22]」

当時、朝鮮では銭幣が施行されていなかったが、足利義政に寺院中興の費用と大蔵経を与えたことがわかる。建仁寺に現存する大蔵経はこの時のものである。

しかし、建仁寺の高麗蔵の伝来について上村閑堂は、「高麗版の蔵経が我国に渡った一番最初は何時頃であったか分からぬが、義堂の空華日工集に義堂自身が建仁寺で麗蔵を見たことを記している、義堂は南北朝時代の人であるから、既に此の頃に我国にもたらされて居たことだけは明らかである[23]」と述べている。『空華日工集』巻三、永徳三年（一三八三）二月二十九日条[24]にこれと関連した内容が見られる。ところが、そこには「高麗版」とは書かれていない。また、『空華日工集』は義堂周信（一三二五―八八）の日記であり、彼は南北朝時代から室町時代にかけて活躍した僧侶である。この記録が確かなら、永徳二年（一三八二）頃に大蔵経がすでに建仁寺にあったことになるが、この頃朝鮮半島から大蔵経が最初に伝来したのは一三九五年であり、今川了俊（一三二六―一四二〇？）が要請したものである。[25] これが建仁寺に寄進されたのかについては不明であるが、彼が建仁寺と関係のない人物であるとすれば、寄進されなかったと考えられる。また、足利氏の中で最も早く大蔵経を入手したのは応永十八年（一四一一）であり、四代将軍の義持（一三八六―一四二八）の時代[26]であったため、上村閑堂の指摘する年代より若干遅い。つまり、『空華日工集』に書かれている大蔵経は、高麗蔵ではなく他の大蔵経（写本の大蔵経もしくは中国版の大蔵経）である可能性が高い。

また、建仁寺の高麗蔵について小田幹治郎は、「表紙は紺紙を用ひ、金字を以て経名を題してある。其の印刷が鮮明であって、字形が磨滅して居らぬこと、紙の質が高麗時代の経本と略ぼ同一である点から考えて、増上寺の印本よりも年代が古い[27]」と述べている。小田は日本に現存する高麗蔵を調査し、紙質や印刷の鮮明さなどから印刷年代を推測しているが、建仁寺の高麗蔵は装丁からしても高麗時代に印刷されたものと判断している。

4. 南禅寺（京都）

南禅寺は臨済宗南禅寺派の大本山で、正式名称を「瑞龍山太平興国南禅禅寺」という。正応四年（一二九一）に無関普門（一二一二―九一）を開山として、京都東山に位置する亀山法皇（一二四九―一三〇五）の離宮を禅宗寺院としたことに始まる。歴代の南禅寺住職には法系や派に縛られることなく、夢窓疎石（一二七五―一三五一）、虎関師錬（一二七八―一三四六）、春屋妙葩（一三一一―八八）などの名僧が任命された。伽藍は明徳四年（一三九三）と文安四年（一四四七）の火災、応仁の乱（一四六七―七七）で幾度となく焼失したが、江戸時代初期に徳川家康によって再興され現在に至っている。

さて、南禅寺への大蔵経の伝来については、『世宗実録』世宗三十年（一四四八）四月条に以下の記録がある。

宣慰使の姜孟卿が報告するには、「日本国の使臣がすでに乃而浦に着き、輝徳殿に向かっており、蔵経を請うために来ました」と言った。その日本国使の文書によると、「日本の正使文渓正祐は、（中略）太平興国南禅寺は、我が国（日本）の第一禅刹で、王と臣下が最も崇敬している寺院であります。しかし、前回の火災により法宝がすべて焼けてしまったので、上にも下にも拠り所が無くなりました。ひたすら願うのは、大蔵経七千余巻を得て、帰国船に付せればと思います。我が王の文書の中ですでに詳しく述べているので、もはや左右に知られていると怪しく思わないでください。（以下略）[28]」

日本国王足利義教（一三九四―一四四一）の使僧として派遣された文渓正祐が、朝鮮に大蔵経を要請している。南禅寺は五山・十刹の制の最上位に位置する有力な寺院であったが、争乱によって法宝、すなわち大蔵経が消失してしまったことから、その復興のための取引である。上の記録からすると、以前から南禅寺には大蔵経があったようであるが、それがいつ奉納されたものであるかは不明である。

さて、今回の要請に対する朝鮮からの回答として、『世宗実録』世宗三十年八月条に以下の記録がある。

日本国使臣正祐らの帰国に際し、国王が文書をして回答するには、「朝鮮国王は日本国王殿下を奉り回答する。今回文書を送り（中略）要請した蔵経と諸々の土物を別幅のとおり備えて、帰国する使臣に付して回使する誠意を表すので、領納することを願い、その他は自重することを願う。別幅に大蔵経全帙函。（以下略）[29]」

この時、文渓正祐は大蔵経全蔵を受け取り帰国した。この大蔵経は南禅寺に奉納されたと考えられるが、現在同

表1　南禅寺の大蔵経[34]

刊本	帖数
普寧寺蔵	二二五三帖
高麗蔵（初）	一七一五帖
日本版	三一一帖
北宋版	二一六帖
南宋版	一一四帖
高麗蔵	二五帖
写本	帖数
年代不明	八七六帖
有奥書年代分明	一七五帖
総数	五六八五帖

寺に所蔵されているものは、この時の大蔵経ではない。

南禅寺は、明徳四年（一三九三）に比叡山の僧侶による放火に見舞われるが、後に再建された。『世宗実録』世宗三十年四月の記録がこれを物語っている。ところが、応仁の乱で再び伽藍のほとんどが焼けてしまい、さらには戦国時代に寺領を各地の大名に奪われ衰退の一途をたどる。

その後の桃山時代になり、豊臣秀吉（一五三七―九八）に玄圃霊三が、徳川家康に金地院崇伝が仕えて、南禅寺は復興されるようになった。特に、崇伝の時代には法堂・方丈等が再建され、大蔵経も家康の手によって慶長十九年（一六一四）に寄進された[30]。現在、南禅寺に所蔵されているこの大蔵経は、もとは禅昌寺にあったものである。それは各経典に「摂州兵庫下庄帝釈神撫山禅昌寺常住[31]」というと朱印があることから確認できる。禅昌寺とは、延文年間（一三五六―六一）に創建された臨済宗南禅寺派の寺院である[32]。ところが、家康は初めこの大蔵経を方広寺再建のために寄贈しようとしていた。南禅寺側は末寺の大蔵経が他宗に渡ってしまうのを反対し、家康と交渉の末に禅昌寺から移されたのである[33]。

この大蔵経は、刊本と写本を合わせた混合蔵である。刊本には元の普寧寺版大蔵経（以下、普寧寺蔵と略称）をはじめとして高麗蔵（初）と高麗蔵、開宝蔵、そして鎌倉時代のものなどがあり、写本については年代が不明であるが、ほとんどが日本のものである（**【表1】**参照）。元来、禅昌寺の大蔵経は普寧寺蔵の不足分を高麗蔵やその他のもので補っている。普寧寺蔵は応永元年（一三九四）に日本に伝来したことが跋文からわかっている。その後、応永七年（一四〇〇）に高麗蔵などで不足部分を補っているが[35]、禅昌寺にいつ頃渡ったのかは不明である。この大蔵経について注目しなければならないのは、世界で九帖しか存在しない開宝蔵が含まれている点、高麗蔵（初）が一七一五帖にも及ぶ点などである。現在、韓国に高麗蔵（初）が一四七帖しか現存していないことを考えると、貴重な大蔵経であると言える[36]。

5. 相国寺（京都）

相国寺は、室町幕府三代将軍の足利義満が約一〇年の歳月をかけて明徳三年（一三九二）に完成させた寺院である。室町時代には夢窓疎石を開山として、五山の上位に位置する禅林であった。

相国寺は、当時の京都において大規模的な禅宗寺院の一つであったが、幾度となく火災に見舞われ、その度に再建が繰り返された。最初の火災は、伽藍の完成から二年後となる応永元年であったが、義満が没した後の応永三十二年（一四二五）にも火災に遭っている。応仁元年（一四六七）には応仁の乱で、天文二十年（一五五一）には細川家と三好家の争いに巻き込まれて寺院が焼失した。その後、天正十二年（一五八四）に承兌（一五四八―一六〇八）が住職に就き、相国寺は復興される。現存する法堂は慶長十年（一六〇五）に建立されたものである。しかし、元和六年（一六二〇）、天明八年（一七八八）にも火災に見舞われてしまう。特に、天明八年には法堂以外のほとんどを焼失した。文化四年（一八〇七）、桃園天皇（在位、一七四七―六二）とその皇后の援助で伽藍が再興され、現在に至る。

さて、相国寺への高麗蔵の伝来については、『世宗実録』世宗四年（一四二二）十一月条に次のようにある。

日本国王とその母后が僧侶圭寿らを遣わして、方物を献じて大蔵経を求める書簡を送った。「海路が遠く、久しく消息が途絶えていました。梅雨が明け、槐風が爽快に吹く頃となりましたが、神霊に護られ、尊候の万福を謹んでお祈りいたします。去る年、貴国の使臣が我が国に来た折、国師の智覚普明が館（寺）を設け厚くもてなしました。その後、国師の弟子周棠が貴国に遊覧者として参った時に、先王は画工に国師の絵を描かせ、文臣の李穡に命じて賛を書かせ、帰国する周棠に贈りました。このようなご厚意を忘れられましょうか。これを見るに、貴国と我が国師との間に縁を感じずにはいられません。塔院で大蔵経を安置し、朝夕に読み、四恩に報い、三有に資する所存です。その本を得ることができず、使者が貴国に参りそれを求めようとしていますが、荒波を知りながらも危険をいとわず法宝を流通させようとする意志に感動し、これを喜んで助け、この文書に付して送ります。謹んで請うに、使者の懇切な志を哀れに思い、経典全帙を備えた七千巻を賜われば、余も同じくその恩恵に授かります。」[37]

日本国王の使僧として朝鮮に派遣された圭寿らが、将軍義持の命により大蔵経を要請している場面である。ところで、この時の要請を見ると、智覚普明が館（寺院）を建立したとある。智覚普明とは、春屋妙葩の諡号である。春屋妙葩は足利義満の帰依を受け、相国寺の第二世であるが、実質的な開山国師である。義持の命であること、春屋妙葩との関係などから、この時は相国寺に大蔵経を奉安するための要請だったと考えられる。

また、その内容からして興味深いのは、彼らが「七千全備経典」を手に入れたい一心で、危険を冒してまで遠い海を渡っていることである。相国寺に大蔵経を安置し、朝晩読経するためであるという。

これに対する朝鮮側の回答として、『世宗実録』世宗四年十二月条の記録が見られる。

王が仁政殿に出向き、日本国王の使臣圭寿らと引見して言うには、「汝の王が、去る年使臣をして通好に付したので、私もまた人を送り回報したが、ただ海を隔てているため、頻繁に通信することができない。今、使臣を送り交聘の礼を修め、交隣の義この上ない。求められた大蔵経は正帙をもって回礼使に付して送らせるが、太后が求める大蔵経もまたこれに従う(38)。」

この時、足利義持が要請した大蔵経のほかに、もう一蔵が与えられていることがこの内容からうかがえる。しかし、相国寺では先述のとおり、その後火災が多く発生しており、それが原因であるかは定かでないが、この時の大蔵経は現在まで残っていない。

相国寺に現存する高麗蔵の『根本薩婆多部律摂』巻第一をはじめとする諸経典には、「花谷妙栄大姉之寄進也(39)」という奥書が見られる。これは、当初相国寺に所蔵されていた高麗蔵が何らかの原因でなくなったため、後に花谷妙栄大姉という人物によって寄進されたという内容である。この花谷妙栄大姉については、『防長寺社由来』巻三「瑠璃光寺」条に次のような記録がある。

一、開闢　文明三辛卯歳
越前守陶弘房公の妻、法名は花谷妙栄大姉、仁保の郷に弘房公のために寺院を建立し、安養寺と名付けた。（中略）安養寺を改め瑠璃光寺と号されたので、開闢から今日に至るまで二七〇年にもなる(40)。

これによると、花谷妙栄大姉は陶弘房（?―一四六八）の妻であり、文明三年（一四七一）に夫のために安養寺を建立したが、後に瑠璃光寺と名を改めている。花谷妙栄大姉は一五世紀後半の人物であることから、この時代に高麗蔵が相国寺に寄進されことは間違いない。陶氏が大内家と深い繫がりがあったため、もとは大内氏領国内にあった大蔵経であることを知ることができる。

相国寺の大蔵経の特徴は、『大般若波羅蜜多経』六百巻が元の普寧寺蔵であるという点である。しかしながら、それがいつどこで混ざったのかは不明である。

6．金剛峯寺（和歌山）

金剛峯寺に所蔵されている高麗蔵は一巻一帖、毎半折六行の折帖装で、全部で六二八五帖、刊本は六〇二七帖、写本は二五八帖が確認されており、三〇七函に収められている。

この高麗蔵は、もとは対馬の宗氏によって八幡宮神社に奉納されたものであることが『大般若波羅蜜多経』巻一〇の巻末の墨書から確認できる。

平朝臣宗刑部少輔　貞盛（花押）
平朝臣宗彦六　　　成盛（花押）
宝徳元年己巳霜月　四日
奉寄進　八幡宮(41)

これは、宝徳元年（一四四九）十一月に宗氏が八幡宮に奉納する以前から、すでに高麗蔵が対馬に伝わっていたことを示している。そこで、一四四九年以前に、朝鮮が宗氏に送った大蔵経について考察する。

まず、『太宗実録』太宗十六年（一四一六）八月己卯条では、対馬宗貞茂と大内多多良道雄（盛見、一三七七—一四三一）が、使者を送り大蔵経を要請している。この時、王が僧録司の僧侶に馬を与えて大蔵経が安置される忠清道・慶尚道の各寺院に遣わし、択び出して大蔵経一帙を揃えて与えよと命じたので、それに従っていることから、宗貞茂と大内道雄が共に大蔵経を入手していることが確認できる。次に、世宗二十七年（一四四五）には、宗貞盛が頓沙文を遣わし、朝鮮への入港船数を二〇隻に追加することと共に大蔵経を要請した。船については却下されたものの、大蔵経一蔵が帰国者に渡されている。最後に、世宗三十一年（一四四九）八月、対馬では朝鮮のために倭寇を取り締まって捕虜を送還していた。その倭寇の中には八幡神山に住む者が二人いた。怒った山神の祟りによって、島主の娘や息子らが病死するという事態が起き、その災いを鎮めようと神堂に納めるための大蔵経を得るため、使僧として道誾が朝鮮に派遣された。宗氏の要請に対し、朝鮮側は翌九月に大蔵経一部のほか、白犬と白鶴を各一隻ずつ送っている。

以上、宝徳元年までに、三蔵の大蔵経が対馬にもたらされている。このうち、一四一六年の大蔵経については、宝徳元年から三〇年近くも遡る宗貞茂の時代であるため、八幡宮との関係はなかったと考えられる。一四四五年に船数の増補と共に要請した大蔵経については、その理由などが明らかになっていない。最後に賜った大蔵経は、宗貞盛が八幡神社に奉納するために要請したものだ。すなわち、一四四九年八月に要請して、同年九月に送られたものが対馬に到着するや、すぐに八幡宮に奉納されたわけである。

ところで、八幡宮とは現在どの神社を指すのか。対馬で八幡宮と呼ばれる神社に、厳原の国府八幡宮（和多都美神社）、加志の城八幡宮、木坂の木坂八幡宮（海神神社）などがあるが、この中で国府八幡宮が最も有力であるとい

う見解がある。(46)

この高麗蔵は、後に金剛峯寺に寄進される。これについては、『高野春秋編年輯録』十三巻に次のような記録がある。

慶長四年己亥（中略）三月二十一日。石田三成が母の追悼のために、奥院の広辺に一切経蔵を造り、朝鮮印板大蔵経を納めた。(47)

慶長四年（一五九九）に石田三成（一五六〇―一六〇〇）が亡き母を供養するために経蔵を建立し、高麗蔵を金剛峯寺に寄進したことがわかる。石田三成は安土桃山時代の武将であり、幼い頃より豊臣秀吉の近侍として仕えていた。武将ではあったが、軍事よりも吏務に優れており、五奉行の一人として秀吉の政治の舞台で活躍した人物である。では、三成の仏教に対する信仰はどれくらいであったのだろうか。彼もまた、当時の武将と同様に仏教、特に禅宗に帰依していた。(48)時折、大徳寺の円鑑国師を訪れて参禅し、その教えを受けていた。天正十四年（一五八六）には浅野幸長（一五七六―一六一三）・森忠政（一五七〇―一六三四）と共に浄財を喜捨して大徳寺の境内に三玄院を建立し、母の葬儀を営んだ。また、菩提を弔うため佐和山に瑞岳寺を建立した。(49)彼は妙心寺の伯蒲慧稜を崇敬しており、そこにも寿聖院を建立している。このように、禅宗の僧と親交が深かった一方、真言宗の木食上人応其（一五六二―一六〇八）とも親しくしていた。この両者の関係については、紀州征伐の時、客僧として高野山を訪れていた木食上人応其が、秀吉と高野山の仲介に入り、秀吉に対して紀州征伐をやめるよう説いたとされる。こうした事情もあり、三成は木食上人の深い徳に惹かれたようである。以降、両者は懇親を重ねるようになり、親しくなっていった[50]。

では、対馬にあった高麗蔵がなぜ金剛峯寺に奉納されたのか。対馬は文禄・慶長の役における重要な拠点となっていたことから、石田三成はそこで高麗蔵の存在を知ったと考えられる。しかしながら、三成と対馬との関係については不明である。

また、金剛峯寺の高麗蔵は一部が不足していたようで、文政八年（一八二五）にそれを補うため、厳島神社所蔵のものと相互補写することで全蔵を完備した[51]ことがわかっている。金剛峯寺が所蔵するもののうち、写本二五八帖はこの時のものであろう。厳島神社所蔵のものは、現在大谷大学図書館に所蔵されている。

7．法然寺（香川）

法然寺は、香川県高松市の南東に位置する浄土宗寺院である。元来は空海（七七四―八三五）が観音霊験のために建立した三福寺（生福寺・真福寺・清福寺）の中の一つ、生福寺であった。建永二年（一二〇七）の法難によって四国流罪に処せられた法然（一一三三―一二一二）が、庶民を教化するためにとどまった場所である。この寺院は戦乱によって衰退したが、後に法然の遺品は真福寺に移され、寛文八年（一六六八）には高松藩主松平頼重[52]（一六二二―九五）が現在の地に遷し、寺号を生福寺から法然寺と改名した。再興事業は同年に始まり、二年の歳月と巨額の費用が投じられ、同十年（一六七〇）正月二十五日に落慶供養が行われた。以降、法然寺は松平頼重の菩提寺となり、現在では法然上人西国巡礼二五霊場の二番目の札所として有名である。

法然寺の高麗蔵は、調査報告書によると「法然寺　二〇〇〇巻余帖[53]」とある。ところが、これに対する確固たる証拠が存在しない。現状としては刊本と写本があり、刊本については山本信吉による指摘よりも多い五二五二帖が確認されている。一帖一巻、毎半折六行の折帖装になっている。[54] 特徴としては、折本と旋風葉があり、表紙もそれによって異なっている。折本に題箋はなく、すべてが書外題であり、表紙も黄土色である。旋風葉には題箋が付いており（はずれているものや書外題もある）、折本よりも若干縦長である。

この大蔵経の伝来については、『仏生山条目』には「一、般若台並びに一切経は、住持相預り、指引之を致す可し[55]」と書かれている。

法然寺の再興時、一切経（高麗蔵）が寄進されたと考えられる。しかし、寄進までの経緯については不明である。ただ、法然寺の高麗蔵には刊記に「高麗」の文字が印刷されていない経典がある。これは増上寺の高麗蔵の特徴と似ている。これに関して金山正好は次のように述べている。

> 東国大学刊行の影印本と比較して著しい差異は、刊記がほとんど印刷されていないことである。（中略）また一四二二（経番）『高麗国新雕大蔵校正別録』のうち、首題・尾題とも完全なのは巻二二、首題のみが完全なのは巻二三・巻三〇であり、他は「高麗国」の三字または「高麗国新雕大蔵」の七文字の箇所が余白になっている。これらは李朝が前王朝名の「高麗」を故意に避けた結果としか考えられない。[56]

高麗蔵には各経典の巻末に「〇〇歳高麗国大蔵都監奉／勅雕造[57]」などの刊記が印刷されている。法然寺の高麗蔵にはこの刊記が印刷されている経典もあれば、印刷されていないものもある。一方、増上寺の高麗蔵は朝鮮の世代に印刷されたため、刊記部分の「高麗」の文字が印刷されていない。法然寺の高麗蔵にも刊記が見られない経典があることから、増上寺のものと同時期に印刷されたと考えられるが、印刷年代については第三節で検討する。

8. 安国寺（長崎）

長崎県壱岐島老松山の安国寺は、暦応元年（一三三八）に足利尊氏（一三〇五―五八）と直義（一三〇六―五二）が平和祈願及び戦没者の冥福を祈るため、全国六六ヵ国と壱岐・対馬の二島に建立された寺院の一つである。もとは海印寺と称された寺院を改名して安国寺とした。

安国寺には高麗版の『大般若波羅蜜多経』が所蔵されている。この経典は全部で五八九巻、そのうち刊本は二一八帖、写本は三七一帖である。版式は一行一四字詰で毎半折六行の折帖装（中には五行半・五行折もある）になっており、重要文化財に指定されている。(58)

この『大般若波羅蜜多経』は、金海府の許珍寿という人物が亡き父を供養するために購入したもので、「重熙十五年」という奥書の墨書がある。(59) これは遼の年号で、高麗では靖宗十二年（一〇四六）に該当する。これを基準に考えると、安国寺の高麗版『大般若波羅蜜多経』は高麗蔵（初）に属するが、印刷された年代が明確にされていない。(60)

9. 長松寺（長崎）

長崎県対馬の長松寺には、高麗版の『大般若波羅蜜多経』が所蔵されている。全部で五八六帖、版式は一行一四字詰、毎半折五行の折帖装である。長松寺の『大般若波羅蜜多経』も壱岐安国寺と同様に高麗蔵（初）系に属するものである。現在、対馬歴史民俗資料館に所蔵されているが、その伝来などについては不明である。(61)

10. 金剛院（長崎）

長崎県対馬の金剛院には、高麗版の『大般若波羅蜜多経』が所蔵されており、一六六冊が確認されている。一三三八年（忠粛王復位七年）に崔文度が印刷し、天和禅寺に奉安されたが、それ以降の日本への伝来経緯などは不明である。[62]

11. 泉涌寺（京都）

泉涌寺に所蔵されている高麗蔵は、明治天皇の冥福を祈るため、大正四年（一九一五）三月から三ヵ月をかけて朝鮮総督府が中心となって印刷したものである。同年に大正天皇（一八七九―一九二六）の即位に合わせ、皇室の香華寺院で「御寺」と呼ばれる泉涌寺に奉納された。泉涌寺の高麗蔵は折帖装で、全部で六八〇五帖[63]である。当時、高麗蔵は三蔵が印刷されており、残りの二蔵については、韓国の奎章閣（現在のソウル大学校奎章閣韓国学研究院）と、宮内省図書寮（現在の宮内庁書陵部）にそれぞれ奉納された。これら二蔵の装丁は綴本装であり、全部で一一六〇冊[64]である。

このように、泉涌寺の高麗蔵は近代に印刷されたものであるため、高麗・朝鮮時代に印刷されたものと区別するため、新印本と呼ばれている。高麗蔵は一九一五年以降にも何度か印刷されている。一九三七年には満州皇帝の要望によって二蔵が印刷され、うち一蔵は平安北道の妙香山普賢寺に所蔵されている。[65]

また、一九六三年から一九六八年までの六年をかけて、当時海印寺の住職であった錦潭が大蔵経印刷の拓本許可をもらい、東国大学校の総長であった趙明基を刊行委員長として、海印寺の金斗鎬・朴尚演と共に一三蔵を印刷している。[66]

12. 園城寺（滋賀）

園城寺には後述するように、元の普寧寺蔵が所蔵されている。これが朝鮮半島を経由して日本に伝来しており、朝鮮との関係を知る上で貴重なものとなるため、その伝来経緯について検討する。

園城寺の普寧寺蔵は、現在一切経蔵の中にある八角輪蔵内に納められている。一面に四九函ずつ、全八面三九二函が収納できる輪蔵と経蔵は室町時代に建立されたもので、国の重要文化財に指定されている。この普寧寺蔵は、一行一七字詰、一張三〇行の折帖装で、二八五四帖が確認されている。また、『仏説首楞厳三昧経』巻中の刊記に、次のように書かれている。

杭州路南山大普寧寺大蔵経局湖州路烏程県徳政郷銭村資福庵の比丘守志・惟春は、謹んで浄財を施納して尊経壱巻を刷り、師僧の功徳に報いて福慧を荘厳する。
至元二十二年六月　住持釈如志　題(67)

「杭州路南山大普寧寺大蔵経局」とあり、また「至元二十二年（一二八五）」とあることから、元の時代に杭州路余杭県（現在の浙江省余杭県）の南山大普寧寺で刊行された、いわゆる普寧寺蔵である。園城寺の普寧寺蔵は、刊記の記録から延祐元年（一三一四）と、至正年間（一三四一―七〇）に印刷されたものであることが、発願文から確認できる。

ところで、園城寺の普寧寺蔵には、高麗の貴族が依頼して印刷されたものが混在しているという点が注目される。すなわち、発願文から以下の事情がわかる。

第一に、延祐元年、星山郡の車氏が亡くなった夫の趙文簡と祖母の国大夫人李氏の冥福と、併せて国泰民安を祈願して大蔵経一蔵を印刷流布するため、家財を喜捨して印行を行ったものである[68]。

第二に、高麗の通直郎典校寺丞李幺升とその妻の咸安郡夫人尹氏が、亡き父の通直郎李祚と奉常大夫尹傾、亡き母の光山郡夫人金氏と洞州郡夫人金氏の冥福を祈るために、さらには自身と一族の福智の増長を願うため、財産を喜捨して大蔵経を印行し、郷邑古阜郡の万日寺[69]に奉納したものである[70]。

これら印成記の内容から、延祐元年に星山郡夫人車氏が亡くなった夫と祖母のために普寧寺に注文印刷したものと、至正年間に典校寺丞李幺升夫妻が両親のために同じく注文印刷したもの、これら二種類が混じって一つの大蔵経になったのであろう。しかし、どのような経緯で混ざったのかは不明である。

当時、高麗の貴族らが普寧寺蔵を注文印刷し、入手した事例は他にもある[71]。自国に高麗蔵というものがありながら、元の普寧寺蔵を入手していたのはなぜだろうか。恐らく、高麗蔵は開版が国家事業として行われていたため、大変貴重なものとして扱われていたのだろう。一方の普寧寺蔵をはじめとする中国の大蔵経、特に東禅寺版・開元寺版などの私版本は、販売を目的としていたことから比較的入手しやすかったと考えられる。

次に、園城寺の普寧寺蔵の伝来について検討する。大蔵経が収められている経函には、函を新調したとする過程が記された蓋裏墨書銘がある[72]。これによると、周防の香山国清寺に奉納されていた大蔵経及び経函が、弘治三年（一五五七）三月に毛利元就（一四九七―一五七一）親子が大内義長（一五三二―五七）を攻めた時の争乱によって焼失したため、永禄二年（一五五九）に新たにつくられたと記録されている。墨書によると、この大蔵経が永禄年間（一五五八―七〇）には国清寺に奉納されていたことがわかる。国清寺とは、大内盛見が応永十一年（一四〇四）に建立した寺院であり、彼の菩提寺でもあった。そのため、この寺院を荘厳する法宝として、大蔵経を奉納したと考えられる。

そこで、大内盛見の大蔵経要請に関する記録を見てみる。まず、応永十四年（一四〇七）の徳雄（盛見）による要請であるが、この時の大蔵経は『氷上山興隆寺一切経供養条々』に「蔵経船が応永十四年四月に出発し、同年十一月に帰国した」とあることから、大内氏の氏寺である興隆寺に奉納されたことがわかる。[73] [74] 続いて、応永十五年（一四〇八）にも大蔵経を賜っている。[75] 続いて、応永十六年（一四〇九）には、使者周鼎らを派遣して大蔵経を要請している。朝鮮側はこれに応じて大蔵経一部と共に、菩提樹の葉書一葉、螺鉢・鍾磬各一個、祖師の懶翁和尚（一三二〇―七六）の掛軸などを送っている。[76] この大蔵経は、大内氏領国内にある永興寺という寺院に安置されたという。[77] 最後は、応永二十三年（一四一六）であるが、対馬の宗貞茂と大内道雄（盛見）がそれぞれ使者を送り大蔵経を要請した。朝鮮側は忠清道・慶尚道の各寺院に僧録司の僧侶を遣わし、それぞれに安置されていた大蔵経から択びだして一蔵を揃えさせた。[78] こうしてようやく大蔵経が与えられた。

では、大内盛見が朝鮮から入手した四蔵の大蔵経のうち、どれが国清寺に奉納されたのだろうか。[79] 応永十四年と十六年に要請した大蔵経は、それぞれ興隆寺と永興寺に奉納されている。応永二十三年のものは、もとは忠清道と慶尚道の寺院にあったが、それが大内氏と宗氏に渡った。前述したように、園城寺の普寧寺蔵には高麗の貴族である李厶升夫妻が万日寺に奉納したものが混じっており、この寺院の名が記されていないことから、応永二十三年のものが奉納されたとは考えにくい。残るは応永十五年に送られた大蔵経が、どこに奉納されたかが不明であるため、この大蔵経が国清寺に奉納されたと考えるべきである。

後世の文禄四年（一五九五）、豊臣秀吉が園城寺に闕所の命を下した。このため寺領は没収され、金堂は延暦寺に移築されるなど、ほとんどの建造物が壊された。しかし、慶長三年（一五九八）、秀吉は北政所と徳川家康に対し、園城寺を再興するよう遺言を残して没する。これを受け、慶長四年（一五九九）に金堂が再建されたが、これに毛利輝元（一五五三―一六二五）も援助を施していた。その輝元自らも園城寺を再興するために、慶長七年（一六〇二）に国清寺の経蔵・八角輪蔵と大蔵経を寄進した。

日本と朝鮮の交渉が盛んな折、元の普寧寺蔵が高麗（朝鮮）を経て日本に請来しているのは珍しいことである。『園城寺之研究』[80]では、一部に高麗蔵が混じっていることや、高麗を経由していることから、当寺の大蔵経を高麗蔵と呼んでいるが、厳密に言えば元の普寧寺蔵である。

このように、中国の大蔵経が朝鮮半島を経由して渡っていることもある。当時の日朝交渉では、必ずしも高麗蔵だけが日本に伝来したわけではなかった。

Ⅲ．神社所蔵の高麗版大蔵経

1．吉備津神社（岡山）

岡山県の吉備津神社は、八〇〇年代に創建されたと伝えられている由緒ある神社である。古代から朝廷の篤い崇敬を受けたが、中世からは武家の崇敬を受けて社殿の修復が行われ、社領も多く寄進された。現在の社殿は、室町幕府三代将軍である足利義満が造営したものである。

吉備津神社の高麗蔵は、全部で九九四冊からなる袋綴装である。系統としては増上寺の高麗蔵と同じであろう。

このように、神社に大蔵経が所蔵されているというのは特異である。

この神社には、崇神天皇の時代に四道将軍として吉備国に下った大吉備津彦命が主神として祀られている。特に中国地方では、安芸の厳島神社と併称されるほどの大社である。平安時代の神仏習合の傾向から、鎌倉時代には本地垂迹説が完成し、この神社の本地は虚空蔵菩薩と定められた。神社の境内には、平安以降から神宮寺・青蓮寺・真如院・本願寺・普賢院など社僧の寺や、求聞持堂・三重塔・一切経堂などが造営された(81)。

こうした寺院的な要素を帯びていく中で、大蔵経を所蔵するまでに至ったと考えられる。戦国時代、海外貿易商として活躍した坂田丹波守(82)と小西行長（一五五八―一六〇〇）らによって寄進されたものであるが、その伝来経緯について正確なことはわかっていない。

2．多久頭魂神社（長崎）

長崎県対馬の豆酘《つつ》に位置する多久頭魂神社には、九七七冊の高麗蔵が所蔵されている(83)。版式は一行一四字詰、一張二三行で、表一二行・裏一一行に半折した袋綴装である。これも増上寺や吉備津神社のものと同じ形式で、朝鮮時代に印刷されたものと考えられる(84)。伝来に関しては不明であるが、室町時代に宗氏がこの神社に寄進したものであろうと言われている(85)。

3．厳島神社旧蔵（広島）

厳島神社旧蔵の高麗蔵は、明治時代に東本願寺に移された。その後、大谷大学の前図書館が建てられた後の昭和三十九年（一九六四）に同大学に移され、現在に至っている。この高麗蔵については、次節で検討する。

Ⅳ．おわりに

以上、現在まで寺院・神社に所蔵されている一三蔵の高麗蔵（一部中国の大蔵経も含む）の現状と、その伝来経緯について考察した。その中には一部新印本と呼ばれる一九〇〇年代以降に印刷されたものも範疇に含めた(86)。

これらのうち、増上寺や建仁寺、泉涌寺が所蔵する高麗蔵については、従来から日本への伝来経緯が知られていたが、金剛峯寺所蔵のものは宝徳元年（一四四九）に宗貞盛が八幡神社に奉納するために要請し、同年九月に入手したものである。記録通り、この時の大蔵経は八幡神社に奉納されたと考えられる。しかし、南禅寺や相国寺には、史料からして一四〇〇年代にはすでに高麗蔵があったと確認されているが、現在まで所蔵されているものは当時のものではなく、江戸時代に奉納されたものである。また、輪王寺や法然寺、壱岐安国寺、対馬の長松寺、金剛院、吉備津神社、多久頭魂神社の高麗蔵については、史料不足のため伝来経緯について充分な検討ができなかった。これらについては、新たな史料の発見により明らかにされることを期待する。

現状について言えば、建仁寺蔵については江戸時代に善本として誉れが高かったが、残念ながら天保八年（一八三七）の火災によってほとんどが焼けてしまい、現在一二四冊三三七帖の全四六一冊が残っていること、法然寺蔵については現在五二五二帖が確認されていることが、それぞれ把握できた。

また、園城寺の普寧寺蔵は、高麗の貴族が注文印刷して菩提寺に奉納したものであったが、後に大内盛見によって応永十五年（一四〇八）に日本に伝来した可能性を見出すことができた。その後の経緯については前述した通りであるが、貴族らが自国に高麗蔵がありながらも、元の普寧寺蔵を入手していたのはなぜなのか。国家の貴重物として扱われていた高麗蔵に比べ、普寧寺蔵をはじめとする中国の私版本は販売を目的としていたことから、比較的入手しやすかったと考えられる。このように、高麗時代には中国版の大蔵経も比較的多く流通していたと推測できる。それらが朝鮮を経由して日本に伝来したのであるが、日朝両国の大蔵経を中心とした交流の中で、日本側は高麗蔵だけにとどまらず、中国版をも含めた大蔵経を要請していたようである。

本節で述べることがなかった厳島神社の旧蔵、現在大谷大学図書館に所蔵されている高麗蔵については第二節で検討し、これを含めた日本所蔵の高麗蔵の印刷年代については第三節で検討する。

第二節　大谷大学所蔵高麗版大蔵経の伝来と特徴

I. はじめに

高麗蔵は韓国の仏教文化を代表すると共に、歴代の刊本大蔵経の中で最も優秀であると評価されてきた。それは、モンゴルの侵略により全国土が兵火に包まれた困難な状況であったにも拘らず、開宝蔵はもちろんのこと、契丹蔵、さらには高麗の国内諸経典までを一つ一つ丁寧に対照・校正して造られたからである。高麗の高宗朝に活躍した守其撰の『校正別録』は、当時大蔵経を校訂した内容を詳細に伝えている。

一方、日本でも江戸時代に高麗蔵の優秀性が説かれてきた。また、明治十四年（一八八一）から一八年の歳月をかけて、増上寺所蔵の高麗蔵を底本とした縮刷蔵が出版されている。現在、仏教学関係の研究において広く活用されている大正蔵もまた、増上寺の高麗蔵を底本としているが、これは宋・元・明版の大蔵経と対校して出版されたものである。このように、高麗蔵は世界共通のテキストとして仏教学のみならず、それ以外の分野にも至大な影響を及ぼしているが、これは大蔵経の中でも特にその優秀性を証明するものである。

今や世界を代表する文化財となった高麗蔵は、日本の諸大名の要請によって室町時代に日本国内へ多くもたらされ、現在でも一三蔵が残されていることは前節で見たとおりである。

さて、大谷大学所蔵の高麗蔵は、今日に至るまで常盤大定[87]、小田幹治郎[88]、梶浦晋[89]の諸氏によって研究がなされてきたが、その印刷年代や伝来については明確な答えが得られていない状況であった。そこで本節では、大谷大学所蔵高麗蔵の特徴である跋文を再考察してその印刷年代を明らかにし、そこに現れる刻工者などについて詳しく見ていくこととする。また、この高麗蔵の伝来に関連して、室町時代を代表する西国の大名であった大内氏との関係にも注目したい。

Ⅱ．大谷大学所蔵高麗版大蔵経の現状

大谷大学の図書館に所蔵されている高麗蔵は、五八七函に収められている。全部で五六〇一帖（冊）を確認したが、そのうち高麗蔵は四九九五帖あり、残りは写本、異版などで構成されている。写本は五四一帖、異版は七帖五八冊、そのほか五八帖の欠本がある。

異版には、『妙法蓮華経』『大蔵目録』『続一切経音義』『一切経音義』の四部がある。『妙法蓮華経』は版種が不明な折本であり、『大蔵目録』三巻三冊には寛永十九年（一六四二）の刊記が見られる。また、『続一切経音義』一〇巻五冊は延享三年（一七四六）高野山北室院の刊本であり、『一切経音義』一〇〇巻五〇冊も元文三年（一七三八）鹿ケ谷白蓮社の刊本である。これら異本は、すべて日本版である。

経箱の大きさは縦二五・三センチ×横一八・六センチからなっており、薬籠蓋の側面には朱で千字文（例えば天）が、白字で輪蔵の位置（例えば一角　二）が記されている。一角から八角までのそれぞれに七四箱があり、もとは八角輪蔵に納まっていたことを示している。現在、そのうちの五箱が喪失している。

経巻は元来、一部の例外を除いて一巻一帖となっているが、後世の補修によって二、三巻で一帖としたものもあ

る。補修された経巻を除き、ほとんどが茶色の紙帙で包まれており、帙には銀線の双廓内に金字で経題が書かれ、墨書で千字文と輪蔵の位置が書かれている。表紙にも茶色の題簽が貼付されている。題簽の双廓及び「高麗」の文字が印刷された箇所には、経題と千字文、輪蔵の位置が墨書されている。補写の経巻は、茶色の表紙に緑の紙帙で包まれている。

各経本は縦二八・一センチ×横一〇・一センチ、毎版五行の折本、一張縦二八・一センチ×横五一・八センチ、糊しろ部分は約一・五センチ、天地横罫、界高二二・三センチ、無界（『大般若波羅蜜多経』巻第一第二張）となっている。補修の痕跡があることから、もとは毎版折六行であったと思われる。写本もほとんど同じで、天地は墨罫、罫線は押界である。

後述するが、『大般若波羅蜜多経』巻第一〇の末尾などの各所に跋文が付されている。

Ⅲ．大谷大学所蔵高麗版大蔵経の特徴

1．跋文

大谷大学所蔵高麗蔵の特徴の一つは、李穡（一三二八—九八）の跋文が付いていることである。この跋文については日本で以前から紹介されてきたが、韓国ではほとんど知られていない。そこで、まず李穡の跋文を詳しく見ることとする。跋文は以下の通りである。

門下評理廉仲父が私に言うには、「廉興邦は恭愍王に仕えて進士より密直典貢士に至ったのは、儒者として極めて光栄なことであるから、これに報いるためなら何でもしよう。如来の一大蔵経は万法を備え、三根が備

わっており、冥土と現世・先後をさえぎることがない。日常を見ると、聖者になる良い機会である。帰依、崇拝して広く流布させることができよう。幸いにも大蔵経全部を印出したが、これは玄陵の冥福を祈るためである。私と共に喜捨する者は多く、父である領三司事曲城府院君、母の辰韓国大夫人権氏、義父の判門下漆原府院君尹公、前判書朴公などがいる。その中でも前判書朴公は最も多く喜捨を施した。ここに集い、楮が変じて紙となり、紙は経典となった。喜捨して力を尽くした者に、華厳大禅師尚聡、陽山大禅師行斉、宝林社主覚月、禅洞社主達剣などがおり、彼らは私と志を同じくしている。諸巻末に大蔵経の印刷経緯とそれに加わった人々を記して後の人に告げよう」。

李穡が言うには、「私の父の文孝公は玄陵潜邸にいた折、臣下として長い間仕えていた。私は玄陵初年に科挙に及第して政堂になった。これに報いようとまた大蔵経一帙を印出した。我々は志を同じくし、また仕えたことも同じであるので、どうして跋文を辞退することがあろうか」。蒼龍辛酉九月　日　推忠保節同徳賛化功臣三重大匡　領芸文春秋館事韓山君李穡跋(90)

これによると、蒼龍辛酉に廉興邦（?—一三八八）を中心として、彼の父である廉悌臣と母の権氏などが、亡き玄陵すなわち恭愍王（在位一三五一—七四）の冥福を祈るために大蔵経の印刷を発願したことが確認できる。そして、当時李穡も大蔵経を印刷した経歴があったことから、この跋文を書くことになった。蒼龍辛酉とは辛禑七年（一三八一）にあたるが、蒼龍は辛禑が使っていた年号である(91)。さて、この大蔵経の印刷年代については、常盤大定が跋文の通り当時印刷されたものだと判断しているが、その根拠を挙げていない(92)。しかし、小田幹治郎は「此の跋文からいえば高麗の時の印本のやうであるが、紙質と板面磨滅の程度から考えて増上寺の本よりは後年の印刷と思はれる。朝鮮の本には前に印刷した時の跋がその儘付けであることが間々あるから、附いて居る跋文のみに依って印刷の時期を定めることはできぬ[93]」と述べている。また、梶浦晋は増上寺の高麗蔵と比較した後に「今回増上寺の御配慮により所蔵の大蔵経を閲覧する機会に恵まれ、一部分ではあるが版面の磨滅の状態や紙質等について調査することができた。この結果増上寺本で欠けている部分で本館所蔵本にはある箇所がいくつか確認することができた。補刻の問題等があり、断定できないが、本館所蔵の印出は増上寺本より遡る可能性も無くはない。少なくとも増上寺本と、そう隔たらない時代に印出されたものとの印象を受けた[94]」と述べ、増上寺所蔵の高麗蔵が世祖三年（一四五七）年に印刷されたことから、それ以前の時期と判断している。このように、小田幹治郎と梶浦晋の両者は、大谷大学の高麗蔵の紙質と版面摩滅から印刷時期を判断している。

一方、韓国ではこの跋文が現在まで知られていなかったが[95]、同じ時期に大蔵経が印刷され、神勒寺に奉納されたことが知られている。それは、李穡が父である李穀の遺志を継いで印刷した大蔵経である。これについては『神勒寺大蔵閣記』に詳細に記されている。

判三司事韓山牧隠先生が崇仁に命じて言うには、「大徳庚戌年（一三一〇）七月三日に私の祖父井邑府君が病気で亡くなった。先君の稼亭文孝公が一三歳の時だったが、喪中と葬事が難無く執り行われた。至正庚寅年（一三五〇）十月二十日に祖母が病気で亡くなった。先君が礼を尽くして、葬事をして僧侶を請い、田舎の寺で仏経を読んだ」。先君がいつも嘆息して、「私はこれからどうすればよいのか」と言った。座元南山聡公が先君に言うには、「公が今本当に仏法で先考と先妣の冥福を祈ろうとするなら、どうして大蔵経一部を刊行なさらないのか。仏法のすべてがここにあります」と言った。先君がすぐに、仏の肖像に向かって祈願を起こした。翌年、辛卯年（一三五一）正月一日、先君が不幸にも母の喪中に亡くなった。私が中国から奔喪してきて、聡公を請いて仏経を読んだ。言葉が先君の立願にかなったが、私がまさに喪中にあるので、そのことを考える暇が無かった。すでに喪が明けた後には幸い世科に入り、官員の名単に載るようになったので、ひたすら職務に従事できないと思い、恐れ、先君が立願した仏事を振り返る暇が無かった。聡公が幾度か手紙を送って言うには、「先大人の立願をどうして破ることができようか」とあったが、すぐに返答をせず、自ら傷心するのみであった。洪武辛亥年（一三七一）九月二十六日に先妣金氏が、また病気で亡くなった。喪期がやっと明けた時には私が発病し、起き上がることができなかった。甲寅年（一三七四）九月二十三日には玄陵がふとすべての臣下を捨て、崩御した。私が静かに考えるところ、先君が玄陵潜邸にいた頃より臣下として長い年月を仕え、私は玄陵初年、科挙に合格してついに宰相の官府に上がったので、我々父子が受けた恩恵は極めて手厚いものであったが、早くに小さな毛ほども恩を返すことができなかった。ところが、突然弓剣を捨てたので、どうしてその悲しみに勝てようか。己未年（一三七九）、聡公がついに山中から下りて、私に「もう私も七四歳になりました。幸いこうして死なずに公に会えたので、これがどうして偶然でありましょうか。先大人のお言葉がはっきりと耳に残っています。公は覚えていますか」と言った。私は心を痛めて「上では先王の冥福を祈り、下では先考の言葉を受け継ぐことである」と言った。私の病気が治った折、王命を受け入れ、懶翁の塔銘を書いたことは遠い昔のことではない。自ら計画してみると、私の力では足りない。これを成就できる者はただ懶翁の弟子たちだけである。すぐに弟子に手紙を送り、その意志を伝えた。号を無及、琇峯という二人が弟子を従えて激励した。庚申年（一三八〇）二月から縁をたどり喜捨を集め始めた。覚昰は順興に向かい、覚岑は安東、覚洪は寧海、道恵は清州、覚連は忠州、覚雲は平壌、梵雄は鳳州、志宝は牙州でそれぞれ勧善した。楮が変じて紙となり、黒きものを溶かして墨を作った。辛酉年（一三八一）四月に経律論を印刷し、九月に表紙を仕立て、十月に覚珠が泥金で題目を書き、覚峯が黄色の表紙を作り、十二月に性空が函を造った。（中略）壬戌年（一三八二）正月に華厳宗の霊通寺で何度も校閲して、四月にはそれを船に積んで驪興郡神勒寺に運んだ。そこは懶翁が入寂した地である。花山君権公僖が題目を主管して、再び施主たちと共に施財して、同庵の順公が舎を監督し、ついに寺の南側に二階建ての建物ができあがった。丹青の装飾であった。これが竣工したと言うので、印刷した経律論をその中に納めた。五月に転経し、九月にも転経した。今年に入り、癸亥年（一三八三）正月にまた転経した。およそ一年に三度転経することは恒規とした。（中略）ああ、三〇余年の長い年月を経て先君の立願がとうとう成された。どうして自ら慶祝せずにいられようか。さらに、その大きな功を推し量り、永遠に王の長寿と国の福を祈り捧げた。(96)

これを見ると、当時大蔵経の印刷がなされるまでの経緯が窺える。すなわち、大蔵経印成がなされる三〇年前の忠定王二年（一三五〇）、李穡の父である李穀は母の葬儀を仏式で行った。この時、李穀は尚聡師から追福の仏事として大蔵経の印刷を勧められる。それを実践しようとするが着手にまで及ばず、翌年の忠定王三年（一三五一）に無念にも他界してしまう。父の訃報を知った李穡が急遽元から帰国した際、尚聡師は彼に大蔵経の印刷をめぐる亡き父との関係を伝えたが、李穡はその遺志を継ごうとはしなかった。その後、彼は何度も「先大人之願、其可違乎」という書信を受けとるが、実践することなくただ自傷するばかりであった。しかし、辛禑五年（一三七九）に尚聡師が偶然訪ねたことがきっかけとなり、翌年の辛禑六年（一三八〇）に懶翁の弟子である無及と琇峯によって、ようやく大蔵経印刷の本格的な作業が始まったのである。『牧隠集』巻八には、「懶翁の弟子を海印寺に送り、大蔵経を印刷した」という記録があり、これを裏付けている(97)。

こうして完成した大蔵経は、辛禑八年(一三八二)に霊通寺で何度も校閲され、その後神勒寺に奉安された。神勒寺に奉安されたのは、そこで没した懶翁の七周忌を祈念するためであった(98)。ところが、李智冠は当時印刷された大蔵経について、全蔵が印刷されたのか、あるいは部分的に印刷されたのかという疑問を投げていると同時に、高麗蔵でない可能性もあると述べている(99)。しかし、この時の印刷事業が辛禑六年二月から辛禑八年までかかったこと、また懶翁の弟子たちが海印寺に行き大蔵経を印刷したという記録があることから、高麗蔵の全蔵が印刷されたと見るべきであろう。

李穡が大蔵経を印刷するまでの様子を見ると、彼がなぜ廉興邦の大蔵経印刷の際に跋文を書いたのかがうかがえる。父が被った王の恩恵に報いるため、彼もまた廉興邦と同じ志を持っていたからである。亡き父の遺志を継いで懶翁の弟子たちと大蔵経を印刷したという経歴が、廉興邦と志を共にするきっかけとなったのである。

ところで、跋文の内容をもう一度よく見てみると、当時この大蔵経が印刷された経緯が詳細に見えてくる。廉興邦は恭愍王に仕えた人物であり、王が亡くなった後、その冥福を祈ろうと大蔵経を印刷するわけであるが、その縁由と印刷経緯を後人に伝えるため、李穡に跋文を依頼したのである。

この跋文は『大般若波羅蜜多経』巻第一〇をはじめとする諸経典の巻末に、計四二五ヵ所で付けられていることが確認できた。大谷大学所蔵の高麗蔵は全部で五六〇五帖(冊)あり、そのうち高麗蔵は四九九五帖ある。つまり、その約一〇分の一に跋文が付けられていることから、跋文の「諸巻末に大蔵経の印刷経緯とそれに加わった人々を記して後の人に告げよう」という部分は裏付けられる形となった。

この跋文は、大蔵経印刷までの縁由を後世まで残そうとした廉興邦の意図を示しているものである。これは大蔵経が印刷された当時に付けられたと考えられる。

高麗蔵に付された跋文は、大谷大学所蔵の高麗蔵以外にも六つが確認できている。

①　太祖李成桂撰「印経跋文」

太祖は大蔵経を印刷して、太祖二年（一三九三）に国泰民安と太平盛世を祈願し演福寺五重塔に大蔵経を奉安した。

②　金守温撰「印成大蔵経跋」

世祖は先王先后と祖考（太祖）の霊が吉福を授かり、また福が法界の一切衆生と昆虫草木に至るまで授かることを願い、世祖三年（一四五七）に大蔵経五〇蔵を印刷して全国の主要寺院に奉安した。増上寺本はこれに属する。

③　黄獄山人学祖撰「印成大蔵経跋」

燕山君の妃である燕山君妃慎氏が、燕山君の万寿無疆と元子宝体を発願して、燕山君六年（一五〇〇）に高麗蔵三蔵を印刷した。

④　海冥壮雄撰「印経大蔵経跋」

高宗二年（一八六五）に南湖永奇と南冥長老の発願により、一万四〇〇〇金を集めて大蔵経二蔵を印刷し、五台山と雪岳山にそれぞれ奉納した。海冥壮雄はこの時印経事業に参加して、一連の顚末を記した。

⑤　靑始永撰「印経跋文」と「印経事実」

歴代の王が国泰民安を願い大蔵経を印刷したという前例をもとに、高宗が光武三年（一八九九）に高麗蔵四蔵を印刷して、松広寺、通度寺、海印寺、全国の主要寺院に分納し国家の安寧を祈った。

⑥　寺内正毅撰「印大蔵経跋」

大正四年（一九一五）に当時の朝鮮総督であった寺内正毅が、天下の至宝である高麗蔵三蔵を印刷した。これは、明治天皇の冥福を祈るために行われたのであり、宮内庁、泉涌寺、ソウル大学校奎章閣韓国学研究院に奉納された。

以上、六つの跋文は高麗蔵が印刷された当時の顚末を伝えるものであり、これらの版木が海印寺にも残されている。現在に伝わる高麗蔵のうち、大谷大学所蔵の高麗蔵と増上寺所蔵のそれに跋文が付されているのが確認されている。増上寺所蔵の高麗蔵については、印刷年代から日本への伝来経路がわかっている。また、大正四年の「印大蔵経跋」は、ソウル大学校奎章閣韓国学研究院所蔵の高麗蔵では確認できなかったものの、当時泉涌寺に奉納する際に『大般涅槃経』四〇巻とこの跋文が奉呈されていることから、巻末に跋文が付けられていないことがわかっている。

さて、跋文はあくまで大蔵経が印刷された当時の顚末を伝えるものであり、前代のそれをそのまま付けることはない。例えば、増上寺所蔵の高麗蔵は『一切経音義』巻第一〇〇の巻末に金守温撰「印経大蔵経跋」が付けられているが、そこには太祖李成桂撰「印経跋文」が付けられていない(100)。また、大正四年に印刷された高麗蔵にも前代までの跋文が付けられていない。なぜなら、跋文は大蔵経が印刷・製本されると同時に付けられるものであって、それ以外の目的で使用されたり、また後世に印刷された大蔵経に再度付けられたりする理由がないからである。つまり、大谷大学所蔵の高麗蔵の跋文は、その当時に付けられたものであると判断せざるを得ない。

神勒寺に奉納された大蔵経は、その後の太宗十四年（一四一四）、室町幕府四代将軍の足利義持の要請によって朝鮮王朝から賜ったものである。『太宗実録』太宗十四年条には、次のような記録がある。

大蔵経を日本国に贈り、大般若経を圭寿に与えた。最初に王が代言らに「日本国王が大蔵経を求めたので、経板を与えるのはどうか」と言ったので、「我が国に経板が少なくないので与えるのに何の害があろうか」と答えた。王が「京外で経板の数を数えるように命じた。（中略）王が、隣国の使臣がたとえ長く居座っても何か煩わしいことがあろうかと言ったので、圭寿が、我が王が先君の志を継ぎ、大蔵経と大般若経を閲覧しようとしています。臣は下賜していただき、我が王に捧げることが望みですと言い、続けて上書して大般若経を求めた。王は、この経典は我が国にも僅かしかないが、広く探して与えようと言い、続けて礼曹に命じて驪興神勒寺の大蔵経全部を日本国王に与え、寧山任内豊歳県広徳寺の大般若経全部を圭寿に与えた。（後略）[101]」

ここでは大蔵経要請に至るまでの詳しい経緯については言及しないが、日本国王の要請に応じて朝鮮側が大蔵経を下賜したと記されている。ここで注目すべきは、この時の大蔵経が神勒寺に所蔵されていたという点である。これが父の意志を継いで李穡が印刷したものであるとするなら、その年に足利氏の要請の下、日本に伝来していたと考えられる。しかしながら、この大蔵経が日本のどの寺院に奉納されたかは不明である。

もう一度整理すると、当時印刷された大蔵経には、まず李穡が懶翁の弟子と共に印刷したもの、続いて廉興邦が発願して印刷したものの二つがある。それぞれの大蔵経が別の目的で印刷されたわけであるが、李穡が印刷した高麗蔵には跋文が付いておらず、後に神勒寺に奉納された。一方、廉興邦が印刷した高麗蔵には跋文が付いているが、高麗時代にどの寺院に奉納されたかは不明である。日本では、現在までこれら二蔵が混同されてきたようである。神勒寺に奉納された高麗蔵は、その後応永二十一年（一四一四）に足利義持の要請によって日本に伝来した。また、大谷大学所蔵の高麗蔵は後に記すように、大内氏の要請によって朝鮮から賜ったものであるが、いつ日本に渡ってきたかは不明である。

当時、この二蔵の高麗蔵の印刷は、亡き国王の冥福を祈るためのものであったが、李穡が印刷したものは本来、彼の父が祖父の冥福を祈ろうと発願したものである。しかし、時が流れ父も亡くなり恭愍王も亡くなったことから、彼らの冥福を共に祈るために印刷が行われた。李穡が自身の先祖の冥福も同時に祈ったのである。高麗蔵は本来モンゴル軍を退散させるために雕造されたものであり、いわば国家次元の大事業であった。故にその印刷も国家次元でなされるべきである。すなわち、王族の発願により大蔵経が印刷されるのが一般的常識であるが、当時の発願は王族でない貴族や文人によってもなされていたということになる。廉興邦の印刷は、亡き国王の冥福を祈るためのものであったことから国家次元であると言えるが、李穡の印刷は結果的に国家次元になったとは言え、もとの発願者は父の李穀であり、その遺志を継承して行われたものである。従って、発願理由は国家次元であるとは言えない。

高麗時代、海印寺の蔵経版を用いて大蔵経が印出された例がいくつかある。高麗蔵は一般的に護国思想にもとづいて王命により造られたものであり、当然その印出も国家次元であると思われていた。しかし、高麗時代には大蔵経が王族と無関係に印出されていた例が存在したことも知ることができた。

2. 高麗版大蔵経に現れた刻工者

大谷大学所蔵の高麗蔵に見られる刻工者は、『海外典籍文化財調査目録』に記載されている。[102] この刻工者に関しては、今日に至るまでそれほど重要視されてこなかった。しかし、金潤坤らによって刻工者の性質が明らかになってから注目を浴びるようになった[103]。

現在、高麗蔵の刻工者について整理されているものには、増上寺史料別冊『増上寺三大蔵経目録[104]』、金剛峯寺の『高麗版一切経目録[105]』、『高麗大蔵経彫成名録集[106]』などがある。一つ目の『増上寺三大蔵経目録』には、増上寺所蔵高麗蔵に見られる刻工者が載せられている。この高麗蔵は前述したとおり、世祖三年（一四五七）に印刷されたものである。また、三つ目の『高麗大蔵経彫成名録集』には、東亜大学校所蔵のものに見られる刻工者が載せられている。この高麗蔵は一九六〇年代に印刷されたものであるが、同時期のものが東国大学校や成均館大学校などにも所蔵されている。ところが、これら二つの資料と比較すると、『高麗大蔵経彫成名録集』に載っている刻工者の数の方が圧倒的に多い。一方、増上寺の高麗蔵の『大般若波羅蜜多経』六〇〇巻には刻工者がほとんど見られない。では、大谷大学の高麗蔵はどうであろうか。資料を見る限り、やはりこれも同じく刻工者が少ない。また、これら三つを比較すると、刻工者に若干の差があることも確認できる。高麗蔵には七万字以上の異体字が常用されており[107]、経文に限らず刻工者にも異体字が使われているものは少なくないはずである。

筆者は現在まで東国大学校、大谷大学、法然寺に所蔵されている高麗蔵を調査したことがある。前述したように、東国大学校所蔵のものは印刷年代が東亜大学校のものと同じであるため、『高麗大蔵経彫成名録集』に掲載されている刻工者とほとんど同じであることを確認した。しかし、法然寺所蔵高麗蔵もやはり刻工者がそれほど見られない。それは、印刷された時代や印刷範囲、紙一枚一枚を綴る方法などにより、刻工者の確認が可能となる程度が変わってくるためである。

海印寺に所蔵されている高麗蔵の版木を見る機会に恵まれ、刻工者が経文のすぐ横に刻まれているもの、刊記の横に刻まれているもの、印面ではない版木の側面に刻まれているものがあることが確認できた。特に、最後の側面に刻まれている場合、この部分までの印刷なくしては刻工者を確認することができない。そのため、印刷の際にどの部分までを刷るのかによって、刻工者名が印刷されているかどうかが決まる。また、印刷された紙を綴る際に経文部分のみを綴るのか、あるいはもう少し余裕をもって綴るのかによっても差が出てくる。つまり、印刷された時代や経典の装丁によって、刻工者がはっきりと見えたり見えなかったりもするわけである。特に、日本に現存している高麗蔵、すなわち増上寺・金剛峯寺・法然寺・大谷大学に各々所蔵されているものは、刻工者が印刷されたものを綴る際にわざと隠したか、あるいは最初から印刷がされなかったものと推測できる。

大谷大学所蔵の高麗蔵によって、刻工者の名前にも異体字が使用されていることが明らかになった。そのため判読が難しくなっているが、『海外典籍文化財調査目録』においてはできる限りそれを正字に置き換えられている。

Ⅳ．大谷大学所蔵高麗版大蔵経の伝来と大内氏

1．大谷大学所蔵高麗版大蔵経の伝来

この高麗蔵はもともと東本願寺に所蔵されていたが、昭和三十七年（一九六二）に大谷大学図書館の新築に伴い、昭和三十九年（一九六四）に同大学に移されたものである。東本願寺には、明治七年（一八七四）に安芸の厳島神社から移された。当時の神仏分離運動によって堂宇は壊され、仏像は他の寺院へと移される運命にあった。大蔵経もまた火災による焼失や売買を余儀なくされたなか、東本願寺がこれらを買い取ったのである(108)。

では、この高麗蔵がいつ頃厳島神社に伝来したのか。『大願寺文書』巻四十一の天文十年（一五四一）十二月十二日の条に次のような記録がある。

大内義隆、長門国内日普光王寺より買得の大蔵経を厳島神社に寄進[109]。

天文十年、大内義隆（一五〇七—五一）が長門の普光王寺に所蔵されていた大蔵経を買い上げて、厳島神社に寄進したとある。また、『芸藩通志』巻一五には、高麗蔵が普光王寺から厳島神社に移された際の詳しい経緯が記されている。

輪蔵二所　並に塔岡経堂の下にあり、北にあるは龍宮界蔵、南は転法輪蔵と云額をかけり、転法輪の額は根自休が書なり、各一切梵経を蔵し、並に釈迦、傅大士、普成、普建二童子を置く、蔵経、一は宋板、一は朝鮮板なり、天文五年、大願寺僧道本が願にて、尊海をして大内義隆の書簡を齎して朝鮮に渡らしめ、一部を乞ひけれど得ずして帰朝す、道本また義隆に申て、天文十一年、長門国、普光王寺の経を、経蔵とも引て、義隆の寄附とす、今に経巻端に、普光王寺より尊海に渡せし事をしるせるものあり、今転法輪を高麗蔵ともいふ、是天文中に所建なり、龍宮界はいつ建立せしや詳ならず、土人は龍宮界蔵の方を古といへれど、早く龍宮界蔵ありて、蔵経あらば、天文に苦求すべからざるに似たり、されど義隆書簡を見るに、当島にも一部は蔵しぬれど、虫鼠に侵耗せらるとあれば、是龍宮界蔵の経を指すやも知べからず[110]。

当時、厳島神社には龍宮界蔵、転法輪蔵の二つの輪蔵があり、高麗蔵と宋版大蔵経がそれぞれ納められていた。高麗蔵は長門国普光王寺旧蔵であったので、大内義隆（一五〇七—五一）がそれを譲り受け経蔵と共に厳島神社に寄進したのである。ところで、厳島神社に高麗蔵が寄進される以前、天文七年（一五三八）に大願寺の尊海が大内義隆の使者として朝鮮に渡り、大蔵経一蔵を要請した。しかし、朝鮮側の回答は、国内に大蔵経がなく要求に応じることはできないというものであった。そこで、大内義隆が領国内にある高麗蔵を寄進したわけである。ここで注目すべきは、厳島神社にあった二種類の大蔵経、すなわち高麗蔵と宋版大蔵経が、東本願寺を経由して現在大谷大学に所蔵されているという点である。

では、普光王寺にあった高麗蔵はいつ頃日本に伝来したのか。これに対する明確な史料はないが、『大般若波羅蜜多経』巻二をはじめとする経典の巻末に「明応丙辰六月念有八日大通老衲惟周稿」[111]という墨書がある。明応丙辰とは明応五年（一四九六）のことであり、高麗蔵がこの年までに日本に伝来していたと考えられる。これと関連して、梶浦晋は次のように述べている。

この墨書は明応年間のものではなく後世のものと推測されるが、こうした墨書を偽造する必要もないため、後世に補修する時元々あった墨書をそのまま写したものと考えられる。[112]

すなわち、もともとあった墨書の内容をもう一度書きなおしているに過ぎず、それ自体は明応五年に書かれたものだと判断できる。したがって、この高麗蔵がこの年にはすでに日本に伝来していたと考えられる。

2. 大内氏と高麗版大蔵経

ところで、普光王寺旧蔵の高麗蔵を寄進した大内義隆とはどのような人物なのか。彼は大内氏一六代当主である。大内氏とは室町時代に西国を支配していた大名である。当時、室町幕府の将軍家である足利氏に匹敵するほどの勢力を備えており、明、朝鮮との貿易で大きな利益をあげていた。その交易により大陸文化を受け入れ、大内氏の領国内で独特な文化を形成していた。前述したように、大内義隆は大願寺の僧侶に頼まれ、朝鮮に大蔵経を要請しているが受け入れられなかった。しかし、代々大内氏は朝鮮との交渉によって数多くの大蔵経を手に入れている。これを整理すると次頁の【表2】の通りである。

ここでまず、朝鮮と大内氏との関係について探る必要がある。なぜなら、大内氏がこれほど多くの高麗蔵を入手できるまでに至った背景を知る必要があるからである。

朝鮮と大内氏の関係は、朝鮮時代初期から始まる。倭寇の頻繁な出没に苦しんでいた朝鮮は、これを制圧するよう日本に要求した。当時、こうした朝鮮の要請に対して室町幕府は、西国を平定し対馬にまで勢力が及んでいた大内氏に倭寇の鎮圧を命じたのである。こうした事実は朝鮮にも知れわたり、以降日本に対する外交使節の護送を大内氏に直接依頼するまでに至った。このように、朝鮮側は日本との関係において、大内氏の役割を高く評価していたのである。大内氏もやはり朝鮮に忠誠を尽くし、これによって厚い信頼関係が維持された。

大内氏と朝鮮の関係は、日本と朝鮮の関係において大きな助力となり、両国の懸け橋的な役割を担ったことから始まった。ところが、大内氏はこうした政治的な信頼関係から一歩進み、朝鮮とさらに密接な関係にあることを主張するようになる。すなわち、大内氏がもとは百済王の後裔であり倭寇を討伐したという貢献もあることから、朝鮮に対して土田を要求したのである。

日本の左京大夫六州牧義弘が九州を制圧して、使者を派遣して方物を献上して、またその功績を伝えた。王が義弘に土田を下賜しようとしたが、簽書中枢院事の権近と諫官の議論で取りやめた。義弘が請うて言うには、

表2　大内氏によって日本に伝来した大蔵経

年代	大内家当主	大蔵経	出典資料	奉安先
太祖五年（一三九六）	大内義弘	一蔵	『太祖実録』五年六月丙戌条	
太宗七年（一四〇七）	大内盛見	一蔵	『太宗実録』七年九月辛亥条	興隆寺
太宗八年（一四〇八）	大内盛見	一蔵	『太宗実録』八年八月丙子条	
太宗九年（一四〇九）	大内盛見	一蔵	『太宗実録』九年閏四月癸丑条 戊辰条	永興寺
太宗十六年（一四一六）	大内盛見	一蔵	『太宗実録』十六年八月己卯条	
世宗二十二年（一四四〇）	大内持世	一蔵	『世宗実録』二十二年八月庚午条	
世宗二十五年（一四四三）	大内教弘	一蔵	『世宗実録』二十五年一二月辛卯条 『世宗実録』二十六年七月壬戌条 『世宗実録』二十七年二月丙辰条	香積禅寺
世宗二十八年（一四四六）	大内教弘	一蔵	『世宗実録』二十八年六月甲寅条	
成宗十年（一四七九）	大内政弘	一蔵	『成宗実録』十年四月癸卯条 『成宗実録』十年五月丁丑条	安国寺
成宗十六年（一四八五）	大内政弘	一蔵	『成宗実録』十六年八月戊申条 『成宗実録』十八年六月甲申条	普門寺
成宗十八年（一四八七）	大内政弘	一蔵	『成宗実録』十八年七月癸亥条	長谷寺
成宗二十一年（一四九〇）	大内政弘	一蔵	『成宗実録』二十一年九月丁卯条	紀州安楽寺

「私は百済の後裔です。日本の人々は私の世系と姓氏がわからないので、探して書いていただくよう請いたいと思います」といい、また百済の土田も要求した[113]。

このように、当時定宗（在位一三九八―一四〇〇）は大内氏の主張を積極的に受け入れる立場であった。しかし、大内氏が百済王の後裔だと主張するのに対し、朝鮮側はそれを疑っていた。大内氏が百済王の子孫であるか否かは遠い昔のことで立証できないが、とりあえず百済始祖の温祚王高氏の後裔であることを議論している。結局、この年の冬に大内義弘（一三五六―一四〇〇）が応永の乱で戦死した。そのため、朝鮮への「土田」の要請は曖昧なままに終わってしまう。

それから約六〇年後の端宗元年（一四五三）には、大内氏は一族の始祖である琳聖太子が日本に渡って来たという記録を求めている。すなわち、「かつて大連等が仏法を滅ぼそうと挙兵し、聖徳太子がこれと交戦した折、百済国王は琳聖太子に命じて大連を討たせた。この琳聖がすなわち大内公である。聖徳太子は琳聖の功績を称えて州郡を与え、以来その地にちなんで大内公と称している」と自己の先祖について説明したが、日本ではこのことを遺老たちが口述相伝したに過ぎず、本記は兵火によって失われてしまった。朝鮮王朝には「琳聖太子日本之記」というものがあるはずであり、それを譲るよう述べている[114]。

また、大内政弘（一四四六―九五）が成宗十六年（一四八五）十月には、琳聖太子の祖父以上の名前と史蹟が伝えられておらず、これを知るために朝鮮に「国史」の賜与を要請した[115]。これに対し、成宗は弘文館に命じて「略書」を送らせる。この「略書」は『三国史記』、あるいはそれが抜粋された可能性があるという見解がある[116]。いずれにしても、大内氏が朝鮮と昔から何らかの関係があったことを認めさせたことは確かである。

以上、大内氏と朝鮮は外交的な信頼関係で始まるが、それ以降大内氏が百済の子孫であるという主張を執拗に繰り返したことによって、朝鮮側はそれを徐々に認めることとなった。これはいうまでもなく、日本の他の大名に比べ、大内氏が朝鮮との関係において優位に立っていたことを意味するものであり、大蔵経の要請とその成事にも直結した。これは政弘の父、大内教弘（一四二〇―六五）の時代に、二蔵の大蔵経伝来に繋がっている点からもわかる。

大内氏が「百済始祖温祚王高氏之後」であると主張したことが事実であるのか、あるいは朝鮮と有利な関係を築き上げるためのでっち上げなのかに対する真偽問題は別としても、こうした主張を通して結果的に当時の日朝関係において、大内氏が自らの立場をより強固たるものにしたことは事実である。このような理由から、大内氏は数多くの大蔵経を朝鮮から賜っていたのであろう。大内氏は氏寺や密接な関係がある寺刹（興隆寺、香積禅寺、安国寺、普門寺等）に安置して、領国内の安寧を祈るために大蔵経を要請したのである。

しかし、大内氏が普光王寺のために大蔵経を要請したという記録は見えない。大内氏が朝鮮から入手した大蔵経は、**【表2】**を見てもわかるように、どの寺刹に奉納されたのか不明なものは、一三九六年、一四〇八年、一四一六年、一四四〇年、一四四六年の五蔵である。一四〇八年に大内盛見（一三七七―一四三一）が賜ったものは、現在園城寺に所蔵されている[117]。大谷大学所蔵の高麗蔵は明応五年（一四九六）以前に日本に伝来していたことはわかるが、これ以上具体的にいつ伝来したのかを考察するのは難しい。

では、大内氏が朝鮮との特殊な関係を通じて手に入れた大蔵経が、具体的にどのように使われていたかについて考察することとする。これに関しては、大内氏の始祖とされる琳聖太子の氏寺である氷上山興隆寺[118]の事例から見ることとする。

氷上山興隆寺は六一三年、百済聖明王の第三王子琳聖太子によって建立されたとされる。六一一年に琳聖太子は周防国多々良浜に上陸、当時の都であった難波で聖徳太子に会い、周防国大内県を賜わる。これによって、代々大内氏が周防を支配するようになるが、その領国内に建立された寺院が興隆寺である。

その後、興隆寺は一族の内紛によって焼失してしまうが、正平五年（一三五〇）大内弘幸（?—一三五二）の時に本堂・仁王堂・鐘楼・上宮・山王社などが再建された。興隆寺は代々大内氏の氏寺としてその信仰を集めていたが、特に大内盛見の時代からはその役割がいっそう大きく取り上げられ、高麗蔵と関連した行事が行われるようになった。その具体的な記録が『氷上山興隆寺文書』に残っているが、その中の「氷上山興隆寺一切経蔵供養条々」に次の内容が記されている。

氷上山興隆寺一切経蔵供養条々

一　願文
　為大概先年本堂供養願文写進之、料紙ハ表裏以金銀薄被艶畢
一　蔵経船出津応永拾四年卯月日、帰国同十一月日、衆人無為海上無事
一　翌年自朝鮮国、両官人為礼来朝之
一　毎年二季彼岸転経事
一　当寺毎年二月舞楽事
一　供養吉日良辰事
三月下旬卯月上旬之間可被選下事(119)

応永十一年（一四〇四）に興隆寺再建事業の一環として本堂が再建され、その供養が行われた[120]。その後一切経蔵が完成するが、その中に安置する大蔵経がなかった。そのため大内盛見は朝鮮に大蔵経を要請し、それを手に入れることによって供養を実現したのである。当時の大蔵経の要請は、興隆寺再建事業の一環として見ることができる。すなわち、氏寺である興隆寺の再興に際して伽藍を整備し、そこに法宝である大蔵経を安置しようとする目的があったようである。

ここでもう一つ注目すべき点は、「一切経蔵供養」が行われて以来、「毎年二季彼岸転経事」、「当寺毎年二月舞楽事」とあるように、毎年春と秋の彼岸には転経会が催され、毎年二月には舞楽会が開かれていたということである。「舞楽会」では特に稚児が舞楽を踊ったが、これは興隆寺で催された二月会という年中行事の一つとして行われていた[121]。二月会は修二会（修正会）ともいい、毎年農耕が始まる二月に開かれる悔過の法会をいう。悔過とは本尊に罪過を懺悔して、罪障の消滅と共に天下泰平・風雨順時・五穀成熟・万民快楽を祈る法要である[122]。

そして、毎年春と秋の彼岸に執り行われる転経会は、祈禱を目的として大蔵経を転経するものであり、大内氏領国内を守るための行事であった。

このように、大内氏によって日本にもたらされた高麗蔵自体が、寺刹の年中行事として供養されていた。これ以外にも、興隆寺では高麗蔵を主とした法会が行われていた。『大内氏実録』巻五、盛見条に次のような記録がある。

応永三十四年（一四二七）夏四月九日、氷上山興隆寺で一切経供養会を行った[123]。

興隆寺で一切経供養が行われたことを伝えている。さらに、当時の願文にも同じ内容が見られる。これについては「大内盛見一切経供養願文」という史料がある。

昔、箕子は周の武王の時代に供範を授かり、師の位についた。その後朝鮮に封ぜられて以来、子孫は先祖を神として祀ったので、中国（秦、漢、三国、六朝、隋、唐、五代、宋、元と国が変わる）のような盛衰興亡がなかった。朝鮮は一方に鎮座し、先祖を祀り、自若したるは、箕子の仁政盛徳による善行の報いからである。日本の推古天皇の御代に朝鮮の琳聖太子が我が王化を慕って日本に降り立ち、周防国に留まり、西国の大士族（大内氏）となったものである。この大内氏は爾来中国地方の豪族として大いに発展し、仏教を信じ、殿堂を修め、仏像を荘厳にし、丁亥（一四〇七年）の年に一切経を朝鮮に求め、輪蔵を造ってこれを安置するも、この数年来九州の群寇各地に蜂起し、豊前・筑前の地が大いに乱れ、生民は塗炭に苦しみ、神祠・仏閣は相次いで兵火等に壊された。そこで、弟子（大内盛見）が一臂の力を振るい、神仏の冥助を得てこれを討伐、平定した。これによって、今年丁未（一四二七）の年に蔵経供養の素願を果たし、太平を万代に祈り、家運が朽ちぬよう祈願する。(124)

大内盛見の時代は、一族の家督争いが続いた時期であり、決して安定はしていなかった。そうした中、盛見は応永十四年（一四〇七）に興隆寺で一切経蔵供養を行った。当時使われた大蔵経は、前述したように興隆寺再建の一環として朝鮮から手に入れた高麗蔵である。「頃年九州群寇杠蜂起」とは、応永三十年（一四二三）に起こった盛見と少弐満貞（?—一四三三）の戦いを示している。すなわち、少弐満貞は渋川義俊を攻撃して博多を支配するが、結局は大内氏が幕府の命令を受けて博多を取り戻した。博多を中心とした北九州地方は、日本において海外交流の重要な拠点であったため、周辺の大名はその支配権を手に入れようと熾烈な争いを繰り広げていたのである。つまり、大内盛見は一四二三年に起こった領国内での混乱を無事収拾し、それに対する感謝と領国内の安寧のために、興隆寺に高麗蔵を祀って一切経蔵供養を行ったのである。

このように、大内氏の大蔵経要請は、高麗の大蔵経雕造とその信仰に大きな影響を受けていると考えられる。特に、朝鮮に直接高麗蔵を要請して信仰し、その霊験で領国内の安寧を祈った点は注視しなければならない。また、大内氏だけでなく、足利氏による高麗蔵の要請は、その背景に高麗蔵自体の優秀性はもちろん、大内氏の事例のように大蔵経による深い信仰があったことを伝えている。

V. おわりに

以上、大谷大学所蔵高麗蔵に見られる跋文の内容からその印刷年代、刻工者、その伝来、大内氏との関係などについて考察した。

大谷大学所蔵高麗蔵の特徴の一つとして、跋文が付いていることが挙げられる。これは韓国や日本に現存する他の高麗蔵には見られない特徴であり、その点では大変貴重なものである。李穡の跋文は当時の印刷経緯を伝えるものであり、大蔵経が製本された後にそれを付けるのが原則として考えるなら、それ以外の目的で印刷された大蔵経の跋文を付けることはない。また、李穡の跋文が大谷大学所蔵の高麗蔵の諸巻末四二五ヵ所に付けられている点、当時李穡自身も父の遺志を受け継いで高麗蔵を印刷した経緯があり、廉興邦に賛同してこの跋文を書いた点などから、この高麗蔵は跋文通り一三八一年に印刷されたものである。しかし、これはあくまでも史料から考察したものであり、今回は書誌学的な立場からの考察はできなかった。日本には大谷大学以外にも多くの高麗蔵が現存しており、これらを比較しながら印刷年代を検討する必要がある。ところで、神勒寺旧蔵の高麗蔵が、応永二十一年（一四一四）に足利義持の要請によって日本に伝来していることから、大谷大学所蔵の高麗蔵が同寺院旧蔵のものであるという見解がある。[125] しかし、神勒寺旧蔵の高麗蔵は京都に、大谷大学所蔵の高麗蔵は大内氏領国内にあったことから、その見解は否定的に見るべきである。

刻工者については、詳細な考察はできなかったものの、高麗蔵が印刷された年代や経典の装丁によってはっきり確認できる場合と、そうでない場合があることがわかった。経文同様、刻工者にも異体字が使われており、その判読には困難を要する。今回の調査では、可能な限り経典から確認できる刻工者を記録し、異体字を正字体に変換する努力をした。本調査における記録と実績は、今後あらゆる面で史料として活用する価値は充分にあると言える。

大谷大学所蔵の高麗蔵は明応五年（一四九六）には日本に伝来していたが、その経緯の詳細については明確にすることができなかった。しかしながら、この高麗蔵が室町時代を代表する大名である大内氏と深い関係にあったことは否めない。大内氏が自らの先祖が百済の琳聖太子であることを理由に、朝鮮と同根であるという主張を維持していたからである。さらに、高麗蔵を要請した背景には、その雕蔵背景にある護国思想と同様、大内氏の氏寺である興隆寺で開かれていた転経会や一切経供養などの事実がある。これは当時安定を見なかった大内氏が、領国内の天下泰平や万民快楽を目的として施した行事であった。すなわち、大内氏もまた大蔵経を供養することで、その霊験を用いて地域の安寧と家勢の繁栄を祈願していたのである。

第三節　日本所蔵の高麗版大蔵経——諸本から見た印刷年代の検討——

I．はじめに

一四世紀後半から一六世紀初めにかけて、足利氏や大内氏などの権力者が朝鮮王朝に大蔵経を求め、四四蔵が日本に伝来した。また、一九一五年から一九六〇年代にかけ、高麗蔵が数回にわたり印刷されて日本に伝来している。それらも含めると五〇蔵以上の高麗蔵が伝来したことになる。現在、増上寺、輪王寺、相国寺、南禅寺、建仁寺、大谷大学、泉涌寺、金剛峯寺、法然寺、吉備津神社、多久頭魂神社、宮内庁、四天王寺大学、立正大学などに高麗蔵が所蔵されているが[126]、南禅寺の大蔵経は普寧寺蔵をはじめとして、高麗蔵（初）、開宝蔵、高麗蔵などが含まれる混合蔵である。また、建仁寺のように江戸時代の火災によって大半が焼失したものもある。

現在、比較的にまとまった状態で日本に所蔵されている高麗蔵は一三蔵ある。後述するように、これらの中で印刷年代が明らかなものは大谷大学、増上寺、泉涌寺、宮内庁、四天王寺大学、立正大学[127]の高麗蔵のみである。泉涌寺や宮内庁、四天王寺大学、立正大学所蔵の高麗蔵は一九〇〇年以降に印刷されたものであり、朝鮮時代前期までに印刷されたいわゆる古印本については、その年代を特定するのが極めて困難である（**【表3】**参照）。

表3　高麗蔵の摺印年代(128)

摺印年代	年代	部数	奉安先
一三一八年	忠粛王五年	未詳	霊鳳山龍岩寺
一三一四―三九	忠粛王代	未詳	神勒寺
一三七八年	辛禑四年	未詳	敬天寺
一三八一年	辛禑七年	部分	神勒寺
一三九三年	太祖二年	未詳	演福寺?、海印寺?
一三九九年	定宗元年	未詳	
一四一三年	太宗十三年	未詳	開慶寺
一四三九年	世宗二十一年	未詳	
一四五七年	世祖三年	五〇蔵	全国各寺
一四五七年	世祖三年	三蔵	興天寺
一五〇〇年	燕山君六年	二〇蔵	各大刹
一五二〇年	中宗十五年	一蔵	
一八六五年	高宗二年	二蔵	五台山寂滅寶宮、雪岳山五歳庵
一八九九年	高宗三十六年	四蔵	三宝寺刹及び全国大刹
一九〇六年	高宗四十三年	部分	金剛山正陽寺

一九一五年	大正四年	三蔵	泉涌寺、宮内庁、ソウル大
一九三七年	昭和十二年	二蔵	満州国皇帝、寧辺普賢寺
一九六三―一九六八年	大韓民国	一三蔵	東国大、東亜大、成均館大、中東中・高等学校、四天王寺、比叡山、高野山、日本国会図書館、カリフォルニア州立大、英国（二蔵）、豪州、台湾

そこで、本節では大谷大学、増上寺、相国寺、法然寺、妙心寺、建仁寺、泉涌寺に所蔵されている高麗蔵の特徴について概観し、それらの同一経典を比較して印刷された年代順について検討する。

Ⅱ．比較の対象に選定した理由

六〇〇〇巻以上ある高麗蔵の中から、印刷年代を検討する経典を選定するのは困難である。しかし、東国大学校から出版された影印本（以下、東国大学校本と略称）を見ると、金属活字で補塡された部分や、空白のままになっている部分が各所に存在する。該当箇所を印経本で確認すると、黒く印刷されていたり空白になっていたりする。印経本や影印本で見られるこうした箇所は、海印寺に所蔵されている大蔵経の版木自体に問題があることを示している。

では、その空白部はどのような理由で生じたのか。版木を埋め木などで補修したものの、それらが経年により欠落してしまったことが推測される。しかし、その補修がいつ頃行われたかについては不明である。

こうした版木の欠落部分が、日本所蔵の高麗蔵の印刷年代を検討する上での重要な手掛かりとなる。ところで、海印寺所蔵の大蔵経版木に関する調査は、一九一四年から一九一五年、一九三七年、一九六三年から一九六八年の三度行われ（詳細については第四章第一節を参照）、版木が損傷していることが報告されている。三度の版木調査の中で最も古い報告が、大正時代（一九一四年―一九一五年に行われた調査）のものである。この時に報告されている一三六ヵ所一〇一七字の欠字[129]を東国大学校本で確認してみると、前述したように金属活字で補填されているか、空白のままとなっている。そこで、今回の比較においては、欠落などが特に著しい箇所を選んだ。

一部ではあるが問題のある版木の現状を見てみると、以下の通りである。

①『摩訶僧祇律』巻第一五第二八張（埋め木補修されていたが五文字分が欠落）
②『十誦律』巻第二一第四張（版木が部分的に磨滅し、印刷しても写らない状態）
③『四分律』巻第四六第一四張（二文字分が埋め木補修されていたが欠落）
④『阿毘曇八犍度論』巻第一第一五張（「二」の字が欠落）
⑤『阿毘曇毘婆沙論』巻第一一第八張（一行・二行は埋め木補修されていたが欠落）
⑥『阿毘曇毘婆沙論』巻第一九第三四張（一五行目の上から九字は埋め木補修。二文字が欠落）
⑦『阿毘曇毘婆沙論』巻第二〇第四張（七文字分が埋め木補修されていたが欠落）
⑧『阿毘曇毘婆沙論』巻第二九第二張（二一行目一字、二二行目一字、二三行目三ないし四字が磨滅）
⑨『阿毘達磨大毘婆沙論』巻第一〇一第二一張（版木全体が磨滅しているわけではないが、印刷しても写らない状態）
⑩『解脱道論』巻第八第一八張（版木の上下部分が磨滅）
⑪『解脱道論』巻第九第二張（埋め木補修されていたが欠落）
⑫『解脱道論』巻第九第一九張（一五行一〇字が埋め木補修されていたが欠落）

⑬『解脱道論』巻第九第二〇張（埋め木補修されていたが欠落。刊記「辰─監」部分）
⑭『新華厳経論』巻第二第一二張（埋め木補修されていたが欠落）
⑮『大蔵目録』巻下第一四張（五・六行目が埋め木補修されていたが欠落。一〇・一一行は磨滅）
⑯『法苑珠林』巻第二二第一四張（版木が全体的に磨滅）
⑰『仏吉祥徳讃』巻上第六張（版木全体が磨滅）
⑱『一切経音義』巻第六〇第二六張（埋め木補修されていたが欠落）

以上の一八点を見ると、版木の状態によりその特徴を大きく三つに分類できる。

㋐版木全体、もしくは部分的に磨滅している状態
㋑部分的に埋め木で補修されているが、それが欠落した状態
㋒版木の磨滅や埋め木による補修ではなく、該当箇所が欠落している状態

版木の中には㋐と㋑が共存している場合もあるが、㋒はごく少数である。今回、日本所蔵の高麗蔵諸本の比較において、上記のような問題のある箇所を四九点選んだ。(130)

Ⅲ．日本所蔵の高麗版大蔵経とその特徴

1．大谷大学

大谷大学所蔵の高麗蔵（以下、大谷大学本と略称）は、全部で五六〇五帖が確認されており、それらが五八七箱に納められている。その内、刊本は四九九五帖、異版は七帖五八巻、写本は五四一帖であり、五八帖が欠本である。装丁は折帖装で、もとは毎半折六行であったが現在は五行である。[131]

大谷大学本には、李穡の跋文が約一〇帖ごとに一つ付けられている。この跋文の内容から蒼龍辛酉すなわち辛禑七年（一三八一）に印刷されたものであることが確認されている。[132]

2．増上寺

増上寺所蔵の高麗蔵（以下、増上寺本と略称）は、一二五九冊（数巻で一冊）、毎半折一二行の袋綴装である。増上寺本は、『一切経音義』巻第一〇〇の巻末に付いている金守温撰「印成大蔵経跋」[133]によって、世祖四年（一四五八）に印刷されたことが確認できる。特徴としては、「〇〇歳高麗国大蔵都監奉／勅雕造」などの刊記の印刷がほとんど見られない。これは、朝鮮時代に印刷されたものであるため、「高麗」の文字をわざと印刷しなかったとされている。[134]

3．相国寺

相国寺所蔵の高麗蔵（以下、相国寺本と略称）は、一帖一巻、毎半折六行の折帖装である。相国寺本には、「花谷妙栄大姉之寄進也」という墨書が所々に見られる。花谷妙栄大姉とは陶弘房（？―一四六八）の妻である。陶氏は西国の大内氏と関係が深いことから、もともと大内氏が要請した大蔵経であることが窺える。

また、『大般若波羅蜜多経』六〇〇巻が元の普寧寺蔵であることも特徴の一つである。しかし、それらがいつどこで混ざったのかについては不明である。

4．法然寺

法然寺所蔵の高麗蔵（以下、法然寺本と略称）は、現状では刊本と写本がある。刊本は五二五二帖が確認されており、[135] 一帖一巻、毎半折六行の折帖装である。写本は延享二年（一七四五）から延享三年（一七四六）に増上寺本と相互補写されたものである。

法然寺本は折帖装であるが、装丁が二種類存在しており、それによって表紙も異なっている。増上寺本と同様に「○○歳高麗国大蔵都監奉／勅雕造」という刊記が印刷されていないものが二八八四帖確認されているが、それ以外は刊記が見られる。法然寺本は、少なくとも二つの高麗蔵が混ざって一蔵を構成していると考えられる。

5．妙心寺と建仁寺

（1）妙心寺

妙心寺には、建仁寺所蔵の高麗蔵（以下、建仁寺本と略称）を寛文八年（一六六八）三月から四年六ヵ月をかけて書写した大蔵経（以下、妙心寺本と略称）が所蔵されている。[136] 全部で六一六六帖あり、それらが八〇〇函に入れられ毘盧蔵（経蔵）内の八角輪蔵に納められている。

妙心寺本には各張に版首題（もしくは版尾題）は書写されているが、刊記と刻工者名が写されていない。一方、建仁寺本には刊記と刻工者が印刷されていることから、妙心寺本については書写される際にそれらが省略されてしまったようである。また、妙心寺本には余白部分が多い経巻が目立つが、これは底本の通りに書写したためである。

つまり、刊記と刻工者を除いては、基本的に底本である建仁寺本をそのまま書写したと考えられる。

（2）建仁寺

現在、建仁寺本は『大荘厳論経』などの折本が三三七帖、『新集蔵経音義随函録』などの冊子本が一二四冊、合計四六一帖冊が四八函に納められている。

江戸時代には忍澂や順芸により、黄檗版との校訂の対抗本として使われるなど、日本国内の高麗蔵の中で最も活用されていた。しかし、天保八年（一八三七）の火災によって大部分が焼失し、現在に至っている。

建仁寺本は世祖三年（一四五七）に、足利義政が永嵩、全密、慧光など建仁寺の僧侶を朝鮮に派遣して、寺院を創建するための費用と共に要請した大蔵経である。(137) これに対して朝鮮側は、銭幣が流通していなかったが、義政に寺院中興の費用と高麗蔵を送っていることから、(138) この時に賜ったものである。

6. 泉涌寺

泉涌寺所蔵の高麗蔵（以下、泉涌寺本と略称）は、明治天皇の冥福を祈るために大正四年（一九一五）三月から三カ月をかけて朝鮮総督府を中心に印刷されたものである。当時、三蔵が印刷されたが、現在は泉涌寺と宮内庁書陵部、韓国のソウル大学校奎章閣韓国学研究院に所蔵されている。(139) 印刷の経緯については、小田幹治郎によって詳しく報告されているので、ここでは省略する。(140)

泉涌寺本には、版首題もしくは版尾題、刻工者名などがどこにも見当たらない。これは、それらの印刷が省略されたからではなく、その部分に覆いかぶさるような形で紙継ぎがされているからである。

1．大谷大学本と増上寺本の比較

日本国内の高麗蔵の中で印刷年代が明らかなものは、大谷大学本と増上寺本、そして泉涌寺本である。そこでまず、大谷大学本と増上寺本の違いについて考察することとする。

大谷大学本と増上寺本を選定した四九点の経典で比較してみると、以下の九点で異なることが確認できた。

①『八師経』第一張[141]

増上寺本では一六行目の一行全体が印刷されていないが（**図2**）が、大谷大学本には「佛—見」の一六文字全てが印刷されている（**図1**）。高麗蔵は基本的に一行が一四字詰であるが、一六行目は一行一六字となっている。海印寺に所蔵されている『八師経』第一張の版木を見ると、その行全体が埋め木で補修されていたようであるが、現在はすべて欠落している。版木が製作された当時に、何らかの理由で埋め木によって補修したと考えられる。大谷大学本が印刷された高麗時代末期には、補修された一行（一六文字）の埋め木はまだ残っていたが、その後何らかの原因で欠落したと考えられる。

②『根本説一切有部百一羯磨』巻第一〇　第三張[142]

増上寺本は一一行目の上から九文字が印刷されていない（**図4**）が、大谷大学本では「上中下上者三五肘下」が印刷されている（**図3**）。海印寺に所蔵されている『根本説一切有部百一羯磨』巻第一〇第三張の版木を見る

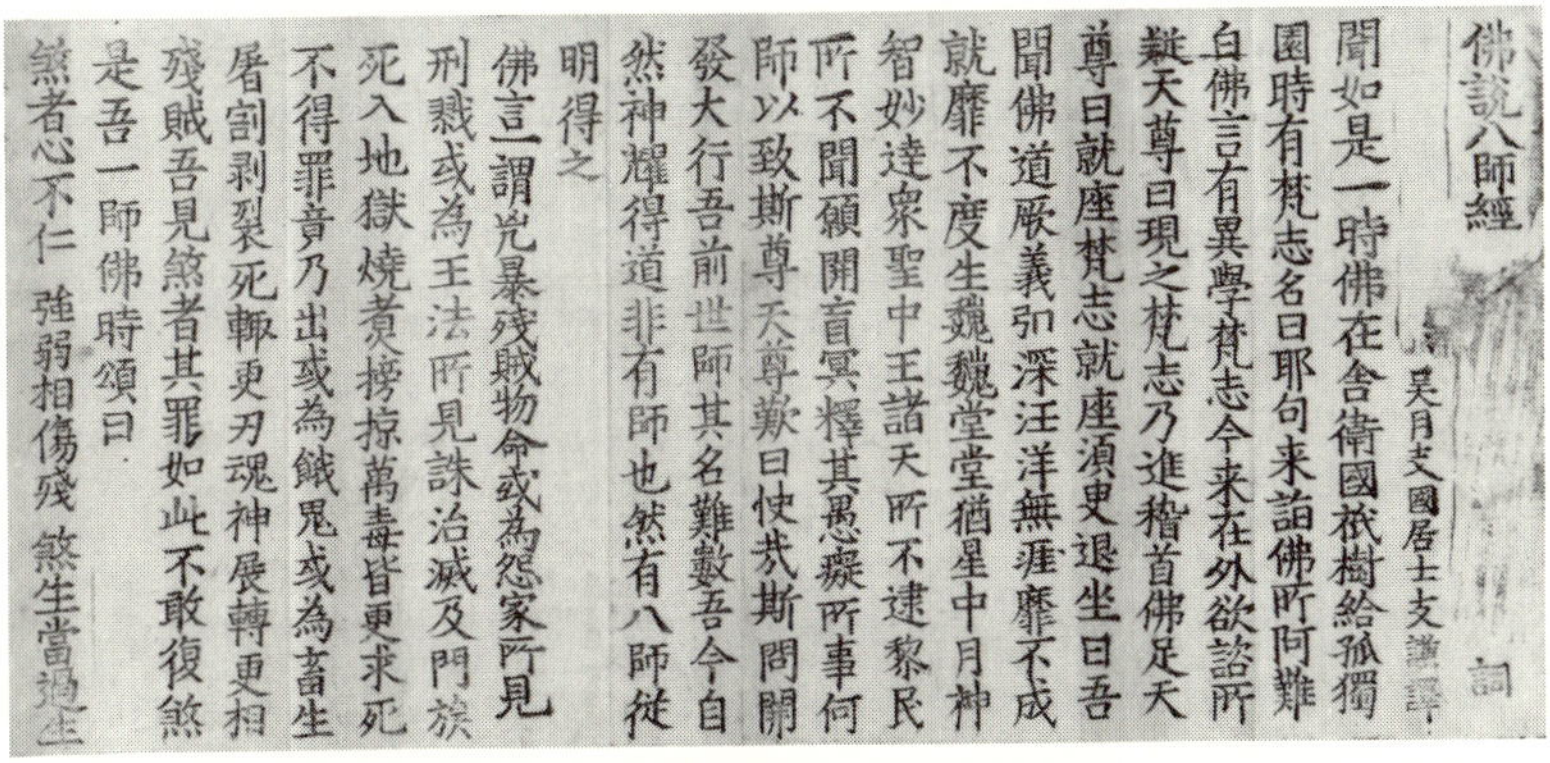

佛說八師經
吳月支國居士支謙譯
聞如是一時佛在舍衛國祇樹給孤獨
園時有梵志名曰耶句來詣佛所阿難
白佛言有異學梵志今來在外欲詣所
難天尊曰現之梵志乃進稽首佛足天
尊曰就座梵志就座須臾退坐曰吾
聞佛道厥義弘深汪洋無涯靡不成
就靡不度生巍巍堂堂猶星中月神
智妙達衆聖中王諸天所不逮黎民
所不聞願開盲冥釋其愚癡所事何
師以致斯尊天尊歎曰快哉斯問開
發大行吾前世師其名難數吾今自
然神耀得道非有師也然有八師從
明得之
佛言一謂兇暴殘賊物命或為怨家所見
刑戮或為王法所見誅治滅及門族
死入地獄燒煮掠萬毒皆更求死
不得罪竟乃出或為餓鬼或為畜生
屠割剝裂死輒更刃魂神展轉更相
殘賊吾見煞者其罪如此不敢復煞
是吾一師佛時頌曰
煞者心不仁　強弱相傷殘　煞生當過生

図１　『仏説八師経』（大谷大学蔵）

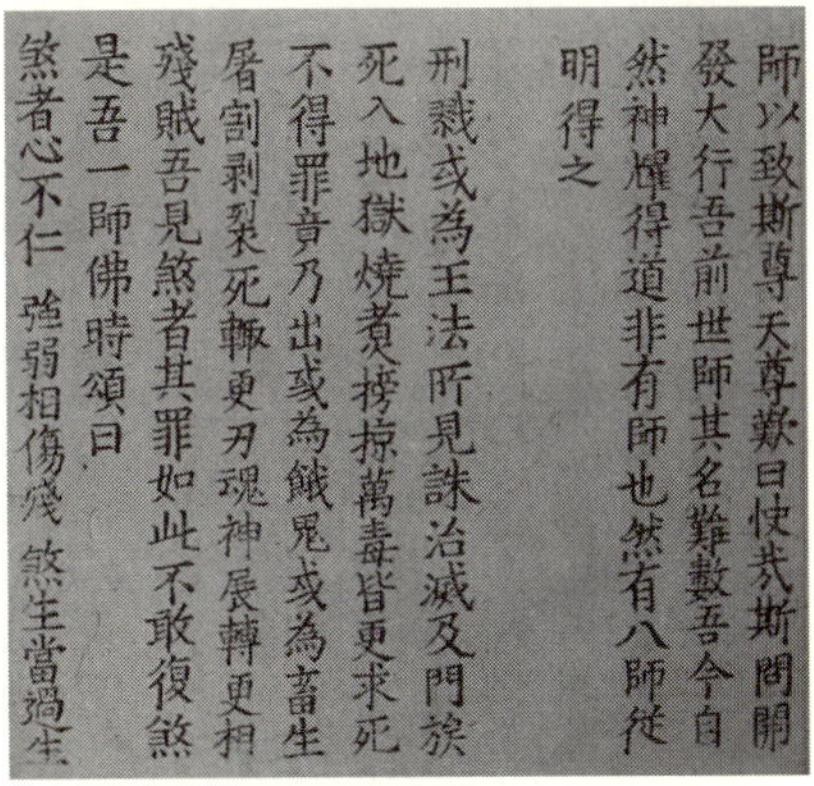

師以致斯尊天尊歎曰快哉斯問開
發大行吾前世師其名難數吾今自
然神耀得道非有師也然有八師從
明得之
刑戮或為王法所見誅治滅及門族
死入地獄燒煮掠萬毒皆更求死
不得罪竟乃出或為餓鬼或為畜生
屠割剝裂死輒更刃魂神展轉更相
殘賊吾見煞者其罪如此不敢復煞
是吾一師佛時頌曰
煞者心不仁　強弱相傷殘　煞生當過生

図２　『仏説八師経』（増上寺蔵）

と、該当箇所が埋め木で補修されていたようであり、現在は単に木で埋められているように見える。高麗時代末期までは印刷できていたが、朝鮮時代前期には埋め木部分が欠落し印刷ができなくなったと考えられる。

③『阿毘曇毘婆沙論』巻第二〇　第四張(143)

増上寺本は四行目の四字目以降が空白である（**図6**）が、大谷大学本では「記云何善善心眠」の七文字が印刷されている

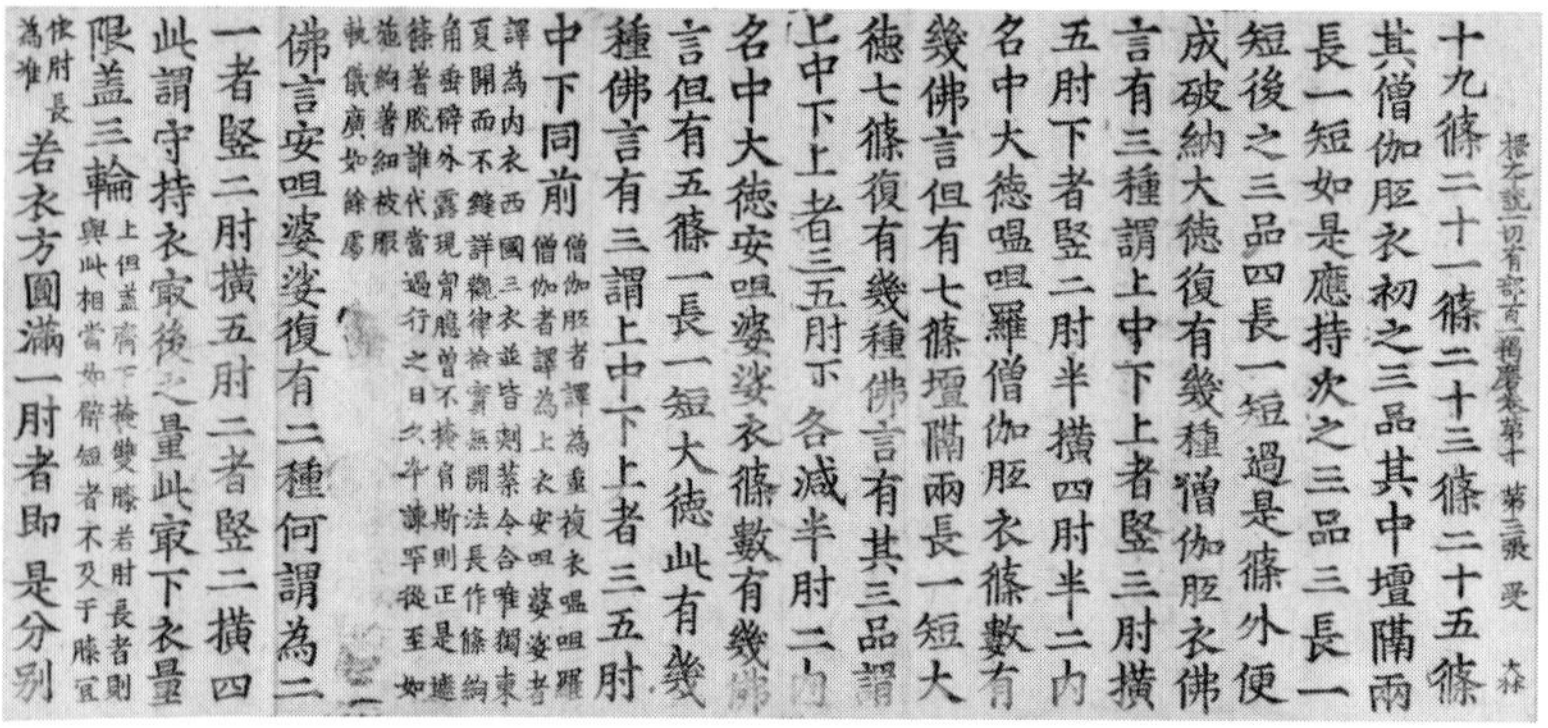
根本說一切有部百一羯磨卷第十　第三張　受　大森
十九條二十一條二十三條二十五條
其僧伽胝衣初之三品其中壇隔兩
長一短如是應持次之三品三長一
短後之三品四長一短過是條外便
成破納大德復有幾種僧伽胝衣佛
言有三種謂上中下上者竪三肘橫
五肘下者竪二肘半橫四肘半二內
名中大德嗢呾羅僧伽胝衣條數有
幾佛言但有七條壇隔兩長一短大
德七條復有幾種佛言有其三品謂
上中下上者三五肘下各減半肘二內
名中大德安呾婆娑衣條數有幾佛
言但有五條一長一短大德此有幾
種佛言有三謂上中下上者三五肘
中下同前僧伽胝者譯為重複衣嗢呾羅僧伽者譯為上衣安呾婆娑者譯為內衣西國三衣並皆刺葉今合唯擱束夏開而不縫詳觀律檢實無開法長作條納角垂辟外露現胸臆曾不捨肩斯則正是遵條著脫誰代當過行之日久寧謙罕從至如施納著細枝服執儀廣如餘處
佛言安呾婆娑復有二種何謂為二
一者竪二肘橫五肘二者竪二橫四
此謂守持衣最後之量此最下衣量
限蓋三輪上但蓋臍下兩膝若肘長者則與此相當如肘短者不及于膝宜依肘長為准若衣方圓滿一肘者即是分別

図3　『根本説一切有部百一羯磨』
巻第一〇第三張（大谷大学蔵）

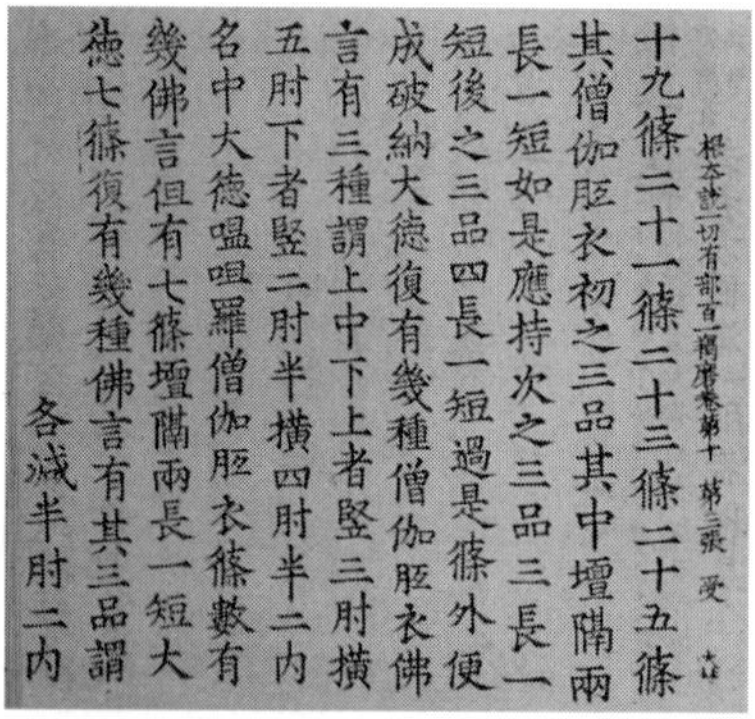
根本說一切有部百一羯磨卷第十　第三張　受　大森
十九條二十一條二十三條二十五條
其僧伽胝衣初之三品其中壇隔兩
長一短如是應持次之三品三長一
短後之三品四長一短過是條外便
成破納大德復有幾種僧伽胝衣佛
言有三種謂上中下上者竪三肘橫
五肘下者竪二肘半橫四肘半二內
名中大德嗢呾羅僧伽胝衣條數有
幾佛言但有七條壇隔兩長一短大
德七條復有幾種佛言有其三品謂
各減半肘二內

図4　『根本説一切有部百一羯磨』
巻第一〇第三張（増上寺蔵）

（**図5**）。海印寺に所蔵されている『阿毘曇毘婆沙論』巻第二〇第四張の版木を見ると、その部分は七文字が埋め木補修されていたようであるが、現在は欠落している。高麗時代末期には埋め木部分があったが、それ以降に欠落したようである。

④『阿毘曇毘婆沙論』巻第三七　第三五張(144)

増上寺本は五行目の上から三字目「無」と四字目「為」の上部が印刷されていない（**図8**）が、大谷大学本では印刷されている

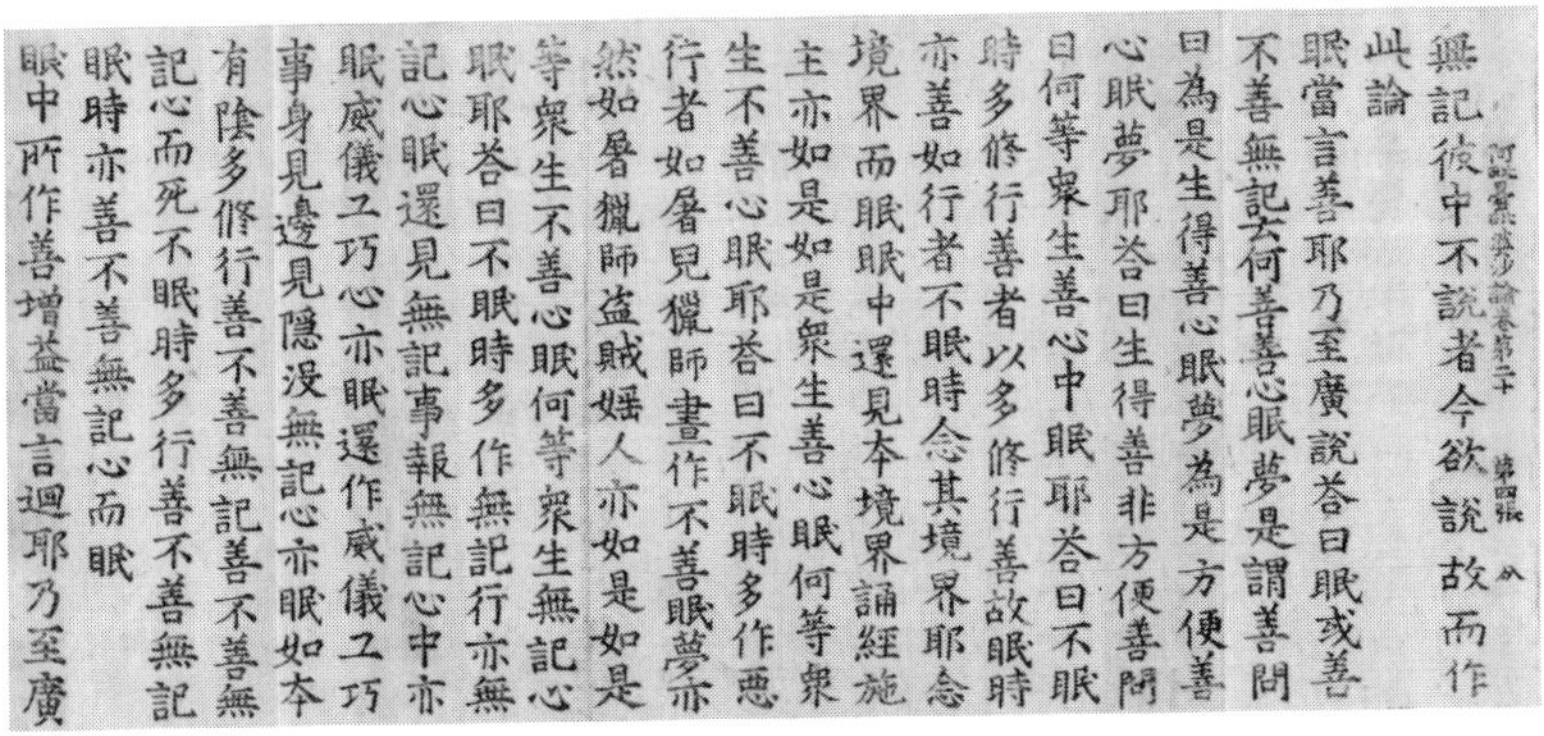
阿毘曇毘婆沙論卷第二十　第四張　从

無記彼中不說者今欲說故而作
此論
眠當言善耶乃至廣說荅曰眠或善
不善無記云何善心眠夢是謂善問
曰為是生得善心眠夢為是方便善
心眠夢耶荅曰生得善非方便善問
曰何等衆生善心中眠耶荅曰不眠
時多修行善者以多修行善故眠時
亦善如行者不眠時念其境界耶念
境界而眠眠中還見本境界誦經施
主亦如是如是衆生善心眠何等衆
生不善心眠耶荅曰不眠時多作悪
行者如屠兒獵師晝作不善眠夢亦
然如屠獵師盗賊婬人亦如是如是
等衆生不善心眠何等衆生無記心
眠耶荅曰不眠時多作無記行亦無
記心眠還見無記事報無記心中亦
眠威儀工巧心亦眠還作威儀工巧
事身見邊見隱没無記心亦眠如本
有陰多修行善不善無記善不善無
記心而死不眠時多行善不善無記
眠時亦善不善無記心而眠
眠中所作善増益當言迴耶乃至廣

図5　『阿毘曇毘婆沙論』
巻第二〇第四張（大谷大学蔵）

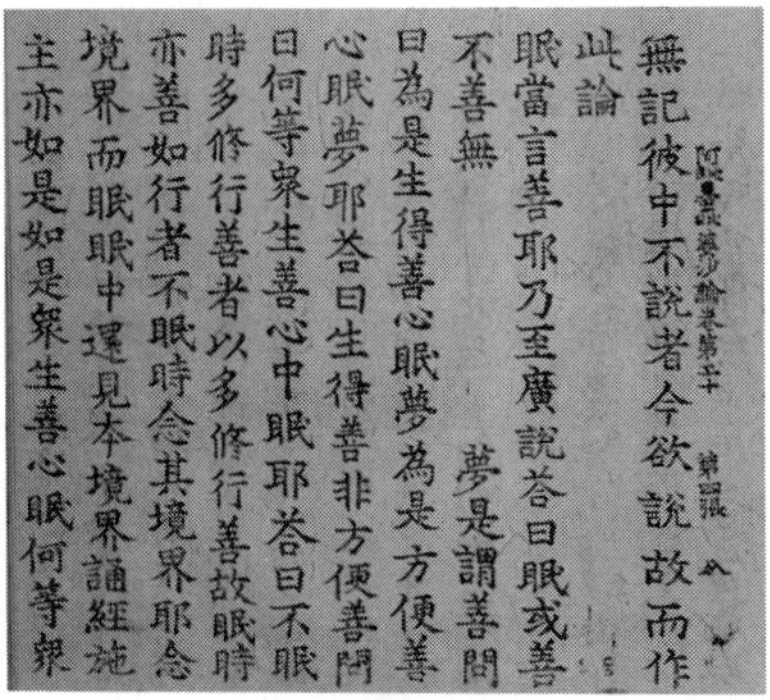
阿毘曇毘婆沙論卷第二十　第四張　从

無記彼中不說者今欲說故而作
此論
眠當言善耶乃至廣說荅曰眠或善
不善無　　夢是謂善問
曰為是生得善心眠夢為是方便善
心眠夢耶荅曰生得善非方便善問
曰何等衆生善心中眠耶荅曰不眠
時多修行善者以多修行善故眠時
亦善如行者不眠時念其境界耶念
境界而眠眠中還見本境界誦經施
主亦如是如是衆生善心眠何等衆

図6　『阿毘曇毘婆沙論』
巻第二〇第四張（増上寺蔵）

（**図7**）。海印寺に所蔵されている『阿毘曇毘婆沙論』巻第三七第三五張の版木を見ると、該当箇所が欠落している。

⑤『解脱道論』巻第九　第二張[145]

増上寺本は、一五行・一六行・一七行目が印刷されずに空白となっている（**図10**）。大谷大学本は一五行目の一番下「當」字の下半分が欠けて印刷されているものの、一六行目と一七行目のそれぞれ一四文字は印刷されている（**図9**）。大谷大学本が印刷さ

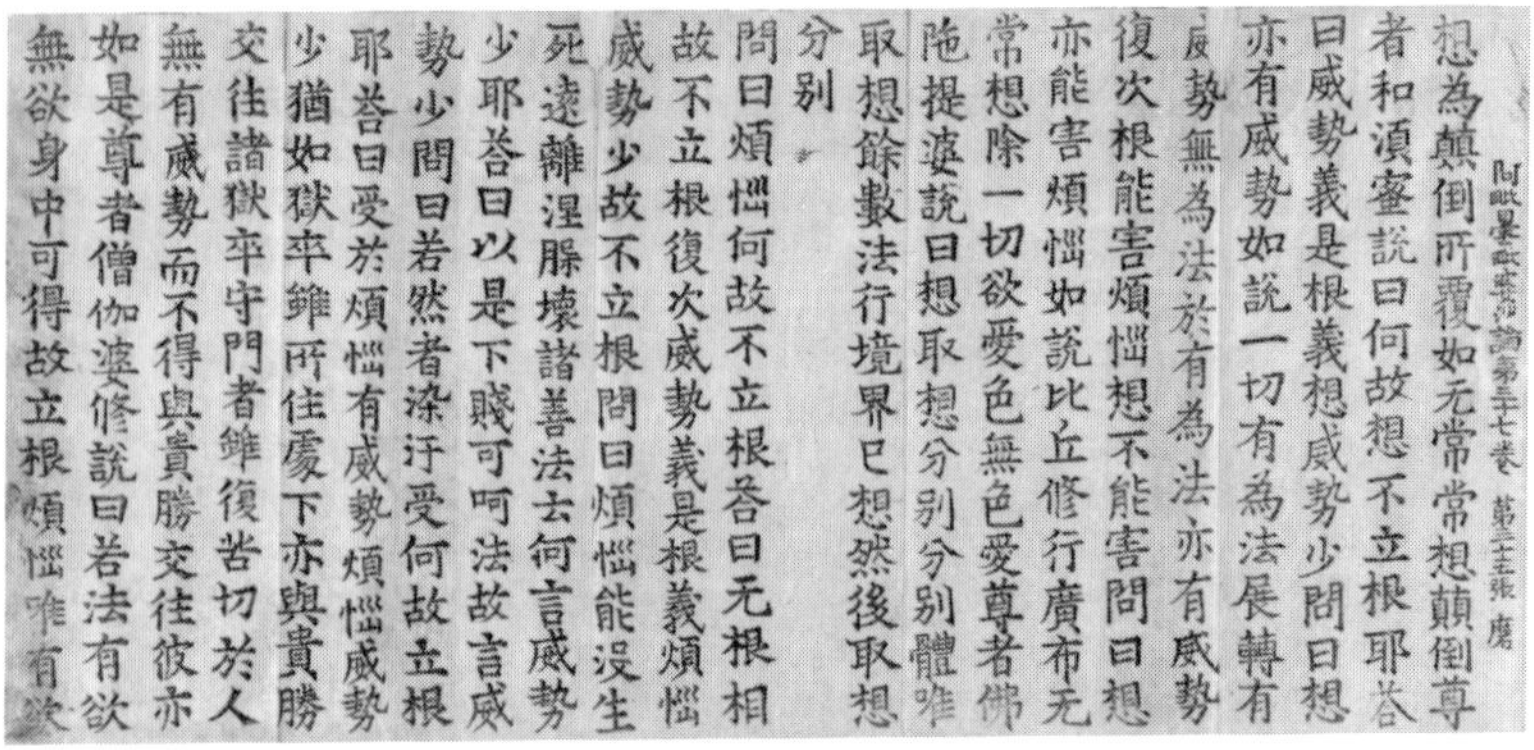
想為顛倒所覆如无常常想顛倒尊
者和須蜜說曰何故想不立根耶答
曰威勢義是根義想威勢少問曰想
亦有威勢如說一切有為法展轉有
威勢無為法於有為法亦有威勢
復次根能害煩惱想不能害問曰想
亦能害煩惱如說比丘修行廣布无
常想除一切欲愛色無色愛尊者佛
陀提婆說曰想取想分別分別體唯
取想餘數法行境界已想然後取想
分別
問曰煩惱何故不立根答曰无根相
故不立根復次威勢義是根義煩惱
威勢少故不立根問曰煩惱能沒生
死遠離涅槃壞諸善法云何言威勢
少耶答曰以是下賤可呵法故言威
勢少問曰若然者染汙受何故立根
耶答曰受於煩惱有威勢煩惱威勢
少猶如獄卒雖所住處下亦與貴勝
交往諸獄卒守門者雖復苦切於人
無有威勢而不得與貴勝交往彼亦
如是尊者僧伽婆修說曰若法有欲
無欲身中可得故立根煩惱唯有欲

図7　『阿毘曇毘婆沙論』
巻第三七第三五張（大谷大学蔵）

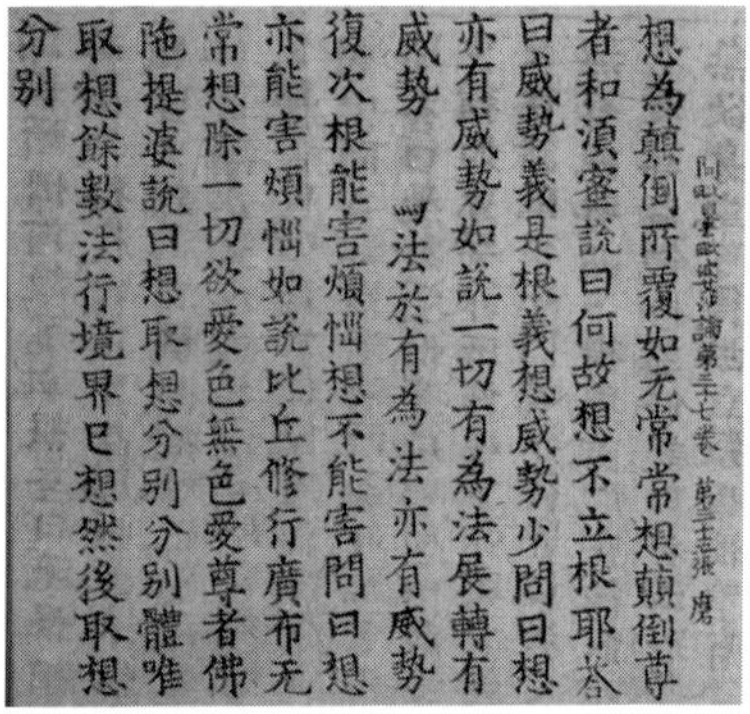
想為顛倒所覆如无常常想顛倒尊
者和須蜜說曰何故想不立根耶答
曰威勢義是根義想威勢少問曰想
亦有威勢如說一切有為法展轉有
威勢　法於有為法亦有威勢
復次根能害煩惱想不能害問曰想
亦能害煩惱如說比丘修行廣布无
常想除一切欲愛色無色愛尊者佛
陀提婆說曰想取想分別分別體唯
取想餘數法行境界已想然後取想
分別

図8　『阿毘曇毘婆沙論』
巻第三七第三五張（増上寺蔵）

れた高麗時代末期には三行分が埋め木で補修されていたと考えられるが、その後欠落したようである。海印寺に所蔵されている『解脱道論』巻第九第二張の版木を見ても、該当部分はすべて埋め木で補修されていたように見受けられるが、現在は欠落している。

⑥『四諦論』巻第四　第二一張[146]

増上寺本では、一八行目から二三行目までの一番下の文字が

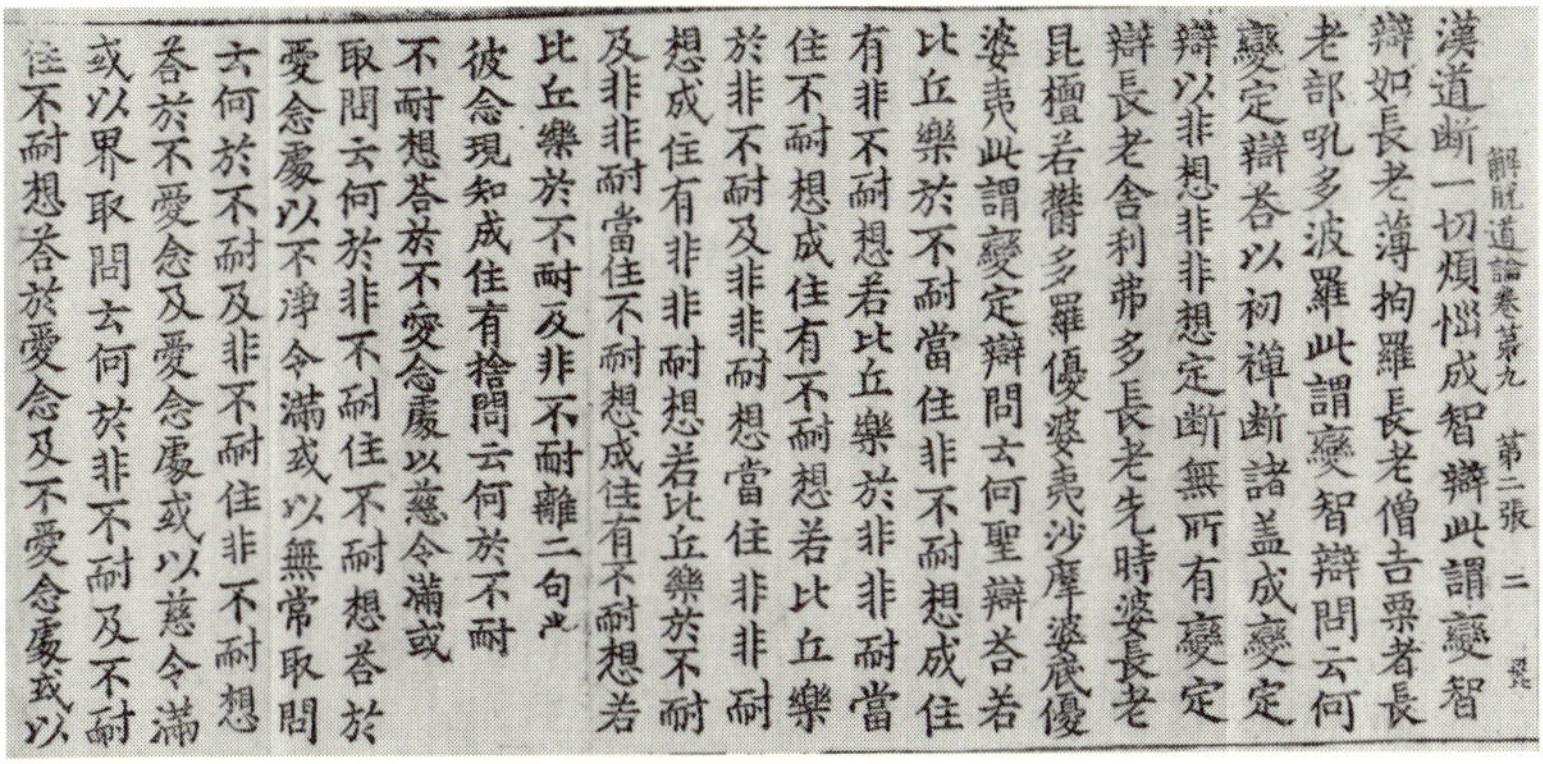

解脫道論卷第九　第二張　二

漢道斷一切煩惱成智辯此謂變智
辯如長老薄拘羅長老僧吉栗者長
老部叱多波羅此謂變智辯問云何
變定辯荅以初禪斷諸蓋成變定
辯以非想非非想定斷無所有變定
辯長老舍利弗多長老先時婆長老
毘檀若鬱多羅優婆夷沙摩婆底優
婆夷此謂變定辯問云何聖辯荅若
比丘樂於不耐當住非不耐想成住
有非不耐想若比丘樂於非非耐當
住不耐想成住有不耐想若比丘樂
於非不耐及非非耐想當住非非耐
想成住有非非耐想若比丘樂於不耐
及非非耐當住不耐想成住有不耐想若
比丘樂於不耐及非不耐離二句此
彼念現知成住有捨問云何於不耐
不耐想荅於不愛念處以慈令滿或
取問云何於非不耐住不耐想荅於
愛念處以不淨令滿或以無常取問
云何於不耐及非不耐住非不耐想
荅於不愛念及愛念處或以慈令滿
或以界取問云何於非不耐及不耐
住不耐想荅於愛念及不愛念處或以

図９　『解脱道論』
巻第九第二張（大谷大学蔵）

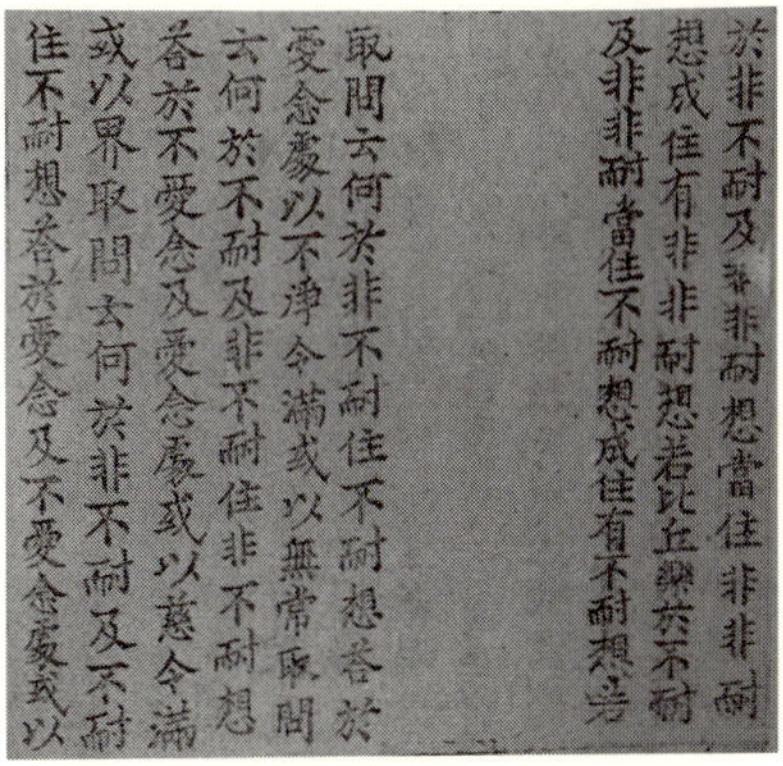

於非不耐及非非耐想當住非非耐
想成住有非非耐想若比丘樂於不耐
及非非耐當住不耐想成住有不耐想若
取問云何於非不耐住不耐想荅於
愛念處以不淨令滿或以無常取問
云何於不耐及非不耐住非不耐想
荅於不愛念及愛念處或以慈令滿
或以界取問云何於非不耐及不耐
住不耐想荅於愛念及不愛念處或以

図10　『解脱道論』
巻第九第二張（増上寺蔵）

印刷されていない（**図12**）。大谷大学本では、一八行目の「受」、一九行目「業」、二〇行目「法」、二一行目「陰」、二二行目「等」、二三行目「末」とそれぞれ印刷されている（**図11**）。海印寺に所蔵されている『四諦論』巻第四第二一張の版木を見ると、該当箇所は単に木で埋められている。つまり、当初から埋め木で補修されていたが、大谷大学本が印刷された後に版木が損傷したと考えられる。

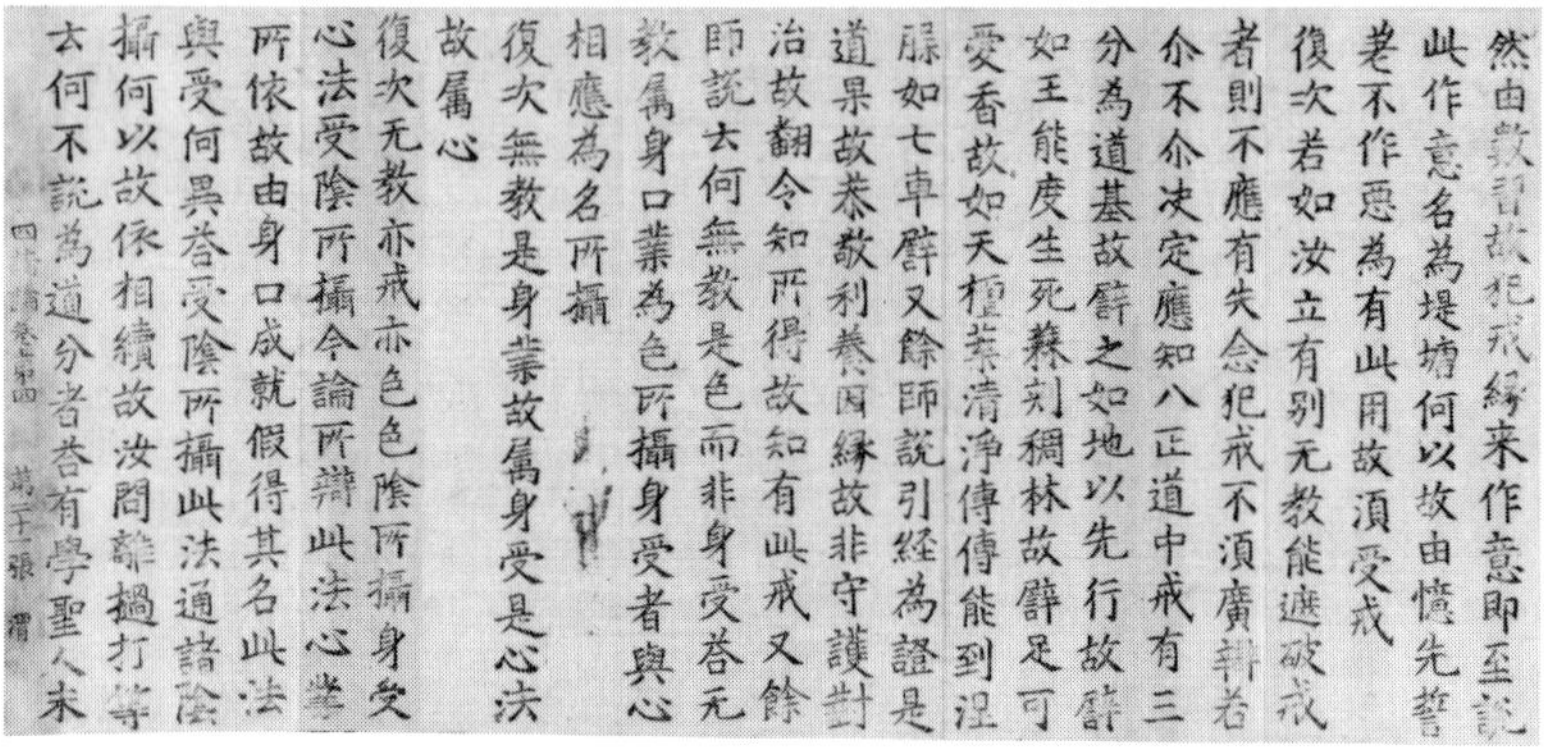

然由數習故犯戒縁来作意即至説
此作意名為堤塘何以故由憶先誓
差不作悪為有此用故須受戒
復次若如汝立有別无教能遮破戒
者則不應有失念犯戒不須廣辯若
尒不尒決定應知八正道中戒有三
分為道基故譬之如地以先行故譬
如王能度生死棘刺稠林故譬足可
愛香故如天樫蕖清浄傳傳能到涅
槃如七車譬又餘師説引経為證是
道果故恭敬利養因縁故非守護對
治故翻令知所得故知有此戒又餘
師説云何無教是色而非身受荅无
教属身口業為色所攝身受者與心
相應為名所攝
復次無教是身業故属身受是心法
故属心
復次无教亦戒亦色色陰所攝身受
心法受陰所攝令論所辯此法心業
所依故由身口成就假得其名此法
與受何異荅受陰所攝此法通諸陰
攝何以故依相續故汝問離過打等
云何不説為道分者荅有學聖人未
四諦論巻第四　第二十一張　渭

図11　『四諦論』
巻第四第二一張（大谷大学蔵）

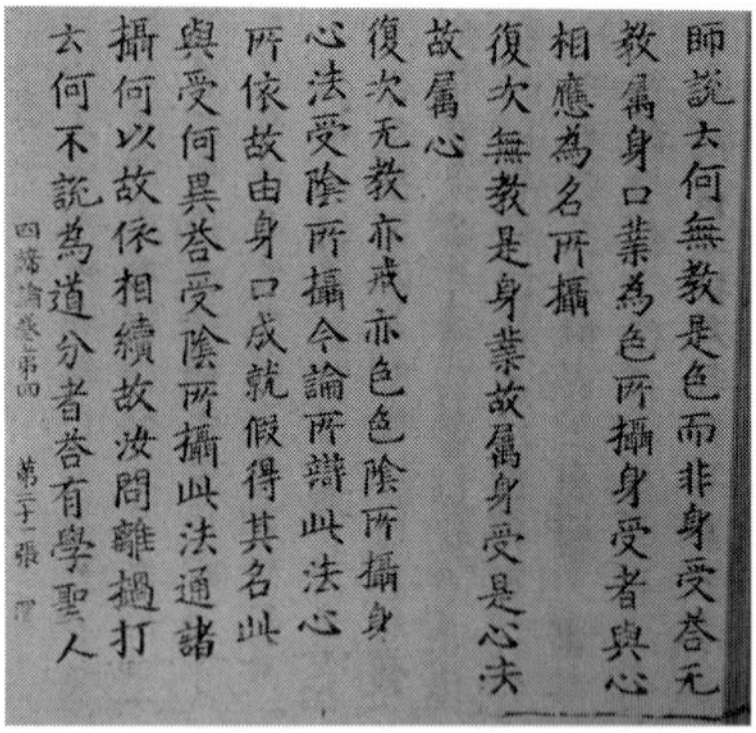

師説云何無教是色而非身受荅无
教属身口業為色所攝身受者與心
相應為名所攝
復次無教是身業故属身受是心法
故属心
復次无教亦戒亦色色陰所攝身
心法受陰所攝令論所辯此法心
所依故由身口成就假得其名此
與受何異荅受陰所攝此法通諸
攝何以故依相續故汝問離過打
云何不説為道分者荅有學聖人
四諦論巻第四　第二十一張　渭

図12　『四諦論』
巻第四第二一張（増上寺蔵）

⑦『経律異相』巻第五〇　第二八張[147]

増上寺本では、一二行目の一一・一二字目が空白で、その下に「形獄」と印刷されている（図14）。大谷大学本では、一二行目の一一・一二字目「受此」が印刷されており、その下に「形獄十」とある（図13）。「十」は前後の文字から「卒」と考えられるが、大谷大学本以外にはこの「卒」が見られない。

二八張全体を両者比較してみると、柱題と刻工者名が同様であり罫線もあることから、版木は同じだと判断できる。一二行

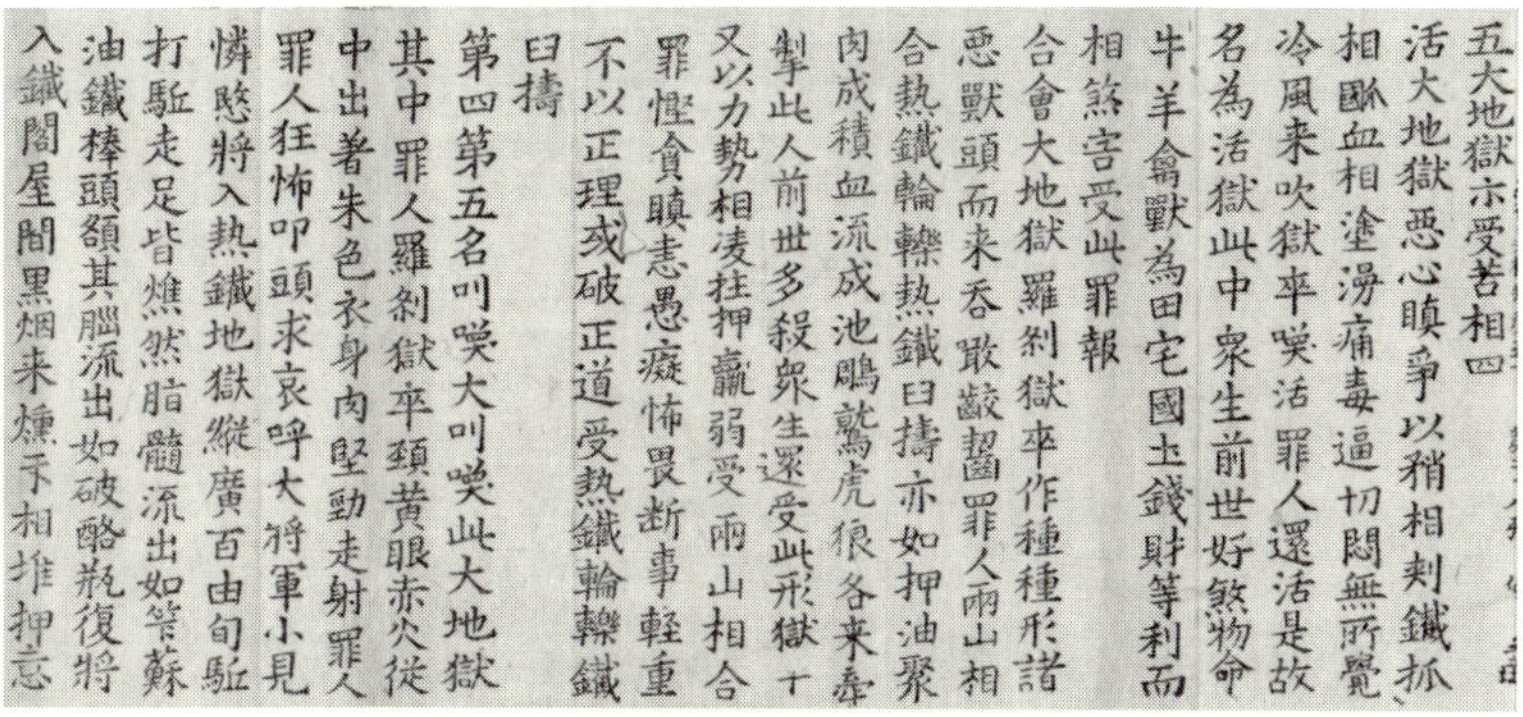
五大地獄亦受苦相四
活大地獄悪心瞋争以稍相刺鐵抓
相斫血相塗湯痛毒逼切悶無所覺
冷風来吹獄卒喚活罪人還活是故
名為活獄此中衆生前世好殺物命
牛羊禽獸為田宅國土錢財等利而
相煞害受此罪報
合會大地獄羅刹獄卒作種種形諸
悪獸頭而来吞噉齩齧罪人兩山相
合熱鐵輪轢熱鐵臼擣亦如押油聚
肉成積血流成池鵰鷲虎狼各来爭
掣此人前世多殺衆生還受此形獄卒
又以力勢相凌抂押羸弱受兩山相合
罪慳貪瞋恚愚癡怖畏斷事輕重
不以正理或破正道受熱鐵輪轢鐵
臼擣
第四第五名叫喚大叫喚此大地獄
其中罪人羅刹獄卒頭黄眼赤火從
中出著朱色衣身肉堅勁走射罪人
罪人狂怖叩頭求哀呼大将軍小見
憐愍将入熱鐵地獄縱廣百由旬駈
打駈走足皆燋然脂髓流出如笮蘇
油鐵棒頭頷其腦流出如破酪瓶復將
入鐵閣屋闇黒烟来熏手相推押憙

図13　『経律異相』
巻第五〇第二八張（大谷大学蔵）

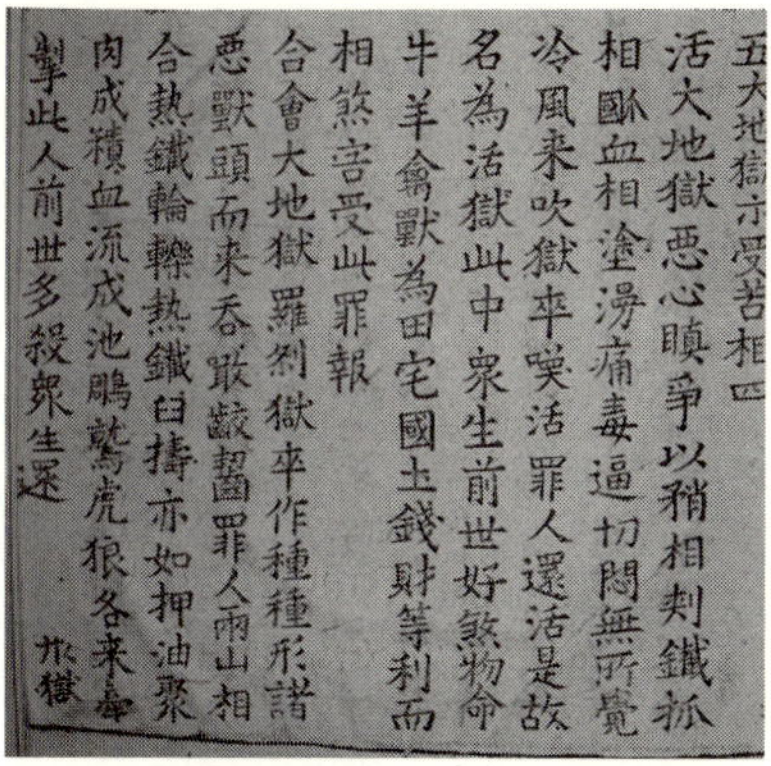
五大地獄亦受苦相四
活大地獄悪心瞋争以稍相刺鐵抓
相斫血相塗湯痛毒逼切悶無所覺
冷風来吹獄卒喚活罪人還活是故
名為活獄此中衆生前世好殺物命
牛羊禽獸為田宅國土錢財等利而
相煞害受此罪報
合會大地獄羅刹獄卒作種種形諸
悪獸頭而来吞噉齩齧罪人兩山相
合熱鐵輪轢熱鐵臼擣亦如押油聚
肉成積血流成池鵰鷲虎狼各来爭
掣此人前世多殺衆生還

図14　『経律異相』
巻第五〇第二八張（増上寺蔵）

目は一五字となっているので「受此形獄卒」部分が当初から埋め木で補修されていたようである。大谷大学本が印刷された高麗時代末期にはこの行の埋め木が残っていたが、それ以降に欠落して再度補修された際に「卒」を入れなかったと考えられる。

⑧『諸経要集』巻第五　第三六張(148)

増上寺本では、一七行目の一一字目以降が黒く塗りつぶされたようになっている（**図16**）。大谷大学本では「人不得食」と印刷

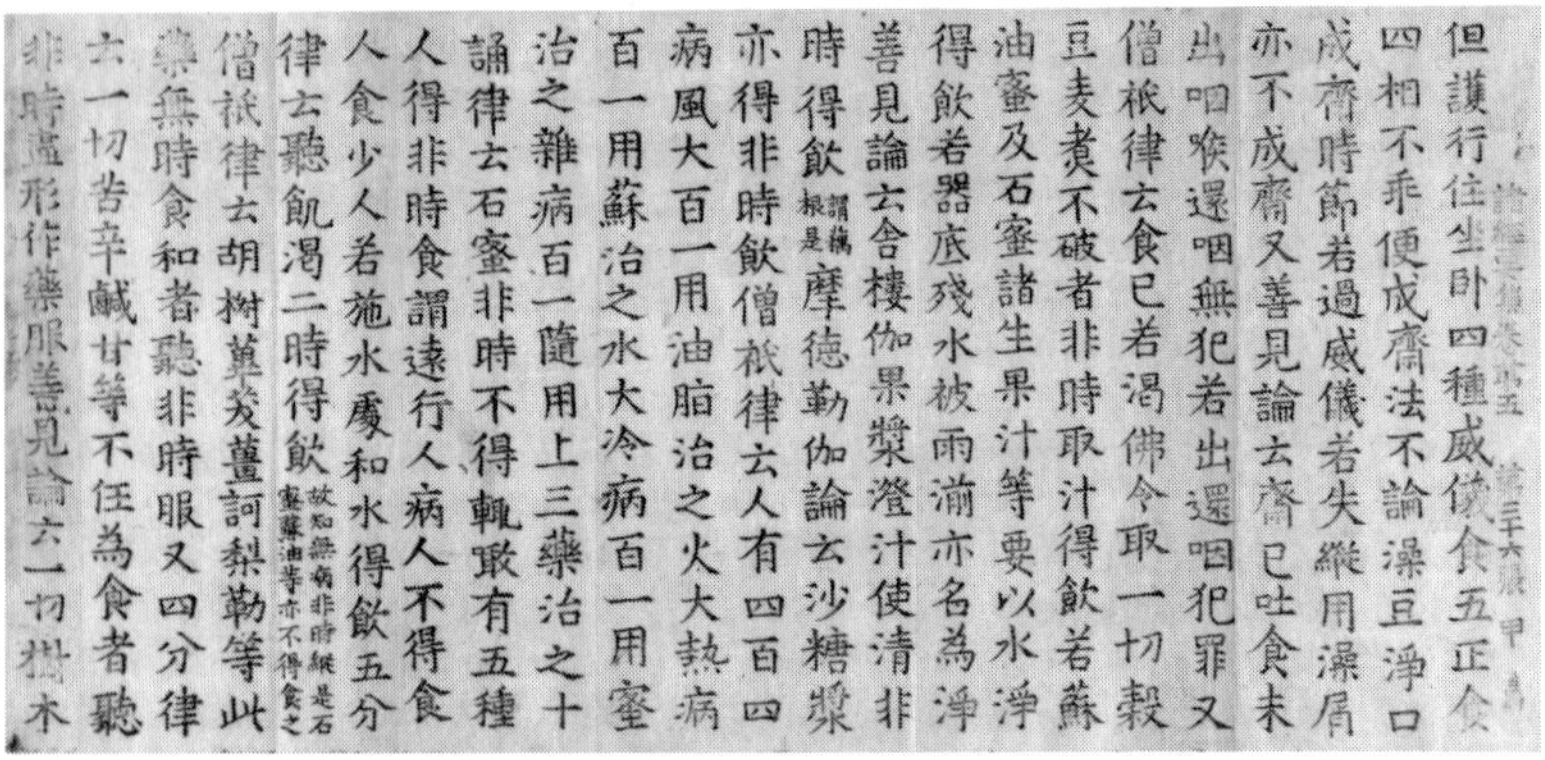
諸經要集卷第五　第三十六張　甲

但護行住坐卧四種威儀食五正食
四相不乖便成齋法不論澡豆淨口
成齋時節若過威儀若失縱用澡屑
亦不成齋又善見論云齋已吐食未
出咽喉還咽無犯若出還咽犯罪又
僧祇律云食已若渴佛令取一切穀
豆麦煮不破者非時取汁得飲若蘇
油蜜及石蜜諸生果汁等要以水淨
得飲若器底残水被雨滴亦名為淨
善見論云舍樓伽果漿澄汁使清非
時得飲謂藕根是摩徳勒伽論云沙糖漿
亦得非時飲僧祇律云人有四百四
病風大百一用油脂治之火大熱病
百一用蘇治之水大冷病百一用蜜
治之雜病百一隨用上三藥治之十
誦律云石蜜非時不得輒噉有五種
人得非時食謂遠行人病人不得食
人食少人若施水處和水得飲五分
律云聽飢渇二時得飲故知無病非時紙是石蜜蘇油等亦不得食之
僧祇律云胡椒蓽茇薑訶梨勒等此
藥無時食和者聽非時服又四分律
云一切苦辛鹹甘等不任為食者聽
非時盡形作藥服善見論云一切樹木

図15　『諸経要集』
巻第五第三六張（大谷大学蔵）

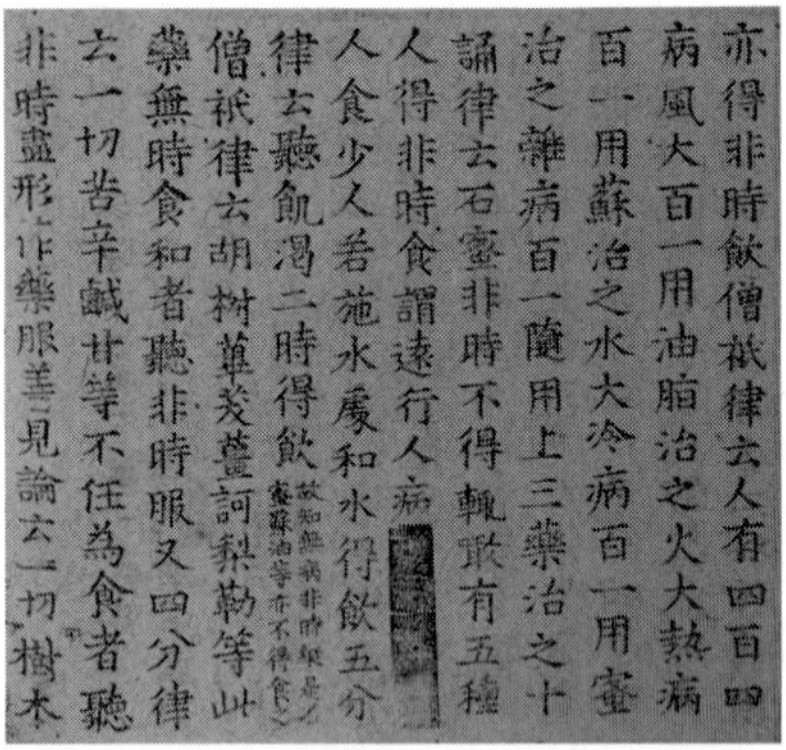
亦得非時飲僧祇律云人有四百四
病風大百一用油脂治之火大熱病
百一用蘇治之水大冷病百一用蜜
治之雜病百一隨用上三藥治之十
誦律云石蜜非時不得輒噉有五種
人得非時食謂遠行人病
人食少人若施水處和水得飲五分
律云聽飢渇二時得飲故知無病非時紙是石蜜蘇油等亦不得食之
僧祇律云胡椒蓽茇薑訶梨勒等此
藥無時食和者聽非時服又四分律
云一切苦辛鹹甘等不任為食者聽
非時盡形作藥服善見論云一切樹木

図16　『諸経要集』
巻第五第三六張（増上寺蔵）

されている（図15）。大谷大学本が印刷された高麗時代末期にはそこが埋め木補修されていたと考えられる。海印寺にある『諸経要集』巻第五第三六張の版木を見ると、該当箇所が単に木で埋められているだけである。増上寺本の印刷時にはすでに埋め木が欠落し、単に木で補修されたと考えられる。

⑨『仏母出生三法蔵般若波羅蜜多経』巻第二〇　第三張(149)

増上寺本では、一〇行目の上部七文字「提諸菩薩摩訶薩」が

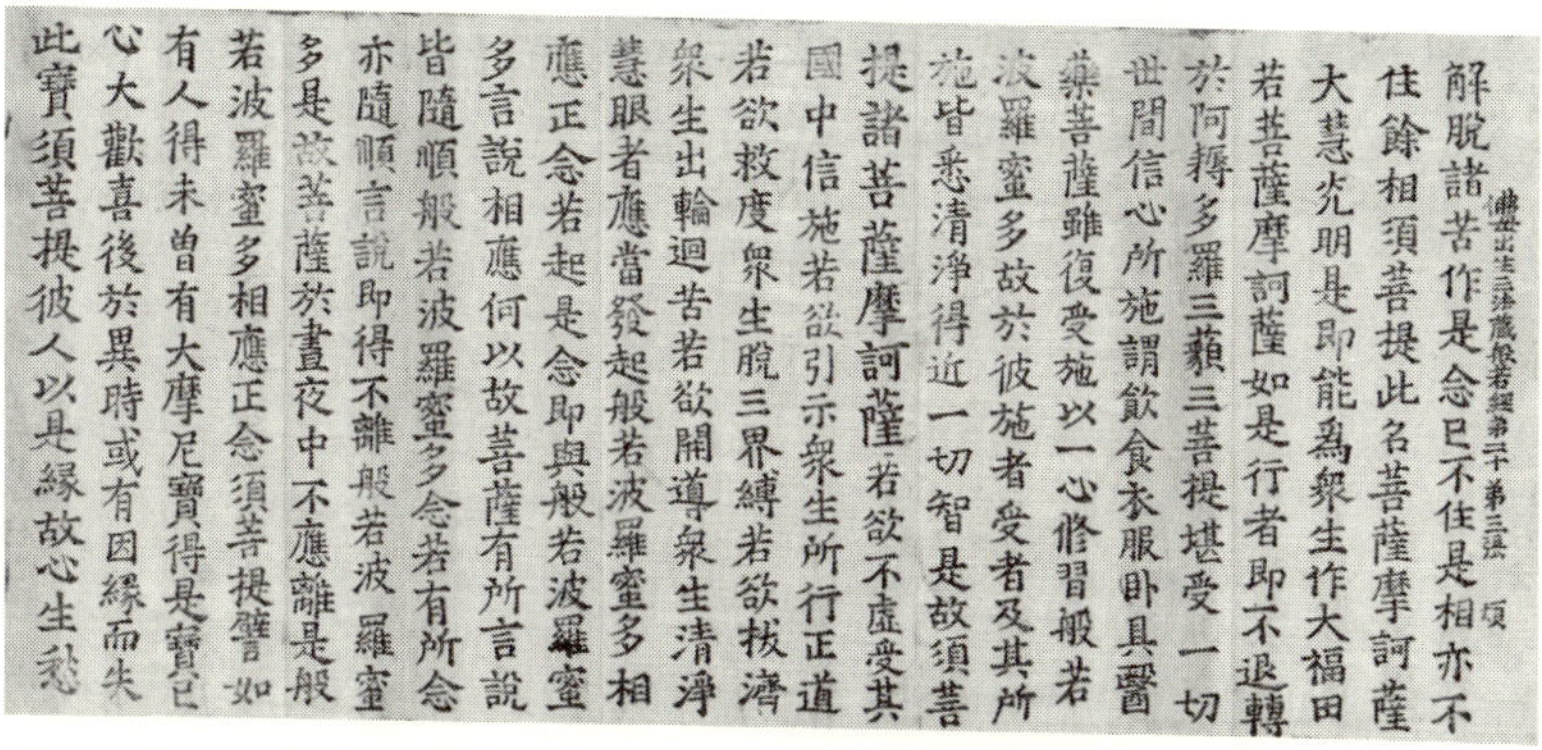

図17　『仏母出生三法蔵般若波羅蜜多経』
巻第二〇第三張（大谷大学蔵）

朱色で補写されている（**図18**）。大谷大学本では、同じ箇所の七文字が若干大きめの字体で印刷されている（**図17**）。海印寺にある『仏母出生三法蔵般若波羅蜜多経』巻第二〇第三張の版木を見ると、該当箇所が欠落している。この部分は字体が異なっていることから、大谷大学本が印刷された高麗時代末期の時点で何らかの理由で埋め木補修がなされたと考えられ、増上寺本の印刷時にはそれが欠落していたと考えられる。

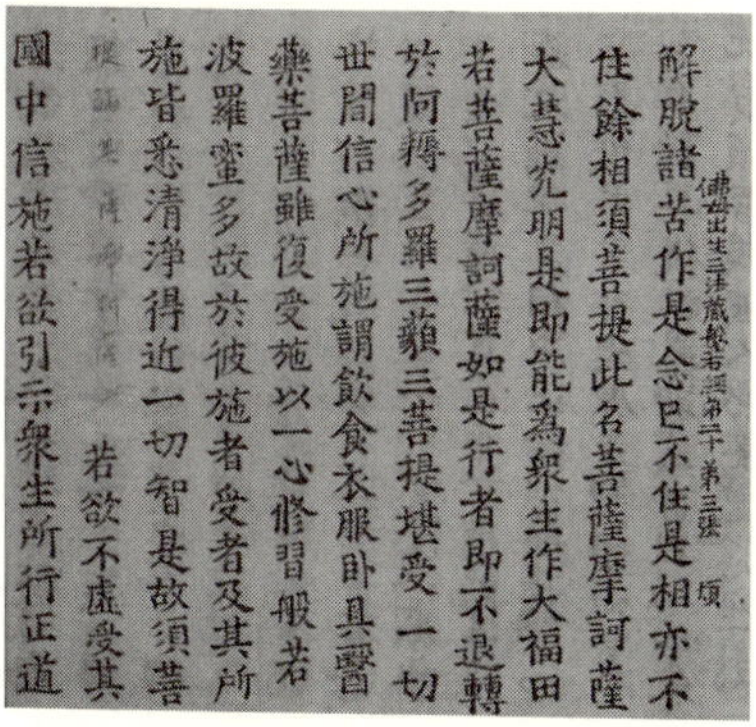

図18　『仏母出生三法蔵般若波羅蜜多経』
巻第二〇第三張（増上寺蔵）

以上、四九点のうち九点において大谷大学本と増上寺本で違いが認められた。これら九点は、朝鮮時代前期にはすでに欠落していたと思われる。特に、①②③④⑥⑧⑨については、大谷大学本には印刷が認められるため、同じケースとして考えられる。しかし、⑤については、大谷大学本の印刷時から埋め木で補修されていたが、その頃にも一五―一七行目の下一文字か二文字の欠落が見られ、増上寺本の印刷時には三行すべてが欠落していた。⑦については、大谷大学本の印刷時にも埋め木で「受此形獄卒」と補修されていたが、後代に「卒」の文字を抜いて再度「受此形獄」と補修された稀なケースである。

大谷大学本と増上寺本は印刷された年代が明らかとなっているため、前者が印刷されて以降、後者が印刷されるまでの間に埋め木部分が欠落し、それが再度補修されていたことが確認できる。

2. 大谷大学本・増上寺本とその他の諸本との比較

高麗蔵の中でいまだ印刷年代が不明となっているものは、相国寺本と法然寺本、そして妙心寺本の底本となった建仁寺本である。

そこで、先の大谷大学本と増上寺本の比較で違いのあった九点について、相国寺本、法然寺本、妙心寺本で比較することとする。

① 『八師経』 第一張

相国寺本・法然寺本についても、増上寺本と同様に一六行目の「佛―見」一六文字が印刷されていない。妙心寺本にも書写されていないことから、その底本となった建仁寺本にも印刷されていなかったと考えられる。

②『根本説一切有部百一羯磨』巻第一〇　第三張
相国寺本・法然寺本についても、増上寺本と同様に一一行目の九文字「上中下上者三五肘下」が印刷されていない。妙心寺本にも書写されていないことから、その底本である建仁寺本も印刷されていなかったと考えられる。
③『阿毘曇毘婆沙論』巻第二〇　第四張
相国寺本・法然寺本についても、増上寺本と同様に四行目四字目以降の「記云何善善心眠」七文字が印刷されていない。しかし、法然寺本には該当箇所の周辺を囲むような線が印刷されているが、増上寺本と相国寺本にはそういったものが見られない。

妙心寺本には該当箇所が書写されていることから（**図19**）、その底本である建仁寺本にも印刷されていたと考えられる。
④『阿毘曇毘婆沙論』巻第三七　第三五張
相国寺本・法然寺本についても、増上寺本と同様に五行目の上から三字目「無」と四字目「為」の上半分が印刷されていない。しかし、妙心寺本は該当箇所が書写されていることから、その底本である建仁寺本には印刷されていたと考えられる。
⑤『解脱道論』巻第九　第二張

阿毗曇毗婆沙論巻第二十　第四張　分
無記彼中不説者今欲説故而作
此論
眠當言善耶乃至廣説答曰眠或善
不善無記云何善善心眠夢是謂善問
曰為是生得善心眠夢為是方便善
心眠夢耶答曰生得善非方便善問
曰何等衆生善心中眠耶答曰不眠
時多修行善者以多修行善故眠時
亦善如行者不眠時念其境界耶念
境界而眠眠中還見本境界誦經施
主亦如是如是衆生善心眠何等衆
生不善心眠耶答曰不眠時多作悪
行者如屠兒獵師晝作不善眠夢亦
然如屠獵師盗賊婬人亦如是如是
等衆生不善心眠何等衆生無記心
眠耶答曰不眠時多作無記行亦無
記心眠還見無記事報無記心中亦
眠威儀工巧心亦眠還作威儀工巧
事身見邊見隠没無記心亦眠如本
有陰多修行善不善無記善不善無
記心而死不眠時多行善不善無記
眠時亦善不善無記心而眠
眠中所作善増益當言迴耶乃至廣

図19　『阿毘曇毘婆沙論』
巻第二〇第四張（妙心寺蔵）

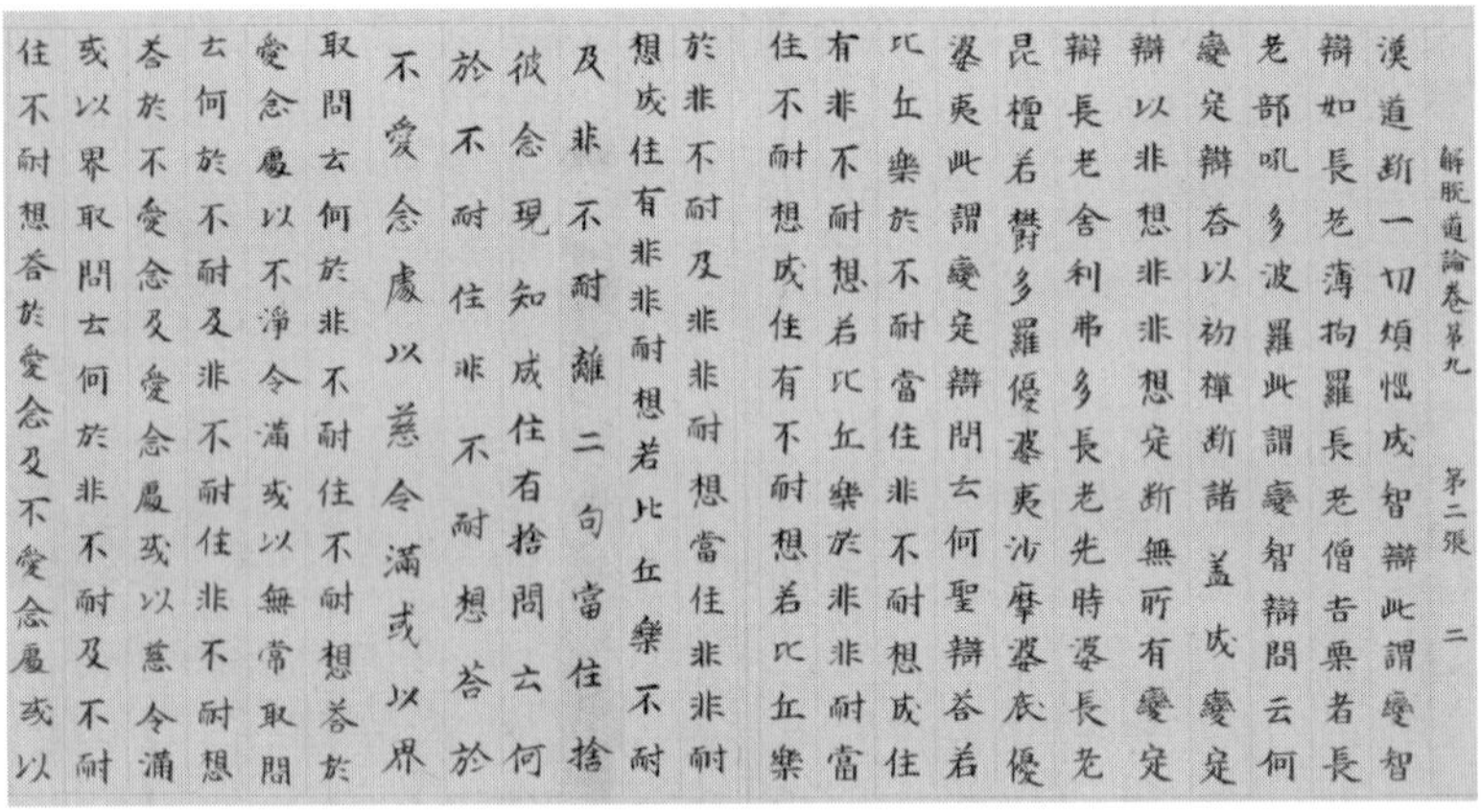

解脱道論巻第九　第二張　二
漢道斷一切煩惱成智辯此謂變智
辯如長老薄拘羅長老僧吉栗者長
老部叺多波羅此謂變智辯問云何
變定辯答以初禅斷諸蓋成變定
辯以非想非非想定斷無所有變定
辯長老舎利弗多長老先時婆長老
毘檀若贊多羅優婆夷沙摩婆底優
婆夷此謂變定辯問云何聖辯答若
比丘樂於不耐當住非不耐想成住
有非不耐想若比丘樂於非非耐當
住不耐想成住有不耐想若比丘樂
於非不耐及非非耐想當住非非耐
想成住有非非耐想若比丘樂不耐
及非不耐離二句當住捨
彼念現知成住有捨問云何
於不耐住非不耐想答於
不愛念處以慈令滿或以界
取問云何於非不耐住不耐想答於
愛念處以不浄令滿或以無常取問
云何於不耐及非不耐住非不耐想
答於不愛念及愛念處或以慈令滿
或以界取問云何於非不耐及不耐
住不耐想答於愛念及不愛念處或以

図20　『解脱道論』
巻第九第二張（妙心寺蔵）

法然寺本には『解脱道論』巻第九がないため比較できないが、相国寺本は増上寺本と同様に一五行目から一七行目までがすべて印刷されていない。妙心寺本にはこの三行分が書写されている（**図20**）が、それを含む一三行目から一七行目までの五行分が大谷大学本（**図9**）とも異なる。例えば、大谷大学本に見られる一三行目一三字目の「於」は、妙心寺本には書写されていない。増上寺本・相国寺本・泉涌寺本にはすべて「於」が印刷されている。

さらに、妙心寺本の一四行目は「及非不耐離二句當住捨」の一〇文字、一五行目は「彼念現知成住有捨問云何」の一一文字、一六行目は「於不耐住非不耐想荅於」の一〇文字、一七行目は「不愛念處以慈令滿或以界」の一一文字が書写されている。大谷大学本では一四行目は一六文字、一五行―一七行までは一行一四文字となっているほか、泉涌寺本では該当行がすべて一行一六文字となっており、イレギュラーが生じている。妙心寺本は他の諸本に比べこの部分の字数がかなり少ない。その理由が底本となった建仁寺本にあるのか、書写する際に変更を施したのかは不明であるが、これまでの妙心寺本を見る限り、一字一句正確に書写されていることから鑑みて、その底本である建仁寺本もやはり同じであったと考えるのが妥当であろう。

⑥『四諦論』巻第四　第二一張

相国寺本・法然寺本についても、増上寺本と同様に一八行目から二三行目の各行の最下文字「受」「業」「法」「陰」「等」「末」が印刷されていない。妙心寺本についても該当箇所が書写されていないが、二三行目は「末」と共にその上の「人」も書写されていない。

増上寺本を見ると、二一行目「諸」、二二行目「打」、二三行目「人」が他の文字に比べ濃くなっている一方、一二三行目「聖」と版尾題の千字文函号「渭」の文字がかなり薄く感じられる（**図12**）。そのため「諸」「打」「人」は、印刷の後に薄く見づらかった箇所を、墨でなぞって書き足しているようにも見える。

⑦『経律異相』巻第五〇　第二八張

相国寺本・法然寺本についても、増上寺本と同様に一二行目の一一・一二字目「受此」が空白で、その下に「形獄」と印刷されている。「形」もすべて印刷されているわけではなく、上の一部が欠けているところも同じである。妙心寺本については、一二行目の一一・一二字目は書写されていないが、その下の「形」は書写されている。

⑧『諸経要集』巻第五　第三六張

相国寺本・法然寺本についても、増上寺本と同様に一七行目の一一字目以降が黒く塗りつぶされたようになっている。妙心寺本には書写されていない。

⑨『仏母出生三法蔵般若波羅蜜多経』巻第二〇　第三張

増上寺本では一〇行目の上部七文字「提諸菩薩摩訶薩」が朱色で補写されているが、元来は印刷されていなかった。相国寺本・法然寺本についても、増上寺本と同様に印刷はされていない。妙心寺本には該当箇所が書写されていることから、その底本である建仁寺本にも印刷されていたと考えられる。

以上のように、九点を相国寺本と法然寺本で比較してみると、いずれも増上寺本と同じであることが確認できた。前述したように、増上寺本には「〇〇歳高麗国大蔵都監奉／勅雕造」という刊記の印刷がほとんど見られない。この特徴を相国寺本と法然寺本で見ると、どちらも『解脱道論』巻第九末と『経律異相』巻第一八末にあるはずの刊記が印刷されていない。しかも、相国寺本には増上寺本と同様に、『一切経音義』巻第一〇〇の巻末に金守温撰の「印成大蔵経跋」が付いている。これは『大蔵会展観目録』に「一〇七　一切経音義　一帖　相国寺蔵／巻尾ニ印成大蔵経跋七張を附ス、跋尾云」(150)とあることからも確認できる。印経跋文は高麗蔵が印刷された当時の顚末を伝えるものであり、印刷・製本されると同時に付けられるものであって、それ以外の目的で使用されたり、また後世に印刷された大蔵経に再度付けられたりする理由はない(151)。つまり、増上寺本と相国寺本は、本の装丁に違いはあるものの、印刷された時期は同じであると考えられる。

法然寺本については上記の該当箇所はほぼ同じであるが、『法苑珠林』巻第八二第二張四行目「一刹那」の「一」が印刷されていない点が唯一異なる。また、前述したように、法然寺本には二八八四帖に刊記が印刷されていない。法然寺本は少なくとも印刷時代の異なる二種類の高麗蔵が混合していることから、増上寺本とはすべてにおいて同じとは言えない。

妙心寺本については、前述の九点のうち①②⑥⑦⑧の五点で増上寺本と同様に書写されていないことから、この部分は建仁寺本にも印刷されていなかったと考えられる。しかし、それ以外の③④⑤⑨の四点は書写されていることから、建仁寺本にも印刷されていたと考えられる。前述したように、妙心寺本には刊記と刻工者が書写されていないが、その底本となった建仁寺本は現存するものを見る限りにおいて、「〇〇歳高麗国大蔵都監奉／勅雕造」という刊記は印刷されている。以上のことから、妙心寺本の底本となった建仁寺本は、増上寺本とは印刷された年代が異なると考えられる。

次に、妙心寺本と大谷大学本を比較すると、③④⑨は前者でも書写されているが、①②⑦⑧は書写されていない。⑥は妙心寺本と増上寺本は同じであり、大谷大学本とは異なる。⑤は妙心寺本にも書写されているが、その字数が異なる。また、増上寺本では一五行目から一七行目が印刷されていないが、妙心寺本は一四行目から一七行目が大谷大学本や増上寺本とも異なる。妙心寺本の一字一句正確に捉えている書写の性質上からして、その底本である建仁寺本もやはり同じであったと考えるのが妥当であろう。しかしながら、建仁寺本においてその箇所が正常に印刷されていたのか、あるいは補修が施されていたのかは不明である。

さて、今回比較した日本所蔵の高麗蔵の中で、印刷年代が最も古い大谷大学本を見てもわかるように、大蔵経の版木は高麗時代から埋め木で補修されていたことが判明した。これは雕造された当初からの補修とも考えられる。その埋め木が経年により欠落して、増上寺本のようになったのであろう。もちろん、⑦『経律異相』巻第五〇第二八張の例のように、大谷大学本の印刷から後の増上寺本が印刷されるまでの間に版木が補修されていたと考えられる場合もある。しかし、その間にどれくらいの規模で版木が補修されたかは不明である。

泉涌寺本では、欠字部分に印刷が施された紙を貼る方法で補修しているケースが目立つことから、埋め木補修が施された版木がさらに劣化したと考えられる。増上寺本が印刷されて以降も何らかの原因により埋め木が多く欠落するなど、版木の損傷が進んでしまったのではないか。そう考えると、『経律異相』巻第五〇第二八張は、比較的早い時期に補修されてはいるものの、その割合は少ないと考えられる。

つまり、版木の埋め木補修は、高麗蔵が雕造された当時、あるいはそれ以降の早い時期から行われており、その部分が時代を経るごとに欠落していき、現状のようになったのではないかと推測できる。こうした推測が成り立つのなら、妙心寺本の底本となった建仁寺本は、増上寺本よりも印刷年代が古いと考えられ、さらに大谷大学本よりは新しいと考えられる。今回比較した日本所蔵の高麗蔵は、大谷大学本→建仁寺本→増上寺本（＝相国寺本）→法然寺本→泉涌寺本の順に印刷されたと考えられる。但し、法然寺本に関しては、少なくとも印刷年代が異なる二つの高麗蔵が混合しているため印刷年代の判断は困難であるが、うち一つは増上寺本と同時期かそれ以降の印刷、もう一つは刊記の存在からそれ以前に印刷されたものと推測できる。

V.『経律異相』巻第四六第九・一〇張と第一五・一六張の問題

『経律異相』巻第四六第九・一〇張と第一五・一六張の四張は、大谷大学本、妙心寺本、相国寺本には印刷されておらず、白紙のまま紙継ぎされている。大谷大学本の『経律異相』巻第四六第八張末に

以下九張十張者建仁寺ノ本但白紙
而已無文字故今亦但存二白紙一

とあり、また同四六巻一四張末には

以下十五張十六張者建仁寺蔵本但白紙無文字今亦同彼但存白紙

という墨書がそれぞれ見られる。大谷大学本は文政年間に建仁寺本で補写されており(152)、この紙継ぎはその時のもの

であると考えられる。大谷大学本が印刷された時期には、『経律異相』巻第四六第九・一〇張と第一五・一六張の四張の版木が何らかの原因で存在していなかったのではないか。

上記の墨書が示すように建仁寺本も空白であることから、それを底本として書写された妙心寺本も同様に紙継ぎされているものの空白である。また、相国寺本も同様に該当箇所は空白であることから、世祖四年（一四五八）まではそれらの版木がなかったものと考えられる。しかし、泉涌寺本については該当箇所が印刷されていることから、一四五八年以降に造られたようであるが、はっきりとした年代は不明である。

相国寺本と同時代に印刷された増上寺本はどうか。まず、増上寺本を底本とした縮刷蔵と大正蔵で同じところを確認すると、それに関する註記が見られない。また、『増上寺三大蔵経目録』の該当箇所を見ると、「現状」の欄に「第九・一〇・一五・一六紙書體筆寫風」[153]とあった。「筆寫風」とは何を意味しているのかはっきりしないが、増上寺本にその箇所が印刷あるいは書写されていることを指している。そこで、増上寺本を見るとやはり印刷されていることが確認できた。『増上寺三大蔵経目録』の「現状」欄に「筆寫風」と註記したのは、『経律異相』巻第四六の他の張、つまり高麗蔵が造られた当時の書体とは異なるための表記だと考えられる。今回比較した六つの高麗蔵のうちこの箇所が印刷されているのは、増上寺本と泉涌寺本、そして法然寺本であった。

では、この四張の版木はいつ頃造られたのか。その手掛かりとなるのが、増上寺本と相国寺本に付いている金守温撰の「印成大蔵経跋」である。この跋文の存在とこれまでの考察によって、増上寺本と相国寺本は同じ時代に印刷されたものだと述べた。そして、この跋文の書体を観察すると、全体的に「筆寫風」と言えるものである。また、『経律異相』巻第四六第九・一〇張と第一五・一六張の書体と跋文の書体を比べて見ると、まったく同じ文字はないものの何点か似ている文字がある。例えば、

『経律異相』巻第四六第一六張一二行目の「経」と跋文一張三・四行目の「経」
『経律異相』巻第四六第一六張二二行目の「法」と跋文四張七行目の「法」

などがそうである。両者の書体については今後も検討する必要はあるが、全体的に似かよっていることから、この時期にこれらの版木が補塡的に造られたと推測できる。

つまり、世祖四年に五〇部の大蔵経を印刷する際、何枚かの版木が紛失していたため跋文の版木と共に造られたのだが、相国寺本は『経律異相』の四張分の版木ができる前に印刷され、増上寺本は版木ができた後に印刷されたと考えられる。

つまり、増上寺本と相国寺本は同じ時期に印刷されたものの、『経律異相』巻第四六第九・一〇張と第一五・一六張の有無によって、印刷製本の時期に若干の差が生じている。厳密に言えば、相国寺本が増上寺本よりも早く印刷・製本されていたと推測できる。

Ⅵ．欠字部分補修の問題点

1．『解脱道論』巻第九第一九張一五行(154)

大谷大学本や増上寺本では「種慧有慧爲厭患非爲達有慧爲達」となっているが、二種類の影印本（東国大学校本・東洋仏典研究会本(155)）では「種慧有慧有爲厭患非爲達有慧爲達」となっており、五文字目に「有」字が挿入されている。大正蔵には「有」が入っている。

2.『解脱道論』巻第九第二〇張三行[156]

大谷大学本や増上寺本では「義辯於因智法辯於法辯樂說辭」となっているが、泉涌寺本では「義諸辯於因智法辯於法辯樂說辭」となり、二文字目に「諸」字が挿入されている。

大谷大学本をはじめとする高麗蔵の諸本には、「有」と「諸」字が印刷されていないが、泉涌寺本にはこれらの文字が挿入されている。大正蔵には「義辯於因智」とあり、註に「義＋（諸）㊂、義＋法㊪」とある。

Ⅶ．おわりに

以上のとおり、相国寺、増上寺、大谷大学、泉涌寺、法然寺、妙心寺所蔵の高麗蔵を比較した結果、印刷された時代によってそれらが異なっていることが確認できた。

六つの高麗蔵のうち、印刷年代が古い大谷大学本には欠落箇所がほとんどないことが確認できた。また、世祖四年（一四五八）に印刷された増上寺本を見ても、大谷大学本ほどではないが、影印本に比べると未刻部分が少ない。版木の状態から見て、埋め木はそれ以降に欠落したようである。

大谷大学本や増上寺本から見ると、埋め木などの補修が施されたのは、版木の雕造がなされている時からだったと考えられる。当初から何らかの原因によって埋め木で補修する必要が生じたのではないか。その部分が時間の経過とともに欠落したと考えられる。そして、大谷大学本の印刷から後に増上寺本が印刷されるまでの間にも、版木の補修が行われていたことが『経律異相』巻第五〇第二八張より判明した。

印刷年代が明らかな大谷大学本と増上寺本との比較、そして増上寺本と妙心寺本（建仁寺本）、相国寺本、法然寺本を比較した結果、大谷大学本↓建仁寺本↓相国寺本↓増上寺本↓（法然寺本）↓泉涌寺本の順に印刷されたと考えられる。但し、法然寺本には少なくとも二種類の高麗蔵が混合しているため印刷年代の特定は困難であるが、一つは『経律異相』巻第四六第九・一〇張と第一五・一六張が印刷されていることから増上寺本と同時期かそれ以降の印刷、もう一つは刊記が印刷されていることからそれ以前に印刷されたものと推測できる。

最後に、『経律異相』巻第四六第九・一〇張と第一五・一六張、および金守温撰「印成大蔵経跋」の書体の比較については、今後もさらに詳しく検討する必要がある。また、『解脱道論』巻第九第一九張一五行と同第二〇張三行の活字挿入の問題が残っている。これについては、影印本の使用に際して充分に注意する必要があり、印経本と影印本の違いを検討する上での一例となり得るため、今後の課題としたい。

註

（1）佛教大学仏教文化研究所編『獅谷法然院所蔵　麗蔵対校黄檗版大蔵経並新続入蔵経目録』一九八九年、松永知海「近世における「高麗版大蔵経」の受容——「麗蔵」を底本とした和刻本の出版について——」『第四回日韓仏教文化国際学術研究会議発表要旨』、佛教大学、一九九二年などを参照。

（2）田代俊孝「越前丹山文庫所蔵麗蔵校合黄檗版一切経について」『印度学仏教学研究』六〇号、一九八二年、参照。校合作業は諸事情により順芸存命中には完成しなかった。父の志を継いだ長子順尊によって安政三年（一八五六）に一応の完成を見た。

（3）一三九〇年から一五〇〇年代初頭までに四四蔵の大蔵経が日本にもたらされている。菅野銀八「高麗板大蔵経に就いて」『朝鮮史講座』、朝鮮史学会、一九二五年。拙稿「高麗版大蔵経の日本伝存に関する研究」『韓国宗教』二七号、二〇〇三年。押川信久「一五世紀朝鮮の日本通交における大蔵経の回賜とその意味——世祖代の大蔵経印刷事業の再検討——」『日朝交流と相克の歴史』、校倉書房、二〇〇九年、などを参照。

（4）日本所蔵の高麗蔵の零本については、梶浦晋「日本所在高麗版大蔵経の現状とその特色」（『東アジアと高麗版大蔵経』、佛教大学宗教文化ミュージアム、二〇一二年）を参照。

（5）金守温撰「印成大蔵経跋」、李智冠編『伽耶山海印寺誌』、伽山文庫、一九九二年、二八九―二九〇頁。

（6）高麗時代に行われた仏事。一定の箇所を一定の速さで直線補講する僧侶の修行法であるが、高麗時代に行われた経行は、経典の読誦を行い、俗人も参加していた。安田純也「高麗経行考」『朝鮮学報』二一五輯、二〇一〇年参照。

（7）民衆の疲弊を避けるために彼らの労役を最小化し、印刷事業の効率化を進めるために、各道に印刷紙を分担して提出するように命じた。崔然柱「朝鮮時代『高麗大蔵経』の印経と海印寺」『東アジア仏教文化』一〇輯、二〇一二年、一六三―一六四頁。当時、大蔵経印刷に必要な紙・墨などの資材を各道から供出させている。紙や墨などの資材やその具体的な数字は『世祖実録』世祖三年六月戊午条参照。

（8）『青荘館全書』巻五五。李智冠によると五〇蔵の中の二蔵については、奉納先が未詳である（李智冠「大蔵経伝来再雕造本印経考」『韓国仏教文化思想史――伽山李智冠スニム華甲紀念論叢――』上、伽山仏教文化振興院、一九九二年、五六頁）。また、藤田亮策はこの時印出された大蔵経の中に三蔵は日本の紙が使われたと推測している（藤田亮策「海印寺雑板攷」（二）、『朝鮮学報』一三九輯、一九九一年、一二四頁）。

（9）「吾縁山三大蔵者、第一宋本、第二元本、第三高麗本。（中略）高麗本後土御門院文明中、和州忍辱山円成寺僧栄弘、将来蔵其寺矣。」『縁山三大蔵経総目録』、『昭和法宝総目録』二巻、一頁。

（10）『成宗実録』成宗十三年四月丁未条「日本国王遣栄弘首座等、来聘夷千島王遐叉遣宮内卿等来献上宜、日本国書契曰、日本国王源義政奉復朝鮮国王殿下両国千里世修鄰好。天知地知人焉瘦截然、而比年我国搶攘百色暫廃（中略）我和州有教寺曰円成釈明禅者安阿弥陀像。而有年焉昔大唐有妙智居士者念誦弥陀日夕、不懈夢一夕夢、神人告曰欲拝真仏須、日本国円成云云（中略）又欲求大蔵経安置寺内以為一方殖福之地庶幾分法宝以利辺民。（以下略）」

（11）「夷千島王遐」について朝鮮側は真偽を疑っている。これについて村井章介は、「これは大蔵経を貰うために足利氏や他の大名が偽の使節を送り、多くの大蔵経を入手しようとしていたからだ」と見ている。村井章介「《倭人海商》の国際的位置――朝鮮に大蔵経を求請した偽使を例として」、田中健夫編『日本前近代の国家と対外交渉』吉川弘文館、一九八七年、三二二頁。

(12)『成宗実録』成宗十三年四月丙辰条「礼曹啓日本国王求請大蔵経一件、以慶尚道所在、賜送円成寺。(以下略)」
(13)『加増支証』「忍辱山円成寺在之一切経去慶長拾四酉歳大御所様江被召上候為其御褒美重而寺領百五石可付旨、今度大御所様於京都被仰出依其最前百三十石御加増百五石、高都合貳百三拾五石於和州添上郡忍辱山村内自今已後可有収納田地割之目録別紙一冊在之但重而百五石付候御黒印去月十七日に被成大久保岩見守奉之仍如件　慶長拾六辛亥年鈴木左馬助／五月二十三日判」宋版大蔵経は慶長十八年（一六一三）に、元版大蔵経は慶長十五年（一六一〇）にそれぞれ増上寺に寄進された。金山正好（他）『増上寺三大蔵経目録解説』、大本山増上寺、一九八二年、六頁。
(14)金山正好「増上寺三大蔵経について」『三康文化研究所報』一七号、一九八二年、一七頁。
(15)小田幹治郎「内地に渡れる高麗板大蔵経」『朝鮮』七四号、朝鮮総督府、一九二一年、一三九頁。
(16)文化庁監修・毎日新聞社編『重要文化財』二一巻　書跡・典籍・古文書Ⅳ、毎日新聞社、一九七七年、一二九頁。
(17)『浄土宗全書』巻一九、二八二頁。
(18)註（2）、田代俊孝、前掲論文、一九八二年、七三七―四一頁。
(19)梶浦晋「日本伝存の高麗版大蔵経――展観出陳品を中心に――」、松永知海編『高麗版大蔵経の諸相』、佛教大学宗教文化ミュージアム、二〇一二年、一〇八頁。
(20)松永知海「建仁寺高麗版大蔵経について」、松永知海編『高麗版大蔵経の諸相』、佛教大学宗教文化ミュージアム、二〇一二年、一頁。
(21)『世祖実録』世祖三年三月戊寅条「日本国王曰書、源義政端粛拝覆朝鮮国王殿下、四海歛浪、両邦同仁、無任欣賀之致。特差遣使者永嵩西堂・全密西堂・恵光蔵主等、聊修隣好。(中略)比年以来、使者相継、音耗靡絶、深慰瞻仰之私。仍告吾邦有寺曰建仁、蓋国初禅刹、以為祈福之霊場也。所遣嵩密二西堂、隷告此寺、是以有起発之志。並行得便、且告大邦、切望特賜五万之資。(以下略)」
(22)『世祖実録』世祖三年五月戊子条「戊子、日本国王使者全密等辞為書以答曰、朝鮮国王奉復日本国王殿下。(中略)我国与貴国、世敦降好、以孤不徳、幸蒙天之力。初定国乱。即位日浅、未遑通問、以講信義為愧、来示重新仏刹、欲得銭為資。但本国銭幣、不行已久、公私所儲不敷、謹收差千緡銭、庶助万一、弘楊法教、彼此一致、随喜随喜。特送大蔵経令部、以備潘閲。并将不土宜、就付来使。聊表礼信、異領留。(以下略)」

(23) 上村閑堂「足利時代本邦に齎されたる高麗蔵経に就きて」、『禅宗』二八五号、一九一八年、一八頁。

(24) 『空華日工集』巻三、「君又問一切経与蔵経同別、余曰同也。今仏一代聖教、謂之一蔵。亦謂五千四十八巻、五千四十八巻即開元年中、勅仏昇法師所撰定目録。故凡曰一蔵則五千四十八巻也。其後増至六千或七千蔵云云、当寺蔵経錯乱不具者、近者修繕幾乎完全。」、『続史籍集覧』第三冊、臨川書店、一九八五年、一〇三頁。

(25) 高麗時代、当時九州探題であった今川了俊は兵を率いて倭寇の制圧に協力した。また、一三七八年には倭寇に捕らわれた捕虜五七〇名を送還させるなどの活躍によって高麗の信頼を得た。高麗では今川了俊に金銀・人参・虎豹皮等を贈り、感謝の意を表したが、その時大蔵経を要請したことが『高麗史』巻一三七(列伝五〇辛昌七月己卯条)に書かれている。当時、大蔵経の要請がすぐに受け入れられたのかについては、文献にないため詳しくわからない。しかし、一三九二年に高麗が滅亡し、李成桂(朝鮮太祖、在位一三九二―九八)が朝鮮を建国した後でも、今川貞世は捕虜を送還するなどして、李成桂はその功労を讃えて、大蔵経二蔵を与えている。一三八八年の今川了俊の要請が、八年後である朝鮮太祖四年(一三九五)に実現されたこととみても差し支えないであろう。

『太祖実録』太祖四年七月辛丑条「日本国春西節度使源了俊奉書朝鮮国両侍中相公閤下。貴使工曹典書崔龍蘇之来、所賜尊教、焚香拝読、伏承動止勝常、欣忭不已矣。就而名土佳貺、如数拝、遠意之厚、感謝多矣。蒙諭禁賊之事、罄力於一岐、対馬、已久矣。海中寇賊、以舟為家、従風便無著落之処、今比于旧日、賊輩十之八九減少焉。若又以官軍将帥、別開異途、恐絶通好之路。諺云賊是小人、智過君子。彼所計謀之智略、雖云聖賢、或有未及之処。仰願放寛、等我做拙計、必無噍類、方宜陪両国之款懐哉被虜男女、厳加推刷、随得可伴送、不敢拘留也。重承国使戸曹典書金積善護送両蔵経、今歳三月初八日、繫纜于此岸。」

(26) 第二章第一節の【表1】参照。

(27) 註(15)、小田幹治郎、前掲論文、一九二一年、一三八頁。

(28) 『世宗実録』世宗三十年四月壬午条「宣慰使孟卿報、日本国使已到乃而浦為進香輝徳殿、及請蔵経而、来日本正使文渓正祐(中略)太平興国南禅寺、迺我朝第一禅刹、而王臣尤崇敬之。頃者鬱悠作変法宝尽燼、上下失所依帰。唯願獲一大蔵経七千余巻、以付廻船。我王書中已詳矣。預令左右知之、勿勿怪怪。(以下略)」

(29) 『世宗実録』世宗三十年八月庚辰条「庚辰、日本国使正祐等還。答国王書曰、朝鮮国王奉復日本国王殿下、今者到書

（中略）亦以為感所諭蔵経及諸土物、具如別幅、就付回使、聊表謝忱、惟領納、余冀自垂別幅大蔵経一部函（以下略）」

(30) 桜井景雄『南禅寺史』下巻、法蔵館、一九七七年、四五〇頁。

(31) 大蔵会編『大蔵会展観目録』（復印）――自第一回至第五〇回――、文華堂書店、一九八一年、二五九頁。

(32) 堀由蔵編『大日本寺院総覧』上、名著刊行会、一九七四年、六八八頁。

(33)『本光国師日記』巻一一、慶長十九年（一六一四）正月、『大日本仏全書』一三九巻、潮書房、一九三一年、五六九頁。

(34) 稲葉岩吉・末松保和「南禅寺大蔵経の瞥見」『朝鮮』一九一号、一九三一年、六四頁。

(35) 同右、一〇九頁。

(36) 南禅寺の高麗蔵（初）については、高麗大蔵経研究所で詳細な調査がなされている。高麗初雕大蔵経集成編纂委員会『高麗初雕大蔵経集成』高麗大蔵経研究所、二〇〇五年。南権熙・鄭在永『日本南禅寺所蔵『高麗初雕大蔵経』調査報告書』高麗大蔵経研究所・花園大学国際禅学研究所編、二〇一〇年などを参照。

(37)『世宗実録』世宗四年十一月己巳条「日本国王及其母后遣僧圭寿等、致書献方物求大蔵経、海路迢迢、久不嗣音。維時梅雨弄晴、槐風噓爽、共神衛森厳、尊候納倍万之福、往歳貴国使臣之到吾朝也。時有国師、号曰智覚普明、開館以厚遇之。厥後其徒周棠者去遊貴国、貴国先王使工、図国師寿象、命文臣李穡作賛、托於周棠回便以贈之、蓋不忘旧徳也。由是観之、貴国之於我国師、不可謂無因縁焉。塔院要安置蔵経、寅昏披閲、以報四恩資三有、而未能得其本、爰欲就貴国以求之。予感其不憚鯨波危険、使法宝流通助喜、付以此書、伏請憐其懇志、付之七千全備経典、則予亦同受其賜也。」

(38)『世宗実録』世宗四年十二月壬寅条「御仁政殿、引見日本国王使者圭寿等。上諭之曰汝王昔年遣使通好、予亦遣人以報。只縁阻海、未得数通、今乃遣使修聘、交隣之義至矣。所需大蔵、当正秩付回礼使以送、太后所請蔵経、亦当従之。」

(39) 註（31）、大蔵会編、前掲書、一九八一年、三三一頁。

(40)『防長寺社由来』巻三「一、開闢　文明三辛卯歳／陶越前守弘房公之妻、法名花谷妙栄大姉、於仁保之郷為弘房公之建一寺、名安養寺（中略）而改前之安養寺号瑠璃光寺、従開闢到今弐百七拾年」山口県文書館、一九八三年、四三一頁。

(41) 水原尭栄「高野山見存蔵経目録」、『水原尭栄全集』四巻、同朋舎、一九八一年、六九二頁。

(42)『太宗実録』太宗十六年八月己卯条「己卯　対馬島宗貞茂及大内多多良道雄遣使、請大蔵経。礼曹啓給馬僧録司僧分遣大蔵在処忠清、慶尚道各寺択出成蔵以給従之。」

(43)『世宗実録』世宗二十七年五月丁亥条「丁亥、議政府礼曹啓、今宗貞盛遣頓沙文、請加船数二十又請大蔵経。（中略）不宜更請大蔵経一部、就付回人」

(44)『世宗実録』世宗三十一年八月丙寅条「対馬州宗貞盛遣道、献環刀及猿、仍請大蔵経及白犬白鶴。道誾曰本道往年、為貴国、捕送賊倭、八幡神山居人二名与焉。以此山神為祟島主女子及諸倭妻子、或顚狂、或病死、欲得蔵経、納神堂、以除災障。（以下略）」

(45)『世宗実録』世宗三十一年九月辛巳条「辛巳、道誾還対馬島、礼曹参議李仁孫答書曰、所献礼物、謹愍収訖。茲将正布十八匹并足下、所索蔵経一部・白犬白鶴各一隻、特賜米豆各一百石、就付回使、惟照領。」

(46)山本信吉「対馬の経典と文書」『仏教芸術』九五号、毎日新聞社、一九七四年、九七頁。長節子『中世日朝関係と対馬』、吉川弘文館、一九八七年、三二頁。この年の八月に贈与が決定し、十一月上旬には対馬の神社に奉納されるまで約二カ月という期間が短いといい、一四四五年に贈与された大蔵経がこの時奉納されたという見解がある。（須田牧子「対馬宗氏の大蔵経輸入――杏雨書屋所蔵大蔵経の紹介を兼ねて――」『日本歴史』七八四号、二〇一三年、八〇頁。

(47)『大日本仏教全書』巻一三一「慶長四己亥（中略）三月二十一日。石田三成創造奥院広辺于一切経蔵、朝鮮印板。是為悲母追悼也。（二八八頁）」

(48)今井林太郎『人物叢書　石田三成』、吉川弘文館、一九六一年、二三七頁。

(49)渡辺世祐編纂『稿本石田三成』、一九〇七年、二九〇頁。

(50)同右、二九〇頁。

(51)「其後星霜を経て経典両霜に漫され巻蔵も又錯乱散失しけれは文政八年に補修を始め芸州厳島の麗本をもって此欠典を補写入蔵し終に天保五年甲午に一大蔵経全壁せしむ麗本の大蔵其類希なり満寺の法宝と謂へし」。加地哲定編『紀伊続風土記』高野之部巻一、続真言宗刊行会、一九六二年、二五一頁。

(52)松平頼重は元和八年（一六二二）水戸藩初代藩主松平頼房の長男として生まれる。頼重は神仏の信仰に篤く、神社・仏閣に度々参拝しており、将軍や父母の忌日には丁重な仏事を修していた。浄土宗は菩提寺として保護が厚かったが、宗派に関係なく天台、真言、禅等の僧侶と親しかった。また、法然寺と同様に金比羅神社には明版の大蔵経を寄進している。伽藍の再興として経蔵を建立し、大蔵経を奉納したと考えられる。

(53) 山本信吉「仏典Ⅱ　版経――版本一切経を中心として」『重要文化財』二一巻　書跡・典籍・古文書Ⅳ、毎日新聞社、一九七七年、三一頁。
(54) 法然寺の高麗蔵は袋綴になっていたものを折本装にしており、袋綴の折り目が残されている。
(55) 高松松平公益会編、『松平頼重伝』、一九九六年、二六〇頁。
『仏生山条目』は寛文十年（一六七〇）に松平頼重が、法然寺を再興すると同時に寺が永く興隆していくように、高三〇〇石の寺領田と山林を寄進して、住持以下がそれを維持するのに守るべき三七ヵ条の寺法を定めたものである。
(56) 金山正好（他）『増上寺三大蔵経目録解題』、大本山増上寺、一九八二年、四七頁。
(57) 高麗蔵の刊記は本文に挙げた他に「〇〇歳高麗国分司大蔵都監／勅雕造」「〇〇歳分司大蔵都監雕造」「〇〇歳分司大蔵都監開版」「〇〇歳分司大蔵都監奉／勅雕造」がある。「〇〇」の中には模版印刻年次の干支が入る。
(58) 山口麻太郎「壱岐国安国寺蔵大般若経について」『山口麻太郎著作集』三巻、佼成出版社、一九七四年、五四頁。
(59) 『大般若波羅蜜多経』巻第三三の墨書に「重熙十五年丙戌四月　日　謹」とある（山口麻太郎「壱岐国安国寺蔵大般若経について」『山口麻太郎著作集』三巻、佼成出版社、一九七四年、五六頁）。
(60) 『長崎県の文化財』には、「応永二十七年（一四二〇）東彼杵郡川棚町長浜大明神に一部六〇〇巻が寄進されたものを、文明十八年（一四八六）出羽立石寺の妙円坊の施入によって刊本二一九帖、写本三七二帖の五九一帖を当寺の経蔵に奉納した」とある。『長崎県の文化財』、長崎県教育委員会、一九八〇年、三五頁。
(61) 小松勝助「長松寺の高麗版大般若経」、上対馬町誌編『上対馬町誌』、一九八五年。「高麗版大般若波羅蜜多経目録」、『上対馬町誌（史料編）』、二〇〇四年などを参照。
(62) 朴相国「大谷大学の高麗版大蔵経」（『海外典籍文化財調査目録』、国立文化財研究所無形文化財研究室　日本　大谷大学 所蔵 高麗大蔵経二〇〇八年、三七〇・三七八頁）、註（19）、梶浦晋、前掲論文、二〇一二年、五七頁などを参照。
(63) 小田幹治郎『高麗板大蔵経印刷顛末』泉涌寺、一九二三年、一六頁。
(64) 同右、一六頁。
(65) 残りの一蔵は、満州国に送られたようであるが、その後行方不明である。高橋亨「高麗大蔵経板印出顛末」『朝鮮学報』二輯、一九五一年、二二三頁。

(66) 一三蔵は、韓国の東国大学校、東亜大学校、成均館大学校、中東中・高等学校、日本の四天王寺、比叡山、高野山、国立国会図書館、アメリカのカリフォルニア州立大学、イギリス（二蔵）、オーストラリア、台湾などに寄贈された。当時、日本に寄贈された四蔵の中で、比叡山、高野山、国立国会図書館については、未確認である。註（8）、李智冠、前掲論文、一九九二年、五八頁参照。

その他、立正大学図書館にも、一九六〇年代に印刷された高麗蔵が所蔵されているが、李智冠の報告（前掲論文）には、立正大学がリストにはない。高麗蔵は一九〇〇年代に入り、一九一五年、一九三七年、一九六三年から一九六八年以外にも何度か印刷されているようである。詳細については、桐谷征一「立正大学図書館収蔵「韓国伽耶山海印寺諸版本」のこと」（『大崎学報』一六四号、二〇〇八年）参照。

(67) 『仏説首楞厳三昧経』巻中の刊記「杭州路南山大普寧寺大蔵経局伏承湖州路烏程県徳政郷銭村資福庵比丘守志惟春謹施浄財刊開尊経壱巻功徳報荅師僧比丘福慧荘厳者／至元二十二年六月　日住山釈如志　題」

(68) 『正法念処経』巻第五一の巻末印成記

奉　三宝弟子高麗国星山郡夫人車氏　特為

皇帝万万歳

藩主為首三殿各保千秋亡耦趙文簡霊儀超生浄界兼

及巳身与祖母国大夫人李氏見増福寿後世永捨女

身同生安養風調雨順国泰民安先亡父母法界含

霊倶霑利楽之願捨納家財印成

大蔵経一部　流布無窮者

延祐元年甲寅十月　日　誌

幹善大徳　靖恭

殿前　仁成
殿前　天友
通事康　仁伯

(69) 万日寺は全羅北道井邑市所声面万寿面にあった寺院である。高麗時代に建立され一八世紀ごろに廃寺になったと推測される。

(70)『慧上菩薩問大善権経』巻上の巻末印成記

奉　三宝弟子高麗国通直郎典校寺丞李幺升
同妻巻咸郡夫人氏
謹発誠心捨財印成
大蔵尊経一蔵敬安于郷邑古阜郡万日寺看
誦流通　普利無窮所集洪因端為祝延
皇帝万万歳
皇后斎年
太子千秋
国王千年　文虎協朝野寧
仏日増輝　法輪常転　四恩普報　三有斉資
次冀追薦　先考通直郎李祚　外考奉常大夫
尹傾　先妣光山郡夫人金氏　洞州郡夫人金氏各離
若趣倶成妙果皆得楽方兼及己身合門眷属
助善檀那同増福智之願法界有情同霑利楽者

至正　年　月　日　幹善比丘　法琪
同願比丘玄珠　祖行　承湛　覚胡
同願善人奉翊大夫王承慶
奉常大夫許繕
検校軍器監孫烈
同願本寺住持比丘禅彦
同願大禅師乃云

(71) 村井章介によると、園城寺の大蔵経と同じような例が埼玉県川越市の喜多院にもある。そこには宋の思渓版大蔵経が所蔵されており、一部は元版の大蔵経である。皇慶三年(一三一四)に高麗の匡靖大夫朴景亮が亡母の供養のために注文印刷したものである(村井章介『アジアのなかの中世日本』、校倉書房、一九八八年、二一五頁)。それ以外にも山本信吉によると、対馬の西福寺と歴史民俗資料館には元版の『大般若経』が所蔵されている。歴史民俗資料館には　一冊だけではあるが高麗蔵が混ざっていると述べている(註(46)、山本信吉、前掲論文、一九七四年、一〇二頁)。

(72) 防州路香山国清旌忠禅寺大蔵経函去弘治三年丁巳三月上旬、芸州大江朝臣毛利右馬頭元就・嫡子備中守隆元・次男備州小早川隆景并三吉両国之猛勢於山口馳籠之時彼函数多乱墜之間、合山僧僕同僧令勧進再興之者也矣。干時永禄二年己未初秋十五日　本願慶承叟　謹白(鈴木規夫「元代鎗金経箱一考——新出経箱を加えて——」『ミュージアム』、一九九三年七月号、東京国立博物館参照)

(73)『太宗実録』太宗七年九月辛亥条「辛亥、日本大内多々良徳雄客人詣闕辞、賜大蔵経一部以遣之、従徳雄之請也。」

(74)『氷上山興隆寺一切経供養条々』「蔵経船出津応永十四年卯月日、帰朝同十一月日」、『大日本史料』七巻八号、東京大学史料編纂所、一九五七年、九一三—五頁。

(75)『太宗実録』太宗八年八月丙子条「丙子、遣前書雲観丞金洽報聘于大内多多良徳雄賜以大蔵経一部・懶翁書像一事。」

(76)『太宗実録』太宗九年閏四月癸丑条「癸丑、日本大内殿多多良徳雄使僧周鼎等進土物且進観音画像。」

『太宗実録』太宗九年閏四月戊辰条「戊辰　大内殿使者周鼎等詣闕辞上御正殿召見而労之且賜大蔵経一部・普提樹葉書一葉螺鉢鐘磬各一事、祖師真懶翁和尚影子従徳雄之求也。」

(77) 菅野銀八によると、その翌年に大内氏が『清涼経疏』を求めるために送った書に書かれている。註（3）、菅野銀八、前掲論文、三〇―三一頁。
(78) 註（42）参照。
(79) 大内氏の大蔵経輸入については、第一章第二節の【表2】参照。
(80) 天台宗寺門派御遠忌事務局編『園城寺之研究』、一九三一年、五九三頁。
(81) 藤井駿『吉備地方史の研究』、法藏館、一九七一年、一六頁。
(82) 藤井駿によると、「坂田とは備中の西阿智の豪商・海外貿易家と考えられる」と述べている（同右、一九頁）。
(83) 多久頭魂神社所蔵の高麗蔵は一九六九年に、対馬の厳原町資料館によって調査が成され、仮目録が作成されている。これに関しては『対馬風土記』七号（対馬郷土研究会、一九七二年）に収録された「豆酘観音堂蔵大蔵経目録」に詳しい。山本信吉によると「『大般若派羅蜜多経』の相当数を欠き現存数も明らかではないが、およそ九五〇冊前後、巻数にして約五〇〇〇巻近くを存している」と述べている。註（46）、山本信吉、前掲論文、一九七四年、九五頁。
(84) 多久頭魂神社の神主によれば、増上寺の高麗蔵と同じ時期に印刷されたと言う。
(85) 註（46）、山本信吉、前掲論文、一九七四年、九五頁。
(86) 新印本と呼ばれる一九〇〇年代に印刷された高麗蔵は、李智冠によれば四天王寺、国立国会図書館、比叡山、高野山にも所蔵されているというが、これらについては未確認であるため今後の課題としたい（註（8）、李智冠、前掲論文、一九九二年）。また、立正大学図書館蔵の高麗蔵は、西村宣侑（他）「立正大学図書館新収『韓国海印寺伝来版本』目録ならびに解説（Ⅰ）」（『大崎学報』一三〇号、一九七七年）、桐谷征一（他）「立正大学図書館新収『韓国海印寺伝来版本』目録ならびに解説（Ⅱ）」（『大崎学報』一三二号、一九七九年）などを参照。
(87) 常盤大定「大蔵経雕印考」『哲学雑誌』三三二号、一九一四年、一三一八―一三二二頁。
(88) 小田幹治郎「内地に渡れる高麗板大蔵経」『朝鮮』七四号、一九二一年、一三七―八頁。
(89) 梶浦晋「本館所蔵高麗版大蔵経――伝来と現状――」『書香』一一号、大谷大学図書館、一九九〇年。
(90) 　門下評理廉仲父語予曰興邦事
玄陵由進士至密直典貢士極儒者栄所以

図報之靡所不為也
如来一大蔵教万法具挙三根斉被無
幽明無先後革凡成聖之大方便也是
以帰崇日多流布日広如吾者亦幸印
出全部焉所以追
玄陵冥福也同吾心助以財者雖甚衆吾父
領三司事曲城府院君吾母
辰韓国大夫人権氏吾室之義父
判門下漆原府院君尹公前判書朴公
出銭尤最多幹茲事化楮為紙化紙為
経捐其財尽其力者華厳大禅師尚聡
陽山大禅師行斉宝林社主覚月
禅洞社主達剣又与吾同志者也将誌
諸巻末以告後之人幸子無辞穡曰吾
先人文孝公事
玄陵潜邸及　即位穡由及第至政堂図報
之至亦化大蔵一部矣吾二人者心同
事又同焉故不辞　蒼龍辛酉九月　日
推忠保節同徳賛化功臣三重大匡領
芸文春秋館事韓山君李穡跋

残りの跋文は以下の通りである。

「同願慶尚道上元帥兼都巡問使推誠翊衛保理功臣重大匡宜春君南秩／同願慶尚道按廉・使兼監倉安集勧農使転輸提点刑獄兵馬公事奉常大夫軍簿摠朗全五倫同願江州道兵馬使奉翊大夫晋州牧使兼管内勧農防禦朴蔵／幹善道人　智正／同願道

人　恵宗／同願　禅洞社道人　達剣／同願　宝林社道人　覚月／同願陽山寺住持慶智円明妙悟無得大禅師行斎／同願華厳寺住持行解相応円悟大禅師尚聡／同願文化郡夫人　柳氏／同願奉翊大夫前礼儀判書進賢館提学朴僯／三重大匡判門下事上護軍漆原府院君尹桓／同願推忠秉義同徳爕理翊賛功臣辟上三韓／同願辰韓国大夫人　権氏／三重大匡領三司事上護軍曲城府院君廉悌臣／同願忠誠守義同徳論道保理功臣辟上三韓平壌郡夫人　趙氏／理兼成均大司成芸文舘大堤学上護軍廉興邦／大功臣功主勤翊載賛化臣匡靖大夫門下評」

(91)　註（87）、常盤大定、前掲論文、一九一四年、一三三一頁。

(92)　同右、一三二〇頁。

(93)　註（15）、小田幹治郎、前掲論文、一九二一年、一三七頁。

(94)　註（89）、梶浦晋、前掲論文、一九九〇年、一二三頁。但し、二〇〇六年七月から二〇〇七年九月まで韓国の国立文化財研究所によって行われた大谷大学所蔵の高麗蔵の調査報告、高麗蔵に関する研究の進展などによって、高麗時代末期に印刷されたものであると指摘している（梶浦晋「大谷大学蔵高麗再雕版大蔵経について——その伝来と特徴——」『大谷大学所蔵高麗版大蔵経調査研究報告』、大谷大学真宗総合学術センター、二〇一三年、一二八頁）。

(95)　李智冠によれば、大蔵経を印刷した例がいくつかあるが、この跋文についての言及はない。註（8）、李智冠、前掲論文、一九九二年、五四—五九頁。

(96)　『高麗国驪州郡神勒寺大蔵閣記碑』『東文撰』巻七六「判三司事韓山牧隠先生、命崇仁曰大徳庚戌七月初三日、我祖井邑府君病歿、先君稼亭文孝公、年十三、喪葬無憾、至正庚寅十月二十日、祖母病歿、先君襄事以禮、間請浮屠、転経于郷之僧舍、先君毎嘆、吾今而後何怙何時恃、座丌南山聡公、謂先君曰、公今苟欲以吾法、資考妣冥福、盍成一部蔵教乎、吾法尽在是矣、先君即向金仙肖像而立願射焉、明年辛卯春正月、先君不幸、歿於衰絰之中、余自燕奔喪、仍請聡公転経、語及先君之願、予方読礼未暇及也。既免喪、僥倖世科、名載仕版、惟不克供職之是懼、又未暇及也。聡公屢以書来曰、先大人之願、其可違乎、則未嘗不対書自傷而已、洪武辛亥秋九月二十六日、先妣金氏又病歿、憂制甫終、吾疾作莫能興、甲寅秋九月二十三日、玄陵奄棄群臣、予竊伏念先君為玄陵潜邸旧臣、積有年紀、予為玄陵初科及第、遂陞宰府、吾父子蒙思至渥、曽未有糸毫之報、而弓剣忽遺、可勝痛哉。歳己未、聡公適自山中来、語予曰、今茲吾年七十又四矣。而幸不死、得与公相見、豈偶然哉。先大人之言、歴歴在耳、公能記憶否乎。予益自傷焉曰、上以資福於先王、下以継志於先考、不在斯歟、不在斯歟、予病新起、奉教撰懶翁塔銘未久也。因自計吾力則不足矣。可頼以弁此者、惟懶翁徒耳、即馳書告之、有号無及琇峯二浮屠、率其徒従臾、始自庚申二月暮縁覚昷於順興、覚岑於安東、覚洪於寧海、道恵於清州、覚連於忠州、覚雲於平壌、梵雄於鳳州、志宝於牙州、化楮為帋、釈幻造墨、至辛酉四月、印出経律論、九月粧褙、十月覚珠泥金題目、覚峰造黄複、十二月性空造函、（中略）壬戌正月、於華厳霊通寺転閲、四月舟載至于驪興之神勒寺、懶翁示寂之地也。花山君権公僖主盟題目、復与諸檀施財、同菴順公董役、遂於寺之南、起閣二層、覚修舟艧既畢、度而蔵之、五月又転、九月又転、今癸亥正月又転、約歳三次為恒規、（中略）嗚呼三十餘年之久、而先君之願始成、豈不自慶、又況推其極功、寿君福国於無窮也哉。」

『高麗国驪州郡神勒寺大蔵閣記碑』は、韓国の京畿道驪州郡の神勒寺の東の丘に建てられ、現在は同国の宝物二三〇号に指定されている。この碑文は、拓本にも採られているが、碑文と拓本は読めない部分があるため、本稿では『東文撰』に掲載されている史料を採用した（佛教大学宗教文化ミュージアム研究協力者編『日本仏教と高麗版大蔵経――忍澂上人を中心として――』、佛教大学宗教文化ミュージアム、二〇一〇年参照）。

(97)『牧隠集』巻八「送懶翁弟子印大蔵海印寺」

(98)安啓賢『韓国仏教思想研究』、東国大学校出版部、一九九〇年、三一六頁。

(99)註（8）、李智冠、前掲論文、一九九二年、五五頁。

(100)増上寺史料編纂所編『増上寺三大蔵経目録』、大本山増上寺、一九八一年、四四〇頁。

(101)『太宗実録』太宗十四年七月壬午条「送大蔵経于日本国、賜大般若経于圭寿初上謂代言等曰、日本国王求大蔵経、賜送経板如何。対曰我国経板不少、送之向言上曰京外経板計数以聞（中略）上曰隣国使臣雖久留擾之有。圭寿曰、吾王承先君之意、欲閲大蔵大般若経、臣願受賜以進吾王仍上書。私請大般若経。上曰此経於吾国亦少、可旁求、以賜。仍命礼曹以驪興神勒寺所蔵大蔵経全部、送干日本国王、寧山任内豊歳県広徳寺所蔵大般若経全部賜圭寿」

(102)国立文化財研究所無形文化財研究室編『海外典籍文化財調査目録――日本大谷大学所蔵高麗大蔵経――』、二〇〇八年。

(103)金潤坤「高麗大蔵経の彫成機構と刻手の性分」『民族史の展開とその文化』上、碧史李佑成教授停年退職紀念論叢、一九九〇年。「『高麗大蔵経』の刻板と国子監試出身」『国史館論叢』四六号、国史編纂委員会、一九九三年。「『大般

若経」の刻成と反蒙抗戦」『韓国中世史研究』二号、一九九五年。崔永好「『江華京板高麗大蔵経』辺界線所在 人名の板刻事業参与形態」『韓国中世史研究』二号、一九九五年。「高麗武人執権期 僧侶知識人山人の『江華京板高麗大蔵経』刻成事業 参与」『石堂論叢』二一号、一九九五年。「華厳宗系列僧侶の『江華京板　高麗大蔵経』刻成事業参与」『釜山史学』二九号、一九九五年。「瑜伽宗の江華京板〈高麗大蔵経〉刻成事業参与」『釜山史学』三三号、一九九七年。

(104) 註(100)、増上寺史料編纂所編、前掲書、一九八一年。

(105) 高野山文化財保存会編『高麗版一切経目録』、高野山文化財保存会、一九六四年。

(106) 金潤坤編『高麗大蔵経彫成名録集』、嶺南大学校出版部、二〇〇一年。

(107) 李圭甲編『高麗大蔵経異体字典』、高麗大蔵経研究所、二〇〇〇年、二頁。

(108) 註(87)、常盤大定、前掲論文、一九一四年、一三一八頁。

(109) 広島県編『広島県史』別編、一九八四年、二〇七頁。

(110) 『芸藩通志』巻一五、安芸国厳島　三「仏観」、『芸藩通志（復刻本）』巻二、『芸藩通志』刊行会、一九六七年、二〇三頁。

(111) 『大般若波羅蜜多経』巻二の巻末。

(112) 註(89)、梶浦晋、前掲論文、一九九〇年、二〇頁。

(113) 『定宗実録』定宗一年七月十日条「日本左京大夫六州牧義弘伐九州克之、遣使来献方物、且言其功。上欲賜義弘土田、以簽書中枢院事権近及諫官之議乃止。義弘請云、我是百済之後也。日本国人不知吾之世系与吾姓氏、請具書賜之。又請百済土田。」

(114) 『端宗実録』端宗一年六月二十四日条「日本国大内殿使者有栄呈書于礼曹曰多多良氏入日本国、其故則日本曾大連等起兵、欲滅仏法、我国王子聖徳太子崇敬仏法、故交戦。此時百済国王勅太子琳聖討大連等、琳聖則大内公也。以故聖徳太子賞其功而賜州郡、爾来称都居之地、号大内公朝鮮。今有大内裔種否定、有耆老博洽君子、詳其譜系也。大連等起兵時、日本国鏡当四年也、当隋開皇元年也。自鏡当四年至景泰四年、凡八百七十三年、貴国必有琳聖太子入日本之記也。大内公食邑之地、世因兵火而失本記矣。今所記、則我邦之遺老口述相伝而已。」

(115)『成宗実録』成宗十六年十月七日条「礼曹正郎鄭光世将大内殿使僧元粛書簡数幅来啓。其一曰温祖祚百済国王余璋第三子、日本国来朝、隋大業七年辛未歳也。自来九百余年矣、于今綿綿不絶焉。琳聖父曰余璋、璋父曰余琩、琩父曰余慶、自此以上王代名号不記知。以其身在日本国、而契継図於百済国之昔年之故、不可不知其温祖之事業。殿下定可有国史、余慶以上王代之名号、命写賜之。僧元粛謹言。伝曰　百済温祚之後世系、令弘文館略書賜之」

(116) 大内氏には『大内氏実録土代』という文書があり、そこに書かれている内容が『三国史記』の記述と酷似しており、その抜粋要約のような形になっている。須田牧子「室町期における大内氏の対朝関係と先祖観の形成」『歴史学研究』七六一号、二〇〇二年、九―一一頁。

(117) 註(3)、拙稿、前掲論文、二〇〇三年、一六〇頁。

(118) 興隆寺は山口県山口市大内御堀に位置する。大内氏の滅亡後、その勢力が衰え、現在は釈迦如来坐像を本尊とした仏殿と妙見社が残っているのみである。

(119)「氷上山興隆寺文書」『大日本史料』七編之八、東京大学史料編纂所、一九五七年、九一三―五頁。

(120)『大内氏実録』巻五、大内盛見応永十一年条「二月十七日。先レ是氷上山興隆寺本堂。二王堂。鐘楼。上宮。山王社等を造立せしが。落成せり。」

(121) 平瀬直樹「大内氏の妙見信仰と興隆寺二月会」『山口県文書館紀要』山口家文書館、一九九〇年、二五頁。

(122) 同右、二四頁。

(123)『大内氏実録』巻五、大内盛見応永三十四年条。

(124)「昔者箕子授供範於周武而居師位、後受封朝鮮而子孫廟食焉、嬴秦、劉漢、三国、六朝及隋唐五季、宋、元、迭興迭亡、而朝鮮鎮乎一方而宗祀自若、寧非盛徳余慶哉、吾朝推古天皇御宇、彼邦琳聖太子来朝、遂慕王化而留居防州、為西土大族、後世業継絶興廃、重修殿堂、荘厳仏像、整供養儀軌、丁亥歳奉一代蔵経於本邦朝鮮、未幾造輪蔵而女焉、頃年九州群寇杠蜂起、豊筑群県騒然、生民塗炭流亡、神祠仏閣毀敗無余、弟子振一臂乎戦場而幸討平之、於万死逢一生、莫非冥助也、因茲今年丁未、果蔵経供養素願而所大平於百代、期家運於不朽者也。」花見朔巳「大内盛見一切経供養願文解題」『茶わん』一〇六号、一九三九年、八頁。

(125) 註(62)、朴相国、前掲論文、二〇〇八年、三七七頁。

(126) 壱岐安国寺や対馬長松寺、金蔵院などには『大般若波羅蜜多経』のみが所蔵されている。また零本としても日本の国立国会図書館などに所蔵されている。註(93)、梶浦晋、前掲論文、二〇一三年、五七―九頁。
(127) 註(66)、桐谷征一、前掲論文、二〇〇八年、一九―二四頁。
(128) 註(8)、李智冠、前掲論文、一九九二年、五二―三頁。
(129) 小田幹治郎は一〇一七字の欠字があると報告しているが、その内の二〇一字は『禅門拈頌集』にある。室町時代に伝来した高麗蔵には補遺(一五部二三一帖)がない。註(63)、小田幹治郎、前掲書、一九二三年、一四頁。
(130) 松永知海編『高麗版大蔵経の諸相』佛教大学宗教文化ミュージアム、二〇一二年、参照。
(131) 註(89)、梶浦晋、前掲論文、一九九〇年、一八頁。
(132) 拙稿「日本大谷大学所蔵　高麗大蔵経の伝来と特徴」『海外典籍文化財調査目録　日本　大谷大学　所蔵　高麗大蔵経』、国立文化財研究所無形文化財研究室、二〇〇八年、四四二頁。拙稿「大谷大学所蔵高麗版大蔵経について」『印度学仏教学研究』一一九号、二〇〇九年、一六二頁。
(133) 金守温撰「印成大蔵経跋」、註(5)、李智冠、前掲書、一九九二年、二八九―九〇頁。
(134) 金山正好(他)『増上寺三大蔵経目録解題』、大本山増上寺、一九八二年、四七頁。
(135) 山本信吉の調査報告書によると、法然寺では約二〇〇〇余帖が確認されている(註(53)、前掲論文、三二頁)。しかし、一九九四年から一九九七年にかけて行われた調査によって五二五二帖の刊本が確認された。
(136) この書写事業は、水月院の無門が発願し、写蔵奉行の退蔵院千山、智勝院洞屋、龍華院竺印などを中心として、妙心寺即心院(現在の通玄院)で行われた。川上孤山『妙心寺史』、思文閣、一九七五年、五八七―九頁。
(137) 註(21)参照。
(138) 註(22)参照。
(139) この時印刷された三蔵の高麗蔵について、李智冠は「一部は日本の泉涌寺に、一部はソウル大学校に、もう一部は統治地域にそれぞれ奉納された」と述べている。一方、藤田亮策は「一本は明治天皇の冥福を祈るために宮内省に献上し、一本は山口県の菩提寺(当時朝鮮総督であった寺内正毅の菩提寺)に、一本は奎章閣に寄贈して学会に貢献させた」と述べている。註(8)、李智冠、前掲論文、一九九二年、五八頁。藤田亮策、前掲論文、一三二頁。

(140)註(63)、小田幹治郎、前掲書、一九二三年、八―一〇頁。
(141)註(130)、松永知海編、前掲書、二〇一二年、一六―七頁。
(142)同右、二六―七頁。
(143)同右、三四―五頁。高麗蔵(初)の該当部分は、「不善無記云何善心眠夢是謂善問」となっており、一四字である。
(144)同右、三八―九頁。
(145)同右、五八―九頁。
(146)同右、六四―五頁。
(147)同右、七四―五頁。
(148)同右、七六―七頁。
(149)同右、九四―五頁。
(150)註(31)、大蔵会編、前掲書、一九八一年、八頁。
(151)高麗蔵を印経した顚末を示す跋文は、李穡撰の「印経跋文」、李成桂撰の「印経跋文」、金守温撰の「印成大蔵経跋」、黄嶽山人学祖撰の「印成大蔵経跋」、海冥壮雄撰の「印経大蔵経跋」、書始永撰の「印経跋文」「印経事実」、寺内正毅撰の「印大蔵経跋」、以上の七種類が確認されている。註(131)、拙稿、前掲論文、二〇〇九年、一六〇頁。
(152)註(89)、梶浦晋、前掲論文、一九九〇年、二〇頁。
(153)註(100)、増上寺史料編纂所編、前掲書、一九八一年、二九〇頁。
(154)註(129)、松永知海編、前掲書、二〇一二年、六〇―一頁。
(155)一九七一年から一九七五年にかけて、ソウル大学校奎章閣韓国学研究院に所蔵されている高麗蔵を底本として出版した影印本である。拙稿「高麗版大蔵経の影印本――東洋仏典研究会影印本について――」『国際シンポジウム「日本仏教と高麗版大蔵経」』、佛教大学宗教文化ミュージアム、二〇一〇年、二九～三一頁。
(156)註(130)、松永知海編、前掲書、二〇一二年、六二一―六三頁。

第二章　室町時代の高麗版大蔵経の受容と活用

第一節　足利氏の高麗版大蔵経受容

Ⅰ．はじめに

高麗時代、顕宗（在位一〇〇九―三一）と高宗（在位一二一三―五九）は仏力で外敵の退散を祈願するために大蔵経を雕造した。特に、高宗時代に雕造された高麗蔵は、最初の刊本大蔵経である開宝蔵や契丹蔵、高麗蔵（初）を校訂して造られ、日本では江戸時代にその優秀性が説かれている。そうした評価からも、縮刷蔵や大正蔵は、高麗蔵を底本として刊行されたことは言うまでもない。

ところで、室町時代、室町幕府の足利氏をはじめとして、各地の守護大名は競って朝鮮に大蔵経を求めて入手したのだが、その数は四四蔵にも及ぶ。足利氏は二〇蔵(1)（**【表1】**）、西国の雄と呼ばれた大内氏は一二蔵の大蔵経をそれぞれ賜った。また、対馬の宗氏や琉球国などにも合計一二蔵の大蔵経を賜っている。(2)

では、当時の日本側はどのような理由で朝鮮に大蔵経を求め、それをどのように利用したのか。高麗蔵の日本伝来に関して、これまで数多くの研究がなされている。(3)しかし、先行研究で高麗蔵の請求理由については、寺院の創建や再興のために伽藍を整備し、経蔵を建立して大蔵経を奉納するためであるなど、領国内の安寧を祈願するために大蔵経を求めたという抽象的な答えのみで、具体的なことは明らかにされていない。そこで、本節では、最も多くの大蔵経を回賜された足利氏を中心として、それを求めた理由やその利用について検討する。

表1　足利氏によって日本に伝来した大蔵経

年代	将軍	大蔵経	出典資料	奉安先
太宗十一年（一四一一）	足利義持	一蔵	『太宗実録』十一年十月己酉条 『太宗実録』十一年十二月丁亥条	
太宗十四年（一四一四）	足利義持	一蔵	『太宗実録』十四年六月辛酉条、 『太宗実録』十四年七月壬午条	
世宗元—二年（一四一九—二〇）	足利義持	一蔵	『世宗実録』一年十二月丁亥条 『世宗実録』二年一月乙巳条	
世宗四年（一四二二）	足利義持	二蔵	『世宗実録』四年十一月丙寅／己巳条 『世宗実録』四年十二月己亥／己巳条	相国寺
世宗五—六年（一四二三—二四）	足利義量	一蔵	『世宗実録』五年十二月壬申／甲戌条 『世宗実録』六年正月戊寅／己卯条	相国寺
世宗十四年（一四三二）	足利義教	二蔵	『世宗実録』十四年五月庚辰条 『世宗実録』十四年七月壬午条	
世宗三十年（一四四八）		一蔵	『世宗実録』三十年四月壬午条 『世宗実録』三十年八月庚辰条	南禅寺

文宗即位年（一四五〇）	足利義政	一蔵	『世宗実録』三十二年二月辛卯条 『文宗実録』即位年三月己未条 『文宗実録』即位年五月己酉条	神祠
端宗即位年（一四五二）	足利義政	一蔵	『端宗実録』即位年六月丙子条 『端宗実録』即位年十月癸卯条	
世祖二年（一四五六）	足利義政	一蔵	『世祖実録』二年三月甲申条 『世祖実録』二年四月己酉条 『世祖実録』二年七月戊辰条	東州　承国寺
世祖三年（一四五七）	足利義政	一蔵	『世祖実録』三年三月戊寅条 『世祖実録』三年五月戊子条	建仁寺
世祖五年（一四五九）	足利義政	一蔵	『世祖実録』五年六月癸丑条 『世祖実録』五年七月丁亥条 『世祖実録』五年八月壬申条	美濃国神社
世祖八年（一四六二）	足利義政	一蔵	『世祖実録』八年十月庚午条 『世祖実録』八年十二月甲戌条	大和天台宗寺院
成宗十三年（一四八一）	足利義尚	一蔵	『成宗実録』十三年四月丁未条 『成宗実録』十三年四月丙辰条	円成寺
成宗十八年（一四八七）	足利義尚	一蔵	『成宗実録』十八年四月乙未条 『成宗実録』十八年七月丙午条	越後安国寺

成宗二十年（一四八九）	足利義尚	一蔵	『成宗実録』二十年八月乙未条 『成宗実録』二十年九月壬午条	般舟三昧院
成宗二十二年（一四九一）	足利義材	一蔵	『成宗実録』二十二年八月戊申条 『成宗実録』二十二年九月癸卯条	筑前妙楽寺
燕山君八年（一五〇二）	足利義澄	一蔵	『燕山君日記』八年一月壬申条	

Ⅱ．南北朝・室町時代初期の仏教政策

まず、大蔵経が請求されるまでの室町幕府の仏教に関する政策を見ることとする。

室町幕府は、足利尊氏（一三〇五―五八）・直義（一三〇六―五二）の兄弟によって始められたが、彼らが政治を行う上で多大な影響を及ぼしたのが夢窓疎石（一二七五―一三五一）の存在である。

夢窓疎石は、彼の著書である『夢中問答』の中で仏法と世法（王法）との関係について、「仏法のために世法を興行し給はば殊勝の御事なるべし[4]」と、世法より仏法を重要視しなければならないと述べている。国を治める国王や大臣などの政権担当者に対しては、「其の中に福分も人に勝れ威勢も世に超え玉へる人は、前世に五戒十善戒をよく持ちて、其の上に諸の善根を作し玉へる故なり[5]」と述べている。国を治める者は前世での薫力があり、また人より優れた福を持っていたために、この世で天下の武将として仰がれるまでに至ったとしている。政権担当者としてこの世に生を受けた者も、元来仏の加護を受けて現在の地位があるので、当然伽藍の興隆と衆生の救済など仏法興隆に努めなければならないと説いている。

夢窓疎石が目指す理想世界は、聖徳太子の時代の治世であった。聖徳太子は政治を行うかたわら、堂塔の造立、仏像の安置、経論の講説、疏論の執筆などに取り組んでいた。こうした行為は、「さればにや御在生の時、一天四海政化になびきしのみに非ず、七百年の今にいたるまで、誰か彼の遺躅をあをがざる」(6)とあるように、仏法に帰依することによってそれ以降も平和が続いていると述べている。夢窓疎石は、政権担当者は仏法に依拠しながら世法あるいは王法を執行する政治をすべきであると述べ、そうした政治が世の中の平安を実現できるとしている。

このように、夢窓疎石の仏法のための世法の実現が、室町幕府を開いた足利尊氏・直義に強い影響力を及ぼしたことは、初期の様々な仏教関連の政策や行事からも確認できる。

1．安国寺・利生塔の建立

足利尊氏と直義は、安国寺・利生塔(7)を全国六六ヵ国と壱岐・対馬の二島に建立・設置した。その理由は、元弘年間以来の戦乱で没した一切の魂を追善供養することで、戦災の悪縁から逃れ、天下泰平を祈るためであった。

全国各地に設置された安国寺と利生塔は、室町幕府の勢力範囲を維持する目的もあり、同時に軍略上の拠点という一面も担っていたが、仏教に帰依し伽藍を興隆することで国家と民衆の安寧を祈願しようとしたのである。

2．天龍寺の建立

天龍寺は足利尊氏と直義の発願により、暦応二年（一三三九）から康永二年（一三四三）までの四年をかけて完成した寺院である。康永四年（一三四五）には後醍醐天皇（一二八八―一三三九）の七回忌が営まれている。創建の目的は、後醍醐天皇の菩提を弔い、さらに南北朝の内乱で没した敵・味方の一切衆生の冥福を祈ることであった。

夢窓疎石も天龍寺の開山として迎えられている。それは、彼が天龍寺を拠点とした仏法の興隆によって王法も隆盛すると考え、寺院の建立を強く勧めた人物だったからである。日本各地に建立された安国寺も禅宗であり、その中心になったのが天龍寺であった。

3. 足利尊氏の一切経の書写事業

足利尊氏は、文和三年（一三五四）に一切経を書写している。この年に亡き母の一三周忌を迎えたことを機に、京都・鎌倉・奈良などの禅・教・律六〇寺院に至る僧侶数百名に、一切経五〇四八巻の書写を命じたのである。この時、足利尊氏自身も『大般若波羅蜜多経』巻第一〇を書写した。自ら率先して一切経を写すことで、自身が仏陀の境地に達することを発願したのである。また、後醍醐天皇や尊氏の父母、さらには元弘の戦乱以降に亡くなった一切衆生の魂を鎮め、天下泰平と民衆の安穏を祈っている。(8)

4. 北野万部経会

北野万部経会は、明徳二年（一三九一）の乱で没した山名氏清（一三四四―九一）をはじめとする戦没者を悼み、足利義満が翌年十二月に戦場跡地で畿内の僧侶一一〇〇名を集め『法華経』一万部を読誦させたことに始まる。(9)当初、義満はこれを年中行事にする意思はなかったが、応永五年（一三九八）に北野に移して定例化した。応永八年（一四〇一）、北野前馬場に経王堂が建立されて以降、北野万部経会は天文十四年（一五四五）まで続いた。

南北朝から室町時代初期にかけては、元弘の乱をはじめとする戦乱により世の中が不安定な状態であった。こうした時期に、安国寺・利生塔の設置、天龍寺の造営、一切経の書写、北野万部経会の挙行などにより戦没者の魂を弔っていた。これは、世を治めるには仏法を重視すべきであるという夢窓疎石の教えにもとづいたものであり、それを実践したものであった。

Ⅲ．足利氏と高麗版大蔵経

南北朝・室町時代初期にはさまざまな仏教関連の政策や行事が挙行され、仏法を通じて国泰民安を祈っていた。ところで、応永十八年（一四一一）以降、足利氏は朝鮮から二〇蔵の大蔵経を手中に収めている。その中には中国版の大蔵経も含まれているが、ほとんどは高麗蔵であると考えられる(10)。元来、高麗蔵は外敵の退散を祈願して造られた大蔵経であり、それ自体が護国的性格を帯びている。足利氏が高麗蔵の護国性を理解していたかは不明だが、それを領国内に奉安することで国泰民安を祈ろうとしたとも考えられる。そこで、大蔵経をどのように利用していたかについて検討する。

1．大蔵経の写経

朝鮮から賜った高麗蔵が書写されたという記録を見出すことはできないが、部分的に書写された事例はある。それは北野経王堂で書写された一切経、いわゆる北野社一切経と呼ばれるもので、現在大報恩寺に所蔵されている。北野社一切経は、応永十九年（一四一二）三月に増範と増瑜という僧侶が中心となり、日本各地から一〇〇名以上の僧侶を集めて書写が開始され、五ヶ月後の同年八月に完成した。その目的は、「天下泰平、宝祚長遠、万民豊饒(11)」を祈願したものである。書写事業を終えた応永十九年八月、「今日北野経サウニテ一切経書写供養、則経衆奏楽云云[12]」とあるように、北野社で一切経書写供養会が開催された。

臼井信義によると、北野社一切経の底本は、その千字文と『昭和法宝総目録』に掲載されている各大蔵経の目録から、思渓版大蔵経（以下、思渓蔵と略称）であると判断されているが、その中で『大般若波羅蜜多経』巻第五三一、五三二、五三三、五三四だけは高麗蔵の刊記があることから、それを底本として書写されたものだとしている[13]。現在、北野社一切経は五〇四八巻が確認されているが、刊記や奥書からしてそれ以降も何度か補写されている。すなわち、応永十九年の刊記がある経典は四八一六巻、室町時代後期の補写が八二巻、江戸時代の補写が一五〇巻である。そのうち応永十九年書写の『大般若波羅蜜多経』は全部で五三六巻ある。

さて、高麗蔵は他の大蔵経や写本と異なり、一行一四字という特徴がある。北野社一切経の『大般若波羅蜜多経』も同じく一行一四字であることから、少なくともこれだけは底本が高麗蔵であると考えられる[14]。

元来、北野神社の一切経はそこに祀られている菅原道真の追善のために書写供養が行われたが[15]、天福二年（一二三四）の火災によって焼失した。そのため、応永十九年（一四一二）に再度書写された。ところで、一切経書写事業を担当していた増範は、三代将軍義満が創始した北野万部経会の経営責任者であり、北野経王堂と一切経を管理していた人物でもあることから、足利氏とは非常に関係が深かったと考えられる。一方、足利氏は応永十八年（一四一一）に初めて朝鮮から大蔵経を入手している。これが高麗蔵であるか否かは定かでないが、その翌年にはすでに北野社で『大般若波羅蜜多経』が書写されている。つまり、応永十八年に大蔵経（その一部が高麗蔵か）が伝来し、さらに足利氏と増範の関係を勘案すると、それを書写して北野社一切経が完成したと考えられる（北野社一切経の底本とその伝来については、第二章第二節を参照）。

2. 大蔵経の転読

（1）禅宗寺院の祈禱

室町時代において注目しなければならないのは、禅宗で挙行されていた祈禱の存在である。元来、祈禱は真言宗、天台宗、日蓮宗などを中心に行われていたが、禅宗でも比較的多くの祈禱が行われていた。そのきっかけとなったのは、鎌倉時代に日本に侵略してきた外敵、すなわちモンゴル軍の存在であり、それを阻止するためであった。夢窓疎石は、『夢中問答』で、

唐土の禅院には毎朝粥の後、大悲呪一遍なんど誦するばかりなり、是れ則ち坐禅を本とする故なり。楞厳会《れうごんゑ》とて楞厳呪をよむことも近代より始まれり。それもたゞ夏中《げちゆう》ばかりなり、毎日の晩《く》れごとに放参と名けて、楞厳呪をよむことは日本より始まれり。唐土に放参といへるは別のれいぎなり。建長寺の始めには日中のつとめはなかりけり。蒙古の襲ひ来りし時、天下の御祈りのために、日中に観音経をよみたりけるそのまゝにしつけて、今は三時のつとめとなりたり。かやうのつとめも禅家の本意にはあらねども、年来しつけたる事なれば、後代の長老達もとゞめ玉ふことなし。又末世のありさま禅僧とてありながら、坐禅をば事の行よりものうく思へる人もありげなり。かゝる人のためには略せん事も無益なるべし。且は又世間を重くし給へる檀那の御意にもそむきぬべし。この故に禅院ごとに毎日三時のつとめおこたる事なし。その廻向の趣はひとへに天下太平檀那安穏の御ためなり。毎月の朔望《さくまう》には祝聖《しゆくしん》の上堂あり。是れ又皇帝の御ためばかりにはあらず、四海清平万民和楽のためなり。禅僧は御祈りも申さぬ者とはそしるべからず。大悲呪、楞厳呪の功能《くのう》を経中に設けること、何れの大法秘法にかおとらんや。観音経、金剛経の功力《くりき》もいるがせなりと申さんや。(16)

と述べている。祈禱は元来禅宗の役割ではなかったが、日本では施主の要望によって行われるようになる。禅宗は特定の所依経典はないが、教団で行う儀式・法要の儀礼には『大悲呪』『楞厳呪』『観音経』などの経典・陀羅尼の諷誦があった。『大悲呪』は観世音菩薩の広大な威神力を説き、陀羅尼呪を誦することで無量の功徳を得るものと説かれており、『楞厳呪』は般怛羅呪を誦することで十方の諸苦から解脱し、さまざまな災難を銷散できると説かれている。『大悲呪』『楞厳呪』『観音経』などは禅宗の常用経典の功力を述べ、これらは大法・秘法にも劣らないことを強調している。モンゴル軍の侵入に端を発した祈禱であったが、それが禅宗で慣例化したのである。

国家的な祈禱は、天皇を中心として国家の安泰・身体護持のために挙行されており、顕密諸宗の僧侶に任されていた。身分秩序を重んじる顕密諸宗は、武士層における祈禱の要求には応じようとはしなかった。しかし、禅宗ではそうした厳しい戒律や学問を必要としていなかったので、武士層に歓迎され、祈禱が発展する要因となった。これにより、外敵の襲来に処しても、禅宗が祈禱を任されるようになったのである。

室町時代、足利尊氏による信仰依存は、禅宗だけにとどまらず顕密諸宗にわたるものだった。しかしながら、仏法と王法の共存を目指し、世の平安を実現しようとする禅宗の社会的要請を見ると、当時未曽有の戦乱による没者と後醍醐天皇を弔う寺刹においては、やはり禅宗の救いが必要であり最適なものであった。

また、室町時代初期に祈禱の命を受けた寺刹は密教系が最も多いが、禅宗、律宗、浄土宗、日蓮宗などの寺院もあった。ただ、禅宗において祈禱を命じられたのは、唯一東福寺だけであった[17]。しかし、二代将軍の足利義詮（一三三〇—六七）の時代には、禅宗・律宗の寺刹に徐々に固定されていく。当時祈禱を行っていたのは、南禅寺・天龍寺・東福寺・万寿寺・真如寺・安国寺・臨川寺などであり、五山・十刹の制下のうち特に京都に位置する寺院であった。京都の五山・十刹の寺格を有する寺院が、幕府の「祈禱システム」に徐々に組み込まれていった[18]。

当時、室町幕府が禅宗寺院に命じた祈禱には、祝聖・修正看経・修懺祈禱・楞厳会・問禅祈禱・請雨祈禱・祈晴祈禱・悪星祈禱・禳災祈禱・疫癘災難祈禱・百座祈禱・大般若回向・立柱祈禱・将軍誕生祈禱・善月祈禱などがあった。こうした祈禱は、元来密教系寺院で行われていたものであるが、禅宗でも多様な祈禱が行われ、顕密諸宗に劣らない祈禱体系が形成されていた[19]。

（2）誕生日祈禱

室町時代、禅宗寺院で挙行された祈禱の中に、誕生日祈禱というものがある。これがいつ頃から始まったのかは明らかでないが、鎌倉時代には九条家と関係が深い東福寺で行われており、『観音経』『金剛経』などが読誦されていた[20]。ところが、室町時代になると、室町幕府足利氏のために誕生日祈禱が大規模に行われるようになる。

室町時代に行われたこの祈禱は、将軍の誕生を祝い、毎月の誕生日と年に一度の正誕生日に各寺院で挙行されたものである。祈禱日の数日前になると、蔭凉職が対象寺院に対して通告を行う。それを受け寺院は将軍家に出向き同職から誕生疏を渡される。これに寺院の責任者が署名して将軍に献上する。集まった誕生疏に将軍名が書かれると、寺院はそれを受け取りに再び出向くという仕組みであった。蔭凉職が誕生日祈禱を通告する対象は、五山を含む有力な寺院だけであり、そこから塔頭寺院や末寺に連絡が行くようになっていた。

誕生日祈禱を行う寺院は、毎月疏を献上する寺院、正誕生日にだけ疏を献上する寺院、疏を献上せずに祈禱だけを行う寺院の三種類に分けられていた。疏が無くても祈禱だけ行っていた寺院もある[21]。ただし、この祈禱は、相国寺とその塔頭、そして南禅寺とその塔頭[22]、建仁寺、東福寺、万寿寺、等持寺、鹿苑寺など五山を含む京都の寺院を中心に行われていたが[23]、近江・摂津で疏を献上した寺院も存在する[24]。

誕生日祈禱に関しては、京都から遠く離れた地方の寺院が疏を献上したという記録が見られないので、畿内の寺院だけで挙行されたという見解がある一方[25]、五山・十刹・諸山の制が全国的に確立していたため、全国規模で行われていたという見解もある[26]。

では、この頃の誕生日祈禱は具体的にどのように行われていたのか。これについては、『満済准后日記』応永二十九年（一四二二）二月十一日条及び応永三十年（一四二三）二月十一日条に次のような記録がある。

十一日己亥、天気晴れ後少し雨、相国寺で一切経の転経があった。明日は将軍の誕生日である[27]。

本日、相国寺で一切経の転経があった。昨日は将軍の誕生日で祈禱が行われた[28]。

これは、応永二十九年と同三十年に相国寺で行われた誕生日祈禱の記録である。この時の将軍は義持であり、彼の誕生日が二月十一日であるため、『満済准后日記』の記録は義持の誕生日祈禱を示している。ここで注目しなければならないのは、当時相国寺で行われた誕生日祈禱では一切経、すなわち大蔵経を転経して将軍の誕生日を祝ったという事実である。

誕生日祈禱とは、中国において皇帝の誕生日を祝う聖節の応用であり[29]、国王の寿命無窮を祝禱する祝聖とも同じ意味である。ここでの対象は、天皇ではなく室町幕府の将軍を指している。夢窓疎石の『夢中問答』には「毎月の朔望には祝聖の上堂あり。是れ又皇帝の御ためばかりにはあらず、四海清平万民和楽のためなり[30]」とあるように、誕生日祈禱は単に将軍個人の誕生日を祝うだけでなく、国家を中心とした護国祈禱であったと考えられる。義持時代の誕生日祈禱に関する記録がこれしか見当たらず、詳しいことはわからないが、特に正誕生日には盛大に執り行われたであろうと推測される。

五代将軍の足利義教（誕生日は六月十三日）の時代にも、「御誕生本尊頂戴。疏御銘奉書之[31]」とあり、将軍の下に誕生日の疏が集められていることから、誕生日祈禱は続いていたが、その詳細については不明である。

八代将軍の足利義政（誕生日は一月二日）の時代にも引き続き祈禱が行われていた。『蔭凉軒日録』寛正五年（一四六四）一月二日条に、「御誕生御祈禱、看経如恒也[32]」とあるが、ここで「看経」いう言葉に注目したい。義持の時代には正誕生日に相国寺で一切経が転読されていたが、義政の時代になると「看経」とある。「看経」とは経典を暗誦もしくは諷経することである。そのため転経とは異なる。

文明十二年（一四八〇）、相国寺塔頭の勝定院で出された義政の誕生疏に、

娑婆世界南贍部第日本国山城州万年山相国承天禅寺勝定院主比丘　等明
今月初二日　伏値
大檀那准三宮源朝臣　義政　誕生之辰
□《謹》命現前清衆、看経
大般若波羅蜜多経
観音普門品
大悲円満無碍神呪、消災妙吉祥神呪、今当満散、諷誦
大仏頂、万行首楞厳神呪[33]

とあり、義政の誕生日祈禱の際、『大般若波羅蜜多経』『観音経』『大悲円満無碍神呪』『消災妙吉祥神呪』などが看経されている。また、『大日本史料』第八編之一二は、この『東山古文書』によって、文明十二年正月二日条に「相国寺勝定院僧等明文渕大般若経等を誦して、義政の誕辰を祝し、福寿増進を禱る」(34)とある。すなわち、文明十二年正月二日の義政の正誕生日には、相国寺の塔頭である勝定院では上記のように『大般若波羅蜜多経』をはじめとして『観音経』『大悲円満無碍神呪』『消災妙吉祥神呪』などが看経されていた。つまり、塔頭寺院などでは、禅宗での儀式・法要でよく用いられる『大般若波羅蜜多経』や『観音経』などが看経され、本山である相国寺では一切経の転読が行われたと考えられるのではないか。

将軍の誕生日祈禱については、資料などの不足によりその全貌が明らかにされていない。しかし、相国寺や南禅寺を中心とする禅宗寺院で、誕生日祈禱が盛大に行われており、畿内や地方にまで及んでいた可能性は否定できない。

ところで、足利氏のために誕生日祈禱が行われた頃より、一方で朝鮮に大蔵経を要請するようになった（【表1】参照）。相国寺には、応永二十九年に大蔵経が贈られているが、応永三十一年（一四二四）一月にも、密教大蔵経及び註華厳経の両版木と共に大蔵経が贈られ奉安されている。(35)この大蔵経と密教大蔵経の版木などは、

（回礼使として朴安臣と副使の李芸は）遂に圭寿らと共に五月二十一日に京都に到着し、城北の深修菴に館を決めて、蔵経と版木を相国寺に置いた。(36)

とあり、その年の五月二十一日に相国寺に奉安されたことが確認できる。日本国王の使僧として朝鮮に渡った圭寿

は、将軍義持の命で大蔵経を要請した。しかし、相国寺で行われた足利義持の誕生日祈禱は、応永二十九年と応永三十年の二月であり、そのための要請であったのかは不明である。ただ、応永二十八年（一四二一）までには、すでに三蔵の大蔵経がもたらされていることから、そのいずれかが相国寺に奉安された可能性は考えられる（【表1】参照）。

また、南禅寺も文安五年（一四四八）に、日本国王の使僧として文渓正祐が大蔵経を要請している。『世宗実録』三十年四月壬午条に、

日本国使臣らが乃而浦に到着すると、輝徳殿への進香と蔵経の要請に参りましたと言って、日本正使の文渓正祐が再拝して頓首した。（中略）太平興国南禅寺は我が国（日本）の第一禅刹で、王と臣下がもっとも高く恭慶していますが、前回の火災で法宝が焼け尽くされ、上下が帰依するところを失いました。ただ望むのは、大蔵経七千余巻を得て帰国する船に載せることです。[37]

とある。南禅寺は五山の最上位に位置し、足利氏が崇敬する寺院の一つである。その前年の文安四年（一四四七）に起きた火災によって伽藍が焼失したため、その復興も兼ねて共に焼失した大蔵経を要請している。この史料からは、南禅寺には以前にも大蔵経が所蔵されていたことが窺える。

このように、相国寺や南禅寺は、大蔵経の披閲[38]や伽藍の再興のために大蔵経を懇願し賜るまでに至っている。また、その他建仁寺にも、康正三年（一四五七）に足利義政によって大蔵経が奉安されている。[39]前述したように、相国寺や南禅寺、建仁寺では誕生日祈禱が行われていた。特に、相国寺ではその際に大蔵経を転読していたことから、

他の寺院においても同様のことが考えられる。つまり、朝鮮への大蔵経請求には、伽藍の再興という表面的な目的に加え、禅宗寺院で挙行された誕生日祈禱での転読に使用するためという側面的な要素もあったと推測できる。

Ⅳ．おわりに

以上、足利氏が朝鮮に求めた大蔵経の利用やその理由についての考察を試みた。高麗蔵を利用した事例としては、応永十九年（一四一二）に北野社で行われた一切経の書写を挙げることができる。この底本となった大蔵経についてはさらなる研究が必要ではあるが、そのうちの『大般若波羅蜜多経』は高麗蔵である。

足利氏は、北野社一切経の書写が行われる前年の応永十八年（一四一一）に、朝鮮から大蔵経を賜っている。また、一切経書写事業を担当していた増範は、義満が創始した北野万部経会の経営責任者であり、北野経王堂及び一切経を管理していた人物である。こうした足利氏と北野社との関係から、朝鮮から回賜された大蔵経（またはその一部）が貸与され、北野社で一切経が書写されたとみられる。

次に、将軍の誕生日祈禱で大蔵経が転経されていた事例を挙げることができる。室町時代は、一貫して仏教を重視した政策や行事が開かれ、国泰民安を祈願していたようである。誕生日祈禱もその一つであったことは、単に将軍の誕生日を祝っただけでなく、国家の安寧をも祈禱していたことから窺い知れる。この祈禱は、相国寺をはじめとして南禅寺、建仁寺などの禅宗の有力寺院で挙行されていた。誕生日祈禱についての詳細な研究は今後も必要であるが、相国寺では大蔵経を転経し、その塔頭寺院では『大般若波羅蜜多経』『観音経』『大悲円満無碍神呪』『消災妙吉祥神呪』などを看経していたと思われる。誕生日祈禱が盛んであった頃と時を同じくして、足利氏は禅僧を使臣として派遣し、朝鮮に高麗蔵を求めていた。これら大蔵経が、相国寺や南禅寺、建仁寺など誕生日祈禱が行われていた寺院に奉安されていることから、足利氏による大蔵経請求の一因が、禅宗寺院での誕生日祈禱に用いるためであったと推測できる。

第二節　北野社一切経の底本とその伝来

Ⅰ．はじめに

写本一切経は奈良時代から多く書写されてきたが、南北朝から室町時代にかけて成立したものは少ない。『大般若波羅蜜多経』六〇〇巻や五部（華厳経・大集経・般若経・法華経・大般涅槃経）大乗経など比較的大部の経典書写は見られるものの、一切経の書写は稀である。写経には誤字・脱字が生じるのが常であり、また日数もかなり要する。鎌倉時代以降、刊本大蔵経が中国や朝鮮半島から伝来するようになり、それが一切経の書写が行われなくなった要因の一つとなっているかもしれない。さて、応永十九年に書写された北野社一切経の存在は有名であり、それをもって日本での一切経書写の歴史に幕が閉じられたとも言われている[40]。

北野社一切経については、昭和三十三年（一九五八）に臼井信義によって詳細な研究がすでになされている[41]。しかしながら、以降はこれに注目した研究は少ない。島田治が一切経書写の願主である増吽と増範に注目して検討しているほか[42]、萩野憲司は水主神社の『大般若波羅蜜多経』と北野社一切経との関連について検討している[43]。ただ、書誌学的な研究は現在まで充分とは言えず、その底本はほとんどが思渓であり、ごく一部に高麗蔵が混ざっているという指摘がある[44]。『大般若波羅蜜多経』は一行一四字詰であるという版式と、高麗蔵の刊記が転写されていることから、それを底本として書写されたと指摘されているが[45]、高麗蔵の特徴との関連性について詳細な検討が不充分である。また、高麗蔵との関連性を肯定するならば、その伝来に関してもある程度の時期が絞り込めるであろう。そこで、本節では北野社一切経の底本について再検討するとともに、その伝来についても考察する。

Ⅱ．北野社一切経の底本の検討

1．北野社一切経の現状

北野経王堂願成寺は、足利義満が明徳の乱（一三九一）の戦死者を弔うため、応永八年（一四〇一）に北野天満宮の境内に創建された寺である。この北野経王堂に納められた一切経は、明治時代初期の神仏分離によって破却され、現在大報恩寺（千本釈迦堂）に伝わっている。

この一切経は、応永十九年に北野経王堂の覚蔵坊増範という僧が発願し、同年三月十七日から八月十八日までの五ヵ月という非常に短い期間に、東は越後・尾張、西は九州肥前・薩摩など、諸国の僧俗二〇〇余人の合力を得て勧進書写されたものである。

一切経の帖数は、補写を含めて五〇四八帖が伝えられており、昭和五十六年（一九八一）六月九日に重要文化財に指定された。五〇四八帖とは、『開元録』に入蔵されている経典の総数として定められた数字である。最初の刊本大蔵経である開宝蔵をはじめとして、歴代の刊本大蔵経はこれを基準に刊行されている。北野社一切経は、偶然にもそれと同じ数であるが、『大般若波羅蜜多経』だけを見ても元来は六〇〇帖であったのが現在は五六二帖しかなく、三八帖は欠本の状態である。つまり、北野社一切経は五〇四八という数に合わせて後世に補写されたものではなく、偶然そのような帖数になったと考えるのが妥当であろう。

『北野経王堂一切経目録』[46]によると、応永十九年に書写された経典は四八一六帖、明応九年（一五〇〇）及び文亀元年（一五〇一）の室町時代後期に書写された経典が八二帖、江戸時代に入った慶長年間（一五九六―一六一五）と元禄年間（一六八八―一七〇四）に書写された経典が一五〇帖あることから、何度か補写されていることが窺える。また、現在の北野社一切経は折帖装に改装されているが、元来は巻子装であった。目録の「時代」欄に「大破」「中破」などと記されたものが多いことから、目録が作られた当時から経典の状態は良好ではなかったと考えられる。

2．北野社一切経の底本

(1)『大般若波羅蜜多経』

北野社一切経の底本については、各経典に付されている千字文函号から判断して、そのほとんどは宋の思渓蔵であるが、『大般若波羅蜜多経』巻第五三一から五三四までは、高麗蔵の刊記が書写されていることから、この部分だけは高麗蔵であると指摘されている[47]。また、元禄年間に補写された際には、底本として黄檗版が使われていることも奥書から確認されており、『大集比喩王経』『大哀経』（千字文函号「發」函）や『諸法本無経』（千字文「常」）の巻頭に開元寺版大蔵経の刊記が転写されている。北野社一切経の底本となった大蔵経は、混合蔵の可能性が高く、それらの特定は困難であると言われている[48]。室町時代後期や江戸時代に補写された際の底本については、黄檗版をはじめとする日本に所蔵されていた経典であったと考えられる。そこで、この一切経が書写された当時、つまり応永十九年に書写された経典に限り、その底本について再度検討する。

北野社一切経の『大般若波羅蜜多経』は五六二帖が現存している。そのうちの一〇帖は室町時代後期の補写であり、一六帖は元禄年間の補写である。これらの版式は、ともに一行一七字詰であることから検討の対象から外す。

① 『大般若波羅蜜多経』の底本の再検討

応永十九年に書写された『大般若波羅蜜多経』は、一行一四字詰である。このような版式を持った経典は珍しいが、同様の大蔵経には、開宝蔵、趙城金蔵、高麗蔵などがある。

開宝蔵は、『開元釈教録』の入蔵録に定められた一〇七六部五〇四八巻の数に合わせて刊行された。装丁は巻子本で、版式は一行一四字詰である。北宋の開宝五年（九七二）から太平興国八年（九八三）までの一二年をかけて完成した最初の刊本大蔵経である。

この大蔵経の系譜を受け継ぐものとして、趙城金蔵がある。これは皇帝の勅版や権力者による出版ではなく、民間で造られた大蔵経である。各経典の刊記によれば、金の皇統九年（一一四九）から大定十三年（一一七三）頃までの二五年をかけ、山西南部の解州天寧寺で造られた。版式は毎行一四字詰二三行の巻子装で、最初の余白に経論名「第　巻」「第　張」「　字号」の柱題がある点は、開宝蔵と同様である。

高麗蔵は、開宝蔵の影響を受け、顕宗時代に造られた大蔵経と高宗時代に造られた大蔵経の二種類がある。一般的に、前者を高麗蔵（初）といい、後者を高麗蔵という。これらは、他国からの侵入に対して仏力をもって対抗しようとつくられた大蔵経であるが、後者の高麗蔵は、開宝蔵や契丹蔵、高麗蔵（初）などを校勘してつくられた。両者ともに、ほぼ一行一四字詰、一張二三行の版式であるが、華厳部に関しては、高麗蔵が造られた当時、高麗国内で流通していたものを採用したため、一行一七字詰である。

高麗蔵は、応永年間に朝鮮から多数もたらされている。これに関しては後述するが、一行一四字詰の版式を持つ三種類の大蔵経の中で、北野社一切経が書写された年代からすると、高麗蔵を底本にしている可能性が最も高いと考えられる。開宝蔵は、奝然（九三八—一〇一六）によって宋からもたらされた事例はあるが、それ以後の流布に関しては不明である。趙城金蔵についても、日本に伝来したかどうかは不明である。

②北野社一切経『大般若波羅蜜多経』に見える刊記と高麗版大蔵経の特徴

北野社一切経の『大般若波羅蜜多経』巻第五三一・五三二・五三三・五三四の四帖には、それぞれの最後に「己亥歳高麗国大蔵都監奉／勅雕造」という刊記が書写されている。[49]高麗蔵にも各帖の最後に「〇〇歳高麗国大蔵都監奉／勅雕造」、「〇〇歳高麗国分司大蔵都監奉／勅雕造」など五種類の刊記が印刷されている。[50]刊記の干支である「己亥歳」は高宗二十六年（一二三九）を指し、この年に『大般若波羅蜜多経』巻第五三一などの版木が雕造されたということである。「高麗国大蔵都監奉／勅雕造」とは、高麗時代に大蔵都監という機関が設置され、そこで大蔵経の雕造事業が行われたことを意味するのであるが、国を挙げての大事業として展開された。

そこで、前記の『大般若波羅蜜多経』の四帖に書写されている刊記、高麗蔵の『大般若波羅蜜多経』の該当箇所を比較してみると、干支は両者ともに「己亥」であり、「高麗国大蔵都監奉／勅雕造」の部分も同じであった。

③北野社一切経『大般若波羅蜜多経』に見える柱題と高麗版大蔵経の特徴

『大般若波羅蜜多経』巻第五一には、「大般若第五一　第　張　宙」という柱題が書写されている。[51]高麗蔵は各張の前後どちらかに必ず印刷されており、前にある場合は版首題、後にある場合は版尾題とも呼ばれている。これは版木一枚一枚に彫られており、どの経典の何巻何張かを確認するための役割も果たしている。「大般若」とは経典名、つまり「大般若波羅蜜多経」を、「第五一」とは巻第五一を、「張」はその何張目かを、「宙」は千字文函号をそれぞれ示す。柱題の下には、その版木の刻工者名が刻まれていることもあるが、『大般若波羅蜜多経』巻第五一には、名前が刻まれた形跡はない。このように、柱題が版木一枚ごとに刻まれていることも高麗蔵の特徴の一つである。

高麗蔵の影印本（東国大学校本）で『大般若波羅蜜多経』巻第五一の柱題を確認してみると、それは各張の後に印刷されており、「経」字の有無により次の二種類あることがわかった。㋐「大般若経第五一　第　張　宙」、㋑「大般若第五一　第　張　宙」である。また、『大般若波羅蜜多経』巻第五一は二三張あり、第一張を除いてすべてに柱題が印刷されている。そこで、二張から二三張までを詳しく見ると、以下の通りである。

㋐の柱題があるのは、二、三、七、一二、一三、一四、一五、一六、一七、一八、一九、二〇、二一、二二、二三張であり、㋑の柱題があるのは、四、五、六、八、九、一〇、一一張である。

北野社一切経の『大般若波羅蜜多経』巻第五一に写されている柱題は後者㋑であるため、四、五、六、八、九、一〇、一一張のいずれかに該当する。

以上、北野社一切経の『大般若波羅蜜多経』の中で、応永十九年（一四一二）に書写されたものは、高麗蔵の三つの特徴と一致することがわかり、北野社一切経の『大般若波羅蜜多経』の底本は、高麗蔵の『大般若波羅蜜多経』であることが確認できた。

北野社一切経は、『大般若波羅蜜多経』だけを見ても書写の体裁が統一されていない。刊記や柱題があったりなかったりするのはなぜか。それは、写経する過程で生じた問題である。書写には二〇〇人が携わったと言われており、刊記や柱題までを写すかどうかの周知が徹底されず、統一が困難であったと考えられる。特に、柱題は経文の内容とは一切関係がないため、ほとんどの場合は書写されなかったのであろう。幸いにも『大般若波羅蜜多経』巻第五一ではたまたま書写されたことから、その底本が高麗蔵であるということが確認できた。

また、北野社一切経の『大般若波羅蜜多経』巻第四二六の断簡が残されており、その部分を影印本の高麗蔵と比較しても一致している（図1、図2、参照）。

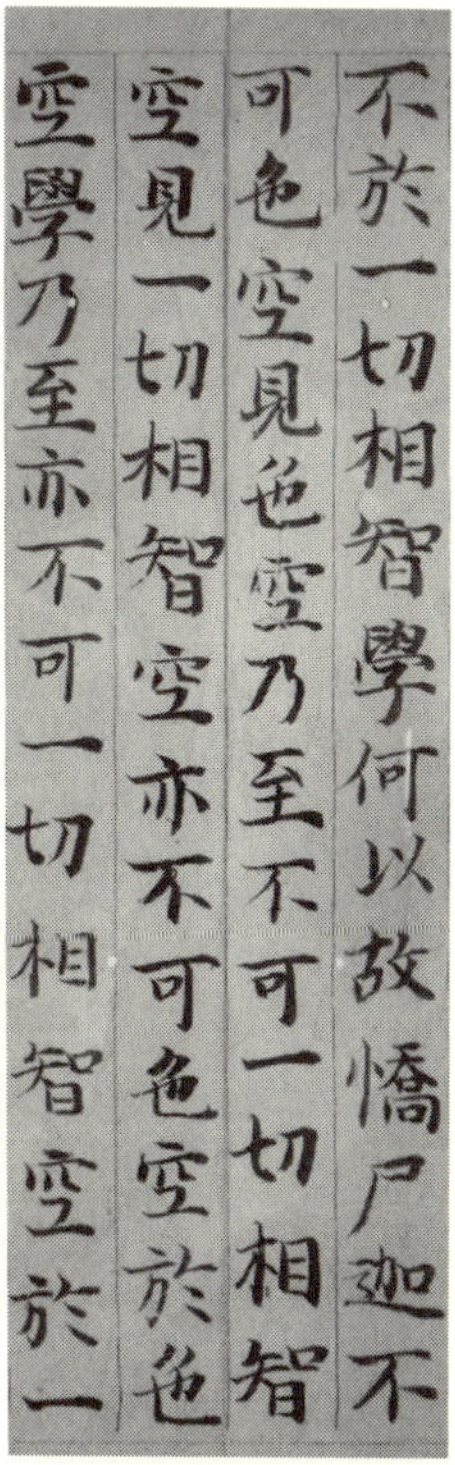
不於一切相智學何以故憍尸迦不
可色空見色空乃至不可一切相智
空見一切相智空亦不可色空於色
空學乃至亦不可一切相智空於一

図1　北野社一切経『大般若波羅蜜多経』巻第四二六断簡（本證寺蔵）

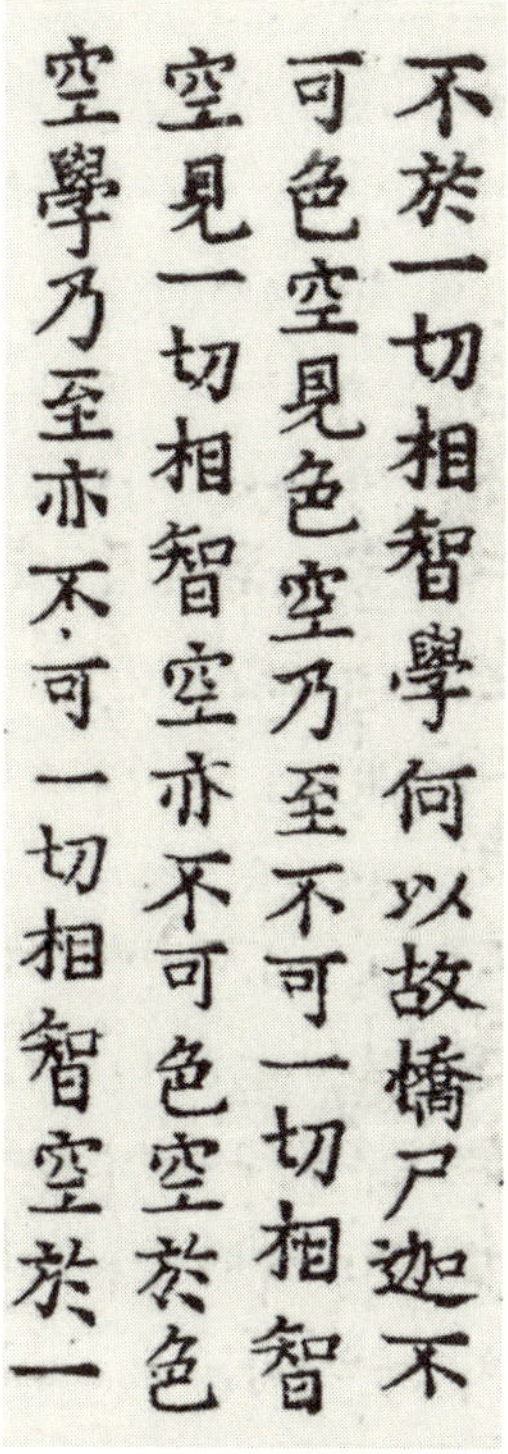
不於一切相智學何以故憍尸迦不
可色空見色空乃至不可一切相智
空見一切相智空亦不可色空於色
空學乃至亦不可一切相智空於一

図2　影印本高麗版大蔵経（東国大学校本）『大般若波羅蜜多経』巻第四二六第一四張（部分）

3．それ以外の経典

応永十九年に書写された『大般若波羅蜜多経』は、高麗蔵の特徴と一致することから、それを底本にしていることが確認できた。

では、それ以外の経典についてはどうか。同年に書写された経典のほとんどは一行一七字詰であるが、一部には一行一四字詰のものもある。その経典を挙げると次の通りである。

「衣」『離垢施女経』

「可」『大方広円覚修多羅了義経』上・下巻（高麗版、思渓蔵は一巻）(400)

「曲」『一字頂輪王瑜伽観行儀軌』(1320)

『大虚空蔵菩薩念誦法』(1324)

『仁王般若念誦法』(1322)(以上三巻一帖)

『仏説如幻三摩地無量印法門』(1450)(三巻二帖)

『仏説蟻喩経』(1451)

『金剛寿命陀羅尼念誦法』(1319)(以上二巻一帖)

『広釈菩提心論』(1449)(二帖)

『甘露軍荼利菩薩供養念誦成就儀軌』(1326)(一帖)

『一切秘密最上名義大教王儀軌』(1452)(一帖)

『一字頂輪王念誦儀軌』一巻(1321)

『瑜伽蓮華部念誦法』一巻(1325)(以上二巻一帖)

『観自在多羅瑜伽念誦法』

『聖観自在菩薩心真言瑜伽観行儀軌』(1327)(以上二巻一帖)

「衣」「可」「曲」は千字文函号を表し、(400)(1320)などは高麗蔵の通番(K番号)を示す。ところが、思渓蔵が所蔵されている増上寺の『増上寺三大蔵経目録』で確認すると、臼井信義が指摘したように、これらの千字文函号は思渓蔵と一致し、高麗蔵とは一致しない。また、千字文函号「曲」に入っている経典も、高麗蔵の順番とは明らかに異なっている。「曲」内での順番は前後するが、函内の経典は一致する。ただ、北野社一切経では『大方広円覚修多羅了義経』が上・下巻に分かれているが、思渓蔵では一巻本である点が異なる。

しかし、『大般若波羅蜜多経』以外のほとんどの経典は一行一七字詰であり、底本は恐らく思渓蔵であろうと考えられるが、挙げた一五部の版式は高麗蔵と同様に一行一四字詰である。版式から見ると、これら一五部の底本は一行一七字詰の思渓蔵ではなく、一行一四字詰の高麗蔵であり、何らかの事情で混ざったものと考えるべきであろう。

Ⅲ．北野社一切経の底本の伝来

1．北野社と足利氏の関係

さて、北野社一切経の『大般若波羅蜜多経』の底本が高麗蔵であること、それ以外の経典にも一行一四字詰のものが混在していることから、これらも同様の可能性が高いことが確認できた。そこで、北野社一切経の底本となった大蔵経の伝来時期について検討したい。

前述の通り、北野社一切経は応永十九年（一四一二）に北野経王堂の覚蔵坊増範という僧が発願し、同年三月から八月までの短期間で書写されている。その目的が、毎年三月に将軍によって執行された北野社一切経会のためであったことから[52]、足利氏との関係性が窺える。北野社と足利氏は、北野社一切経が書写される以前から親交があったとされる。それは北野万部経会の存在である。明徳の乱（一三九一）で討ち死にした山名氏清をはじめ多くの人馬の霊を弔うため、将軍足利義満が戦場であった内野で大施餓鬼会を行ったとされ、これが北野万部経会の草創となった。以降、万部経会は天文十四年（一五四五）まで続いた[53]。その開催を奉行し、道場である経王堂を管理していたのは、一切経書写の大願主でもある覚蔵坊増範である。覚蔵坊の経奉行としての職務は、①経王堂の管理、②

経会に招請する経僧の確保、③経僧に与える経典の管理、④経会にかかる料足の管理、⑤勧進活動などであった[54]ことから、その中心人物であったと考えられる。北野社一切経の書写に際し、覚蔵坊増範は底本となる大蔵経を探していたと推測される。

2．北野社一切経の底本となった大蔵経の伝来時期

『朝鮮王朝実録』や『善隣国宝記』によると、応永年間（一三九四―一四二七）から天文年間（一五三二―五五）までに、日本では足利氏をはじめとする諸大名が朝鮮に大蔵経を求めている。この間、日本にもたらされた大蔵経は四四蔵である[55]。北野社一切経の底本に高麗蔵が混ざっていることから、恐らくこの頃の大蔵経を底本にしたと考えられる。では、それがいつ誰の手によってもたらされたのか。前述したように、北野社一切経書写の願主である覚蔵坊増範は、北野万部経会の中心人物であり、足利氏との関係が深かった。底本となった大蔵経に関しても足利氏との関係が払拭できない。そこで、足利氏の要請によってもたらされた大蔵経の伝来事例を見ることとする。足利氏による朝鮮への大蔵経要請は義満の時代から始まったのだが、それが最初に実現したのは義持の時代である。すなわち、応永十八年（一四一一）であり、『太宗実録』太宗十一年十月条に、

日本国王が使臣を遣わし、土物を献じて大蔵経を求めた。大内殿多々良徳雄が使者を送り、輿と兵器を献じてまた大蔵経を求めた[56]。

とあり、日本国王、すなわち当時の室町幕府の将軍であった足利義持（一三八六―一四二八）と大内盛見（徳雄、一

三七七―一四三二）が朝鮮に大蔵経を要請している。この二ヵ月後、朝鮮側の返答として『太宗実録』太宗十一年十二月条には、

日本国王の使臣と大内殿の使人が帰国するので、王が経筵庁に出向いて引見し、「そなたの国の王が梁需を切迫し、略奪行為をした盗賊を最後まで討伐しようとする意を受けて、私は甚だ喜び感謝いたします」と伝えると、使人曰く「わが王が大蔵経を求めています」と答えた。これに一部を与えるよう命じた。[57]

とあり、倭寇の討伐を喜び、その礼として日本国王使に大蔵経を与えている。『朝鮮王朝実録』などを見ると、足利義持の時代には五蔵の大蔵経が日本にもたらされている（【表1】〈一五四頁〉参照）。

さて、北野社一切経は、応永十九年三月からその書写が始まったが、底本として使われた『大般若波羅蜜多経』が高麗蔵であることは前述した通りである。書写の時期から考えると、応永十八年に入手した大蔵経の中の『大般若波羅蜜多経』を底本として書写したと考えられる。

ただ臼井信義は、北野社一切経の底本が刊本の転写である可能性も否定できないと指摘しているが、[58]その可能性はない。なぜなら、足利氏の使者が朝鮮で大蔵経を賜ったのが、応永十八年十二月であり、その後すぐに帰国したとしても応永十九年の一月か二月に京都に到着するはずである。北野社一切経の書写が応永十九年三月から始まっていることを考えると、その間に転写を終えるのは時間的に無理だからである。

この大蔵経が応永十八年十二月に頂戴したものであるなら、『大般若波羅蜜多経』だけが高麗蔵であり、それ以外は思渓蔵を含む中国版の大蔵経であるとも考えられ、日本で混ざったというよりは、朝鮮にあった時点ですでに

混合蔵であった可能性が出てくる。

3. 日本所蔵の思渓版大蔵経

北野社一切経の底本については、『大般若波羅蜜多経』は高麗蔵であり、それ以外は宋の思渓蔵（一部高麗蔵が混入）であると指摘されている。思渓蔵とは、湖州の思渓（現在の浙江省湖州市）にて、この地方の豪族であった王永従一族が開版したもので、南宋紹興二年（一一三二）にその雕造が始まった。この版木は王氏の菩提寺である円覚禅院に置かれたので「円覚蔵」とも呼ばれる。後代になり、この寺院は法宝資福禅寺と改められたが、刊記の中には資福禅寺版経と書かれたものもあり、後に追加されたと考えられる(59)。

思渓蔵の目録には、『湖州思渓円覚禅院新雕大蔵経律論等目録』と『安吉州思渓法宝資福禅寺大蔵経目録』の二種類がある。前者は前思渓蔵、すなわち「円覚蔵」の目録、後者は後思渓蔵、すなわち「資福蔵」の目録である。目録が二つあることから、福州の開元寺版大蔵経と東禅寺版大蔵経と同様に思渓蔵にも二種類が存在したという説もあったが、現在では資福蔵は円覚蔵の追雕・補刻の部分を加えたものであるという説が妥当視されている(60)。

思渓蔵は、増上寺、茨城県・最勝王寺、埼玉県・喜多院、愛知県・岩屋寺、唐招提寺、興福寺、長谷寺、大谷大学などに所蔵されている。各寺院の所蔵状況と伝来経緯については、次の通りである。

(1) 増上寺

増上寺所蔵の思渓蔵は、現在五三五六帖（思渓蔵五三三九帖、黄檗版一五帖、写本二帖）が確認されている。もとは滋賀県の菅山寺にあったが、慶長十八年（一六一三）に徳川家康（一五四二―一六一六）が召し上げて増上寺に寄進した。菅山寺には代償として五〇石の朱印地が家康から与えられた。この大蔵経の日本伝来に関しては、建治元年（一二七五）に菅山寺中興開基専暁が中国から持ち帰ったものであるとされている。(61)

（2）最勝王寺　五五三五帖（思渓蔵五一九五帖、和版二〇二帖、写本一三八帖）

（3）喜多院

喜多院所蔵の大蔵経は、四六八六帖（思渓蔵二六九一帖、磧砂版大蔵経〈以下、磧砂版と略称〉三九帖、元の普寧寺蔵一七八九帖、南宋補写本三三帖、江戸写本一四四帖(62)）が確認されている。江戸時代初期に毛利輝元（一五五三―一六二五）が徳川家康に献上し、さらに慶長十九年（一六一四）に天海（一五三六?―一六四三）のために喜多院に寄進したものである。この大蔵経の特徴としては、『大般若波羅蜜多経』が一帖も入っていないことである。また、伝来を示す珍しい印記（思渓蔵に「渤海蔵記」「清河」朱印、普寧寺蔵に「三韓」朱印）などがある。(63)元の普寧寺蔵には、皇慶三年（一三一四）に高麗の匡靖大夫朴景亮が、亡き母の冥福を祈るため注文依頼して印刷したという刊記がある。(64)つまり、喜多院所蔵の大蔵経の中でも元の普寧寺蔵は、朝鮮半島を経由して日本に伝来したことになる。毛利輝元が徳川家康に献上したことから、室町時代に大内氏によって日本にもたらされたものと考えられる。この大蔵経が朝鮮半島で混ざったのか、日本に伝来した後に大内領国内で混ざったのかは不明である。

（4）岩屋寺

岩屋寺の宋版大蔵経は、五四六三帖（思渓蔵五一五七帖、和版一一一帖、写本一九五帖）が確認されている。大野城主佐治盛光が宝徳三年（一四五一）九月に、岩屋寺へ寄進したものである。もとは、栂尾高山寺にあったものと考えられ、正和二年（一三一三）以前に日本に伝来したと考えられている。[65]

（5）唐招提寺

唐招提寺所蔵の大蔵経は、思渓蔵四四五六帖（その他に和版八八帖、写本二五〇帖などもある）が確認されており、和版や写本が混在している。『楞伽阿跋多羅宝経』は一行一三字詰、一張二五行、毎行五行折の版式であり、『大仏頂首楞厳経』と『大方広仏華厳経』（実叉難陀訳八〇華厳）は、一張二五行、一一五字詰、毎行五行折であるため、思渓蔵では版式が異なる。宋代の杭州大中祥符寺天台経蔵院の沙門智海、可孜が衆縁を募ってこの経を刊行しており、大蔵経の中に収録されている。[66]しかし、この大蔵経の日本伝来については不詳である。

（6）興福寺

興福寺所蔵の大蔵経は、四三五四帖（一部磧砂版を含む）が確認されている。主に思渓蔵であるが、二帖のみ磧砂版が含まれている。また『大仏頂首楞厳経』があり、唐招提寺同様に大蔵経に収録されている。[67]しかし、この大蔵経の日本伝来については不詳である。

（7）長谷寺

長谷寺の大蔵経は、二七六六帖（思渓蔵二二二〇帖、磧砂版二帖、和版八七帖、写本四五七帖）が確認されている。もとは大阪府岸和田市の久米田寺に所蔵されていたが、明応六年（一四九七）に長谷寺に寄進された。弘安三年（一二八〇）に久米田寺に経蔵が建立され、大蔵経が安置されていることから、それ以前に伝来したようである[68]。

（8）大谷大学

大谷大学所蔵の高麗蔵とともに、もとは安芸厳島神社にあったことから大内氏との関係が考えられるが、それ以前の伝来経緯については不明である[69]。

以上、最勝王寺、唐招提寺、興福寺、大谷大学が所蔵する思渓蔵については伝来経緯が不詳であるが、増上寺や長谷寺のように鎌倉時代に伝来したものもあれば、喜多院のように朝鮮半島を経由したものもある。これらを見ると、思渓蔵だけで一蔵をなしているのではなく、日本の刊本や写本なども混在していることから、後世に補完したものと思われる。喜多院所蔵の大蔵経は、思渓蔵の他に磧砂版、元の普寧寺蔵や宋代の写本も含まれている混合蔵である。

唐招提寺の大蔵経には、版式が異なる『大仏頂首楞厳経』『大方広仏華厳経』（八〇華厳）などがある。北野社一切経の『大方広仏華厳経』（八〇華厳）も版式が一行一五字詰であることから、唐招提寺や興福寺と同様の経典が混ざっていたと考えられる。

4. 朝鮮経由の中国版大蔵経

喜多院所蔵の大蔵経の中には、前述したように高麗時代の官僚であった朴景亮が亡き母を弔うために注文印刷したものが含まれているが、こうした事例は他にもある。そこで、朝鮮を経由して日本に伝来した中国版大蔵経の事例について見ることとする。

(1) 相国寺所蔵の大蔵経

相国寺に所蔵されている高麗蔵のうち、『大般若波羅蜜多経』六〇〇巻だけは元の普寧寺蔵である。この大蔵経は、『根本薩婆多部律摂』巻第一をはじめとする一部の巻末に「花谷妙栄大姉之寄進也」[70]と書かれていることから、花谷妙栄大姉によって寄進されたものであることが確認できる。花谷妙栄大姉とは、陶弘房（?―一四六八）の妻である。[71] 陶氏は大内氏と関係が深いことから、この頃には大内領国内に大蔵経があったことは明白である。しかし、この大蔵経がいつ日本に伝来したかは不明である。

(2) 対馬西福寺所蔵の『大般若波羅蜜多経』

現在、対馬歴史民俗資料館には、西福寺所蔵の普寧寺蔵『大般若波羅蜜多経』五九九帖が所蔵されている。この『大般若波羅蜜多経』は、泰定三年（一三二六）に高麗国門下省僉議賛成事であった趙璉が注文印刷したものである。それが、応永年間に宗貞茂によって対馬にもたらされた。[72]

(3) 対馬妙光寺所蔵の『大般若波羅蜜多経』

現在、対馬歴史民俗資料館には、妙光寺所蔵の普寧寺蔵『大般若波羅蜜多経』がある。これも西福寺同様、泰定五年（一三二八）に全州の戸長朴環の妻李氏が、息子の僧正正柔とともに自身と亡き夫のために銀泥を喜捨し、経典の外題を銀字で書かせたことが、巻第一の巻末に記された願文[73]によって窺える。その中に高麗蔵が一帖混入しており、室町時代に対馬に伝来したようである。

（4）園城寺所蔵の大蔵経

園城寺の普寧寺蔵は、高麗の貴族が元に発注印刷したもので、二つの大蔵経が混ざって一蔵となっている。この中には一部ではあるが高麗蔵の経典も混ざっている。この大蔵経は、大内盛見の時代に日本に伝来し、領国内の国清寺に安置された。その後、慶長七年（一六〇二）に毛利輝元が同寺に寄進したものである。詳細については、第一章第一節（七五—七八頁）を参照。

以上、高麗の貴族が元に発注した大蔵経や『大般若波羅蜜多経』は、朝鮮半島を経由して対馬や大内氏領国内の寺院に安置されていたが、後代に相国寺や園城寺に寄進されている。園城寺の大蔵経は、二つの大蔵経が混ざり一蔵となっている。これは日本に伝来してから混ざったとは考え難く、大内盛見に賜る前、すなわち朝鮮ですでに一蔵となっており、そこに一部ではあるが高麗蔵の経典も混入したと考えられる。

園城寺や喜多院所蔵のものは、複数の大蔵経が合わさり一蔵となっているが、同じ経典が重複していないことから、意図的に一蔵を作り上げたようである。混合蔵かどうかは不明であるものの、朝鮮時代に幾つかの大蔵経を集めて一蔵とした事例が存在する。足利義政が朝鮮に等堅らを派遣し、越後安国寺に奉納するため要請した大蔵経で

ある。『成宗実録』成宗十八年（一四八七）七月条に、

日本国王の使僧である等堅らが別れの挨拶を告げた。その答書に「我が国は貴国に近い隣国となって代々修好してきました。（中略）依頼された大蔵経を各所に求め探すも、一カ所に所蔵されているものはほとんどなく、重ねて要請に背くことになりましたが、ようやく一件を作って回使に付して送ります。（以下略）[74]」

とあり、朝鮮各地の寺院から掻き集め、ようやく一蔵の大蔵経としたとある。また、京都の般舟三昧院が新しく整備された際、そこに奉納する大蔵経を要請した。『成宗実録』成宗二十年（一四八九）九月条に、

日本国王の使臣、僧恵仁が別れの挨拶を告げた。その答書に「使臣が持ち込んだ恵書にて、健康であることを知り、綺麗な贈り物を頂戴し深く感謝します。書信で言う大蔵経は、元来印本があったので、前の丙午年（一四八六）にようやく完帙を得て帰国する使臣の船に載せました。今また重ねて尊教に背くことになり、伽藍の巻帙を遍く探して何帙かを集め、ようやく一件を数えて作りました。ほんの僅かですが、謝礼の意を表します。土産の物件を別幅の通り用意しましたので、領納して頂ければ幸いです。[75]」

とあり、朝鮮では各地に散らばった大蔵経を探し出し、ようやく一蔵に揃え回使に与えていることがわかる。この頃には朝鮮からの大蔵経入手はもはや困難なものとなっている[76]。こうした事情は、この時に始まったことではないかもしれない。一蔵すべてが揃っていた寺院もあれば、何らかの事情で大蔵経の一部が欠けた寺院もあった。宝徳

三年（一四五一）に宗金という人物が大蔵経を要請した際の記録に、「癸未　宗金請大蔵経、以善山府益寺所蔵三千八百巻賜之」(77)とあり、完全な一蔵ではないものの得益寺(78)に所蔵されていた大蔵経三八〇〇巻を受け取った事例もある。

ただ、元の普寧寺蔵が朝鮮を経由して日本に入ってきた事例ばかりが目立ち、思渓蔵が伝来したという事例は見られない。しかし、高麗時代の前半に、開宝蔵、契丹蔵などが計一三蔵も伝来している(79)。高麗時代後期には、喜多院や園城寺の例でもわかるように、高麗の貴族が元の普寧寺蔵を注文して印刷していることから、継続して中国版の大蔵経が高麗に入ってきていたと考えられる。日本でも開宝蔵や福州の開元寺版大蔵経、東禅寺版大蔵経など、思渓蔵以外の大蔵経が伝来していることから、高麗でも同様のことが考えられるのではないか。

混合蔵の場合、朝鮮時代に大蔵経の枯渇により各地から掻き集めて一蔵とした事例があることから、日本に伝来した後に一蔵とした可能性よりも、朝鮮で一蔵をつくり日本側に下賜したと考えるのが有力である(80)。

Ⅳ．おわりに

以上、北野社一切経の底本とその伝来について検討した。応永十九年（一四一二）に書写された『大般若波羅蜜多経』は、一行一四字詰であり、『大般若波羅蜜多経』巻第五三一・五三二・五三三・五三四帖の巻末に見られる「己亥歳高麗国大蔵都監奉／勅雕造」の刊記、同巻第五一の「大般若第五一　第　張　宙」の柱題から判断して、高麗蔵の特徴と合致していることから、底本がそれであることを確認できた。また、それ以外の経典については、ほとんどが思渓蔵であるが、前項で列記した一五帖だけは版式が一行一四字詰であることから高麗蔵と判断できる。

北野社一切経は、北野経王堂の覚蔵坊増範という僧によって書写されたが、北野社ではそれ以前に万部経会を開催しており、その管理者が増範であったことから、足利氏との深い関係を窺い知ることができた。足利氏は応永十八年（一四一一）に朝鮮から大蔵経を入手しており、その中の『大般若波羅蜜多経』を底本にして、翌年三月から書写が始まったと考えられる。

それ以外の経典については、他の大蔵経の事例を検討した結果、次のように整理できる。①園城寺所蔵の大蔵経は、大内盛見の時代に朝鮮からもたらされた。また、相国寺や喜多院所蔵の大蔵経は、大内領国内にあったものである。これらは普寧寺蔵や思渓蔵との混合蔵である。②園城寺の大蔵経には、一部高麗蔵も混ざっている。北野社一切経については『大般若波羅蜜多経』以外にも一五部の経典が高麗蔵である。③混合蔵の場合、朝鮮で一蔵をなしてから日本に伝来した事例があることから、日本で混ざった可能性は低い。これは室町時代後期の事例であるが、初期にもあったと考えられる。④高麗にも日本同様に、中国のさまざまな刊本大蔵経が渡っていた。

資料の不足により推測の域を脱しないが、以上のことから応永十九年に書写された北野社一切経の底本となった大蔵経は、高麗蔵と思渓蔵の混合蔵であり、これは応永十八年に朝鮮から下賜されたものであるという結論に達した。

応永年間から始まった朝鮮との交渉によって、多くの大蔵経が日本に伝来した。これらの中には高麗蔵もあれば、中国版の大蔵経もある。この頃に足利氏をはじめとする諸大名が朝鮮から競って大蔵経を入手したわけだが、今回の検討によりその目的を垣間見ることができたのではないか。朝鮮からもたらされた大蔵経が北野社一切経の底本となったことは、それらが日本でどのように活用されたかを示す一例であり、大変興味深い。とはいえ、中国版大蔵経の日本伝来についてはいまだ不明な点が残るため、今後の課題としたい。

第三節　琉球国への高麗版大蔵経の伝来と活用

Ⅰ．はじめに

室町時代、日本各地の権力者（京都の足利氏をはじめとして、周防の大内氏や対馬の宗氏、琉球国など）が朝鮮に大蔵経を求めた結果、四四蔵が日本に渡ってきた。これらは主に高麗蔵であるが、高麗蔵（初）、宋の思渓蔵や元の普寧寺蔵など中国版の大蔵経も含まれている(81)。

近年、室町時代の仏教史が徐々に解明されてきたことによって、足利氏における誕生日祈禱での大蔵経転読やその書写についても垣間見ることができるなど、大蔵経が多数伝来した室町時代における日本側の要請理由や活用については、前節で検討したとおりである。一方で、朝鮮に大蔵経を求めた理由として、日本で大蔵経を写すよりもそれ自体を輸入した方が価格的にも安いからだという見解もある(82)。

さて、室町時代には日本各地の権力者と同様に、琉球国も朝鮮に大蔵経を求めた。琉球国では、日本本土に劣らず仏教が隆盛していた。一三世紀、英祖王（一二二九？—九九？）の時代に僧の禅鑑が琉球に漂着し、王が尊信して極楽山寺を建立したことが、琉球国に仏教が伝来した始まりとされている。三山時代（北山、中山、南山）を経て、第一尚氏王統、第二尚氏王統時代初期に多くの寺院が建立され、国家仏教としての体裁が整うと同時に絶頂期を迎えた。

琉球国が大蔵経を要請するに至った理由については、これまでの研究でも大蔵経には国家をも鎮護し得る呪術宗教的機能や霊験があり、それを寺院に納めて国家鎮護を願った[83]とあるものの、具体的な大蔵経に対する信仰や高麗蔵の雕造背景については触れられていない。また、琉球国で仏教が隆盛したのは、京都から来た芥隠承琥（?—一四九五）という人物の影響が大きいとされているが、彼と京都の仏教界との関係についても論じられていない。

そこで、本稿では琉球仏教の隆盛に貢献した芥隠承琥と京都の仏教との関係などから、琉球国の大蔵経伝来とその活用について考察する。

Ⅱ. 琉球国への大蔵経の伝来

1. 道安の大蔵経要請

琉球国と朝鮮との関係は、太祖元年（一三九二）八月丁卯条に「琉球国中山王、遣使して来朝す[84]」とあり、朝鮮建国当初からの関係が窺える[85]。中山王とは、一四世紀半ばに沖縄本島に形成された三山国の一つの王である。朝鮮が建国された当初からの繋がりが見られるものの、琉球国が大蔵経を求めるようになるのはずいぶん後の世祖の時代である。すなわち、世祖元年（一四五五）八月戊辰条に、次のような記録がある。

勤政門に参って朝参を受けた。琉球国の使者である倭僧道安が班列に従い、国王尚泰久の書契を捧げ、続いて花錫・蘇木それぞれ千觔を捧げた。王が「日本国が漂流者を二度も送還してくれたのでとても嬉しい」と言った。道安は「蔵経を得て持ち帰ることを願う」と申した[86]。

琉球国王の尚泰久（在位一四五四—六〇）が、日本の僧道安を派遣して朝鮮の漂流民を送り届けさせる際、手紙とともに花錫・蘇木を献上し、大蔵経を請求している。尚泰久については後述するが、仏教を篤く信仰していた王であった。

この時、大蔵経を賜ったか否かについては定かでないが、それから三年後に派遣された使臣による記録には、次のようにある。

琉球国においては、昨年礼物と共に大蔵尊経を下賜されたことに、誠に慇懃し高崇さを感じた。本来なら船を送り陳謝すべきであるが、我が国の使臣は航海に慣れていない。そのため日本人の宗久持を遣わしてわずかな謝礼を持たせ、まず国王陛下に詣でて奉献し、芹忱を差し上げるので海納していただければ幸いである。（以下略）(87)

これは世祖四年（一四五八）三月の記録であるが、昨年、すなわち世祖三年（一四五七）に礼物と大蔵経を賜ったことに対し、日本人の宗久持を派遣して礼を述べている。つまり、世祖元年八月に請求した大蔵経が、その二年後に賜ったと考えられる。琉球国では航海に慣れた者がいなかったことから、一年遅れての謝礼となったのであろう。

2．天界寺のための大蔵経要請

その後、しばらくは琉球国の大蔵経要請に関する記録は途絶えるが、世祖七年（一四六一）に再び要請がなされている。

琉球国の中山王が普須古・蔡璟などを派遣して土物を捧げ、本国に漂流した者を引き連れてきた。その咨文には、「諸侯を奉じて土地を与えられ、一地方を鎮守し、志を継いで先人の事業を受け継ぎ、共に長い年月を伝え、交隣は好を結ぶ手段であり、これまでもそうであった。懇切に本国に照らしてみると、本国には蔵経が希少である。前回、人を遣わして求請し下賜されたことに感激した。帰国して大蔵経を開き諷ずると大吉祥の瑞光が降りた。これにより天界寺が建立されたが、経典がないと言うので、謹んで正使普須古・副使蔡璟を遣わして咨文と礼物をもたらし、王に詣でて求請いたす。前回同様に大蔵尊経すべてを国に奉安し、永遠に琉球国を鎮めれば実に多幸である。(以下略)」[88]

中山王とは、尚泰久王の後を継いだ尚徳王(在位一四六〇—六九)を指す。尚徳王は普須古と蔡璟を使臣として送り、漂流民の送還と共に方物を捧げる一方で、琉球国に創建された天界寺に大蔵経がないことから、そのための要請である。天界寺は尚泰久王の発願によって創建が着手されたが[89]、彼の生存中には完成を見なかった。完成したのは成化二年(一四六六)、すなわち尚徳王の時代になってからである。当時の様子に、「工匠や庶民を動員し、毎日朝夕に力を尽くした。仍寝室・方丈・画廊・東房・西房・大門・厨司などを兼ね備えた美しい寺である[90]」とあるように、大規模な事業であったことが窺える。また、この天界寺は円覚寺と共に琉球国を代表する大寺院であった。

これよりも少し後の時代の記録であるが、尚清王(在位一五二七—五五)の冊封に際し、嘉靖十三年(一五三四)に明から琉球国に渡った陳侃は、同年八月の中秋節に首里城付近にある寺院を周遊・観察し、「寺は王宮のそばにあり、簡単に往来できない。天界寺があり、円覚寺があった。これは最大の寺院で、その他の小さい寺は記すといとまがない。この二寺の山門と殿宇は、広大にして壮麗であり、王宮に次ぐものである。正殿(仏殿)は五間で、仏像一坐が祀られている。左右には経典が数千巻所蔵されている」[91]と述べている。この記録からして、天界寺と円覚寺は琉球国を代表する寺として建立されたようである。

ところで、世祖元年（一四五五）八月に求めた大蔵経は、前述したように琉球国に賜り開諷されていた。開諷とは、諷経もしくは諷読を意味し、転読もしくは真読を意味する。今回の請求においても大蔵経を奉安して開諷する功徳により、国を永遠に鎮めることを願っている。

この時要請した大蔵経は、世祖八年（一四六二）春正月辛亥条に、

琉球国の使臣普須古らが礼を述べ帰路についた。礼曹判書の洪允成に命じて漢江から送らせた。琉球国王に答える書にいう。「海路が遠く阻むも苦労して来られ、安否を尋ねて物を贈られ、礼義を慎み備えておられ、喜びと慰労が誠に大きい。（中略）今求める大蔵経一部と不腆の土物を使臣に持たせるので、すべて受領してもらえれば幸いである。鸚鵡と孔雀を後日来たる使臣をして送ることができれば望みに適い、さらに王の敦信交隣の意思に通じよう。それぞれの天の恵みを享受し、共に交隣の通好が永く続くことを願う。別幅に、大蔵経一部、金剛経・法華経・四教儀・成道記・心経・大悲心経・楞厳経・証道謌・永嘉集・起信論・円覚経・翻訳名義・楞伽経疏・阿弥陀経疏・維摩経宗要・観無量寿義記・金剛経五家解・宗鏡録・法経論及び法帖各二部。（以下略）」[92]

とある。琉球国の使臣である普須古らが礼を言って帰る際、大蔵経一蔵と諸典籍が下賜されている。ここで注目されるのは、大蔵経以外に『金剛経』『法華経』『般若心経』『大悲心経』『楞厳経』『円覚経』などの経典類と『楞伽

経疏』『阿弥陀経疏』『維摩経宗要』『観無量寿義記』『金剛経五家解』などの章疏類が贈られていることである。この典籍類は禅宗においても読まれているものであり、琉球での禅宗発展に何らかの形で寄与したものと考えられる。また、『阿弥陀経疏』や『観無量寿義記』などの浄土教典も含まれていることから、浄土信仰も存在したと推測できる。『楞伽経疏』『阿弥陀経疏』『維摩経宗要』などは元暁の著書と思われ、これらが『義天録』に収録されており、大蔵経以外にもこうした経典類が贈られていたことは興味深い(93)。

3. 自端西堂の大蔵経要請

成宗二年(一四七二)にも、朝鮮に大蔵経を要請して賜っている。

琉球国王尚徳の使臣僧自端西堂などが王に別れの挨拶をした。(中略)また書に言う。「弊国は天の不弔に遇い、我が恵荘王(世祖)が崩御された。今、使臣が送られ焼香を承り、寡人は追悼に耐えがたい。ただ、歳月が過ぎ喪が明け、太廟に祔祭して貴使が直接礼を述べることはできなくとも、慎んで吉日を選び先王に告げよう。特別に兼ねて貴国の先王の遺訓が懇到切至であることを承り、悲感が互いに深い。王も先人の志を受け継ぎ、特別に精舎を建て、続いて先王の絵像と共に寺額を求められた。王のご厚意を何に例えることができようか。しかし、先王の遺像が遠く荒波を越えるのは情として耐えがたい。このような理由で盛意に応えられず、ただ、扁額と内典、法器、土物をもって少しながら忌中の誠意を尽くそう。慎んで理解を願う。別幅に、白細綿布一十匹・大蔵経一部、雲板一事、中鼓一面、大磬一事、中鐃鈸一事(94)。」

自端西堂は、世祖が崩御しその喪が明けた頃に朝鮮に派遣された。朝鮮は琉球国と通好せよという世祖の遺言を重視して、持続的に善隣関係を維持していた。こうした関係により、琉球国王は寺院を建立するために世祖の絵像と寺額を要請した。絵像に対しては遠く海を越えて行くのが感情的に耐えられないとして、その求めには応じなかったが、寺額・土物のほかに琉球国が望んでいた大蔵経などを賜った。しかし、当時琉球国でどのような寺院が建立されたかは不明である。

4．安国寺のための大蔵経要請

その後、成宗二十二年（一四九一）にも、朝鮮に大蔵経を要請して賜っている。

琉球国王が耶次郎らを送り来聘した。その文書に言う。「琉球国王尚円は、書を朝鮮国王殿下に奉る。恭しく惟うに、貴国と我が陋邦（琉球）は海路がはるかに遠く、常に往来が容易でないことを歎いている。（中略）そして、我が国の安国寺という寺が、開国初期の禅刹として福を祈る霊場でもある。しかし、三宝の中で法宝を具えられず、実に欠典と言わざるを得ない。これにより昨年二度にわたり日本人の新四郎を送って毘盧法宝一蔵を求めた。帰ってきた報告に諭して『方々から求められ、すでに尽きてしまった』と伝えられた。尊命がすでに承けた。寡人の願いは未だ遂げることができず、今回特別に専使を遣わしてこの求めを伝え、回使に一蔵を賜うことを切望する。即ち我が願望を成し遂げられれば、実にその恩に報いることこの上ない。どうして栄光と恩賜がこれより大きいだろうか。これより大きい善がどこにあろうか。頑なに拒まず、高明な心で容赦していただきたい。（以下略）」[95]

琉球国の使臣として耶次郎が派遣された。安国寺は琉球が開国して初期に創建された禅刹であるが、そこに法宝がないことから大蔵経を求めている。前年も二度にわたって要請したが、朝鮮側はすでに尽きたとして応じることはなかった。今回は三度目の要請であった。

この時の請求に対して、『成宗実録』成宗二十三年三月癸酉条に次のような記録がある。

琉球国王の使臣也次郎らが王に別れの挨拶をした。その答書に言う。「今回、遠くまで書が送られ安否を問われ、また良い土産まで送られたことに大変喜んでいる。求めている大蔵経をどうして惜しむことがあろうか。ただ、印本が多くなく、以前にも求められたことが一度ではないので、最近になり残っているものが少ない。幸い残っていた一つでさえ散落して編帙が備わっておらず、禅門の観覧に備えるに足らない。前に送られた命を承けるも応じることができず、今また海路が遠いにもかかわらず、再び使船を遣わし慎んでこれを求めるので、所蔵しているものをすべて探し、不帙の一部を来使に贈るので受け取っていただきたい。残りとともに別幅として備えよう。(以下略)[96]」

前述したように、朝鮮側は大蔵経が残り少ないと言っているが、不帙一部を別幅として送っている。不帙一部とは、高麗蔵の『大蔵目録』に載っている経典全部ではなく、一部欠けているという意味であるが、どれくらいの経典が琉球にもたらされたかは不明である。

翌年の成宗二十四年(一四九三)六月、尚円王の遣使として梵慶と也次郎が朝鮮を訪れているが、その際「特に今歳忝くも大蔵経を賜う。すなわち安国禅寺に寄置して、万世に国家の珍宝とした[97]」と、前年に安国寺のために賜与された大蔵経の謝礼を述べている。

ところで、安国寺の創建について『琉球国由来記』には次のようにある。

安国古刹は、景泰年間に尚泰久王が創建した寺院で、神応寺の開山である熙山周雍が建立した第二の寺院である。そもそも、安国寺創建の目的は、第一に世祖の冥福を修するためであり、第二に当君の健康を祈るためであった。恐らく日本の一国一寺の例に準じたのであろう。山号は太平、寺名は安国という[98]。

太平山安国寺は尚泰久王時代に創建された寺院で、開山は熙山周雍（生没年不詳）という僧侶であるが、中国浙江省出身の禅僧で円覚寺の第五世住持でもあった[99]。神応寺は成化年間（一四六五―八七）に創建された寺院[100]であり、安国寺の後に創建されたようである。琉球に安国寺が創建された目的は、先祖の冥福と尚泰久王の健康を祈るためであり、日本で安国寺が創建されたことに準じている。本土では室町時代に足利尊氏・直義の兄弟が夢窓疎石の勧めにより、元弘の乱（一三三一年）以来の戦死者の霊を弔い平和を祈願するため、建武五年（一三三八）頃から貞和年間（一三四五―五〇）にかけて、六六ヵ国と二島（壱岐・対馬）に建立された。『琉球国由来記』では「恐らく日本の一国一寺の例に準じたのであろう」とあり、琉球国での安国寺創建には、京都から渡った芥隠の影響があったとも考えられる。しかし、『琉球国由来記』は康熙五十二年（一七一三）に編纂されており、この編者が安国寺創建について日本に準じたのではないかと推測しているに過ぎない。しかも、本土での安国寺の造営は室町幕府初期の段階でほぼ終わっており、それから一〇〇年以上過ぎてから日本の影響によって琉球にも創建されたとは考えにくい。

また、安国寺の創建年代が景泰年間（一四五〇―五六）であると記されているが、知名定寛はそれより後に創建されたという見解を示している。すなわち、安国寺に掛着された梵鐘が尚泰久王の時代に鋳造されていたことから、『琉球国由来記』の編者がそのように推定したと解釈している。さらに、この梵鐘は元来どこかの寺院に寄進されていたものであり、後年になって安国寺に移し掛けられた。もし、尚泰久王の時代に安国寺が存在していたなら、当然そのために鋳造していたはずであるとしている。『成宗実録』の記録から考えると、安国寺は第二尚氏王家[101]が建立した最初の寺院と解釈でき、尚円王（在位一四六九―七六）時代に創建されたと同氏は考えている[102]。

また、『成宗実録』成宗二十二年十二月甲辰条に、「我が国の安国寺という寺が、開国初期の禅刹として福を祈る霊場でもある[103]」とあるが、後述するように、琉球国には宣徳五年（一四三〇）に大安寺が建立されており、安国寺は琉球国で最初に建立された禅宗寺院ではない。

さて、知名定寛の見解が成り立つのなら、『琉球国由来記』にある世祖とは尚円王を、当君とは尚真王（在位一四七七―一五二六）をそれぞれ指し、第二尚氏王家の始祖である尚円王の冥福と、尚真王の健康を祈るため、安国寺が創建されたとも理解できる。いずれにしても安国寺に関する史料が限られており、その創建年代や目的については不明点が多いが、後述するように芥隠との関係もあり、足利尊氏・直義兄弟による安国寺建立の影響も否定できない。

5. 円覚寺のための大蔵経要請

最後に琉球国が大蔵経を請求したのは、燕山君六年（一五〇〇）である。

琉球国使臣が粛拝する。その国王の書に言う。「琉球国中山王尚真は、謹んで朝鮮国王殿下に申し上げる。伏して考えると、誠意を尽くして信義を結ぶは天理の由を共にし、血をすすり盟を求めるは人心の独自的なことである。ところが、貴国の仁恩が広く被い、徳のある教化が広がった。このため、先祖の時代から天禅寺を建立したが経論と章疏がないので、正使普須古と副使蔡璟らを遣わして、咨文と礼物を齎奉して詣前し、大蔵尊経全部を求めて琉球国に齎された。常に使臣を派遣し、梯山航海しようとするが、海路がわからず阻隔して長い間連絡が途絶えて詣前できなかった。近来、興国禅寺を建てたが経典がないと考えていた折、日本の商船一隻が琉球に到着した。よって特に正使梁広・副使梁椿等を遣わし、謹んで咨文と礼物を齎し、順調に搭乗して前進し捧献して大蔵尊経全部を求めた。望むは、賢明なる王の山海のごとき大きな施しで、小さな我が誠意を受け入れてほしい。大蔵経を賜り、我が国に持ち帰り、開諷して永久に国家を鎮めることを願う。(以下略)」[104]

琉球国の使臣として正使梁広と副使梁椿が派遣され、興国禅寺のために大蔵経を求めている。興国禅寺とは、国を興す禅宗寺院という意味であるが、この寺院は尚真王が創建した円覚寺のことを指している[105]。円覚寺は、琉球国最大の寺院である天界寺と双璧をなす寺院であることは前述した。そこに法宝である大蔵経がなく、天界寺と同様に開諷して永遠に国家が鎮護されることを願って要請した。しかし、これに対する朝鮮側の返答は見当たらない。

『球陽』巻三「尚真王二十六年創建一堂于城外沼中以蔵方冊蔵経」条に、

尚徳王は朝鮮に使を遣わして礼物を奉った。朝鮮王李瑈(世祖)の時に方冊蔵経を琉球国の使者に托し、帯び回り尚徳王に進呈された。尚徳王の亡き後も方冊蔵経は残った。そこで、尚真王は首里城の門外に池を掘って沼を作り、一つの御堂を創建して方冊蔵経を納めた。歴年久しく、御堂が壊れ朽ちて空地となった。天啓辛酉に尚豊王が改めて弁財天女堂を建てた。(106)

とあり、尚徳王の時代に朝鮮から賜った方冊の大蔵経が、首里城の門外に建立された御堂に納められたことがわかる。この大蔵経は、元来天界寺に納められていたものであったが、尚真王の時代にも引き続き大蔵経は残っていたので、これを納めるため首里城の門外に池を掘って沼を作り、御堂を創建した。その後、御堂が朽ち果てると、天啓元年（一六二一年）に尚豊王（在位一六二一―四〇）が弁財天女堂を建立したのである。

では、この御堂はどこにあったのか。それを示す記録が『琉球国由来記』巻一〇「肇創弁財天女堂記附再修事」にあり、「万暦三十七年（一六〇九）に堂は倒れ、大蔵経も無くなってしまった」(107)と書かれている。これによって、弁財天女堂は円覚寺に建立されたものだということが確認できる。また、前円覚寺住持であった了道恵道撰の『琉球国由来記』巻一〇「円覚寺記」の章にある「方冊蔵経来朝記」にも、

謹んで思うに、両君の志願は符節が合うようである。而るに仏運は時に至る。この志願に乗じて弘治十五年の間に、朝鮮国王は方冊蔵経を我が朝に献じた。こうした稀な縁に遇って大変喜ばしい。即ち、土地を占って池を掘り、石を積んで土台を策き石橋を架けた。輪蔵を創建して（大蔵経を）納める。これ以来一〇八年の歳月を経て、万暦三十七年に経蔵はすでに老朽し、重ねて修理することを欲し、苫を覆って経を移す。(108)

とあり、内容がほぼ一致していることが確認できる。

さて、ここでいう「方冊蔵経」とは、袋綴で装丁された大蔵経を意味する。日本に伝来した高麗蔵は、装丁の面から言えば二種類に分けられる。一つは折帖装であり、一巻一帖（中には一帖で数巻のものもある）のものである。大谷大学や相国寺、建仁寺所蔵の高麗蔵はこれに当たる。もう一つは、一冊で数巻の経典が綴じられた袋綴装のものである。増上寺所蔵の高麗蔵はこれに当たる。

弘治十五（一五〇二）年までに方冊の蔵経が琉球国に献じられているが、これは尚泰久王の時代以降に琉球国に献じられた大蔵経のことを意味しており、燕山君六年（一五〇〇）十一月の請求に応じたものではない。この時、円覚寺に奉安するための大蔵経を請求しているが応じてもらえず、尚徳王の時代に天界寺に下賜されたものを移したのである。

興味深いのは、円覚寺境内に経蔵を建立し、その中に輪蔵も造っていることである。輪蔵に大蔵経を納めてそれを一回転させると、大蔵経を一読した功徳が得られる。これは日本本土でも行われていた大蔵経信仰の形態の一つであり、琉球国にも存在したということである。しかし、経蔵は池の中に創られていたようで、大蔵経が円覚寺に奉安されて後、一〇八年もの間に老朽化が進んだため、修理の是非が問われただけでなく、大蔵経も全体の一割か二割しか残っていなかったようである。

以上、朝鮮から琉球国に下賜された大蔵経について概観した。これをまとめると**【表2】**の通りである。

表2　琉球国に伝来した大蔵経

年代	使臣	大蔵経	出典資料	奉納先
世祖一―四年（一四五五―五八）	道安	一蔵	『世祖実録』元年八月戊辰条 『世祖実録』四年三月戊戌条	
世祖七年（一四六一）	普須古・蔡璟	一蔵	『世祖実録』七年十二月戊辰条 『世祖実録』八年春正月辛亥条	天界寺、後に円覚寺
成宗二年（一四七一）	自端	一蔵	『成宗実録』二年十二月庚申条	
成宗二十二年（一四九一）	耶次郎	一蔵	『成宗実録』二十二年十二月甲辰条 『成宗実録』二十三年三月癸酉条	安国寺
燕山君六年（一五〇〇）	梁広・梁椿	一蔵	『燕山君日記』六年十一月丁卯条 『球陽』巻三、『琉球国由来記』巻一〇	

Ⅲ．琉球仏教界と京都禅宗

1．芥隠承琥と京都との関係

（1）芥隠承琥

琉球国への仏教伝来は、英祖王統の初祖である英祖王が在位中であった一二六五年から一二七四年の間に、禅鑑という僧によって伝えられたと言われている。禅鑑は英祖王の帰依を受けて、浦添城の西に極楽山寺を創建して住んでいた。しかし、彼の国籍や宗旨・法流などを明らかにする資料はない[109]。それから一〇〇年後、日本の真言宗の僧侶が琉球に渡り、仏教を布教している。また、真言宗以外に禅宗も琉球に布教されている。

琉球国で仏教が興隆するのは、大蔵経要請の時期と重なる一四五〇年頃からおよそ一五〇年間である。尚泰久王、尚徳王、尚円王などの時代であったが、彼らは仏教に深く帰依し、琉球仏教の興隆に力を注いだ。尚泰久王時代から仏教が隆盛して多くの寺院が建立されるが、こうした琉球仏教の隆盛や寺院創建に多大な影響を与えたのは、芥隠という僧侶であった。

芥隠については『琉球国由来記』巻一〇「諸寺旧記　円覚寺記」の章にある「開山国師行由記」に、

師の諱は承琥、字は芥隠といい、日本国京都の人である。容姿は奇異であり性格は虎視牛行である。悟心〔語心〕院（南禅寺の塔頭である）の始祖である椿庭和尚（字は海寿といい、竺仙の法統を継ぐ）を継いだ、実に古林の五世の孫である。（中略）遂に景泰年中に海を渡り踰え漠を越えて、遠く琉球に来て、法求人となった。国王尚泰久は、その道風に惹かれ、芥隠に法要を行わせた。芥隠の横談竪説は国王の主旨に叶うものであった。尚泰久は大変喜び、各地に精舎を創建して、芥隠はそこを歴任した。広厳、普門、天龍という寺がそれである。(110)

とあり、京都南禅寺の塔頭寺院である語心院の僧侶であるほか、古林清茂の五世の法孫であるという。(111)容姿は奇異であるが、虎のような鋭いまなざしで現実を見据え、牛のようにゆったりと地に足をつけ進む性格であったとされる。この史料が円覚寺の開山国師について書かれていることから、芥隠が開山住持であったことがわかる。景泰年間（一四五〇―五六）に琉球国に法求人として渡っているが、その正確な年代は不明である。当時琉球の国王であった尚泰久は、芥隠の道風を尊信して仏事法要についていろいろと尋ねていた。芥隠が自由自在に話すことを気に入り、各地に広厳寺、普門寺、天龍寺などを創建して住持として歴任させた。

（2）京都禅宗界との関係

尚泰久王をはじめとする琉球国王が、芥隠に帰依して仏教を保護し、その興隆のために造寺・造鐘などの仏教事業を盛んに行ったのは、彼を仏教の指導者としてだけでなく、京都禅林界に繋がる僧侶としての外交的な手腕にも期待していたからであろう。琉球国の最も大きな経済基盤は対外貿易による利益であったことから、芥隠も外交としての役割を果たしていた。当時の日本では、禅僧が外交に深く関与しており、琉球において五山出身の芥隠がそれを担っていたことで貿易が円滑に行われたのであろう。

さて、芥隠は南禅寺語心院の僧侶であったため、京都との深い関係があったと考えられる。芥隠自身が一四六六年に尚徳王の使者として京都を訪れていることが『蔭涼軒日録』に記されている。『蔭涼軒日録』文正元年七月二十八日条に、

> 琉球国の官人が参った。寝殿庭で三拝して退出した。その際、方物を献上した。退出の時、総門の外で鉄放（火矢もしくは爆竹か）を一、二発と放ったので、見物人が驚いた。琉球国王より愚老にも贈り物と書状が届けられた。(112)

とある。琉球国の官人が、当時の足利将軍に謁見して方物を献上している。また、愚老にも琉球国王から贈り物と書状が渡されている。ここでいう愚老とは誰を指しているのか。『蔭涼軒日録』は、相国寺鹿苑院の蔭涼軒主の日

記である。当時の蔭凉軒主は季瓊真蘂（一四〇一—一四六）である。軒主は足利将軍と相国寺との間で連絡役を担い、副僧録のような地位であったが、季瓊真蘂の時代には僧録をしのぐ実権を持ち、将軍の側近として五山の禅林を支配していた。すなわち、愚老とは季瓊真蘂を指している。この時、琉球国の正使として芥隠が訪れたことは、「琉球国の正使である芥隠西堂は、季瓊真蘂に大軸と南蛮酒を贈った[113]」とあり、芥隠が個人的に大軸と酒を贈っている。この大軸については、

琉球国の芥隠西堂と時の流れを忘れる程に語り合った。芥隠が愚老（季瓊真蘂）に言うには、「先に贈られた梅月の大軸は中国から琉球国王に贈られた画軸で、今回の来朝に際して琉球国王に頼んで持ってきた。それを愚老に贈呈した。[114]」

とあり、中国から贈られたものであったが、今回の京都訪問に際して琉球国王に頼んで持ってきたものであるという。さらに、芥隠と季瓊真蘂は、時の経つのも忘れ話に夢中になるほど親しい関係であったことが窺える。こうした関係は、「また、愚老（季瓊真蘂）は旧識によってこのように言った。旧識とは芥隠西堂のことを言った[115]」とあることからも推測できる。

芥隠は南禅寺の塔頭語心院の出身であり、同じ京都五山の相国寺の僧であった季瓊真蘂とは、芥隠が京都にいた頃から親しい仲だったと考えられる。

2．芥隠承琥と琉球寺院

芥隠が琉球に渡ってから、どれくらいの寺院と関係があったかは定かでないが、彼が存命中に住持を務め、また創建に関与した寺院は多かったはずである。そこで、芥隠が琉球に渡り亡くなるまでの間に、どのような寺院が存在したのかを見ることとする。

尚泰久王は、景泰五年（一四五四）に即位してから、天順四年（一四六〇）に没するまでの七年間王位に就いていたが、この間に二三口もの梵鐘を鋳造して寄進している。

①景泰七年（一四五六）に鋳造された梵鐘が寄進された場所
大聖寺、天尊殿、相国寺、普門寺、建善寺、長寿寺、天龍寺、広厳寺、報恩寺、大安寺
②景泰八年・天順元年（一四五七）に鋳造された梵鐘が寄進された場所
霊応寺、永福寺、大禅寺、上天妃宮、天妃宮、龍翔寺、潮音寺、万寿寺、魏古城
③天順二年（一四五八）に鋳造された梵鐘が寄進された場所
永代院、首里城正殿
④天順三年（一四五九）に鋳造された梵鐘が寄進された場所
一品権現御宝殿、東光寺(116)

この中には、天尊殿、上天妃宮、天妃宮、魏古城、首里城正殿、一品権現御宝殿のような寺院以外も含まれているが、これらを除くと一七カ所が寺院である。梵鐘が鋳造される以前から建立されていた寺院のうち、その創建年

代が明確なのは、大安寺[117]（一四三〇年）、長寿寺[118]（一四五一年）である。その他、万寿寺[119]（察度・武寧両王代）、報恩寺[120]（尚巴志王代）などもすでに建立されていた。これらを除く大聖寺、相国寺、普門寺、建善寺、天龍寺、広厳寺、霊応寺、永福寺、大禅寺、龍翔寺、潮音寺、永代院、東光寺、天界寺[121]などは、尚泰久王時代に建立された寺院である。また、尚円王時代には安国寺[122]、天王寺[123]、崇元寺[124]、龍福寺[125]が建立された。特に天王寺は、当時琉球で最も大きな伽藍を誇っていた天界寺に匹敵するほどの規模であった。さらに、尚真王の時代には円覚寺（一四九二年）が創建された。円覚寺も前述したように、当時は天界寺と双璧をなす琉球国最大の寺院であった。

これらの中で尚泰久王の時代に創建されたと考えられるのは、広厳寺、普門寺、天龍寺、天界寺、建善寺、相国寺の六カ寺である[126]。多くの寺院が建立されたのは、外交僧として活躍する僧侶の招致・確保・育成のためでもあった。尚泰久王の仏教に対する個人的な信仰はもちろんであったが、その他経済的な事情も考慮されていたと考えられる。

芥隠を開山住持とする寺院は、上記の六カ寺と龍福寺、天王寺、崇元寺、円覚寺などである。このうち天界寺と天王寺、円覚寺は大規模な伽藍を構えており、芥隠が琉球仏教界に与えた影響の大きさが窺える。このことから、他の寺院の創建にも何らかの形で関与していたということが容易に推測できる。また、芥隠が創建に関わったか、あるいは開山住持となった寺院の中には、天龍寺、相国寺、円覚寺など、京都五山や鎌倉五山[127]の上位を占める寺院と同じ名称のものがあることは興味深い。芥隠が京都五山の南禅寺出身ということから、琉球国に創建した寺院にもこうした名をつけたと考えられるが、それらの因果関係については不明である。

Ⅳ．琉球仏教界の大蔵経活用とその意義

1．琉球国での大蔵経の活用

朝鮮から琉球国に渡った大蔵経は、どのように活用されていたのか。前述したように、琉球国には四蔵が伝来し、天界寺（後に円覚寺に移安）、安国寺などに奉安された。琉球国による大蔵経の要請について整理すると、次の通りである。

①道安が世祖元年（一四五五）に大蔵経を要請しているが、その理由については不明である。そのため、活用についても不明である。

②正使普須古と副使蔡璟らが世祖七年（一四六一）に、天界寺に仏典が無いため大蔵経を要請した。以前（世祖元年）にも大蔵経を賜り、それを開諷したところ大吉祥の瑞光が降りたので、再度その吉兆を授かろうとした。当時最大の寺院であった天界寺に納めるために要請していることから、そこで大蔵経が開諷されたと推測できる。

③自端が成宗二年（一四七一）に大蔵経を要請して賜った。その要請理由については不明である。

④耶次郎が成宗二十二年（一四九一）に安国寺に大蔵経がないためにそれを要請した。

⑤正使梁広と副使梁椿が燕山君六年（一五〇〇）に、円覚寺に奉安する大蔵経を要請している。その要請理由は、琉球国で開諷して永久に国家を鎮めることを願ってのことだった。結局、その要望には応じてもらえず、天界寺にあった大蔵経を円覚寺に移している。この時の大蔵経要請は、世祖七年の天界寺の事例と似ている。

琉球国が朝鮮に大蔵経を要請した理由は、寺院建立に際して法宝がなかったためであった。こうした事情は琉球国だけでなく、当時の足利氏や大内氏においても同じである。しかし、ここで注目されるのは、世祖七年の天界寺、燕山君六年の円覚寺に納めるための大蔵経請求において、その理由が大蔵経を開諷し永く国家鎮静を祈願するためであったということである。

2. 琉球国と芥隠承琥との関係

前述したように、芥隠が琉球に渡ったのは景泰年間であり、琉球が朝鮮に初めて大蔵経を求めたのが世祖元年すなわち景泰六年（一四五五）である。芥隠を開山住持とする寺院は、広厳寺、普門寺、天龍寺、天界寺、建善寺、相国寺、龍福寺、天王寺、円覚寺などがあり、これらの中には京都や鎌倉の五山寺院と同じ寺院名が使われている。また、大蔵経が奉安された天界寺、安国寺、円覚寺は、芥隠が創建に関与したか、開山住持となった寺院である。つまり、大蔵経を朝鮮に要請した時期と、芥隠が琉球に来てから亡くなるまでの時期がほぼ同じであることがわかる。

ところで、京都では足利氏が応永十八年（一四一一）から文亀二年（一五〇二）まで二〇蔵の大蔵経を賜っている。これは他地域の権力者と比べても多い。足利氏はなぜこれほど多くの大蔵経を求めたのか。その理由の一つとして、将軍の誕生日祈禱が挙げられる。誕生日祈禱とは、皇帝の祝聖と同じ意味である。夢窓疎石の『夢中問答』には、「毎月の朔望には祝聖の上堂あり。是れ又皇帝の御ためばかりにあらず、四海清平万民和楽のためなり(128)」とあるように、誕生日祈禱は単に将軍個人の誕生日を祝うだけでなく、四海清平と万民安楽のための国家を中心とした護国祈禱であった。特に、京都五山の中心的役割を果たしていた相国寺では誕生日祈禱で大蔵経が転読されていた。誕生日祈禱は、南禅寺や建仁寺、万寿寺などでも行われていたようで、相国寺を中心とした禅宗、特に五山派と呼ばれる寺院では、将軍の誕生日に祈禱を行っていた。つまり、足利氏が大蔵経を朝鮮に要請した理由は、京都を中心とした禅宗寺院の誕生日祈禱で大蔵経を転読するためであった[129]。

芥隠は京都の南禅寺出身であり、同じ五山に属する相国寺内にある蔭涼軒の季瓊真蕊とは旧知の仲であったということは、前述した通りである。つまり、芥隠が京都にいた頃から、相国寺や南禅寺などの誕生日祈禱で大蔵経が転読されていたこと、それが護国祈禱であったということを知っていた可能性が高い。

芥隠が琉球国に来た頃から、尚泰久王は仏教を信仰するようになった。こうした琉球仏教の興隆に関して、名幸芳章は次のように述べている。

今まで沖縄は三山に分立して北山王、中山王、南山王の三城主は攻防を事としていたが尚泰久の父、尚巴志王は武力を以てこの三山を一つづつ奪取し、自ら首里王城に君臨して三山統一の大業を成就した。これは単に武力を以て沖縄を平定したにすぎない事であって、また何れの地に英雄が出でて中山王をねらわんとも限らない世情であった。この頃、有名な阿麻和利が勝連城にいて次第に勢力をのばしつつあり、中城の護佐丸も油断のならない存在であり、北山、南山の残党といえども監視を必要とする存在であった。戦乱の不安、経済上の不安、政治上の不安、幾多の不安が人民の頭上にあって、天下泰平とは形の上だけであったのである。武力を以て統一した後は精神的統一即ち人民をして心服させなければ真の泰平は来ないのであるから、尚泰久として行うべき事は、戦乱や経済や政治の不安を除く事であった。貿易を盛んにして富国強兵の道を計ると共に民心の統一を成就するためには種族的信仰にこりかたまって血族的に集団している各地方の豪族（按司）や一般人民を一つの信仰にまとめて一視同仁、「人は皆、仏の子なり」という仏教を弘める事にありと宗教に依る政策を重視したのである。この仏教を沖縄中に弘通すれば、負けた北山、南山の人々も異種族のような感情をすてて血族を越えて、いつかは同一の沖縄人であり、皆、仏光に照らされる衆生となってしまうに違いない。(130)

これは琉球仏教が興隆した一つの要因である。琉球という小さな島でも争いが絶えず起こっていた。尚泰久王はこうした現状をなんとか打開しようと仏教に帰依し、琉球を統治しようとしたのである。琉球仏教の興隆にも、夢窓疎石の「仏法のために世法を興行し給はば、殊勝の御事なるべし(131)」という教えが影響しているのではないか。これは、世法よりも仏法が優れており、そうした政治が世の平和を実現するという教えである。尚泰久王は敵味方の区別なしに、父の時代に滅びたすべての人の冥福を祈るため、琉球に仏教を興隆させ、夢窓疎石の教えを実践して琉球国の平安を実現しようとしたのではないか。夢窓疎石の教えは、芥隠を通じて尚泰久王にも届いていた可能性は充分に考えられ、さらに尚徳王、尚円王、尚真王なども芥隠に帰依していたことから、夢窓疎石の教えを継承したものと考えられる。

3．琉球国での大蔵経活用の意義

（1）尚泰久王の時代

尚泰久王が仏教を信仰するようになった要因として、三つを挙げることができる。第一に、戦乱の不安からである。父である尚巴志王（在位一四二一―三九）は三山（北山・中山・南山）を統一したが、それは武力による統一に過ぎなかった。北山王や南山王の残党の反乱が起こる可能性を秘めており、天下泰平とは名ばかりの時代であった。

第二に、政治上の不安からである。尚巴志王には七人の子供がいたが、彼が亡くなった後、尚忠王（即位五年後に没）、尚思達王（即位後五年に没）、尚金福王（即位四年後に没）らは在位して五年までに没している。その後、尚金福王の弟と息子の間で王位継承の争いが起こるが共に戦死し、最終的に残ったのが尚泰久王であった。尚泰久王は四十歳で王位に就いたと言われている。また在位中には、妻の父である護佐丸の討伐、娘の夫である阿麻和利の乱などが起こった（一四五八年）。護佐丸や阿麻和利は、按司《あじ》と呼ばれる豪族である。尚巴志王が三山を統一したと言えども、按司を完全に統率していたわけではなかった。それは尚泰久王の時代も同様であったため、有力按司と姻戚関係を結んで琉球国を支配していた。父の三山統一の戦乱、兄弟の病死や王位継承争奪戦、その他多くの乱により、親族、部下、敵兵など多数が命を落としたことから、その霊を弔い、民心を安定させるために仏教が必要であった。

第三に、経済上の不安からである。戦乱による民衆の不安を取り除くために、琉球国では貿易による富国強兵策をとる必要があった。琉球国は海上貿易を主としていたため中国や日本、朝鮮半島や東南アジアとも活発に交易した。当時、日本本土では禅僧が外交文書の起草者や対外貿易の使者としての役割を果たしていたことから、琉球国の対外交易においても禅僧が必要であった。

以上のような要因が重なり、尚泰久王は仏教に深く帰依するようになった。では、尚泰久王は仏教に対してどのようなことを期待していたのか。それを示す史料として『球陽』巻二、尚泰久王三年（一四五六）条の「附（芥隠至国仏教大興王建立諸寺懸巨鐘）」に次のように書かれている。

景泰年間に一人の僧侶が琉球国に来た。諱は承琥、字は芥隠と言い、日本京都の人である。王は輔臣に命じ新たに三寺を構えた。それぞれ広厳寺、普門寺、天龍寺という。芥隠をして開山住持としてそれぞれの住持を勤めた。王は芥隠に深く帰依して、礼をして厚くもてなした。また、琉球国の人々も仏教を信仰して僧侶を重んじた。これによって王は大変喜び、景泰・天順年間に寺院建立に適した土地を占い、多く寺院を建て巨鐘を鋳て各寺に懸けた。朝夕には、僧侶らに談経、説法、参禅、礼仏させて世の中が平和に治まることを祈らせた。(132)

尚泰久王が芥隠に帰依して諸寺院を建立したのは、前述した通りである。ここで注目されるのは、建立した寺院で僧侶らに朝夕談経、説法、参禅、礼仏させて国家の鎮護を祈願させていたことである。前述したように、尚泰久王の仏教信仰には三つの要因があり、それを仏教に帰依することによって克服しようとしたのである。大蔵経が活用された具体的な史料はないが、談経や説法に使われていたとも考えられる。

(2) 尚真王の時代

琉球三山を統一した尚巴志王によって、沖縄史上初めての統一国家が樹立された。これが第一尚氏（一四〇六―六九）である。しかし、この王朝の支配権力は強くなかったため、六四年で滅亡している。尚泰久王の重臣であった金丸が尚泰久王の子尚徳王にかわって王位に就き、尚円王と名乗り、第二尚氏時代（一四六九―一八七九）が始まる。その三代目の王である尚真王は、尚泰久王と同様に仏教を篤く信仰して、「仏心天子」と呼ばれていた。

尚真王の時代になり、琉球王国は中央集権体制を整えた国家として確立される。その後、一六〇〇年代に薩摩藩の侵略を受け、その支配下に置かれながらも、明治政府による「琉球処分」によって崩壊するまで存続していた。尚真王は、官僚制度を整備して身分制を確立、各地の按司の首都居住、諸按司の持つ武器の収奪、税制度の確立などの政策を行い中央集権国家を確立した(133)。

尚真王時代に円覚寺が建立されたが、そこが国廟となり第二尚氏王家でも重要な寺院となっている。「サシカヘシ松尾ノ碑文」には、

現在の王である尚真公は、先祖の徳業を観察し、常に正しい行いをして人の模範となることを永遠に子孫に伝えて、政治の膺としてかえりみることを願う。追善の道場として円覚寺を創建し、一つには先祖を供養し、二つには国民の康寧を祈るためである。僧侶三〇〇余人に朝は誦経させ、夜には参禅させて弛むことがない。ここに首里の門外に稚松一万株を植え、永く円覚寺修理のための用材とする(134)。


とあり、追善の道場として円覚寺が創建され、そこでは三〇〇余人の僧侶に朝は誦経を、夜には参禅をさせて、先祖の供養と国民の安寧を祈願させている。元来、琉球国では先祖（霊）神に祈願することによって社会生活の安定と繁栄が維持されていると考えられていたが、尚真王は、先祖（霊）神よりもさらに神性を有する存在としての仏教に帰依するようになった(135)。先祖（霊）神よりは、仏教に帰依して誦経と参禅をする方がより護国性が強いと信じられたのだろう。尚真王の時代にも大蔵経が活用された具体的な史料は見当たらないが、先祖の供養と国民の安寧を祈願するために僧侶らがそれを誦経していたと考えられる。また、一万株の松の苗を植えて将来の円覚寺の修繕に備えている。第二尚氏王家にとって、円覚寺は最も重要な寺院であり、そこで仏教行事をすることによって琉球国が護られると信じたのである。

琉球国での大蔵経活用の意義とは何か。知名定寛は、「仏教興隆のための重要事業の一つであった大蔵経入手は、

確かに仏教研鑽の一助となったであろうが、その内実は王国に奉仕する僧侶の養成に比重が置かれたと考えられる[136]」と述べている。当時、大蔵経が仏教研鑽の一助となったかどうかについて明らかではないが、ここでいう僧侶の養成について名幸芳章は、「仏教学や修行による身心の練磨という事は重要視されておらず、従って、お経は読めるが意味は分からないという、仏教の何たるかを知らず、布教も出来ない僧侶が多い[137]」と述べている。琉球国での仏教学の水準は決して高いとは言えず、仏教が持つ霊験に依拠し、大蔵経に関連した儀礼、すなわち転経や看経などを重視していたと言える[138]。僧侶はどこまでも国王に奉仕して琉球国を護るという役割があり、その一役を担ったのが大蔵経であったのだろう。芥隠が琉球仏教界に及ぼした影響が大きいことから、当時、禅宗で行われていた護国祈禱を琉球国にも普及した可能性は高い。大蔵経を用いた祈禱がその例である。つまり、大蔵経は護国のために入手され、転読という形で活用されていたと考えるのが妥当である。

V．おわりに

以上、琉球国における大蔵経の流通と活用について考察した。記録上、琉球国には四蔵の大蔵経が伝来していたが、残念ながら現在それらは残っていない。また、史料に限界があるため結論は推測の域を超えないが、琉球国が朝鮮に大蔵経を求めた理由は、寺院建立に際してその寺の法宝となる大蔵経がないためであった。しかし、琉球国でも最大の伽藍規模を誇る天界寺と円覚寺においては、その理由が大蔵経を開諷、すなわち転読した功徳によって鎮護国家を祈願しようとするものであった。こうした事例は、京都五山、特に相国寺や南禅寺など京都を中心とした禅宗寺院で、将軍の誕生日祈禱として大蔵経が転読されていたことと酷似している。誕生日祈禱は、将軍個人の誕生日を祝うだけでなく、四海清平と万民安楽のために行われた、いわば護国祈禱であった。こうした祈禱が海を越え琉球国でも行われるようになったと考えられる。琉球国でも争いが絶えることがなかったが、尚泰久王はこうした現状を打開しようと仏教に帰依し、琉球国を統治しようとしたのである。その時、尚泰久王が帰依した人物が、京都南禅寺出身の芥隠であった。

琉球国の仏教とそこに渡ってきた芥隠とを切り離して考えることはできない。なぜなら、芥隠が琉球国入りした後に多くの寺院が創建されているからである。もちろんそこには仏教の布教だけではなく、貿易に便宜を図りたいという経済的な要因も見うけられるが、広厳寺、天龍寺、天界寺、相国寺、円覚寺など、芥隠が琉球国で開山住持を勤めた寺院の中に、京都や鎌倉の五山寺院と同じ名が付けられたことは、両者の関係が決して無関係でなかったことを証明している。

また、京都の相国寺鹿苑院の季瓊真蘂とは旧知の仲であり、相国寺をはじめとした諸寺院で行われていた誕生日祈禱の中心的な人物でもあった。つまり、当時の京都で行われていた誕生日祈禱の責任者でもある季瓊真蘂からそれに関する情報を聞いていた可能性があり、芥隠も南禅寺出身であることから、その存在や意義について理解していたと考えられる。これらのすべての要素を勘案すると、芥隠は京都の禅宗寺院をモデルとして琉球国に仏教を興隆させ、さらに国家安寧のために大蔵経を転読していたと考えられる。

最後に、高麗蔵は契丹やモンゴルの侵略から仏力で守ろうとして造られた、実に霊験あらたかな大蔵経である。日本各地の権力者がそうしたことを理解していたかは不明である。しかし、足利将軍家や琉球国では、朝鮮から来た大蔵経が特別な存在であることを理解していたのではないか。そうでなければ、これほどまでに大蔵経を要請したりはしなかったはずである。

註

（1）足利氏の大蔵経要請は、三代将軍足利義満の時代から一一代将軍足利義澄（一四八一―一五一一）の時代まで行われている。その間、二〇蔵の大蔵経が朝鮮から回賜された。菅野銀八「高麗板大蔵経に就いて」『朝鮮史講座』、朝鮮史学会、一九二五年。拙稿「高麗大蔵経の日本伝存に関する研究」『韓国宗教』二七号、二〇〇三年。押川信久「一五世紀朝鮮の日本通交における大蔵経の回賜とその意味――世祖代の大蔵経印刷事業の再検討――」『日朝交流と相克の歴史』、校倉書房、二〇〇九年、などを参照。

（2）大内氏は、大内義弘の時代から大内政弘の時代までの約一〇〇年間で、朝鮮から一二蔵の大蔵経を賜っている。第一章第二節参照。

（3）小田幹治郎「内地に渡れる高麗板大蔵経」『朝鮮』七四号、一九二一年。註（1）、菅野銀八、前掲論文、一九二五年。堀池春峰「高麗版輸入の一様相と観世音寺」『古代学』六巻二号、一九五七年。同「中世・日鮮交渉と高麗版蔵経――大和・円成寺栄弘と増上寺高麗版――」『史林』四三巻六号、一九六〇年。同「室町時代における薬師・長谷両寺再興と高麗船」『大和文化研究』五巻九号、一九六〇年。丸亀金作「高麗の大蔵経と越後安国寺とについて」『朝鮮学報』三七・三八輯、一九六六年。村井章介「《倭人海商》の国際的位置――朝鮮に大蔵経を求請した偽使を例として――」、田中健夫編『日本前近代の国家と対外関係』、吉川弘文館、一九八七年。註（1）、拙稿、前掲論文、二〇〇三年。貝英幸「高麗版大蔵経と中世の日本」『高麗大蔵経の研究』、東国大学校出版部、二〇〇六年。

日本に現存している高麗蔵については、その伝来経緯を明らかにしている研究はあるものの、どのような意図でそれを求めたのかについては抽象的な答えが多い。

（4）『夢中問答』は、足利直義が夢窓疎石に随侍して、世法や仏教、禅道についての質問に対して、夢窓疎石が答えた問答集である。『夢中問答』上、一七（仏法と政道）、岩波書店、二〇〇二年。

（5）『夢中問答』上、一七（仏法と政道）。

（6）同右。

（7）安国寺は新たに建立されたものと、もともとあった寺院を安国寺と改称したものとがある。今枝愛真『中世禅宗史の研究』、東京大学出版会、一九七〇年、一二八頁。

（8）足利尊氏一切経願文に「願書蔵経功徳力　世世生生聞正法　頓悟無上菩提心　登心果位酬聖徳　後醍醐院証真常　考妣二親成正覚　元弘以後戦亡魂　一切怨親悉超度　四生六道尽沾恩　天下太平民楽業」とある。文化庁監修・毎日新聞社編『重要文化財』二二巻、書跡・典籍・古文書Ⅳ、毎日新聞社、一九七七年、九〇頁。
（9）『洛北千本大報恩寺縁起』「山名氏清依返逆、義満起兵、戦於内野、得氏清首、凱歌而帰、然氏清天下勇士、是故為彼霊及一族追福、始万部経于内野、為其道場所建立也」
（10）世宗十四年（一四三二）五月に梵齢を派遣して大蔵経を求め、中国板印の大蔵経を二蔵賜っている（『世宗実録』十四年七月条）。高麗蔵については、世祖三年（一四五七）に足利義政が永嵩、全密、慧光などを派遣して、寺院を建立の費用と大蔵経を要請した。その時賜った大蔵経は建仁寺に奉安された（『世祖実録』世祖三年五月戊子条）。
（11）『洛北千本大報恩寺縁起』
（12）『山科家礼記』応永十九年八月十八日条。
（13）臼井信義「北野社一切経と経王堂――一切経会と万部経会――」『日本仏教』三号、一九五八年、四〇頁。
（14）千本釈迦堂大報恩寺編『千本釈迦堂大報恩寺の美術と歴史』、柳原出版、二〇〇八年、一四六頁。
（15）註（3）、貝英幸、前掲論文、二〇〇六年、四五七頁。
（16）『夢中問答』上、一五（加持祈禱の真意）。
（17）田中浩司「寺社と初期室町政権の関係について――祈禱（命令）を中心に、北朝との関連を視野に入れつつ――」（今谷明・高埜利彦編『中近世の宗教と国家』、岩田書院、一九九八年、四四頁）。
（18）細川武稔「禅宗の祈禱と室町幕府――三つの祈禱システム――」『史学雑誌』一一三巻一二号、二〇〇四年、五三頁。
（19）原田正俊「五山禅林の仏事法会と中世社会――鎮魂・施餓鬼・祈禱を中心に――」『禅学研究』七七号、一九九九年、七九頁。永禄八年（一五六五）頃に編纂された『諸回向清規』に至るまで、禅宗では儀式を行っていた。『大正蔵』八一巻、六二四中―六二六下。
（20）『慧山古規』正月二十一日条。
（21）註（18）、細川武稔、前掲論文、二〇〇四年、四九頁。
（22）『蔭凉軒日録』文明十八年十二月二十日条「白二来年正月初二日。正御誕生疏御銘一。相国寺幷十三塔一呑書二立之一。相国寺并十三塔疏十四通。同香燭一盆。布二打敷一積レ之献二御前一。被遊二御銘一。南禅寺以下諸寺院疏七十三通。四盆積レ之。

不レ出二于御前一。愚可レ書二御銘一之命有之。」

（23）『鹿苑日録』天文五年二月二十八日条
廿八日。就御正誕生。朔日可挙之状諸寺遣之。
来五日正御誕生之疏。朔日以前可被挙之旨。貴寺塔頭諸末寺可被仰触候。恐惶敬白。
二月廿七日　法霜判
三会院侍衣禅師
来五日正御誕生之疏。朔日以前可被挙之旨。如恒例可被相触候。可得御意候。恐惶敬白。
二月廿七日　法霜判
南禅寺侍衣禅師
建仁寺。東福寺。万寿寺。等持院。鹿苑寺。七箇所院主名判
等持寺侍衣。慈照寺侍司。聖寿寺同前。此三箇所侍衣名判。

（24）『蔭凉軒日録』延徳四年七月二十七日条「鹿苑侍衣報二来廿九日御誕生点心并斎一。侍衣云。廿九日疏御銘有二御城一者。自二江州摂州一上疏如何。」
今泉淑夫によると、多い時は一四一通にも及ぶ誕生疏が集められた。今泉淑夫によって現存する足利義政誕生疏の史料が紹介され、写真と解説が『日本歴史』五〇一号（一九九〇年）に掲載されている。

（25）註（19）、原田正俊、前掲論文、一九九九年、八二頁。

（26）原田正俊によれば、堺の海会寺（十刹）でも誕生日祈祷が行われたことから、五山十刹諸山をすべて集めて全国的に祈祷が行われていたと指摘している（註（19）、原田正俊、前掲論文、一九九九年、八二頁）。

（27）『満済准后日記』応永二十九年二月十一日条「十一日　己亥。天晴。少雨。於相国寺一切経転経在之云々。御所様明日正誕生日也。」

（28）『満済准后日記』応永三十年二月十一日条「今日於相国寺一切経転経在之。御所様昨日正御誕生御祈。」

（29）註（19）、原田正俊、前掲論文、一九九九年、七九―八〇頁。

（30）『夢中問答』上、一五（加持祈禱の真意）。
（31）『蔭凉軒日録』永享九年六月十三日条。
（32）『蔭凉軒日録』寛正五年正月二日条。
（33）「文明十二年足利義政誕生疏」、今泉淑夫「内閣文庫所蔵『東山古文書』小考」、皆川完一編『古代中世史料学研究』下巻、吉川弘文館、一九八八年、四四九―四五〇頁。
（34）『東山古文書』文明十二年正月二日条（『大日本史料』八編之十二）
（35）『世宗実録』世宗六年春正月乙酉条「上遣護軍尹仁甫諭圭寿等賜密教大蔵経板・註華厳経板・大蔵経一部」。この前年の十二月に、日本国王の使臣として僧圭寿らが大蔵経の版木を求めている。大蔵経の版木は一部しかないと断られ、その代わりに密教大蔵経の版木・註華厳経の版木を賜った（『世宗実録』五年十二月壬申条）。
（36）『世宗実録』世宗六年十二月戊午条「遂与圭寿等五月二十一日到京、館於城北深修菴、輸蔵経与木板、置于相国寺」。応永三十一年（一四二四）に圭寿らは朝鮮の回礼使と共に帰国して、五月に京都に入ることができた。そして、相国寺に大蔵経と密教大蔵経などの版木を置いた。
（37）『世宗実録』世宗三十年四月壬午条「日本国使已到乃而浦為進香輝徳殿、及請蔵経而、来日本正使文渓正祐再拝頓首（中略）太平興国南禅寺、迺我朝第一禅刹、而王臣尤崇敬之。頃者欝悠作変法宝尽燼、上下失所依帰。唯願獲一大蔵経七千余巻、以付廻舶」。この時請求した大蔵経は、同年八月に回賜されている（同世宗三十年八月庚辰条）。
（38）『世宗実録』世宗四年十一月己巳条「塔院要安置蔵経、寅昏披閲、以前四恩資三有」
（39）『世祖実録』世祖三年五月戊子条「戊子、日本国王使者全密等辞為書以答曰、朝鮮国王奉復日本国王殿下。（中略）我国与貴国、世敦降好、以孤不徳、幸蒙天之力。初定国乱。即位日浅、未遑通問、以講信義為愧、来示重新仏刹、欲得銭為資。但本国銭幣、不行已久、公私所儲不敷、謹収差千緡銭、庶助万一、弘楊法教、彼此一致、随喜随喜。特送大蔵経令部、以備潘閲。并将不土宜、就付来使。聊表礼信、異領留。（以下略）」
（40）実は、江戸時代に妙心寺で建仁寺所蔵の高麗蔵が書写されており、これが一切経書写の最後と考えられている。妙心寺での書写は、竺印という僧侶が各方面から天海版大蔵経や他大蔵経を集めようとしていたが、当時善本として名高かった高麗蔵を建仁寺より借りて書写したものである。

(41) 註(13)、臼井信義、前掲論文、一九五八年

(42) 島田治『北野社書写一切経――増叶と増範――』、大内町文化財保護審議会、一九九四年。

(43) 萩野憲司「讃岐国水主神社所蔵『外陣大般若経』と『北野社一切経』について」(『一切経の歴史的研究』佛教大学総合研究所紀要別冊、二〇〇四年)。

(44) 註(13)、臼井信義、前掲論文、四〇頁。

(45) 千本釈迦堂大報恩寺編『千本釈迦堂大報恩寺の美術と歴史』、柳原出版、二〇〇八年、一四六頁。

(46) 文化庁文化財保護部美術工芸課『北野経王堂一切経目録』、一九八一年。本稿では、北野社一切経の法量などについては言及しない。

(47) 註(13)、臼井信義、前掲論文、四〇頁。

(48) 註(45)、千本釈迦堂大報恩寺編、前掲書、二〇〇八年、一四六頁。

(49) 註(46)、文化庁文化財保護部美術工芸課、前掲書、一九八一年、六五頁。

(50) その他「〇〇歳分司大蔵都監雕造」「〇〇歳分司大蔵都監開版」「〇〇歳分司大蔵都監／勅雕造」の刊記がある。「〇〇」には版刻年次の干支が入る。増上寺の高麗蔵にはこのような刊記がほとんど見られない。これは朝鮮時代に印刷され、「高麗」という文字を避けるためだと言われている。海印寺に保存されている高麗蔵の版木には、各経典の巻末には必ず刊記が彫られている。

(51) 註(46)、文化庁文化財保護部美術工芸課、前掲書、一九八一年、八頁。

(52) 註(13)、臼井信義、前掲論文、一九五八年、五四頁。

(53) 足利義満時代の初期の万部経会は十月七日から十六日まで、応永二十年(一四一三)以降は五日から十四日まで行われた。将軍願主の一〇日間が結願しても、翌日から経会が継続しており、他の願主による経会も執行されている。他の願主によるものは、山名氏清の霊を弔う追善供養として始められた当初の経会とはその目的が異なっている。梅沢亜希子「室町時代の北野万部経会」『日本女子大学大学院文学研究科紀要』八号、二〇〇二年、一〇三頁。

(54) 梅沢亜希子「室町時代の北野覚蔵坊――勧進と造営――」『仏教芸術』二九四号、二〇〇七年、五〇頁。

(55) 註(1)参照。

(56)『太宗実録』太宗十一年十月己亥条「日本国王遣使来献土物求大蔵経也。大内殿多多良徳雄遣使献輿兵器、亦以求大蔵経也。」
(57)『太宗実録』太宗十一年十二月丁亥条「日本国王使及大内殿使人告還。上御経筵庁引見曰爾王示以究討劫掠梁需之賊。予甚喜謝。使人対曰、吾王求大蔵経乃命賜一部。」
(58) 註(13)、臼井信義、前掲論文、一九五八年、四〇頁。
(59) 小笠原宣秀『講座仏教　中国の仏教』四巻、大蔵出版、一九七九年、二一九頁。
(60) 小川貫弌「思渓円覚禅院と思渓版大蔵経の問題」『龍谷学報』三二四号、龍谷大学、一九三九年、一〇〇頁。
(61) 金山正好(他)『増上寺三大蔵経目録解説』、大本山増上寺、一九八二年、二頁。
(62) 喜多院『重要文化財喜多院宋版一切経』、一九六九年、四七五頁。但し、これらの帖数を足すと四六九六帖となる。また、山本信吉「仏典Ⅱ　版経——版本一切経を中心として」(註(8)、文化庁監修・毎日新聞社編、前掲書、一九八一年)には、四六八七帖とある。三一頁参照。
(63) 同右、四八一頁。
(64) 山本信吉「対馬の経典と文書」『仏教芸術』九五号、毎日新聞社、一九七四年、一〇〇—一頁。
(65) 長谷部幽蹊「岩屋寺蔵宋版一切経とその成立史的背景」『愛知学院大学論叢(一般教育研究)』三三巻二号、一九八五年、三五頁。
(66) 山本信吉「宋版一切経」『奈良六大寺大観　一三　唐招提寺　二』岩波書店、一九七二年、九九—一〇二頁。
(67) 堀池春峰「宋版一切経」『奈良六大寺大観　七　興福寺　一』岩波書店、一九六九年、七四—五頁。
(68) 元興寺文化財研究所編『豊山長谷寺拾遺』第四輯之一　宋版一切経、二〇一一年、四九—五一頁。
(69)『芸藩通志』巻一五　安芸国厳島三「仏観」条「輪蔵二所　並に塔岡経堂の下にあり、北にあるは龍宮界蔵、南は転法輪蔵と云額をかけり、転法輪の額は根自休が書かり、各一切梵経を蔵し、並に釈迦、傅大士、普成、普建二童子を置く、蔵経、一は宋板、一は朝鮮板なり」とある。天文七年(一五三八)、厳島神社旧蔵の大蔵経に欠本が多かったことから、大願寺の尊海を朝鮮に派遣して新たに大蔵経を求めたが、得ることができなかった。そこで、長門国普光王寺の高麗蔵が厳島神社に寄進された。この頃には、厳島神社に宋版大蔵経と高麗蔵が存在していたことが確認できる。梶浦

晋「本館所蔵高麗版大蔵経――伝来と現状――」『書香』一二号、大谷大学図書館、一九九一年、一二三頁。
(70) 大蔵会編『大蔵会展観目録――自第一回至第五〇回――』、文華堂書店、一九八一年、三二頁。
(71) 『防長寺社由来』「一、開闢　文明三辛卯歳／陶越前守弘房公之妻、法名花谷妙栄大姉、於仁保之郷為弘房公之建一寺、名安養寺（中略）而改前之安養寺号瑠璃光寺、従開闢到今弐百七拾年」
(72) 『大般若波羅蜜多経』巻第一など、一〇帖ごとに「宣授中儀大夫王府断事匡靖大夫僉議賛成事上護軍　趙璉／化主行淳／泰定三年正月孟春印成」という印成記が印刷されている。註（64）、山本信吉、前掲論文、一九七四年、九九頁。
(73) 「清信戒弟子故全州戸長朴環妻李氏女　仰告十方／諸佛諸菩薩、向立願言　女以多生悪業　所鐘稟受　女身於諸善根多有留／雖　今者幸遇桑門正西　広借檀施　予成一代蔵教　与子桑門臨川正柔　同／堅願幢　捨納銀泥　写成題目　願以善富當来世　我等母子　及与朴氏　於／佛法中　作大檀那　写成銀字／佛佛蔵教　助揚法化　救衆生界／佛教海盡、我願乃盡耳　泰定五年二月日　臨川寺住持大徳正柔志」（註（64）、山本信吉、前掲論文、一九七四年、一〇二頁。）
(74) 『成宗実録』成宗十八年七月丙子条「日本国王使僧等堅等辞。其答書曰我邦誕隣貴国、世修交（中略）来諭大蔵経、諸処求索、非一所存、無幾重違雅教輳成一件、就付回使。（以下略）」
(75) 『成宗実録』成宗二十年九月壬午条「日本国王使僧恵仁辞。其答書曰、専使恵書、備諳雅履康裕、仍受嘉賜、感慰殊深。来示大蔵経、素有印本、前此丙午歳、僅得具蔵、以付回使。今且重違尊教、遍索伽藍所儲巻蔵倣数一件。聊表謝忱、土宜物件、具如別幅、幸領納。」
(76) 註（69）参照。大内氏も大願寺の尊海を朝鮮に派遣して大蔵経を求めたが、得ることができなかった。
(77) 『文宗実録』文宗即位年十二月癸未条。
(78) 得益寺とは、高麗時代から伏牛山にあった寺院である。高麗時代の歴代実録が一時期この寺院に保管された由緒ある寺院である。『新増東国輿地図勝覧』二九巻、仏宇条参照。
(79) 高麗の太祖十一年（九二八）に黙和尚という人物が大蔵経を船に載せて帰国している。それ以降成宗八年（九八九）、成宗十年（九九一）、顕宗十年（一〇一九）、顕宗十三年（一〇二二）、文宗十七年（一〇六三）、文宗二十六年（一〇七二）、文宗三十七年（一〇八三）、粛宗四年（一〇九九）、睿宗二年（一一〇七）、睿宗四年（一一〇九）に大蔵経が高麗にもたらされている。この中には開宝蔵が完成する（九八三年）以前のものもあることから、写本の大蔵経と考えられ、文宗以後は契丹蔵がもたらされている。

(80) 朴相国は、一三九四年から一五五六年の間に日本にもたらされた大蔵経には高麗蔵以外にも高麗蔵(初)、宋や元の大蔵経も含まれていると述べている。元の大蔵経には印成発願文が付いているため、その伝来の経緯がわかるが、宋の大蔵経には印成発願文が付いていない。それは時代的な状況が元の大蔵経とは異なっていたからだと述べている。同氏も宋版大蔵経(喜多院の思渓蔵など)は、朝鮮半島経由で日本に伝来していると考えている(朴相国「大谷大学の高麗版大蔵経」国立文化財研究所無形文化財研究室編『海外典籍文化財調査目録　日本 大谷大学 所蔵 高麗大蔵経』、二〇〇八年、三九一頁)。

(81) 滋賀県の園城寺には、元の普寧寺蔵が所蔵されている。この大蔵経は周防の大内盛見が朝鮮に請求して下賜された。その一部に高麗蔵の経典が混入している(註(1)、拙稿、前掲論文、二〇〇三年、参照)。また、埼玉県の喜多院の大蔵経は、宋の思渓蔵や元の普寧寺蔵、宋代と江戸期の写本などが混ざった混合蔵である。その中の元の普寧寺蔵には、皇慶三年(一三一四)に高麗の匡靖大夫朴景亮が亡き母の冥福を祈るために注文印刷したという刊記がある(註(64)、山本信吉、前掲論文、一九七四年、参照)。

(82) 室町時代、大蔵経を書写すると約四〇〇貫文かかり、朝鮮に請求した大蔵経であれば三〇〇貫文であると試算されている。これは、当時の『大般若波羅蜜多経』六〇〇巻を書写した価格、大蔵経が贈与されたことに対する日本からの礼物の価格、経典書写に対する工賃などから試算した価格である。ちなみに、米価比により一貫文を現在の一〇万円と仮定すると、書写大蔵経が四〇〇〇万円、輸入された刊本大蔵経が三〇〇〇万円ほどになるという。橋本雄『偽りの外交使節――室町時代の日朝関係――』、吉川弘文館、二〇一二年、一〇五―一四頁。

(83) 知名定寛『琉球仏教史の研究』、榕樹書林、二〇〇八年、一四一―三頁。

(84) 『太祖実録』太祖元年八月丁卯条「琉球国　中山王遣使来朝」

(85) 琉球国と朝鮮半島との関係は、高麗時代から始まる。辛昌元年(一三八九)八月に、琉球国の中山王察度が玉元を遣わして、倭寇に捕らえられた捕虜を送還している。『高麗史』巻一三七、列伝五〇、辛禑五昌参照。

(86) 『世祖実録』世祖元年八月戊辰条「御勤政門受朝参、琉球国使者倭僧道安随班、上国王尚泰久書契、仍献花錫蘇木各千筋、上日本国漂流人口再度刷還甚喜。道安曰、願得蔵経、以帰命饋之。」

(87)『世祖実録』世祖四年三月戊戌条「琉球国王使人来献土物、其咨文曰、琉球国去歳蒙賜礼物并大蔵尊経、誠感慤懃高崇。本欲差船陳謝、奈微国欠諳海道之使、為此復遣日本人宗久持齎捧菲儀。前詣国王殿下奉献、少伸芹忱、幸希海納。（以下略）」

(88)『世祖実録』世祖七年十二月戊辰条「琉球国中山王遣普須古・蔡璟等来献土物、領回本国漂流人口、其咨曰、分茅胙土、各鎮一方、継志述事、俱伝万載、交隣結好之典、而古今皆然。切照本国、希少荘経、嚢者遣人求請、感蒙見賜至国開諷、降大吉祥之端、由是、仍建天界禅寺、謂無経典、敬遣正使普須古・副使蔡璟等、謹齎咨文礼物、詣前求請、以前大荘尊経全部到国、永鎮邦家、宝為万年。（以下略）」

(89)『球陽』尚泰久王三年条の附に「景泰年間、尚泰久王新建二天界寺一」とある。

(90)『琉球国由来記』巻一〇「匠工摩レ肩並手作、庶民追蹤接踵来。工善吏勤、晨夕殫レ力也。仍寝室・方丈・画廊・東房・西房・大門・厨司等、精二尽其功美一。」、横山重他編纂、『琉球史料叢書』巻一、井上書房、一九六二年。

(91)『使琉球録』「寺在王宮左右不得軽易往来。有曰天界寺、有曰円覚寺。此最鉅者余小寺、不暇記。二寺山門殿宇弘廠壮麗、亜於王宮。正殿五間中供仏像一座、左右皆蔵経数千巻。夷俗尚仏、故致之多。」（原田禹雄訳注、『陳侃　使琉球録』縁材堂書店、一九六九年）

(92)『世祖実録』世祖八年春正月辛亥条「琉球国使臣普須古等辞還。命礼曹判書洪允成、餞于漢江。答琉球国王書曰「海路遐阻、遠労問遺、礼義勤備、喜慰良多。（中略）今所索大蔵経一部、曁不腆土物、就授来使、照領万幸。鸚鵡、孔雀因後日来使、送至副望、益見王敦信交隣之意。余冀各享天録、永堅隣好。不宣。別幅、大蔵経一部、金剛経・法華経・四教儀・成道記・心経・大悲心経・楞厳経・証道謌・永嘉集・起信論・円覚経・翻訳名義・楞伽経疏・阿弥陀経疏・維摩経宗要・観無量寿義記・金剛経五家解・宗鏡録・法経論　及法帖各二部。（以下略）」

(93)大蔵経だけではなく章疏類の贈与は、この時以外にも世祖十三年（一四六七）にもある。また、足利家にも世祖六年（一四六〇）に贈与されている。

(94)『成宗実録』成宗二年十二月庚申条「琉球国王尚徳使僧自端西堂等辞。（中略）又書曰「敝国遭天不弔、我恵荘王薨逝、今承遣使、来進香幣、寡人不勝追悼。只縁日月不留、大制已終、祔于太廟、貴使雖不得親自展礼、謹涓吉日、告于先王、兼承貴国先王遺訓切至。悲感交深。王又不墜先志。特建精舎、仍求我先王絵像并寺額。王之厚意、何可云喩。但先王遺像、遠渉鯨波、情所不忍。茲故未副盛意。但将扁額・内典・法器・土物、小伸哀悃、伏惟俯亮別幅白細綿布一十匹・大蔵経一部、雲板一事、中鼓一面、大磬一事、中鐃鈸一事。」

(95)『成宗実録』成宗二十二年十二月甲辰条「琉球国王遣耶次郎等来聘。其書曰、琉球国王尚円、奉書朝鮮国王殿下。恭惟貴国与吾陋邦、滄溟遼遠、毎歎不易于逞還。(中略)抑於吾邦有教寺曰安国。蓋国初之禅刹、以為祈福之霊場也。然而三宝之内、猶以未具法宝、実欠典也。繇是往歳、両回遣扶桑人新四郎、以求毘盧法宝一荘。報書諭曰、因諸処求去、已尽矣。尊命已承、雖然寡人未遂願望之心。故今特差専使、以重而致此求、切望付回价賜一荘。則令遂我願望者、実感恩之至也。何栄賜加之乎。善莫大焉、勿敢拒矣。冀高明恕容。(以下略)」

(96)『成宗実録』成宗二十三年三月癸酉条「琉球国王使也次郎等辞。其答書曰、茲者遠致書問、副以佳貺。良用慰悦。所索大蔵経、豈敢愛惜、但印本不多、而前者求之者非一。比今殆無所余、幸余一件、亦復散落、編帙不具。不足以備禅門之観覧。前承来命、未副所諭。今又不遠海程、再労使舶、求之甚勤。茲以罄倒所蔵、僅将不帙一部、就付来使。惟冀照領。(以下略)」

(97)『成宗実録』成宗二十四年六月戊辰条「特今歳忝賜大蔵経、即寄置安国禅寺、以万世為国家珍宝也。」

(98)『琉球国由来記』巻一〇「諸寺旧記　太平山安国寺記」「夫安国古刹者。景泰年間、尚泰久王所二創建一。而神応開祖熙山周雍禅師、第二之遺址也。抑所建之旨趣者、一修二世祖之冥福一、一亦祈二当君之康健一也。蓋惟、準二於日本一国一寺之例一、而号二山太平一、曰二寺安国一乎。」

(99)『琉球国由来記』巻一〇「諸寺旧記」天徳山円覚寺附法堂の甲乙住持事参照。

(100)『琉球国由来記』巻一一「密門諸寺縁起」姑射山神応寺の住持次第参照。

(101)第二尚氏の王統は、第一尚氏の尚泰久王の重臣であった金丸が尚泰久王の子尚徳王に代わって王位に就き、尚円王と名乗ったことから始まる。

(102)註(83)、知名定寛、前掲書、二〇〇八年、一三二頁。

(103)註(95)参照。

(104)『燕山君日記』燕山君六年十一月丁卯条「琉球国使臣粛拝。其国王書云、琉球国中山王尚真謹啓朝鮮国王殿下。伏以、推誠結信、天理之共由、歃血要盟、人心之独得。第見貴国仁恩広被、徳化弥弘。是以、自先祖因建天禅寺、謂無経伝、特差正使普須古・副使蔡璟等、齎捧咨文、礼物、詣前求請大蔵尊経全部、到国外、毎欲遣使、梯山航海前来、乃不諳水路。阻隔鱗鴻久曠、莫能詣前、近来鼎建興国禅寺、思無経典。想懐之間、有日本客商船一隻到国。仍特遣正使梁広、副使梁椿等、謹齎咨文幷礼物、順搭前捧献、求請大蔵尊経全部、万望賢王、啓山海之量、納涓杓之誠、乞賜到国開諷、永鎮国家、無任瞻仰之至。（以下略）」

(105) 円覚寺は一四九二年から一四九四年までの三年をかけて創られた寺院である。註（83）、知名定寛、前掲書、二〇〇八年、一一三頁。

(106) 尚徳王遣使至朝鮮呈礼物時朝鮮王李瑈以方冊蔵経托使者帯回進尚徳王　王薨之後其経尚存故　尚真王于城門外鑿地作沼創建一亭于中蔵之於歴年稍久堂壊経朽而成空地天啓辛酉尚豊王改建弁財天女堂（『球陽』巻三）

(107) 然而至二于万暦三十七年己酉一、堂亦老朽、経亦散失（『琉球国由来記』巻一〇「肇創弁財天女堂記附再修事」）

(108) 『琉球国由来記』巻一〇「方冊蔵経来朝記」「恭惟、両君之志願、如レ合二符節一也。而仏運時至矣。乗二此志願一、而弘治十五壬戌之間、朝鮮国王、献二方冊蔵経於吾朝一也。遇二此希遭之縁一、而歓甚矣。乃卜レ地、以築レ池甃レ石、以策レ址架二石橋一、創二輪蔵一以収焉。爾来経二歳月一者、一百八年。至二于万暦三十七己酉一、経蔵既老朽矣。重欲二修之覆レ苫移レ経也。」

(109) 『アジア仏教史　中国編Ⅳ　東アジア諸地域の仏教』、佼成出版社、一九七六年、三〇七―八頁。

(110) 『琉球国由来記』巻一〇「諸寺旧記　円覚寺記」「師諱承琥、字芥隠。日本国平安城人也。為二其人一。容貌奇異、而虎視牛行也。乃悟心（南禅寺塔頭也）始祖椿庭和尚之（字海寿、嗣竺仙）嗣、而実出二于古林五世孫一也。（中略）遂景泰年中、踰レ海越レ漠、遠来二茲土一、為二法求人一。始国王尚泰久、嚮二其道風一、召詢二法要一也。師之横談竪説、大契レ旨也。尚泰久、歓喜之余、創二箇々精舎一、以歴二住之一也。謂二広厳・普門・天龍一、是也。」

(111) 古林清茂（一二六二―一三二九）は中国元時代の禅僧であり、その法を継いだ竺仙梵僊（一二九二―一三四八）が一三二九年に日本に来た。足利尊氏・直義の帰依を受け、浄妙寺・浄智寺などに住み、南禅寺などの寺院では住持となった。その法は椿庭海寿（一三一八―一四〇一）、薩摩の字堂覚卍に受け継がれ、芥隠承琥が五世となる。薩摩の字堂覚卍は椿庭海寿の弟子であり、芥隠承琥が琉球に渡る前に薩摩の宝福寺に滞在していたという。葉貫磨哉（『中世禅林成立史の研究』、吉川弘文館、一九九三年）、小島瓔禮（「芥隠承琥伝」『球陽論叢』、ひるぎ社、一九八六年）など参照。

(112) 『蔭凉軒日録』文正元年七月二十八日条「琉球国官人参。而庭上消二三拝一退出。忽献二方物一也。退出之時。於二総門之外辺㆒故放㆓鉄放一両声㆒。人皆聴而驚顛也。自㆓彼国王㆒於㆓愚老㆒件々贈物幷有㆑状。」

(113)『蔭凉軒日録』文正元年八月一日条「琉球国正使芥隠西堂破了　大軸幷南蕃酒小樽忽嘗㆑之。」

(114)『蔭凉軒日録』文正元年八月五日条「琉球国芥隠西堂偶来話刻移。語㆓愚老㆒曰。先所㆑贈之梅月大軸者。自㆓大唐国㆒贈㆓于琉球国王㆒之画軸也。今度此方来朝之次。乞㆑之持来。仍与㆓于愚㆒云。」

(115)『蔭凉軒日録』文正元年八月七日条「愚又依㆓旧識㆒。如㆑此弁㆑之。旧識者指㆓芥隠西堂㆒也。」

(116)註（83）、知名定寛、前掲書、二〇〇八年、七七頁。

(117)『中山世譜』尚巴志王九年（一四三〇）条「建㆓寺于我国㆒。名曰㆓大安禅寺㆒。」

(118)『中山世譜』尚金福王二年（一四五一）条「建㆓神社并寺㆒。名㆓其寺㆒曰長寿。」

(119)『球陽』尚円王六年「附　創建天王崇元龍福等等三寺」の記事に、察度王の影像が万暦年間（一五七三―一六一九）に焼失するまで万寿寺にあったことが記されている。察度王統（一三五〇―一四〇五？）は、琉球中部を支配していた中山王国の王である。この頃に万寿寺が存在していた。「察度寿景伝在万寿寺。万暦年間火災所失。」（球陽研究会編、角川書店、一九七四年）

(120)「尚巴志王咨文」に「本国十刹内の報恩寺」とある。「尚巴志王咨文」は尚巴志王が正統三年（一四三八）に明の礼部に宛てたと考えられる咨文である。これから、尚巴志王（在位一四二一―三九）代に存在していた寺院である。『歴代宝案』第一冊参照。

(121)註（89）参照。

(122)『琉球国由来記』巻一〇「諸寺旧記　太平山安国寺記」には「夫安国古刹者。景泰年間、尚泰久王所創建」とあり、景泰年間（一四五〇―五六）に尚泰久王の建立と記されているが、これは安国寺に掛着された梵鐘がその時代に鋳造されたことから『琉球国由来記』の編者がそのように推定したと解釈している。この梵鐘は、それ以前に寄進されたものであり、後年に安国寺に移し掛けられた。尚泰久の時代に安国寺が存在していたなら、当然そのために鋳造していたと考えられる。そのため、安国寺の創建は尚円王時代と推定している。

(123)同右「諸寺旧記　禅源山天王寺」参照。

(124)同右「諸寺旧記　霊徳山崇源禅寺記」参照。

(125) 英祖王（一二二九？―九九？）によって建立された琉球最初の寺院である極楽山寺を前身とする寺院。同右巻一〇「諸寺旧記　天徳山龍福寺記」参照、二〇六頁。

(126) 註（83）、知名定寛、前掲書、二〇〇八年、七八頁。

(127) 室町幕府が制定した寺格制度で、五山・十刹・諸山の段階がある。この制度に編成された寺院は幕府が保護、統制している。京都五山には、南禅寺（別格）・天龍寺・相国寺・建仁寺・東福寺・万寿寺、鎌倉五山には、建長寺・円覚寺・寿福寺・浄智寺・浄妙寺が名を連ねている。

(128) 『夢中問答』上、一五（加持祈禱の真意）。

(129) 拙稿「日本における高麗版大蔵経の受容――足利氏を中心として――」、福原隆善先生古稀記念論集『佛法僧論集』、山喜房仏書林、二〇一三年。

(130) 名幸芳章『沖縄仏教史』、護国寺、一九六八年、二四頁。

(131) 『夢中問答』上、一七（仏法と政道）。

(132) 附（芥隠至国仏教大興王建立諸寺懸巨鐘）

景泰年間一僧国至。諱承琥字芥隠。日本平安城人也。命王輔臣新構三寺。一曰広厳一曰普門一曰天龍。令芥隠為開山住持僧。輪流而居焉。王受其教。礼待甚優。而国人崇仏重僧。由是王大喜景泰天順間卜地于各処多建寺院並鋳巨鐘懸于。各寺朝夕令諸僧談経説法参禅礼以祈昇平之治（『球陽』巻二、尚泰久王三年条）

(133) 知名定寛「尚真王の中央集権化政策と宗教」『沖縄宗教史の研究』、榕樹社、一九九四年、八〇頁。特に、第一尚氏時代にも懸念となっていた按司に対しては、武器を奪い、首都への居住を強制させて、その力を剝ぎ取った。

(134) 今上国王尚真公観察

曽祖之徳業　眷弁貽厥之政膺　創建追修之道場号円覚禅寺一者慰薦　祖考之仙去二者祈蒼生之康寧者容毳侶三百余指晨誦夜禅靡懈矣。粤大都門外封植稚松一万株永可為円覚寺修理之用材也（「サシカヘシ松尾ノ碑文」、沖縄県教育委員会文化課編『金石文』歴史資料調査報告書Ⅴ、緑林堂出版、二三四―五頁）

(135) また、仏教は按司の精神的懐柔にも適していた（註(133)、知名定寛、前掲書、一九九四年、九六頁）。

(136) 知名定寛「古琉球王国と仏教――尚泰久・尚徳・尚真の仏教政策を中心に――」、『南島史学』五六号、二〇〇〇年、二一頁。

(137) 註(130)、名幸芳章、前掲書、一九六八年、三一頁。

(138) 足利氏が賜った大蔵経が奉安された相国寺など京都の諸寺院においても、当時大蔵経が仏教研鑽のために使われていたという資料は現時点で見つかっていない。高麗蔵には異体字・別体字が多数使用されているため、それを解読するほどの知識はなかったと考えられる。日本で高麗蔵が読まれ始めたのは、一六〇〇年代に入り明の嘉興大蔵経や黄檗版が流布して以降であろう。

第三章　江戸時代の高麗版大蔵経の活用

第一節　近世の大蔵経刊行と宗存

Ⅰ．はじめに

刊本大蔵経の登場は、宋の開宝五年（九七二）から太平興国八年（九八三）までの一二年をかけて完成した開宝蔵が最初である。この開宝蔵が完成するや周辺諸国に下賜された。以降、中国では数回にわたり大蔵経が雕造されたばかりでなく、その影響を受けて高麗や契丹でも刊本大蔵経の雕造に着手し完成に至っている。日本ではそれから約六五〇年という歳月ののち、天海という僧侶が発願した大蔵経において、ようやくその完成を見ることとなるのである。

しかし、それ以前に宗存という高日山常明寺の僧侶が大蔵経の開版を発願し、京都の北野経王堂で着手している。その事業は慶長十八年（一六一三）から寛永三年（一六二六）までの一三年に及んだが、全蔵が刊行されるまでには至らなかった。この大蔵経を宗存版大蔵経（以下、宗存版と略称）と言う。宗存は、慶長十八年九月に高麗蔵の『大蔵目録』三帖を刊行し、これを出版予定目録として大蔵経の刊行を開始した。宗存版の装丁には、折帖装と袋綴装、巻子装がある。[1] 折帖装の版式は一行一四字ないし一五字、一張二二行、もしくは一行一七字、一張二三行であり、巻末に「〇〇（甲辰などの干支）歳大日本国大蔵都監奉／勅雕造」の刊記があることから、高麗蔵の形式に倣っていると考えられている。[2] ところが、元和四年（一六一八）以降、このような刊記は見られなくなり、代わって天台宗の典籍が刊行されるようになった。[3] これらの装丁は袋綴装であり、版式は一行一七字片面九行ないし一〇行である。『一切経開板勧進状』をはじめとして高麗蔵に未収録の疑偽経典、中国や日本撰述の典籍などもある。これらを含めた宗存版は、現在一四八点が確認されている。[4]

宗存版に関する研究は、現存するものが少ないため、前述した点以外には明らかにされていない。[5] また、版式から高麗蔵と関係があることは以前から言われていたが、[6] それと関連する研究も少ない。そこで本節では、まず宗存版と関係のある高麗蔵と天海版大蔵経（以下、天海版と略称）の刊行を概観し、日本での大蔵経刊行の条件について考察する。そして、宗存版の刊行目的や高麗蔵との比較によって、『一切経開板勧進状』の内容を検討する。

Ⅱ．大蔵経刊行の条件

日本が他国と比べて刊本大蔵経の完成が遅れた理由は何か。日本の印刷文化は、天平宝字八年（七六四）に称徳天皇の命で作られた「百万塔陀羅尼」に始まり、平安時代には興福寺を中心として「春日版」と呼ばれる仏典が刊行されている。鎌倉時代には、春日版の影響を受けて高野山、特に金剛三昧院を中心として密教関係の仏典が開版された「高野版」、鎌倉時代末期から室町時代にかけては五山を中心とした禅僧によって開版された「五山版」が存在することから、印刷技術はある程度進んでいたと判断できる。しかし、「春日版」は南都仏教、「高野版」は密教関係、「五山版」は禅籍というごく限られた範囲での仏典刊行であった。

では、印刷技術があったにもかかわらず、大蔵経の刊行に着手できなかった原因は何か。一つは、大蔵経刊行に際しての費用の問題である。大蔵経は版木に文字を反転させて彫り、その面に墨を塗って印刷するという整版の方法が採られていた。開版する場合、木版印刷に不可欠となる木材、紙や印刷時に使用するその他資材、版木を加工して彫る職人などが必要となってくる。また、機材・人員・資材の調達にかかる手間と経費も莫大である。そのため、宋や高麗では国家的な事業として行われたことは言うまでもない。

もう一つは、江戸時代まで安定を見なかった政権運営が挙げられる。鎌倉時代以降、数回にわたり大蔵経刊行が試みられたが、財力はともあれ、時の執権者による政権が安定せず運営が長続きしなかったことが考えられる。

以下、宗存の大蔵経刊行に関する規模を知る上で、同じ木活字で刊行された天海版と、宗存版の底本となった高麗蔵の刊行について概観する。

1．天海版大蔵経の刊行

天海版とは、天台宗の僧である天海が発願し、江戸幕府三代将軍の徳川家光の援助を得て、寛永十四年（一六三七）から慶安元年（一六四八）までの一二年をかけて刊行された大蔵経である。

その巻末の目録によれば、天海版の総数は六六五函一四五三部六二三二帖であるが、実際はその目録も含め一四五四部五七八一帖である。『般若心経』など一帖に複数の経典が含まれているものをそれぞれ一帖と数えると六二三二帖となる。

天海版の帖数は数え方によって異なるが、巻末目録に言う六六五函一四五三部六二三二帖を一蔵とした際、それに必要な紙は一二万二四一一枚である。そして、その印刷部数については、現存するものから推測すると多くとも三〇蔵程度と考えられているが、その場合に単純計算しても三六〇万枚の紙が必要であったことになる。

天海版は整版ではなく、一字一字逆に彫った木活字を組み並べて印刷する方法が採用された。それに使われた木活字は、現在上野の寛永寺に残されており、その総数は二六万八〇四四点である。当時、これら一字一字を丁寧に彫っていたため、相当数の職人も必要であった。

2. 高麗版大蔵経の刊行

高麗時代には、契丹やモンゴルの退散を祈願して、顕宗と高宗の代にそれぞれ大蔵経が雕造されたが、本稿では比較的史料が残っている後者の大蔵経雕造事業について概観する。

いわゆる高麗蔵は、高宗三十八年（一二五一）に王が百官を率いて城の西門外にある大蔵経板堂に行香し、一六年の歳月を経て完成した大蔵経である。[7] 雕造方法は、木材を調達して一定の大きさに切り、数日間海水に浸けてから乾燥させる。その後、職工が版木を彫る段階で、その版下本を書いた。それと並行して、教宗出身の守其などが中心となり開宝蔵・契丹蔵・高麗蔵（初）などの経典内容を対校する作業も行われていた。

版木が完成すると、次は印刷の作業に入る。高麗や朝鮮時代の大蔵経印刷に関する記録はあるものの、一四九八部六五六九巻を一蔵とした場合の具体的な紙の数字は不明である。[8] そこで、一九一五年に印刷された時の記録を見ることとする。当時は折帖装で一蔵（六八〇五帖）、袋綴本装二蔵（一蔵二三二〇冊）の計三蔵が印刷されたが、製本の装丁によって紙の枚数が異なるため、折本に使われた枚数やその他資材について概観する。

折本には数種類の紙が用いられた。まず、印刷用として縦約三五センチ、横約五七センチ、重さ約九・四グラムの紙が一六万二六八枚（予備を含めて一六万五〇七六枚）用意された。製本用紙には、そのうち見返用紙として使うものを印刷用紙と同サイズで六八〇五枚（予備を含めて六九四一枚）、表紙の裏打用紙として使う厚手の白紙六八〇五枚（予備を含めて六八七三枚）がそれぞれ用意された。また、折本用の帙の裏打用紙として白紙二四四三枚と板紙三八八枚を用いた。当時使用された紙は、すべて現地の原料が使われたという。折帖装一蔵に必要となる紙は、大きさは別として一七万六〇〇〇枚程度であったことが確認できる[9]。

その他に、折帖装表紙用の絹糸四四五五尺、折帖装帙用の絹八八〇尺、折帖装題箋用の絹三三〇尺も用意された。また、印刷用品として、松煙墨（一万七四五〇個）、馬簾（六〇個）、草根刷子（六〇個）、藁刷子（二〇個）、黄蠟（九キログラム）、火爐（一〇個）、硯盤（二〇個）、定木（二〇個）、沙鉢（四〇個）なども備えられた[10]。

以上、高麗蔵のように整版の大蔵経では大量の木材が欠かせないが、活字版の大蔵経ではその財源を大幅に抑えることができる。宗存版が活字版を採用した背景には、当時の流行もあったにせよ、少なからず大蔵経刊行にかかる莫大な費用を抑えたいという意図があったのではないか。また、一蔵の大蔵経を印刷するには、前述したように天海版では一二万枚、高麗蔵では一七万枚（表紙などを含む）の紙の他、印刷にかかる諸材料の調達費もかかり、個人の次元では到底成し得ない困難な事業であったことを知ることができる。

Ⅲ．宗存の大蔵経刊行

1．宗存の大蔵経刊行の動機

聖乗坊宗存は、伊勢内外両宮太神宮の内院であった高日山常明寺の住持で、天台宗の僧侶であったという以外、詳しいことはわかっていない。宗存の大蔵経刊行の動機については、『一切経開板勧進状』に記されているので、まずはそれから見ていくこととする。

特に十方の檀那の助成を受け、①一大蔵経を摺って開版し、伊勢神宮の内宮に奉納する。常明寺は鎮護国家の霊場であり、現世来世の二世にわたって大安楽を得るという願望を満たす。書状にいう。仏や菩薩が衆生済度のためにその本地の知徳を隠し煩悩の塵に同応して衆生と縁を結ぶ。縁を結び衆生に利益を与える春の花は曲願万機の園に薫り、説法成道の秋月は仏が衆生を利益することを照らす。②故に内外両太神宮は、外面は仏法と関係ないといえども、内面は経巻を崇敬している。これによって法楽（読経・奏楽）の祝言や祭礼の祓いで経呪陀羅尼の言句を唱えていた。これに加えて、両宮には大蔵経が安置され、いちずに神道の神力が増す儀式を行っていたが、近年衰えて一蔵も残っていない。こうした状況を見聞きし、悲歎するばかりである。貧しさが諸道を妨げる。大蔵経を開版する志はあるが、遂行できない。同時に、天下が静謐で国土豊饒の時節であった。君には仁徳があり、臣は忠信を行い、信頼している。③一部一巻を寄付し、一紙に半銭の助成を仰いで、大蔵経を開版し印刷する大願を遂げる。④書写すれば一定せず落損字闕減の句があり、摺写して校合して正せば、損字闕減の句が生じない。つまり、末代まで諸宗の手本となるものを備えようとして、無明の世の中において、広く天下に流布して、広く世間の衆生を利益しようと思う。伝え聞くところによると、天帝は般若の威力によって頂上王の難を逃れ、普明王は八偈の講釈に報いることによって、斑足王の害を免れた。これに加えて、中天竺の摩訶陀国の倶傳婆羅門は随求陀羅尼の徳力によって、地獄が浄土に変わった。大唐の慈童は普門品の二句の偈を受持して八〇〇余歳の寿命を保ち、日本の役行者は孔雀明王呪を受持して、自由に空を飛べた。その他、三国伝来の諸祖や精進勇猛の僧俗の経呪陀羅尼の奇特な霊験は、計り知れないほど多い。一偈一句の功徳はなお深いが、それが一部一巻になるともっと深いのである。一部一巻の功徳はなお広いが、一切経ではどれほどのものか。そこで、結縁助成する人に身分がなく、奉加施入する世のすべての人は、現世においては神道に願いが聞き入れられるため福禄寿の思いのままであり、子々孫々代々繁昌する。来世においては諸仏が随喜するため、十方浄土に往生する。三身万徳の妙果を極め、三徳秘蔵の妙理を悟り、よって勧進の旨は前述した通りである。

伊勢太神宮　一切経　本願　常明寺
慶長十八年暦　正月　吉日　勧進沙門敬白する(11)。

下線部①では、大蔵経開版の目的が語られている。すなわち、十方の檀那の助成を受け、大蔵経を開版して伊勢神宮の内宮に奉納することが目的である。伊勢内宮の宮寺である常明寺は鎮護国家の霊場であり、そこに大蔵経を奉納することで現世来世の二世にわたって安楽を得ようとしていた。

下線部②では、伊勢神宮で以前から経典を読誦していたことが語られている。すなわち、伊勢の内外両神宮では内面は経巻を崇敬しており、法楽の祝言や祭礼の祓いで陀羅尼を唱えていた。以前は、内外両宮に大蔵経が安置され、神道の神力が増す儀式を行っていたようであるが、近年一蔵も残らず退転してしまったのを嘆いていた。伊勢神宮に大蔵経がなくなって以降、それを開版する志はあったものの遂行できない状況であった。最近になり世の中が静謐を取り戻し、これを実行しようとしていた。

伊勢神宮に大蔵経がいつ奉納され、いつまで存在していたかは不明である。しかし、建長元年（一二四九）には、前太政大臣であった西園寺実氏が家伝の宋版『大般若波羅蜜多経』六〇〇巻を伊勢神宮に奉献して転読をさせている。その目的は、彼の娘である大宮院姞子がのちの後深草・亀山両天皇の生母となり、西園寺家と天皇家に姻戚関係ができたため、天皇の向後の安穏を祈るものであった[12]。伊勢神宮は国家鎮護の最高神として日本全国からの参拝や崇敬を受けていることから、宗存も伊勢神宮に大蔵経を奉納し、神道の儀式を行うことで国家を護ろうとしていたようである。

宗存の大蔵経刊行事業は一三年に及んだが、残念ながら全蔵の刊行には至らなかった。しかし、大蔵経の印刷に使われた活字が幸いにも残されている。その活字数は一六万三九二五点で、罫線材や字間材などの印刷用部材を入れると、総数は一八万四〇〇〇点に及ぶ[13]。木材の調達、木活字を彫る職人[14]、紙などの印刷にかかる資材を含めると莫大な費用になるが、下線部③からして、宗存はそうした費用を諸檀那からの助成を受けて補っていたようである。

2．現存経典での内容の検討

さて、下線部④には、大蔵経を書写すると文字は一定せず書き損じなどが生じる可能性があるが、校合し正して印刷すればそれが生じないとある。そうすることによって、末代まで諸宗の手本となる経典を備えることができ、さらに世の中に広く流布して衆生を利益しようと考えていたようである。そこで、現存する宗存版のうち四つの経典を、底本である高麗蔵と比較した。その結果を簡単に整理すると、以下の通りである。

（1）『舎衛国王夢見十事経』（国立国会図書館蔵）

①版式：一行一四字　折帖装　「乙卯歳（一六一五）大日本国大蔵都監奉／勅雕造」の刊記がある。

②宗存版と高麗蔵の文字の異同　高麗蔵：縄　為　烏　勑|　悪　棄

宗存版：繩|　爲|　象|　勅　惡|　奪|

宗存版に使われている「繩」「爲」「象」「悪」「奪」などは基本字であるが、高麗蔵は交換略字や古字である。ただし、高麗蔵では「勑」のみ基本字を使用している。文字の異同はあるが、経典の内容は変わらない。

（2）『仏説一切如来金剛寿命陀羅尼経』（国立国会図書館蔵）

①版式：一行一七字　折帖装

②文字の異同　高麗蔵：殑　最|　為　尊　靣　夭|　等|

　　　　　　　宗存版：兢　㝡　爲|　尊　面|　夋　䓁

「最」「夭」「等」は高麗蔵で、「爲」は宗存版でそれぞれ基本字を使っている。ただし、「兢」「殑」に関しては、高麗蔵や他の大蔵経では後者を使っているが、どちらも「キョウ」という音で、経典によっては前者も使用しており大差はないと考えられる。

（3）『大般若波羅蜜多経』巻第一六（本證寺蔵）（図1、図2参照）

①版式：一行一七字　折帖装

②文字の異同　高麗蔵：豦　為　陁

　　　　　　　宗存版：處|　爲|　陀|（※宗存版の漢字はすべて基本字を使用）

（4）『阿弥陀鼓音声王陀羅尼経』（龍谷大学図書館蔵）

①版式：一行一七字　折帖装　「丁巳歳（一六一七）日本国大蔵都監奉／勅雕造」の刊記がある。

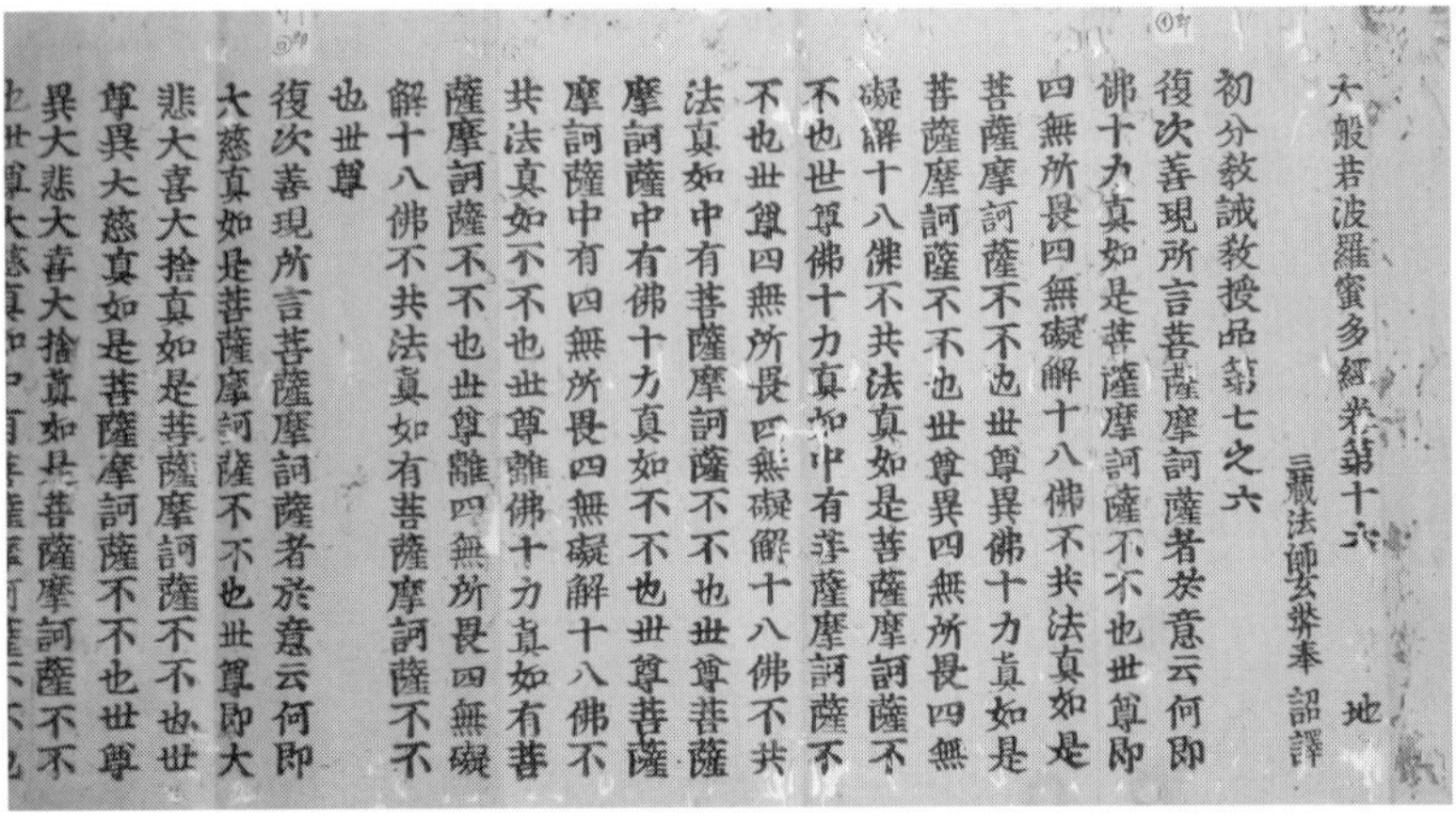

図１　宗存版『大般若波羅蜜多経』
巻第一六第一張（本證寺蔵）

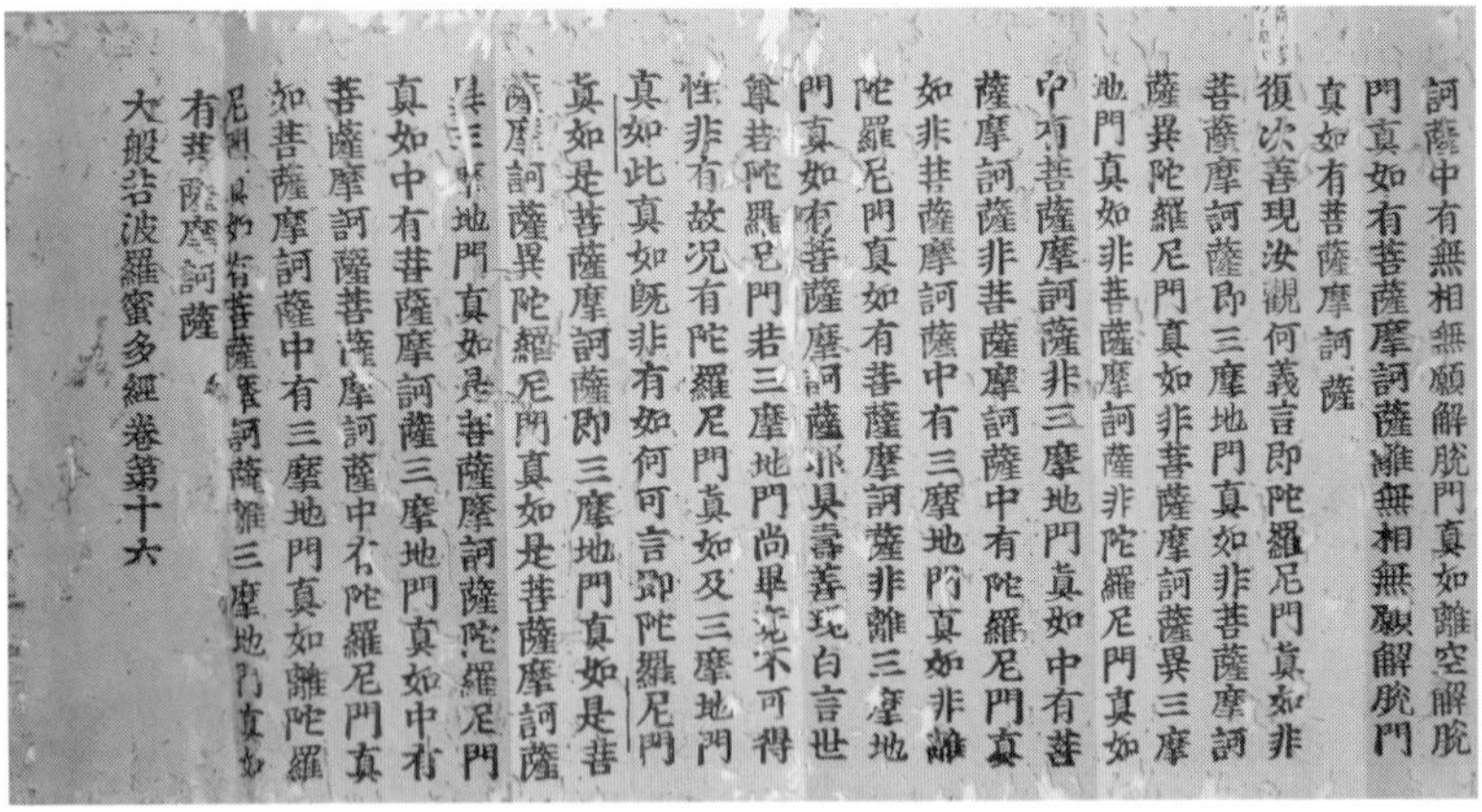

図２　宗存版『大般若波羅蜜多経』
巻第一六巻末（本證寺蔵）

②文字の異同　高麗蔵：為　豦　陁　刹　𢦏
　　　　　　　宗存版：爲　處　陀　刹　哉（※宗存版はすべて基本字を使用）

③特徴：二—四張の最初に「鼓音声王経　第二張　讃」の柱題（版首題）がある。

以上、宗存版と高麗蔵では経典の内容が変わるような大きな違いは見られなかったものの、双方で使われている漢字が異なる。四点に共通する漢字では「爲」、その外にも「處」や「陀」は、宗存版では基本字を使っている（傍線部の漢字が基本字）。また、『仏説一切如来金剛寿命陀羅尼経』を除いて、宗存版は基本字を多く使用している。高麗蔵には七四八九種二万九四七八字の異体字・別体字が使われているというが[15]、宗存版はそれを踏襲しているわけではないことが確認できる。

さて、『仏説一切如来金剛寿命陀羅尼経』には、基本字以外の漢字が双方で使われている。それ以外にも、第二張四行目以降の陀羅尼の漢字とその数が異なっている。陀羅尼部分の漢字の異同に関しては、異体字や同音異字を使っている場合があり、底本である高麗蔵とは異なる部分がある。さらに、陀羅尼の数は宗存版が二五個であるのに対し、高麗蔵は二六個である点も異なる。

では、どうして漢字の異同や同音異字が生じ、陀羅尼の数が異なるのか。実は、宗存は室町時代の刊本『金光明最勝王経』を所持しており、その紙背には二一部の経典が書写されていた。その中には、『仏説一切如来金剛寿命陀羅尼経』や『阿弥陀鼓音声王陀羅尼経』も含まれている。前者には「慶長十七壬子十二月廿日夜二条御幸町逗留之時宗存書之」、後者には「山城国八幡宮一切経蔵借用京洛二条写之」とそれぞれ書かれていることから、宗存は慶長十七年（一六一二）に山城国石清水八幡宮の一切経蔵[16]から上記の諸経典を借用し、京都の二条御幸町でそれらを写したことを知ることができる。[17] そして、これら二一部の経典が宗存版として刊行されていることは興味深い[18]。

そこで宗存版と高麗蔵、石清水八幡宮旧蔵すなわち現在の宮内庁図書寮文庫所蔵の福州東禅寺覚院及開元禅寺版大蔵経（以下、宮内庁宋版と略称）の三種類の大蔵経で陀羅尼部分を比較した結果、高麗蔵と宗存版の一致は一一ヵ所、三本一致は九ヵ所ある一方、宗存版と宮内庁宋版との一致はない。陀羅尼部分においても宗存版は基本的に高麗蔵に倣っているが、まれに宮内庁宋版に倣っている点も見られる。特に、宗存版二五番目の陀羅尼は、宮内庁宋版が二五個であるのを倣って、高麗蔵の二五番目と二六番目を一つにまとめたようである（【表1】参照）。

漢字の異同や『仏説一切如来金剛寿命陀羅尼経』に見られる陀羅尼の数の違いから、宗存は慶長十七年に書写した二一部の経典と高麗蔵とを校正していたのではないか。宗存版が高麗蔵だけを底本としていたなら、『仏説一切如来金剛寿命陀羅尼経』は『舎衛国王夢見十事経』と同様に漢字の異同のみであったはずである。また、『阿弥陀鼓音声王陀羅尼経』で比較すると、宗存版と高麗蔵は陀羅尼の数は五三個であるが、影印の磧砂版[19]では五二個であった。このことから、『阿弥陀鼓音声王陀羅尼経』は高麗蔵と宗存が書写したそれとで相違がなかったと考えられる[20]。つまり、下線部④に関しては、一部ではあるものの経典を校正していたと考えられる。

表1　『仏説一切如来金剛寿命陀羅尼経』陀羅尼部分の比較

高麗版大蔵経	宗存版大蔵経	東禅寺覚院及開元禅寺版大蔵経
怛脛他一	怛脛他一	怛你也二合去引陀一
者犁二	者犁二	者犁二

者攞　者犁三	者攞者犁三	者攞引者犁三
弥娜知薩嚩二合　薩底二合　稽四	弥那坘薩嚩薩底二合　稽四	尾娜瓬薩嚩二合薩底二合稽四
斫訖浪二合　蘖南五	斫訖浪二合　蘖南五	斫訖浪二合蘖喃五
鉢囉二合　舍滿都薩婆路誐六	鉢囉二合　舍滿都薩婆路誐六	鉢囉二合　舍滿都六
薩婆薩怛嚩二合　南七	薩婆薩怛嚩二合　南七	薩嚩路引誐薩嚩薩怛嚩二合　南七
阿娜穌八	阿娜穌八	阿娜穌知解反八
倶娜穌九	倶娜穌摩訶娜穌九	倶娜穌九
遮嚇遮嚇十	遮嚇遮嚇十	摩賀娜穌十
係麼澆牛矯反　哩十一	係麼澆牛矯反　嘿十一	者嚛者嚛係麼澆哩十一
係麼你鏟尼十二	係麼你鏟尼十二	係麼你鏟尼去十二
係麼尸棄十三	係麼尸棄十　※1	係麼尸棄十三
矯囉微十四	矯囉微十四	矯囉微十四
矯囉迷十五	矯囉迷十五	矯囉讖十五
係倶囉微十六	係倶囉微十六	係倶囉微十六
倶囉嘌十七	倶囉犁七　※2	倶囉嘌十七
倶麼底十八	倶麼底十八	倶麼底十八
微捨麼泥十九	微始麼泥麼泥十九	微捨麼抳麼抳十九

戌戌毗嚩二十	戌戌毗嚩二十	戌戌毗引嚩二十
阿者犁二十一	阿者犁二十一	阿者犁二十一
弥者犁二十二	旀者犁二十二	彌者犁二十二
麼尾覽麼二十三	麼尾覽麼二十三	麼尾囕麼二十三
戸毛戸毛二十四	戸毛戸毛二十四	戸暮戸暮二十四
唵二十五	唵麼折羅諭師某甲二十五　薩嚩訶	唵嚩囉二合諭曬某甲薩嚩二合賀引二十五
麼折囉諭師某甲二十六　薩嚩訶		

※1には「十三」、※2には「十七」と入る予定であったと考えられる。

Ⅳ．宗存版大蔵経の底本の検討

宗存版の装丁には、折帖装と袋綴装の二種類がある。前者は大蔵経、後者は大蔵経に入蔵されている『法苑珠林』と天台関係の典籍などである。印刷年代を見ると前者が古く、後者が新しい。

折本装の版式には二種類あり、慶長年間（一五九六―一六一五）に印刷されたものは一行一四字、一張が二二行であるのに対し、元和年間（一六一五―一六二四）以降に印刷されたものは一部を除いて一行一七字、一張二三行である。また、袋綴本装にも印刷様式に三種類がある。(21)

経典の場合、高麗蔵を底本としていることが、慶長十八年（一六一三）の『大蔵目録』三巻やその刊記をそのまま模倣している点、同じ「千字文」函号を使用している点などからも窺える。一方、版式が一行一四字の経典は当

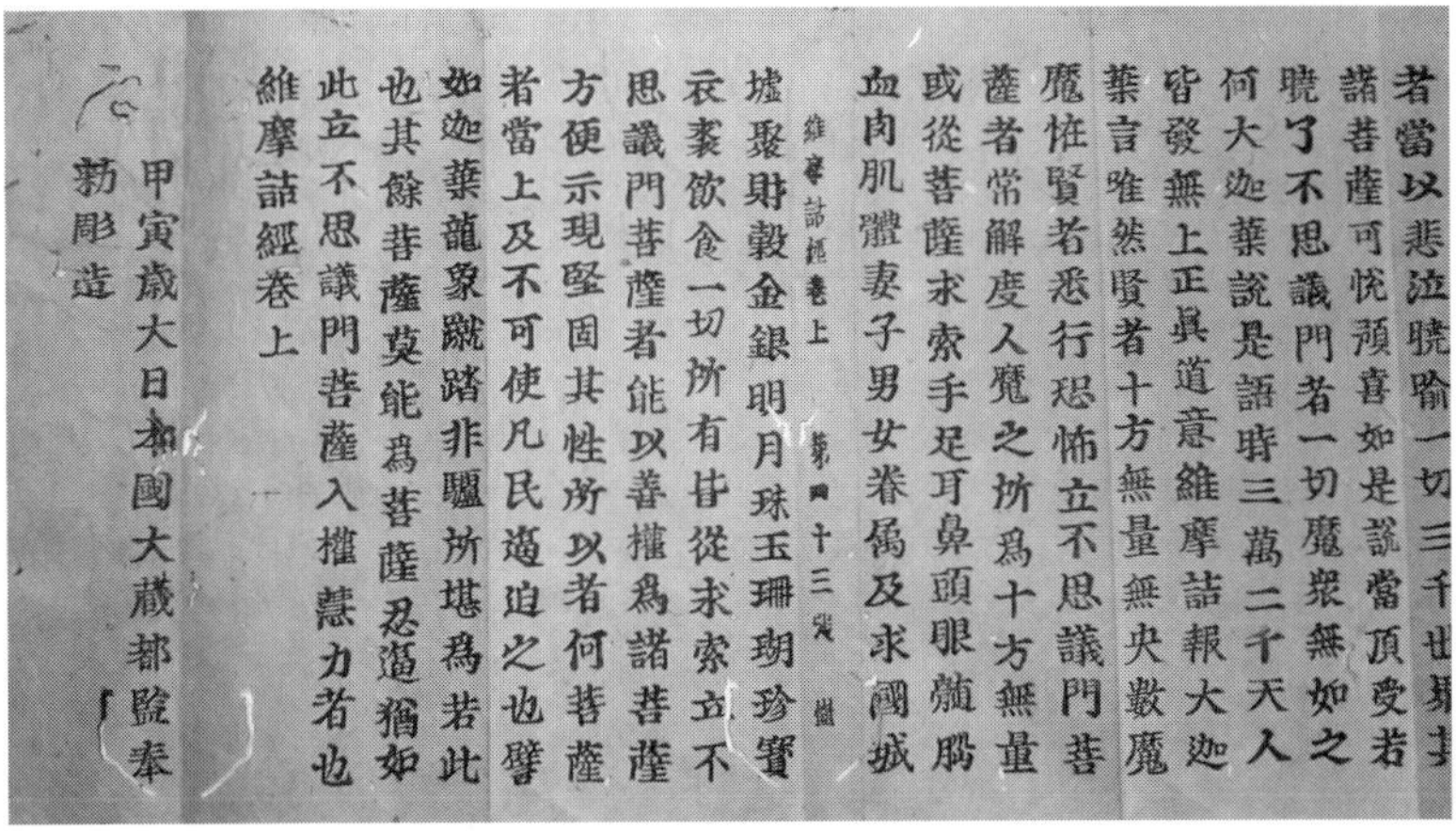
若當以悲泣曉喩一切三千世界
諸菩薩可悦預喜如是説當頂受若
曉了不思議門者一切魔衆無如之
何大迦葉説是語時三萬二千天人
皆發無上正眞道意維摩詰報大迦
葉言唯然賢者十方無量無央數魔
魔恠賢者悉行恐怖立不思議門菩
薩者常解度人魔之所爲十方無量
或從菩薩求索手足耳鼻頭眼髓腦
血肉肌體妻子男女眷屬及求國城
維摩詰經卷上　第四十三張　儀
墟聚財穀金銀明月珠玉珊瑚珍寶
衣裘飲食一切所有皆從求索立不
思議門菩薩者能以善權爲諸菩薩
方便示現堅固其性所以者何菩薩
者當上及不可使凡民逼迫之也譬
如迦葉龍象蹴踏非驢所堪爲若此
也其餘菩薩莫能爲菩薩忍逼猶如
此立不思議門菩薩入權慧力者也
維摩詰經卷上
甲寅歳大日本國大藏都監奉
勅彫造

図3　宗存版『維摩詰経』
巻上巻末刊記部分（本證寺蔵）

然高麗蔵の体裁に倣ったものであるが、一行一七字のものは宋版大蔵経に倣ったものであるという見解もある[22]。そこで、宗存版を装丁や版式に分けて、高麗蔵の該当経典とで比較し、それらの底本について検討する。

1．一行一四字の経典の検討

上記の宗存版のうち版式が一行一四字の経典は、『舎衛国王夢見十事経』（国立国会図書館蔵）のみであった。『舎衛国王夢見十事経』は、宗存版と高麗蔵の比較によって文字の異同があったことは先述した通りであるが、小山正文が指摘するように、宗存版には「乙卯歳大日本国大蔵都監奉／勅雕造」という刊記があり、高麗蔵のそれを模倣していることがわかる。高麗蔵『舎衛国王夢見十事経』の刊記は「癸卯歳高麗国大蔵都監奉／勅雕造」とあり、千字文函号も「若」と同じである。（宗存版の他経の刊記例、**図3**参照）

また、『舎衛国王夢見十事経』には、経文と刊記の間に「この経を見ると、『増一阿含経』巻第五一の大愛道般涅槃品と同じで訳が異なる。国本と宋本は文章と意味は同じで、この契丹版は宋本と意味は同じで文章が異なるので、一度翻訳したものではなく、どれが正しくて、どれがそうでないかわからない。また、どれを択び、どれを捨てたらいいのかもわからない。しかし、契丹版は詳しい。今は二種類があるので、後世の賢哲の判断を待つ[23]」という一文がある。これは高麗蔵を造る時に、個々経典の校勘を担当していた守其らがその内容を記録したものである。宋本（開宝蔵）、国本（高麗蔵〔初〕）、契丹本（契丹蔵）などを対校し、さまざまな経録なども参考にして誤謬を正した。それを三〇巻にまとめたものが『校正別録』である。『舎衛国王夢見十事経』の校勘の内容としては、国本と宋本では内容が同じであるが、契丹本では文章が異なるため、両本ともそのままにしておき、後世の賢哲に判断を委ねたいというものである。この校勘記は高麗蔵にもあり[24]、かつ内容もまったく同じ（文字の異同もない）であることから、『舎衛国王夢見十事経』はそれを底本としていることが確認できた。

2. 一行一七字の経典の検討

一行一七字の版式の経典には、『仏説一切如来金剛寿命陀羅尼経』（国立国会図書館蔵）、『大般若波羅蜜多経』巻第一六（本證寺蔵）、『阿弥陀鼓音声王陀羅尼経』（龍谷大学図書館蔵）がある。

この中で『阿弥陀鼓音声王陀羅尼経』の巻末には「丁巳歳大日本国大蔵都監奉／勅雕造」という刊記があり、元和三年（一六一七）に印刷されたことが確認できる。一行一七字の版式を持つ経典のうち、刊記があるのはこれだけである。なぜ、一行一四字から一七字に変わったのかは不明であるが、この頃に版式が移行されつつあったようである。小山正文はこの違いによって印刷年代を区分し、一行一四字の経典を初期宗存版、一行一七字の経典を中期宗存版と指摘している[25]。

『大般若波羅蜜多経』巻第一六には千字文函号「地」が付いており、高麗蔵も同様に「地」であった。『阿弥陀鼓音声王陀羅尼経』の千字文函号は「讃」であり、高麗蔵のそれとも一致する。しかし、宗存版の『仏説一切如来金剛寿命陀羅尼経』では確認できなかった。千字文函号も版式の変更と同時に削除されたのかもしれない。

さて、『阿弥陀鼓音声王陀羅尼経』第二張から第四張の最初に、小字で「鼓音声王経　第二張　讃」という柱題も印刷されている。底本である高麗蔵にも同様の柱題が印刷されているが、各張の末にあった点で異なる。今回比較に用いた『大般若波羅蜜多経』巻第一六の柱題は、各張の紙継ぎの関係で確認できなかった。そこで同巻第二二一で確認すると、「大般若経　二百二十一巻　第十一張」という柱題が印刷されていることから、巻第一六にも印刷されていると考えられる。

柱題は底本となった高麗蔵には各張の前か後に必ず印刷されており、前にある場合は版首題、後にある場合は版尾題とも呼ばれている。これは版木一枚一枚に彫られており、どの経典の何巻何張かを確認するための役割も果たしている。宗存版の場合も同様に、小字で「鼓音声王経　第二張　讃」と印刷されているが、「鼓音声王経」とは『阿弥陀鼓音声王陀羅尼経』を、「第二張」とは第二紙目を、「讃」は千字文函号をそれぞれ意味する。

先述したように、経文に使用されている漢字が基本字もしくは異体字・別体字を使用していることや、版式が一行一七字であること以外は高麗蔵と同じであることから、それを底本としていると考えられる。

以上、一行一四字と一行一七字の版式からなる宗存版の底本は、高麗蔵であることが確認できた。

3.『法苑珠林』の検討

現在、『法苑珠林』一〇〇巻が叡山文庫に所蔵されている。この『法苑珠林』は匡郭、版心、上下花口魚尾、黒口をもつ袋綴本装で、版式は一行一七字、一張二〇行である。宗存によって、元和七年（一六二一）九月十五日から寛永元年（一六二四）十二月二十七日までの前後四年を費やし完成したことが、巻末にある「伊勢太神宮一切経本願常明寺宗存敬梓　寛永元年甲子十一月十一日」などの刊記によって知ることができる。

そこで、『法苑珠林』巻第二二、八一、八三の三巻を高麗蔵と比較してみた。その結果、高麗蔵で見られる「鬚」「萬」「常」などの文字が、宗存版では「剃」「万」「恒」を使用している。高麗蔵では「和尚」となっているが、宗存版では「和上」となっているなど、双方で漢字の相違が見られる。また、両者の経文には漢字の出入りがある。例えば、高麗蔵の『法苑珠林』巻第二二、第一四張目に「方便勧佐令成勿作」とあるが、宗存版では「方便勧令成勿作」とあり「佐」が存在しない。高麗蔵の同巻第八一、第七張二〇行目に「不知飯及麦飯不」とあるが、宗存版では「不知飯及麦飯」となっており、「不」が存在しない。

次に、千字文函号について調べて見ると、高麗蔵では巻第二二が「困」、巻第八一・八三は「會」であったが、宗存版では巻第二二が「鍾」、巻第八一・八三は「府」であり、異なっていることが確認できる[26]。また、巻第八一に「施度量境部篇六」「福田部第七」などの小見出しがあるが、そこにも相違が見られる。例えば、高麗蔵では前記のように「施度量境部篇六」「福田部第七」「相対部第八」「財施部第九」となっているが、宗存版では「量境部篇七施部之餘」「福田部第八」「相対部第九」「財施部第十」となっており、それぞれで数字が一つずれている。

以上のことから、元和七年九月から寛永元年十二月までに印刷された『法苑珠林』一〇〇巻の底本は、高麗蔵ではないことが確認できた。そこで、『法苑珠林』巻第二二、八一、八三の千字文函号、同巻第二二の文字の相違、同巻第八一の小見出しなどを、宋の思渓蔵で確認した結果、千字文函号と巻第八一の小見出しは、宗存版『法苑珠林』と思渓蔵で一致した。巻第二二、八一の文字の相違や脱落部分についてもほとんどが両者で同じであったが、一部の文字には高麗蔵と思渓蔵で一致するものもあった。

ただし『法苑珠林』に関しては、版式が一行一四字と一行一七字で、匡郭、版心、上下花口魚尾、黒口などのないものが確認されている。これは恐らく、一行一四字から一七字に移行した元和期に印刷されたものと推定されており、且つ千字文函号（覇—何）も高麗蔵と一致することから、叡山文庫蔵のそれとは版式が異なるものが存在していると指摘されている[27]。

4．底本の検討

(1) 一行一四字、一七字の版式の経典の底本

宗存版の底本に高麗蔵が使われていたこと、叡山文庫所蔵の『法苑珠林』はそれ以外の大蔵経（恐らく宋版大蔵経）が使われていた可能性が高いことは前述した通りである。では、高麗蔵や宋版大蔵経が、一体どこに所蔵されていたものを底本としたのかについて検討したい。

宗存の大蔵経刊行事業は、京都の北野経王堂で行われていた。また、宗存自身も『一切経開板勧進状』が刊行される前年に、高麗蔵の『大蔵目録』巻上をはじめ二〇部ほどの経典を京都の二条御幸町で書写している。つまり、宗存は大蔵経刊行に際して、その底本も京都で入手した可能性が高い。大蔵経の刊行だけでも莫大な費用がかかるうえ、さらに底本を京都以外の地方から取り寄せるとなると、時間に加え別途の費用がかかってしまうためである。では、宗存はどこにあった高麗蔵を底本として使ったのか。京都に限定するなら、室町時代には朝鮮から高麗蔵をはじめとした二〇蔵の大蔵経が伝来していたが、応仁の乱などによってそのほとんどが焼失し、宗存が大蔵経を刊行する当時まで残っていたものはごくわずかであったと考えられる。その中で最も可能性が高いのが、建仁寺の

高麗蔵である。斎藤彦松によると、宗存版の『預修十王生七経』と『寿生経』は、建仁寺両足院所蔵の朝鮮刊本と内容絵相がほぼ一致することから、宗存は建仁寺に所蔵されていた高麗蔵を使い、大蔵経刊行を企てたと指摘されている。(28)

建仁寺の高麗蔵は、康正三年（一四五七）に足利義政が永嵩、全密、慧光などを使者として朝鮮に派遣し、大蔵経と寺院を創建するための費用とを懇願して、与えられたものである。江戸時代にはそれが妙心寺で書写されたほか、忍澂の大蔵経の対校本として用いられるなど、善本としての活躍が窺える。しかし、天保八年（一八三七）の火災により大部分が焼失、現在は三三七帖、一二四冊四八函しか残されていない。現在京都の寺院に所蔵されているその他の高麗蔵は、宗存の大蔵経刊行以降に奉納されたものもあり、それらが使われた可能性は極めて低い。

さらに、前述の『預修十王生七経』と『寿生経』は、高麗蔵には従来入蔵されていない経典である。宗存がこれらの経典も刊行していることを鑑みると、建仁寺所蔵のそれを底本として使用した可能性が最も高くなる。

（2）叡山文庫所蔵『法苑珠林』の底本

叡山文庫所蔵『法苑珠林』は、高麗蔵とは異なる底本（大蔵経）を用いて刊行された可能性が高いことは前述の通りである。では、どこの大蔵経を用いたのか。

室町時代、足利氏が朝鮮から賜った大蔵経の中には、高麗蔵ではないものも含まれている可能性がある。宗存が大蔵経刊行事業を行っていた北野経王堂には、応永十九年（一四一二）に覚蔵坊増範という僧侶が発願し、同年三月十七日から八月十八日までの五ヵ月という短期間に、東は越後・尾張、西は九州肥前・薩摩など、諸国の僧俗二〇〇余人の合力を得て勧進書写された北野社一切経が存在する。その底本はほとんどが思渓蔵であるが、ごく一部に高麗蔵が混ざっているという見解がある。[29] 北野社一切経の『大般若波羅蜜多経』は高麗蔵を底本として書写されており、その他一五部一五帖についてもその版式から高麗蔵を底本としていることが指摘されている。その他の経典については、従来の指摘通り、思渓蔵を底本としているという見解もある。[30]

さて、宗存が大蔵経の刊行事業を北野経王堂で行っていたことから、底本のほとんどが思渓蔵とされた北野社一切経との関係も無視できない。叡山文庫所蔵の『法苑珠林』は、文字の相違や千字文函号などが思渓蔵と一致することから、北野社一切経のそれを底本とした可能性も充分に考えられる。その他、足利氏が朝鮮から入手した大蔵経の中には中国版の大蔵経があった可能性も否めないが、京都にどれほどの宋版大蔵経が存在したかは不明である。宋版や元版の大蔵経は、宗存が大蔵経を刊行した当時に南都や近江にも存在しているため、範囲を広げるとその可能性も広がるが、それを特定するだけの根拠がないため、ここでは北野社一切経の可能性だけを指摘しておく。

V. おわりに

以上、日本近世で先駆けとなった宗存の大蔵経刊行について考察した。大蔵経の刊行には、それにかかる莫大な費用や安定した政権の確立が必須条件であったが、日本でその条件を満たすことができたのは江戸時代になってからであった。

高麗蔵のように整版では大量の木材が必要となるが、活字版の大蔵経ではそれを大幅に抑えることができる。宗存版が活字を採用したのは、当時の流行もあったと考えられるが、何よりも大蔵経刊行にかかる費用削減を念頭に置いていたと思われる。また、一行一七字、一張二四行の版式をもつ天海版では一蔵に一二万枚の紙が必要であり、一行一四字、一張二三行の版式の高麗蔵では一七万枚（表紙などの紙を含む）が必要であった。宗存版の版式を、一行一四字の一張二二行から、一行一七字の一張二三行に変更したのも、紙の費用を抑えるためであったと推測できる。

従来、宗存版の研究において、その底本との比較が一部しかなされていなかった[31]。今回、四点の経典の比較を試みた結果、宗存版は高麗蔵の覆刻ではないこと、一部ではあるが校正が行われていたことがわかった。これに関しては『一切経開板勧進状』の通りであり、宗存の意思でもあったと考えられる。底本に善本として誉れが高い高麗蔵を選んだのは、さらなる校正により末代まで諸宗の手本となるものを備えようとしたからではないだろうか。

最後に、宗存版の底本について検討した。一行一四字、一張二二行の版式と一行一七字、一張二三行の版式の経典（折帖装）は、刊記や柱題の形式、巻末の校正録から判断して、その底本は高麗蔵だと断定でき、従来の指摘通り建仁寺蔵のそれが使われた可能性が高いと考えられる。しかし、袋綴装である叡山文庫所蔵の『法苑珠林』は、底本が高麗蔵ではなく、宋版の大蔵経の可能性が高いと判断できる。そして『法苑珠林』は、宋版大蔵経を底本とした可能性があることから、宗存が大蔵経を刊行した北野経王堂と関係の深い北野社一切経の『法苑珠林』の可能性を指摘した。しかしながら、資料不足によって充分な検討ができなかったため、可能性にとどめて今後の研究の進展に期待したい。

第二節　江戸時代における高麗版大蔵経の活用——学術的利用を中心に——

I．はじめに

日本の仏教史において、高麗蔵を善本と評価したのは法然院の忍澂（一六四五―一七一一）である。彼は黄檗版に収録されている『大乗本生心地観経』を読んだ時、意味の通じない部分が多くあることに気付く。それは黄檗版の経本自体に訛脱があるからであった。これを契機として、忍澂は高麗蔵と黄檗版との対校を始めることになる。この事業は、宝永三年（一七〇六）から五年の歳月を費やして行われた[32]。

しかし、高麗蔵が善本であると評価される以前、宗存が慶長十八年（一六一三）にそれを底本として大蔵経（宗存版）の刊行を試みている[33]。また、高麗蔵にある個別経典を底本として、『無量寿経』二巻、『阿弥陀経』一巻など、五部一二巻が承応二年（一六五三）に出版されているほか[34]、後述するように真言宗の新安祥寺流（新安流）の祖である浄厳（一六三九―一七〇二）は、黄檗版にはなく高麗蔵のみにある密教関連の典籍も鉄眼（一六三〇―八二）に依頼して出版している[35]。

このように、江戸時代になると高麗蔵が高く評価され、それを底本とした特定の経典が出版されるなど、学術的に利用されるようになる。しかしながら、高麗蔵を底本とした特定の経典が出版された理由については検討されていない。そこで、本節では高麗蔵の学術的な利用についての検討を試みたい。まず、高麗蔵が伝来した室町時代に、学術的な利用があったのかについて、最も多くの大蔵経を賜った足利義政（一四三六―九〇）の仏教観を見ながら考察する。次に、江戸時代は、幕府が仏教各宗に教学振興の奨励や、戒律を重視する運動が起こり、各宗での倶舎・唯識・三論・華厳・天台の基礎学研究が盛んに行われるなど、室町時代後期から戦国時代に衰退した仏教界が復興した時代である。江戸時代の仏教が復興する中で、高麗蔵を利用した目的や特定の個別経典が出版された目的について、特に浄土宗の教学振興と真言宗の戒律復興運動から考察してみる。

Ⅱ．室町時代の学術的利用

室町時代、室町幕府の足利氏は二〇蔵もの大蔵経を朝鮮から賜っているが(36)、特に八代将軍の足利義政は、宝徳元年（一四四九）から文明五年（一四七三）に将軍職を義尚に譲るまでの間に六蔵の大蔵経を手にしている。そこで、足利義政の仏教に対する見識や信仰を通して、大蔵経の学術的な利用について考察する。

1．足利義政の仏教観

足利義政の時代は、大陸文化が比較的活発に流入した時期であり、さらにその日本化が進み、いわゆる東山文化と呼ばれる大きな流れを生んだ。文化人としての義政は、繊細な審美と感受性をもった人物であった。ところが、将軍としての義政は、政治的実践には傀儡的な存在に過ぎなかった。また、この時代は日本全国を巻き込んだ応仁・文明の乱（一四六七―七七）が起こった時代でもあった。そうした背景もあって義政は神仏に大きく依存するようになる。

彼は二〇代から先祖の法要、恒例の仏事、或いは住持の入院等のために、極めて頻繁に相国寺とその塔頭寺院である鹿苑院・崇寿院・蔭涼軒や、天龍寺・等持寺・鹿苑寺・南禅寺などで仏事法会を行っていた。そして、法談を聴聞して禅寺の由来や現状を聞き、禅僧と趣味談・世間話などを交わしていた。また、伊勢神宮・春日神社・北野天満宮などに参詣して、天変地異・炎旱霖雨・疫病流行の調伏を祈願したりもしている。

しかし、義政の神仏への傾倒は、将軍職を足利義尚（一四六五―八九）に譲った文明五年（一四七三）十二月以後には、かえって修法の行われる頻度が低下している。これは幕府財政の窮乏が一要因であることは確かだが、義政の将軍という公的な資格にこの仏事法会が付随していたからである。(37) これは将軍としての義務であり、彼の本心からの要求ではなかった。

こうしてみると義政の神仏参拝は足利氏歴代将軍の事例を踏襲したことで、彼の個人的独創性が見られない。特に将軍職を退いた後には、神社との関係が希薄になっている。(38)

禅は本来、深遠な理論の宗教でもなく、荘厳な祈禱法会の宗教でもなく、まさに直截な行の宗教である。日常茶飯事をはなれぬ体験の宗教である。その宗教としての独自の生命は、只管打坐にあり、明眼の宗師についての実参実証にある。教外別伝の禅の第一義諦は、只管打坐による体験的直覚によってのみ、頓悟的に証得され、冷暖自知されるものである。単なる教学的知識の集積も、その前には、ただ放下さるべき無用の重荷にすぎない。(39)

禅宗では実践を重んじており、その中でも只管打坐による体験的直覚によって悟ることを最も重視している。その反面、教学的な知識の集積は不要であったようである。この点については、佐藤弘夫もやはり当時の禅宗が主張していた「教外別伝」という教説は、伝統的教行の価値を否定していたと述べている。(40) そうした風潮により、当時の禅宗は異端視されていた。『野守鏡』に「教外別伝と号して諸経をないがしろにする(41)」とあるように、あくまでも禅宗は実践面のみを重視していることが見てとれる。

また、芳賀幸四郎は足利義政の禅宗観について次の通り述べている。

どれほどの禅僧と交り、これに帰依し、禅の法話を聴聞し、禅書を読んでも、もしこれらの行的証得を伴はぬならば、それは禅と似て非なる禅学ではありえても、禅其物ではなく、禅を生活したとはいひえない。真の意味で禅宗の信仰に生きたとはなしがたい。禅定三昧と参禅弁道による行的証得を離れて、禅はないからである。[42]

禅の第一義である見性成仏は、参禅弁道の行を重視しており、それが伴わない者には永久に理解することなどできないとしている。そのため、禅は神秘的なものと考えられているが、これは参禅弁道を行じていない者が考える禅宗である。つまり、禅僧と言葉を交わして禅に関する法語を聴聞し、典籍を読んで理解するだけでは、真の意味での禅宗信仰とは言えないと主張している。

禅宗の立場から見ると、足利義政は本来重視されている只管打坐、参禅弁道に精進しておらず、真の意味において禅の本義に徹した信仰生活を送っていなかった。彼は執権者として禅宗に帰依していたが、それは本格的なものではない。

では、義政は何を信仰していたのか。義政は晩年、京都東山にある山荘（慈照寺銀閣）の中に東求堂を建造している。東求堂は、現在の慈照寺が禅寺であるので、一括して禅宗の建築と見なされているが、これは本来阿弥陀仏を祀っていた阿弥陀堂であったことは、「御持仏堂本尊。可レ被レ安二阿弥陀一也」[43]とあることからもわかる。義政の遺言で山荘が慈照寺に改名され、禅的な仏殿に改造されたのである。

義政と浄土系寺院との関係を示すものに、真正極楽寺（通称真如堂）の存在がある。極楽寺は浄土宗の開祖法然上人ゆかりの寺として昔から信仰を集めていた寺である。極楽寺は、応仁・文明の乱の兵火を避け京都中を転々としたが、義政の尽力で再興した翌文明十七年（一四八五）三月に現在の地に本堂が建立された。その後、義政はよく参詣し逆修説法を行わせていた(44)。また、彼は誓願寺の阿弥陀仏に帰依して、夫人日野富子（一四四〇―九六）と息子の義尚と共に参拝し(45)、立柱上棟の式に臨んで銭万疋を寄進しており(46)、これは義政が浄土信仰に傾倒していたことを示すものである。京都の一条から東山の旧跡へ、極楽寺を帰座させた頃の住職は真盛であった。真盛（一四四三―九五）は義政臨終の席に禅僧である横川景三《おうせんけいさん》（一四二九―九三）、亀泉集証（一四二四―九三）たちと同席して念仏を唱えたが、彼は細川右典厩に叱責され、最後まで枕元に侍することはできなかった(47)。臨終の時にその場にいたことからも、義政と真盛の深い関係が窺える。

義政の内面を支えていたのは、禅宗や真言・天台の密教でもなく浄土教であり、禅は好事的な外護者であるに過ぎない。

2. 室町時代の仏教と高麗版大蔵経

室町時代、足利家による加護をうけ、最も勢力を伸ばした宗派は臨済宗であった。臨済宗の禅僧は朝鮮との交渉においても外交僧として活躍し、多くの大蔵経をもたらしている。

さて、大蔵経が奉安された寺院では、それがどのような役割を果たしていたのか。所蔵寺院での大蔵経の学術的利用に関する資料がないため、具体的な事例を示して考察することは不可能である。そこで、各宗の僧侶が宗学と教学の研鑽のために、高麗蔵を閲読していたかについて、それに含まれている異体字の問題から検討したい。

高麗蔵には多くの異体字が使われており、大正蔵の編纂過程においてはその統一が最も困難であったと指摘されている(48)。近年、高麗大蔵経研究所から『高麗大蔵経異体字典』が出版されており、それによると七万字以上の異体字が確認されている(49)。

しかし、日本で高麗蔵に異体字があることを最初に指摘したのは、学如（一七一六―七三）という真言宗の僧侶である。学如は明和八年（一七七一）に、高麗蔵の『根本薩婆多部律摂』一四巻を、一行二〇字、一張二〇行で出版したが、彼はそれに先立ち、高麗蔵の経文にはさまざまな異体字や別体字があることを指摘している。その出版に際して、異体字・別体字をそのままにしたが、初心者でも理解できるように配慮し、「初・悩・正」などの正字と異体字一〇三字を記している。学如が異体字を指摘した理由は、文字が統一された大蔵経、すなわち明の万暦版大蔵経やそれを底本として造られた黄檗版がすでに日本で流布しており、もちろん彼もそれを閲読していたからである。しかし、万暦版大蔵経や黄檗版が存在していなかった室町時代において、高麗蔵の学術的な利用は困難であったと考えられる。

もし、それが詳しく閲読されていたとしたら、学如のように異体字を指摘した人物が現れていたであろうと考えられる。しかし、現時点ではそうした人物も見つかっておらず、関係する資料も発見されていないので、高麗蔵は閲読されていなかったと判断するのが妥当と思われる。ただ、大内盛見は、中国版の大蔵経を要請し、領国内で高麗蔵と校訂して新たに大蔵経を造ろうとする意志[50]はあったものの実現には至らなかった。これについてはさらに深い研究が求められるが、室町時代に高麗蔵が学術的に利用されていた可能性は低いと言わざるを得ない。

Ⅲ．江戸時代の学術的利用

江戸幕府の仏教政策の一つは、仏教各宗派の教学振興をはかることにあった。中世以来存在していた仏教研究機関は、幕府の諸宗法度に見られる修学研究奨励策及び教団内部の自宗の教学振興の動きに応じて一層拡充整備された。そこで各宗では、檀林や学林といわれる僧侶の養成機関を各地に設置し、宗学研鑽の場としていた。これら各宗の教学は宗祖の著作を中心に、各宗で重んじる中国・日本の高僧の著作や依拠する経典の研究を主とするものであった。

1．浄土宗の教学振興と高麗版大蔵経

浄土宗では江戸時代初期に徳川幕府の庇護の下で勃興の気運が高まり、三経（『阿弥陀経』『無量寿経』『観無量寿経』）、五部九巻（『観無量寿経疏』四巻、『法事讃』二巻、『観念法門』一巻、『往生礼讃』一巻、『般舟讃』一巻）や『選択本願念仏集』などが出版されたが、それに満足せず、宗乗研討の根幹をなす『選択伝弘決疑鈔』五巻、『観経疏伝通記』一五巻、『釈浄土二蔵義』三〇巻、行儀分の『私記』一〇巻など重要な典籍も出版されていた。特に、義山（一六四八―一七一七）は宗典類の誤りを正そうとして、五部九巻や『釈浄土群疑論』などに至るすべての原典を批判して校訂を行い、正確な聖教を造りその出版に尽力した。浄土宗は他宗に比べて、いち早く宗典籍の批判と校訂を行っていた。

さて、高麗蔵を底本とした典籍類との関係及び教学の振興について見てみると、浄土教典籍の出版が一際目立つので、まずそれらについて概観する。

承応二年（一六五三）に『無量寿経』二巻、『阿弥陀経』二巻、『大乗無量寿荘厳経』二巻、『無量寿如来会』二巻、『無量清浄平等覚経』四巻、『称讃浄土仏摂受経』一巻などが建仁寺所蔵の高麗蔵を底本として、版式を一行二〇字、一張二〇行に変更して刊行された。

延宝七年（一六七九）には『般舟三昧経』一巻が、一行一四字、一張一六行で返り点・送り仮名が付けられて出版されている。底本となった高麗蔵の『般舟三昧経』は部分的に一行一五字の箇所があるが、それも一行一四字に

修正している。

延享五年（一七四八）には、『無量寿経鈔会本』七巻が出版された。この経典は高麗蔵には入蔵していないが、増上寺所蔵の宋・元・高麗の三大蔵経を調べて対校・出版されている。『無量寿経鈔会本』で引用されている経論鈔疏なども、増上寺の三大蔵経で校正されている[51]。

寛政六年（一七九四）には、『観仏三昧海経』が出版されている。これは、浄土宗の典寿（?—一八一五）という僧侶が黄檗版と高麗蔵を対校して出版したものである。『観仏三昧海経』は黄檗版を基本にしているが、誤謬のある箇所は高麗蔵で訂正している。典寿は増上寺で修行した僧侶であり、高麗蔵を見ていたと考えられる。

文政元年（一八一八）には、『観経疏伝通記』一五巻が出版されている。これは高麗蔵にはないが、音澂という僧侶がこれに引用されている経典の解読に際し、増上寺の三大蔵経と対校して訂正したものである。音澂は出家後関東に遊学していることから、増上寺にいた可能性が高い。

その中で特に注目すべきことは、『観経疏伝通記』十五巻の存在である。『観経疏伝通記』は浄土宗三祖の良忠（一一九九—一二八七）が、善導の『観無量寿経疏』を注釈した書である。慶安五年（一六五二）にその出版が確認されているが、前述したように文化十年（一八一三）には増上寺の三大蔵経で対校されて、再度出版されるようになった（**【表2】**参照）。

表2　高麗蔵を底本とした個別経典の出版(52)

	年号	経典名	備考
一	承応二年（一六五三）	『無量寿経』二巻 『阿弥陀経』一巻 『大乗無量寿荘厳経』三巻 『無量寿如来会』二巻 『無量清浄平等覚経』四巻 『称讃浄土仏摂受経』一巻	建仁寺所蔵の高麗蔵を底本にして出版。版式を一行一四字を一行二〇字、一張二〇行に変更して翻刻した。
二	寛文六年（一六六六）	『十住毘婆沙論』一七巻	巻第一の末には「癸卯歳高麗国分司大蔵都監奉／勅雕造」、巻第一七の末には「寛文六丙午開版」等の刊記がある。版式を一行二〇字、一張二〇行に変更して刊行した。
三	延宝元年（一六七三）	『仏説目連問戒律中五百軽重事経』二巻	
四	延宝七年（一六七九）	『般舟三昧経』一巻	刊記に「高麗国大蔵都監奉勅雕造」とある。版式は一行一四字、一張一六行で、高麗蔵の『般舟三昧経』は一行一五字になっている二ヵ所も一四字に修正されている。
五	延享五年（一七四八）	『無量寿経鈔会本』七巻	浄土宗僧の貞鏡・智英の二人は了慧述を出版した。

六	明和八年（一七七一）	『根本薩婆多部律摂』一四巻	福王寺（真言宗）の学如は、版式を一行二〇字、一張二〇行に変更して出版した。
七	寛政四年（一七九二）	『般若堂印行大般若校異』一巻	臨済宗僧の草山祖芳は五種類の『大般若波羅蜜多経』を対校して出版した[53]。
八	寛政六年（一七九四）	『観仏三昧海経』一〇巻	浄土宗の典寿は、黄檗版を底本として高麗蔵を対校した[54]。版式は一行二〇字である。
九	文化十年（一八一三）	『解深密経』五巻	無為信寺の徳龍は黄檗版を底本として出版した[55]。
一〇	文政元年（一八一八）	『観経疏伝通記』一五巻	音澂は浄土宗三祖良忠の著した『観経疏伝通記』を出版した[56]。
一一	天保十一年（一八四〇）	『法華経考異』二巻	宗淵は、七〇数種の『法華経』を対校した後、高麗蔵を善本として評価している。
一二		『大集大虚空蔵菩薩所問経』八巻 『大聖文殊師利菩薩仏功徳荘厳王経』三巻 『金剛頂経一字頂輪王瑜伽一切時処念誦成仏儀軌』一巻	浄厳は六部二三巻の典籍を依頼した。巻末には「高麗国大蔵都監奉／勅雕造」の刊記がある。版式は、一行二〇字、一張二〇行である。

	『修習般若波羅密多菩薩観行念誦儀軌』一巻 『観自在大悲成就瑜伽蓮華部念誦法門』一巻 『仏説十地経』九巻	
一三	『新集蔵経音義随函録』三十巻	増上寺所蔵の高麗蔵を底本として出版。

このように、浄土教経典が多く出版された理由として、まず、存応（一五四四—一六二〇）が徳川家康（一五四二—一六一六）の援助を受け、江戸五檀林と田舎十三檀林のいわゆる関東十八檀林を設置[57]して、宗学や教学を研鑽する場を作ったことが挙げられる。

次に、関東十八檀林の筆頭である増上寺の存在が大きかった。慶長十四年（一六〇九）に徳川家康によって宋・元・高麗の三種類の大蔵経が増上寺に寄進された。増上寺では、同じく浄土宗寺院の法然寺が所蔵する高麗蔵と対照し、欠損部分を相互補写している。『三縁山志』には、

　延享二丑年八月十五日登営御礼在職の間三大蔵の内第三蔵欠本ありしを讃岐法然寺より写取員数目録を補修せらる。[58]

とある。この補写事業は、延享二年（一七四五）から同三年（一七四六）までの二年をかけて行われた。この時、一八〇〇余巻の経典が補写されているが、そのほとんどが法然寺所蔵の高麗蔵の欠本によるものであり、増上寺側

の欠本はわずか五三巻であった。補写自体は二年で終えているが、増上寺には僧侶の修学及び生活空間として諸谷と呼ばれる多数の学寮があり、その責任者らが書写された経典を校合している[59]。こうして、増上寺と法然寺では、互いに完備された高麗蔵を入手したことになる。

また、増上寺では三大蔵経も修行僧たちに貸し出すなど、学寮での宗学や教学の研究のために利用されていたようである。これについて『経蔵之式条』に、

一　蔵殿を開けるのは毎月二日、十二日、二十二日とする。ただし、方丈（寺の住職）を要する時は、経論の題号・巻数を役職中の許可の書付を蔵司に渡すこと。期限は右の日に限らなくても良い。臨時に経蔵を開け、必要経典の巻数を貸し出すものとする。

一　僧侶が蔵経を借りる場合は手続きを経るものとするが、一文字（位の高い僧）以上の者は、経論の内題名巻数を記して蔵司に渡せば蔵本を借りることができる。扇間以下の者が借りる場合は、一文字の位の許可を以て貸し出すものとする。貸出期間は、例を挙げて二日に借りた者は十一日に返納すること。十二日、二十二日はこれに准じ定める他、延滞を禁ずる。返納時には前の書付と巻数を合わせる。また、破損を検査して速やかに経蔵に入れるべし。

一　蔵経拝借の件につき、大衆も一文字席以上の儀によって何としても責任を持つべし。山内（増上寺内）からの持ち出しや他所への貸し出しを堅く禁止する。この場合は蔵司の責任とする[60]。

とあり、その実情を伝えている。大蔵経の貸し出しに際して、経蔵の開蔵日が限定され、貸与者への資格制限があ

り、大蔵経の返却延滞や外部への持ち出しが禁止されるなど、厳格な規則の下で徹底されていたことが窺える。

高麗蔵を底本とした浄土教典籍は、承応二年（一六五三）から出版されている。しかし、それは建仁寺所蔵の高麗蔵が底本であった。忍澂が高麗蔵の優秀性を説いたのが宝永七年（一七一〇）であり、増上寺と法然寺の高麗蔵が相互補完されたのが延享三年（一七四六）である。前述した浄土教典籍を見ると、延享五年（一七四八）以降に出版されたものは、すべて増上寺の高麗蔵と校訂している。増上寺では高麗蔵の補完が行われ、寺内で三大蔵経を貸し出すなどしていた。浄土教典籍を出版した僧侶たちは、このような増上寺での修行や関東遊学を経て、善本とされた高麗蔵の評価をよく理解していたことから、こうした出版につながったと考えられる。また、義山によって早くから浄土宗典の校訂が行われていたが、浄土宗ではより良い宗典籍を継続して出版しようとしていたとも考えられる。

浄土宗を例に挙げ、高麗蔵を底本とした経典が出版され、教学・宗学の研究がなされていたことも確認できた。ところで、檀林・学林は各宗にあり、その代表的な寺院として、浄土宗では増上寺や光明寺、日蓮宗では本国寺、天台宗では延暦寺、寛永寺、喜多院などがある。また、真言宗では金剛峯寺や長谷寺、浄土真宗では西本願寺、臨済宗では妙心寺や大徳寺、京都五山（相国寺・南禅寺・建仁寺）などがあり、黄檗宗では万福寺がある。ここに挙げた各宗寺院には、現在でも大蔵経が具備されている。その中でも増上寺、金剛峯寺、京都五山（相国寺・南禅寺・建仁寺）には高麗蔵が所蔵されている。妙心寺には、建仁寺所蔵の高麗蔵を書写した大蔵経がある。

近世の仏教界では中央集権的な学系が確立し、僧侶が常に宗学・教学の研鑽に励んでいたことが推測される。他の宗派の檀林・学林にも大蔵経が具備されていることを鑑みると、このような教学研究システムが整備されていたと考えられる。

2. 真言宗の戒律復興と高麗版大蔵経

近世の戒律復興の先駆となったのは、明忍律師（一五七六―一六一〇）である。明忍は、当時の堕落した僧風を嘆いて律復興の志をたて、慶長七年（一六〇二）に栂尾山高山寺で三聚浄戒通受法により自誓受戒した。これにより、近世初めての通受比丘が誕生し、槙尾山の智泉（七八九?―八二五?）旧跡に平等心王院（西明寺）が再興され、戒律復興の根本道場となった。西明寺の他にも、高野山にある円通寺や法隆寺北室院も道場となり、第一期の戒律復興運動が起こった。第二期には、浄土律や法華律が形成されたほか、天台宗安楽律院の霊空光謙（一六五二―一七三九）が小乗と大乗に共通する四分律を学ぶべきと主張して、安楽律を起こしている。こうした背景には、儒者や国学者による排仏論への対応があったとも言われている。(61)

（1）浄厳と三昧耶戒

江戸時代前期の明忍が再興の動きを見せ、その門人にあたる浄厳が初めて公に「真言律宗」を名乗り、真言宗新安祥寺流の祖師として活躍した。

浄厳は、黄檗版にはなく高麗蔵のみにある六部二三巻の経典や儀軌類を黄檗宗に依頼して出版している。これらの巻末には「高麗国大蔵都監奉／勅雕造」という刊記があるほか、版式を一行二〇字、一張二〇行に変更して出版している。この六部二三巻とは、『大集大虚空蔵菩薩所問経』八巻、『大聖文殊師利菩薩仏刹功徳荘厳経』三巻、『金剛頂経一字頂輪王瑜伽一切時処念誦成仏儀軌』一巻、『修習般若波羅密菩薩観行念誦儀軌』一巻、『観自在大悲成就瑜伽蓮華部念誦法門』一巻、『仏説十地経』九巻であるが、『大聖文殊師利菩薩仏刹功徳荘厳経』と『仏説十地経』を除く四部はいずれも密教典籍である。そこで、まずこの四部の密教典籍の内容について見ることとする。

①『大集大虚空蔵菩薩所問経』不空訳
曇無讖が訳した『大方等大集経』第八虚空蔵品の異訳である。釈尊が宝荘厳道場で、いろいろな仏国土から集まった諸菩薩に対して法を説くという内容である。また、大乗菩薩の修行道について説き、修行過程で悪魔の邪魔や恐怖を追い払う真言についても説かれている。

②『金剛頂経一字頂輪王瑜伽一切時処念誦成仏儀軌』不空訳
一字頂輪王の秘密法を修めると現世で悟りを証得できるとし、即身成仏の深旨を示している。

③『修習般若波羅密菩薩観行念誦儀軌』不空訳
行者が心と体を清浄にし、三昧耶・金剛縛・発智・金剛薬叉・金剛眼などの印契を結び、真言を念誦して般若波羅蜜甚深体性三摩地に入る。すべてを救済する大悲心を起こし、般若波羅蜜仏母を観想し、自身を般若波羅蜜菩薩であると考える。般若波羅蜜多根本言などの真言を念誦すれば、他のすべての経典を渉猟したことになり、すべての罪と障害が消滅する功徳が得られると説かれている。

④『観自在大悲成就瑜伽蓮華部念誦法門』不空訳
修行者は法式の順序を理解して儀式を執り行わなければならないため、それを会得する必要がある。そこでまず、灌頂大三昧耶壇に入り、菩薩戒を受けて勤勉に精進し、すべての衆生を済度することを発心する。次に、諸法の無常を理解し、仏道を成就し、衆生の済度を誓うことで、それを修習することができる。

これら四部の中で、『修習般若波羅密菩薩観行念誦儀軌』と『観自在大悲成就瑜伽蓮華部念誦法門』は、「三昧耶戒」について書かれていることが注目される。

三昧耶戒とは、菩提心を起こした時から、心と仏と衆生の三つは平等一如であると信じて受持する戒である。真言宗では、出家者であれば伝法灌頂・受明灌頂を、在家者であれば結縁灌頂を行う際、入壇直前に必ず受けなければならない。これは南都で行われていた小乗戒や天台の大乗戒とは異なり、真言宗で重視されている。

浄厳は延宝二年(一六七四)、諸派の事相の聖教印契真言に誤りの多いことを嘆き、仁和寺で受法を志す。しかし、真言宗の受戒作法として、西大寺の流れをくむ真言律のどの末派にも属する考えはなく、自誓して三昧耶戒を受けた。浄厳は、仏教は戒・定・慧の三学に尽くされ、そのうち戒は必要条件であり、また真言行においても戒の必要性は経論と同等であるという考えを持っていた。この頃、真言宗では真言律を排除する傾向にあったが、真言行を成就できるのは戒をよく認識している真言律宗であり[62]、真言行者の受戒は三昧耶戒に終始し、三昧耶戒の中に顕密一切戒を統摂すると考えられていた[63]。浄厳は真言行者修行の過程として、三昧耶戒受戒―受明灌頂入壇―諸尊の瑜伽―伝法灌頂入壇の方式を打ち出したが、これはすでに空海が恵果から相承したものである。ただ、空海の場合は、三昧耶戒受戒以前に東大寺戒壇で顕戒の受具を必要としたが、浄厳はこれを必要としない点で異なっている。三昧耶戒の意義については龍猛造の『菩提心論』に説かれ、その授受作法については不空訳『受菩提心戒儀』、善無畏著『無畏三蔵禅要』、空海著『秘密三昧耶仏戒儀』などに説かれており、空海の時代にはすでに確立されていた。

また、浄厳は、教学理論の研究と修法観法の実践の両立を目指すことが、真言密教の真髄であると考えていたが、当時は修法観法の実践が軽視されていた。修法観法は儀軌をもとにして行法用の次第が作られていたため、それを重視していた。彼は経疏や儀軌を非常に重視していたようで、それによって曼荼羅を描き直していることからも[64]、特に修法観法の復興に力を入れていたと思われる。

浄厳が黄檗宗に依頼して出版された六部二三巻が、真言宗新安祥寺流または真言宗にどのような影響を及ぼしたかについては、今後の研究に期待したい。ただ、これらの中で四部一一巻は三昧耶戒に関する内容や儀軌類が見られることから、浄厳が真言宗を再興するうえで、当時軽視されていた戒律や修法観法を説いた密教経典の出版・流布が必要不可欠であったと推測できる。

(2) 学如と有部律

前述したように、学如は『根本薩婆多部律摂』一四巻を、一行二〇字、一張二〇行に変更し、返り点・送り仮名を付けて明和八年（一七七一）に出版した。学如は、古義真言宗の中で説一切有部律を中心とした戒律を重んじ、宝暦十年（一七六〇）には住持を務めていた福王寺が「有部律専門道場」として、仁和寺からの指定を受けていた。『根本薩婆多部律摂』は、義浄（六三五—七一三）が訳した律典である。『根本説一切有部戒経』を随文・解釈したものであり、広律毘奈耶を要略したものである。これは、僧侶に対する教えが中心をなしていることは言うまでもないが、僧伽を支えた一般在家との関係において理解すべき事項も数多く説かれている。[65]

明和八年に『根本薩婆多部律摂』を出版した際の付言には、

日本の黄檗山は近年大蔵経を刊行したが、それは明の北蔵を底本とした。学如は有部律を読んでいた時、『根本薩婆多部律摂』を見るや間違いが多々あることに気付いた。仕方なく幾度か善本を探す途中で、高麗蔵を目にするようになり、その厳格な文章に大きく驚いた。鶏林（朝鮮）から伝えられたものは、幸いにも善本であった。謂うまでもなく訳場の草稿は疑うところがない。[66]

とある。忍澂の大蔵経対校事業によって、高麗蔵が善本と評される一方、黄檗版には誤謬があると指摘されている。この頃の仏教界ではこのような評価が周知されていたようである。学如はやむを得ず何種類かの本を探していた折、高麗蔵の『根本薩婆多部律摂』を閲して、その厳然とした文章に驚いたとある。ところで、『根本薩婆多部律摂』は高麗蔵だけではなく、宋版をはじめとする諸大蔵経にも入蔵されている典籍である。この附言によって、学如は黄檗版の『根本薩婆多部律摂』をはじめ、諸大蔵経のものも見ていたと推測できる。

では、学如がなぜ『根本薩婆多部律摂』を出版したのか。それは、江戸時代の戒律復興運動において、慈雲(一七一八―一八〇五)が、真言宗徒の学処は四分律よりも根本説一切有部律を重視しなければならないと述べていることに始まる。(67) その根拠として、空海は東大寺戒壇院で四分律による具足戒を受けたが、自身の『三学録(68)(真言宗経律論所学目録)』で律典一五部一七五巻を記している。それを見ると、『蘇悉地経』『蘇婆呼童子経』『金剛頂受三昧耶仏戒儀』『薩多毘尼毘婆沙』以外は、根本説一切有部に属するものが列挙されている。この中には『根本薩婆多部律摂』も当然入っている。(69) しかし、空海は『三学録』でなぜ有部律を多数挙げているのか。それについて、上田天瑞は「有部の内容が密教的色彩に富み、その訳たる有部律が当時において最も新しい律であった(70)」と述べ、浅井証善は「四分律は空を重んじるのに対して、有部律は密教に近い(71)」と述べている。つまり、有部律が真言密教にとって最適であるということである。

学如が『根本薩婆多部律摂』を出版したことによって、有部律根本道場にどのような影響があったかについては今後の研究に期待したい。しかし、有部律の根本道場の開設において、学如は『根本薩婆多部律摂』が重要な典籍であることを理解していたと考えられる。その版心に「真言所学(72)」とあることから、有部律の基本的なテキストとして出版した意図が感じられる。(73) 学如は、空海が重視した有部律を復興させるために、よりよいテキストをもとに校訂して、有部律関係の典籍を出版する必要性にかられたのではないか。忍澂の対校事業以降、黄檗版には入蔵されずに高麗蔵にある『根本説一切有部毘奈耶薬事』一八巻、『根本説一切有部毘奈耶出家事』四巻、『根本説一切有部毘奈耶安吾事』一巻、『根本説一切有部毘奈耶随意事』一巻、『根本説一切有部毘奈耶皮革事』二巻、『根本説一切有部毘奈耶羯恥那衣間』一巻なども嘉永三年（一八五〇）までに出版されている。しなしながら、それら典籍と学如の因果関係は不明である。

Ⅳ．おわりに

以上、室町時代と江戸時代における高麗蔵の学術的な利用について考察した。足利義政の仏教観を通して見た室町時代では、禅宗が全盛を誇っていた。ところが、当時の禅宗は実践修行に重点を置く一方、教学的な知識を必要としていなかった。また、高麗蔵に含まれる異体字は江戸時代になり指摘されはじめたが、それは異体字を統一した万暦版大蔵経や黄檗版が全国的に流布されていたからである。しかし、室町時代にはそのような大蔵経が存在しておらず、高麗蔵を閲読していたという事例も見つかっていないことから、それが学術的に利用された可能性は極めて低いと考えざるを得ない。

江戸時代は、幕藩体制の政策の下で仏教が組み込まれながらも、仏教界では各宗の教学が振興され、戒律が復興され、仏教における基礎学研究が研鑽された。浄土宗では、高麗蔵を底本とした個別経典や、諸大蔵経と校訂した個別経典が多数出版されている。こうした背景には、関東十八檀林と呼ばれる僧侶養成機関の設置があったが、その筆頭となった増上寺には高麗蔵をはじめ三つの大蔵経が所蔵されており、それらが僧侶に貸し出され体系的な教学の教育や研究がなされていた。浄土教典籍を出版した僧侶たちは、増上寺での修行や関東遊学の際そこに留まり、高麗蔵の善本としてのすばらしさを理解したことで、このような出版につながったと考えられる。

真言宗の戒律復興について、高麗蔵がどのような影響を与えたのかは不明である。浄厳は黄檗宗に依頼して六部二三巻を出版したが、これらのうち四部一一巻は三昧耶戒について説かれているものや儀軌類であった。真言宗の再興には、当時軽視されていた戒律や修法観法を説いた密教経典の出版・流布が必要不可欠であったと考えられる。学如も浄厳同様に、空海が重視していた有部律の復興を目指し、『根本薩婆多部律摂』を校訂して出版を遂げた。

註

(1) 折本は経典・講式、袋綴本は天台典籍、巻子本は『九重守』などに分かれている。
(2) 一行一四字ないし一五字の版式をもつ経典は慶長年間(一五九六―一六一五)に印刷されているため宗存版の中でも初期のものに属し、一行一七字の版式をものは元和年間(一六一五―二四)に印刷されているため、中期に属すと判断される。但し、双方とも字高は二一・五センチ程度と一定している(小山正文「林松院文庫の宗存版」『歴史と仏教の論集　日野照正博士頌寿記念論文集/日野照正編』、自照社出版、二〇〇〇年、三〇五頁)。
(3) 刊記が見られなくなったのは、後陽成上皇(一五七一―一六一七)が元和三年(一六一七)八月に四七歳で崩御した後からである。この点から、宗存の開版した大蔵経は後陽成上皇の勅で出版されたと言われている。斎藤彦松「宗存版の研究」『同志社大学図書館学会紀要』三号、同志社大学図書館学会、一九六〇年、一六頁。
(4) 滋賀県教育委員会事務局文化財保護課編『延暦寺木活字関係資料調査報告書』(二〇〇〇年)の『宗存版大蔵経』の版本一覧表(二一八―三二頁)、岡雅彦「瑞光寺蔵宗存版について」(『國學院大學紀要』四五号、二〇〇七年)などを参照。この中には断簡や紙背に使われているものも含まれる。
(5) 上記の註以外の主な研究に、禿氏祐祥「高麗本を模倣せる活字版大蔵経に就て」(『六条学報』二二七号、第一書房、一九二〇年)、是沢恭三「常明寺宗存の出版事業」(『書誌学月報』一七号、一九八四年)、小山正文「宗存版一切経ノート」(『同朋仏教』二〇・二一号、一九八六年)、小山正文「宗存版『大蔵目録』」(『同朋大学仏教文化研究所紀要』二二

号、二〇〇二年）、小山正文「寛永二〇年版『黒谷上人語灯録』の表紙裏より抽出された宗存版」（『同朋大学仏教文化研究所紀要』二六号、二〇〇六年）、水上文義「新指定重文・延暦寺蔵『宗存版木活字』について」（『天台学報』四三号、二〇〇一年）などがある。

（6）註（5）、禿氏祐祥、前掲論文、一九二〇年。

（7）『高麗史』巻二四、高宗三十八年九月壬午条「壬午。幸城西門外大蔵経板堂、率百官行香。顕時板本、燬於壬辰蒙兵。王与群臣更願、立都監、十六年而功畢。」

（8）記録から見る限り、高麗時代から一九六八年まで高麗蔵は一八度印刷されている。その中で、印刷にかかる経費や使用される紙の量などがわかるのは、次の通りである。まず、定宗元年（一三九九）一月に、太祖が私財を投じて大蔵経を印刷する時に、東北面に蓄えていた豆と租五四〇石を端州・吉州の二つの地域の倉庫に納入させ、海印寺近郊の諸地域の米豆と租の数量通り交換させている（『定宗実録』定宗元年一月九日条）。これは、大蔵経印刷に使う経費と考えられる。太宗十三年（一四一三）には、大蔵経を印刷する紙を豊（黄）海道・京畿道・忠清道で用意して二六〇束を海印寺に送らせている。その他に、大蔵経印刷の関係者と僧侶にも給料を支給するように命じている（『太宗実録』太宗十三年三月十一日条）。

世祖四年（一四五八）には、高麗蔵を五〇蔵印刷している。この時は、二月に着手し六月以前に終わらせようと、その前年から準備に入った。桂陽君李増は、大蔵経五〇蔵を印刷する紙三四万五三八六巻を忠清道（五万一一一三巻）・全羅道（九万九〇〇四巻）・慶尚道（九万九〇〇四巻）・江原道（四万五一二六巻）・黄海道（五万一一一三巻）の各道に命じて作らせている。その他に、印刷する際の墨を六一二四丁と黄蠟を四四〇筋も各道で準備させている（『世祖実録』世祖三年六月二十六日条）。

五〇蔵の大蔵経を印刷する時には、三四万五三八六巻の紙が必要であったことがわかる。この時印刷された大蔵経の一蔵は増上寺に所蔵されている。その大蔵経に使われた紙は、印刷用紙だけで一五万三七二三枚であった。では、当時朝鮮の各道から集められた紙三四万五三八六巻という単位は、どのような単位であったのか。五〇蔵の大蔵経を摺るのに三四万巻が必要であったとすると、一蔵では六九〇〇巻となることから、この紙の単位は経典一巻の単位を示しているのではないかと考えられる。

（9）綴本にも数種類の紙が用いられた。印刷用紙は、縦約四六センチ、横約六三センチの紙を三二万五三六枚（予備を含めて三三万一五二枚）、製本用紙は一二三二〇枚（予備を含めて一二三八五枚）をそれぞれ用意した。表紙裏打用紙は、縦約四六センチ、横約六三センチの大きさの紙を二三二〇枚（予備を含めて二三八五枚）用意した。綴本用の見返り用紙は四六四白紙二枚を用いることとし縦約四六センチ、横約六三センチの紙を四六八六枚用意した。綴本表紙裏打用紙は四六四〇枚（予備を含めて四七三二枚）用意した。その他題箋用紙として二三二〇枚（予備を含めて二三二九枚）、折本帙の裏打用紙として白紙二四四三枚と板紙三八八枚を用いた。これらの原料はすべて朝鮮産である。

（10）小田幹治郎『高麗板大蔵経印刷顛末』、泉涌寺、一九二三年、六―七頁。

（11）勧進沙門宗存

敬白

特蒙二請十方檀那合助《成》一、開三梓摺二写一代蔵経一、奉二納内外両○《太神》宮之内院一、常明寺為二鎮護国家之霊場一、令レ満二一世安《大》楽《願望》一、状云、夫以、和光同塵結縁之始、八相成道以論其終矣、然則結縁利物之春花、薫二曲願万機園一、説法成道之秋月、照二随宜益物之袂一、故内外両大神宮、外雖レ隔二仏法一、内崇二敬経巻一、因茲、法楽之祝言、祭礼之御祓、経呪陀羅尼之言句也、加之、両宮共安二置大蔵経一、専雖レ備二神道増威之法味一、近年令二退転一不レ残二一蔵一、見レ此聞レ彼難レ止二悲歎一、貧妨諸道有レ志無レ遂、併天下静謐時、国土豊饒節、君有二仁徳一臣行二忠信一頼哉、仰二一部一巻之奉加、一紙半銭之助成一、遂二蔵経開梓摺写大願一、書写者展転而有二落損字闕減之句一、摺写者校合而無二落損字闕減之句一、所謂欲レ備二末代諸宗亀鏡一、挑二巨夜長灯一、普流二布天下一、広利二益群《衆》生一、伝聞、天帝者依二般若之威力一、遁二頂上王之難一、普明王者酬二八偈之講説一、免二斑足王之害一、加之、中天竺摩訶陀国倶転婆羅門者、依二随求陀羅尼一字《功力》徳一、忽変二地獄一為二浄土一、大唐○《之》慈童者、受二持普門品二句偈一、保二八百余歳寿齢一、日本役行者、受二持孔雀明王呪一、得二飛行自在一、其外三国伝来之諸祖、精進勇猛之緇素、経呪陀羅尼之奇特霊験、不レ可二勝計一、一偈一句之功猶深、況於二一部一巻一乎、一部一巻之徳尚広、況於二一切経満足一乎、然則、結縁助成之貴賤、奉加施入之道俗、現世者神道納受故、福禄寿位如意満足、子々孫々代々繁昌、当来者諸仏随喜《歎》故、十方浄土随願《意、成等正覚》往生、極三身万徳妙果、証三徳秘蔵妙理、仍勧進之旨如件

慶長十八暦正月吉日　勧進沙門敬白

『一切経開板勧進状』には、兜木正亭旧蔵の写本と広隆寺蔵の古活字本の二種類がある。本稿では、前者を用いた。兜木正亭「宗存の一切経開板勧進状」『古文書研究』四、一九七〇年、一一五頁。

(12) 中野遠平「神宮法楽大般若経蔵について」『三重――その歴史と交流――』、雄山閣出版、一九八九年、二五八―九頁。

(13) 宗存版の活字は、春日版以来の整版に見受けられる肉太で雄渾かつ暢達な字体で彫られ、中国や朝鮮半島及びそれに倣った威厳ある端正な字体とは異なる。註（5）、水上文義、前掲論文、二〇〇一年、四三頁。

(14) 金地院崇伝（一五九六―一六三三）の『本光国師日記』慶長二十年三月二十六日条には、古活字版の印刷に従事する者を「はんぎの衆」、活字用材を作る者を「字木切」、植字工を「うへて」、印刷担当者を「すりて」、最後の校正担当者を「校合」、彫字をする者は「字ほり」などと記されている。副島種経校訂『本光国師日記』群書類従完成会、一九七一年。宗存版の木活字には同種の文字に彫字の相違が見られることから、複数の「字ほり」職人によって彫字されていると推測される。間島由美子「延暦寺蔵宗存版木活字の概要」、滋賀県教育委員会事務局文化財保護課編『延暦寺木活字関係資料調査報告書』、二〇〇〇年、一二頁。

(15) 李圭甲編『高麗大蔵経異体字典』、高麗大蔵経研究所、二〇〇〇年、一二頁。

(16) 石清水八幡宮に所蔵されていた大蔵経は、明治二年（一八六九）に、八幡宮の宝青庵の説禅坊が購入したが、のちに江州勢田（現在の滋賀県大津市）の小島某氏の手に渡った。その後内務省が買い上げて内閣を経て現在宮内庁図書寮文庫に所蔵されている。この大蔵経は、福州東禅寺覚院及開元禅寺版大蔵経である。藤堂祐範『浄土教版の研究』、山喜房佛書林、一九七六年、一八四頁。

(17) 長沢規矩也編『日光山「天海蔵」主要古書解題』、日光山輪王寺、一九六六年、三七―八頁。小山正文「宗存の印刷事業とその活字」、滋賀県教育委員会事務局文化財保護課編『延暦寺木活字関係資料調査報告書』、二〇〇〇年、二一頁。

(18) 二一部の経典の中で二部は高麗蔵に未収録である。また小山正文は、二一部の経典については石清水八幡宮の大蔵経を底本としたのではないかと示唆している。註（5）、小山正文、前掲論文、一九八六年、四三一頁。

(19) 『阿弥陀鼓音声王陀羅尼経』については、宮内庁図書寮文庫所蔵の東禅寺覚院及開元禅寺版大蔵経で確認ができなかったため、影印本の磧砂版で確認した。宮内庁宋版と磧砂版は中国の江南地方で刊行された同じ系統に属する大蔵経であることからそれで確認した。竺沙雅章『漢訳大蔵経の歴史――写経から刊経へ――』（大谷大学、一九九三年）参照。
(20) 但し、宗存版、高麗蔵、磧砂版の三種類の大蔵経を比較すると、宗存版の第一張九行目「求」は、高麗蔵と磧砂版は「永」であった。
(21) 註（3）、斎藤彦松、前掲論文、一九六〇年、一三頁。
(22) 註（5）、水上文義、前掲論文、二〇〇一年、四二頁。
(23) 「按此経与増一阿含経第五十一巻大愛道般涅槃品同本異訳　今国宋二本文義相同　此本与宋義同文異似非一訳未知是非不敢去取然此丹本詳悉今且双存以待賢哲」
(24) 東国大学校編『高麗大蔵経』一九巻、六六六頁下。
(25) 註（1）、小山正文、前掲論文、二〇〇〇年、三〇五頁。
(26) 叡山文庫所蔵の『法苑珠林』が高麗蔵のそれとは千字文が異なることは、すでに指摘されている。斎藤彦松「宗存版の研究」『同志社大学図書館学会紀要』三号、同志社大学図書館学会、一九六〇年、一二五頁。
(27) 註（5）、小山正文、前掲論文、二〇〇六年、九頁。
(28) 註（3）、斎藤彦松、前掲論文、一九六〇年、二二頁。
(29) 臼井信義「北野社一切経と経王堂――一切経会と万部経会――」『日本仏教』三号、一九五八年、四〇頁。
(30) 拙稿「北野社一切経の底本とその伝来についての考察」、佛教大学総合研究所別冊『洛中周辺地域の歴史的変容に関する総合的研究』、二〇一三年、一一三頁。
(31) 註（5）、小山正文、前掲論文、二〇〇二年。
(32) 忍澂は、大蔵経対校の集大成として対校録を出版している。この対校録は二種類あり、一つは校異だけを出版した校正部、もう一つは黄檗版には無く高麗蔵に入蔵されている典籍を集めて出版した欠本補欠部である。この対校事業については、佛教大学仏教文化研究所編『獅谷法然院所蔵　麗蔵対校黄檗版大蔵経並新続入蔵目録』（一九八九年）、川瀬幸夫「日本　忍澂の大蔵経対校に対する研究」（東国大学校修士論文、二〇〇五年）などを参照。また、浄勝寺の順芸が文政九年（一八二六）から黄檗版と高麗蔵を対校している。田代俊孝「越前丹山文庫所蔵麗蔵校合黄檗版一切経につい

て」（『印度学仏教学研究』六〇号、一九八二年）を参照。

(33) 宗存の大蔵経刊行事業は、慶長十八年（一六一三）から寛永三年（一六二六）までの一三年に及んだが、全蔵の開版には至っていない。

(34) 建仁寺所蔵の高麗蔵を底本として、承応二年（一六五三）の刊記がある『無量寿経』二巻、『阿弥陀経』一巻、『大乗無量寿荘厳経』三巻、『無量清浄平等覚経』四巻、『称讃浄土仏摂受経』一巻などが出版された。松永知海「近世における『高麗版大蔵経』の受容――『麗蔵』を底本とした和刻本の出版について――」『第四回日韓仏教文化国際学術研究会議発表要旨』、佛教大学、一九九二年。

(35) 松永知海は、これ以外にも高麗蔵を底本とした和刻本の出版が、天保十一年（一八四〇）まで各地で行われていたことを具体的な事例を挙げて紹介している。註（34）、松永知海、前掲論文、一九九二年。

(36) 第二章第一節の一五六頁【表1】参照。

(37) 芳賀幸四郎『東山文化の研究』上、『芳賀幸四郎歴史論集』、思文閣出版、一九八一年、四一一頁。

(38) 同右、四四〇頁。

(39) 同右、四三五―六頁。

(40) 佐藤弘夫『日本中世の国家と仏教』、吉川弘文館、一九八七年、二一六頁。

(41) 『野守鏡』、『群書類従』二七巻、五〇四頁。

(42) 註（37）、芳賀幸四郎、前掲書、一九八一年、四三六頁。

(43) 『蔭凉軒日録』文明十七年十月二十四日条。

(44) 『真如堂縁起』「慈照院殿東山に御座之時分別而当寺御帰依。為大施主当堂可被修造之由被仰之。文明十六庚申年六月一日自一条町東山の旧跡へ帰座畢先仮殿也。同十七年三月二日本堂立柱畢。同十一日常灯二器金灯呂内陣釣之。為不退之料所。寺辺近境花園田之内御寄附也。（中略）同十七年三月二日本堂立柱畢。其後再々御参詣、御逆修ありて七日々々にあたう日御参堂御懇篤あさからさりき。」、『大日本仏教全書』一一七巻、三三三―四頁。

(45) 『親長卿記』文明六年八月五日条、「五日、朝雨下、午後晴、時正初日也、於南構辺奉鋳誓願寺撞鐘、室町殿（足利義政）・中将殿（足利義尚）・御台（日野富子）等、為御見物令出御桟敷給云々」

(46)『長興宿禰記』文明九年六月二十六日条、「今日、誓願寺御堂造営立柱也、勧進坊主号十穀沙門興行也、勧進帳一乗禅閤（兼良）御作也、子□□南都中上所望方遣之、今日室町殿（足利義政）、御□参詣万疋御寄付云々、彼寺兵乱中焼失、本尊者無相違者也」

(47)『蔭凉軒日録』延徳二年（一四九〇）正月七日条、「及㆓破暁㆒喫粥間、又自㆓殿中㆒有㆓可㆑参命、愚一人先参、自㆓殿中㆒召㆓小補両人㆒、又侍㆓御病席㆒、聯輝、万松、全首座、五僧親侍、時真上人侍㆓相公之枕辺㆒、竊唱㆓念仏㆒、真盛先退出（中略）真盛上人今午右典厩呵㆑之叱㆑之。以故以後不㆑臨㆓病席㆒」

(48)山崎精華によると、その過程で三回も異体字の統一作業を行った。山崎精華「異字の選択に就いて」『現代仏教』五五巻五号、一九二三年、五頁。

(49)註（15）、李圭甲編、前掲書、二〇〇〇年、二頁。

(50)『興隆寺文書』、「茲嚮吾兄左京兆大内侯義弘之所拝者、迺大国梓伝之善本也。今更望賜閩浙之印本、将採彼之所余、以補此之不足、交相求、而一其致焉、然后参考異同、併行于世、則天下之至宝、莫踰於此者也。」『大日本史料』七編之八、東京大学史料編纂所、一九〇一年、九一三頁。

(51)松永知海「大蔵経に学ぶ――日本近世における高麗版大蔵経の評価――」『第二十八次韓日・日韓仏教文化交流大会』、韓日仏教文化交流協議会、二〇〇七年、一一〇頁。

(52)この表は、同右を参照して整理したものである。

(53)五種類とは、建仁寺所蔵の高麗蔵、明本、神泉本、南都本、妙心寺本である。まず、建仁寺の高麗蔵で対校を行い、次に明本以下四つを使った。

(54)この経典の黄檗版と高麗蔵とは文言が異なっているが、前者を基本にしている。しかし、黄檗版が誤っている箇所は高麗蔵で訂正している。

(55)校本として建仁寺所蔵の高麗蔵と法金剛院の宋版大蔵経とを頭註対校している。

(56)『観経疏伝通記』に引用されている経典を解読した際、高麗蔵と対校して修正した。

(57)浄土宗では、関東十八檀林の他にも西山派七所、名越派二所などの檀林があった。

(58)『三縁山志』『浄土宗全書』一九巻、一九七五年、五〇八頁。

(59)『蔵本補闕要録』「延享弐夏より於最勝院、蔵経書写始、同三年寅十二月成就仕候。但、書写之経相揃節、大衆頭伝的和尚より諸谷之一文字中之上席へ巻数為割合被相渡、則諸谷頭ニ而一文字中両度集会被致、校合候事。」(金山正好(他)『増上寺三大蔵経目録解説』、一九八二年、一〇頁)

(60)『経蔵之式条』(註(59)、金山正好(他)、前掲書、一九八二年、一〇頁)

一　開蔵殿之定日、可為毎月二日・十二日・二十二日也。但方丈御用之節者、経論題号・巻数、役者中印形之書付を以、蔵司江被相達候砌、不限右之定日臨時令開蔵御書付之巻数可差上之事。

一　大衆方蔵経拝借之儀者、前々通可為。一文字以是又経論之内題名・巻数・願之品書付、以印形蔵司江相達候者、右書付請取之置候而、蔵本可相渡候。但扇間以下席役謙釈之時、蔵本者願於有之者、一文字席之印形を以致拝借候。拝見之日限者、二日ニ請取之候者、同十一日ニ可致返納、十二日・二十二日准之。定之外不可返納遅滞候。右相納候節、前々書付与引合、巻数相改、尤致破損吟味請取之、速可致入蔵之事。

一　蔵経論拝借大衆方茂一文字席以上之儀、依之如何様之内縁を以相願候而茂、山内之外他所江貸出候儀、堅致禁止候。若右之品於有之者、蔵司可為越度事。

(61)儒学者では、藤原惺窩(一五六一―一六一九)や彼の弟子である林羅山(一五八三―一六五七)らが、仏教の世俗超越主義や非倫理的な側面を批判している。国学者は、本地垂迹説や現世を穢土として来世を浄土とする思想が、神国を否定するとして仏教を批判している。柏原祐泉「仏教思潮の展開」(圭室諦成監修『日本仏教史』Ⅲ　近世・近代編、法藏館、一九六八年、一〇〇―八頁)を参照。

(62)原隆政「浄厳の戒律観についての一考察」『宗教研究』三三五号、二〇〇三年、四一一頁。

(63)上田霊城「浄厳の三昧耶戒式の構成」『密教文化』八二号、一九六七年、一九頁。

(64)浄厳は、天和元年(一六八一)から曼荼羅を作成しているが、四八歳の時に『金剛頂経』を校訂して以降はその施彩が変えられている。(中村凉応「浄厳の新安祥寺流曼荼羅について」『密教学』三八号、二〇〇二年、四一頁。)

(65)空海を祖師とする真言宗を指す。真言宗中興の祖である興教大師覚鑁(一〇九五―一一四三)が新たな教義を立てた新義真言宗と区別する。古義真言宗は、大日如来の本地法身説を説くのに対して、新義真言宗は加持身説を説いている。一三世紀末に古義真言宗と新義真言宗に別れ、さらに多種多様な教義が展開して現在に至っているのが特徴である。

現実世界の一事一物は、加持身の大日如来の説法であると説いている。

(66)『根本薩婆多部律摂』付言。「日本檗山近刊明北蔵也。撫巻惜其効尤也。学如始読有律至律摂未過数紙而為揚朱阮籍之泣者遑遑有之。不得止模索過及数次也。洎一閲高麗蔵覿面日本相儼然矣。固謂錯乱甚莫大焉。謹按是原本之不同也。鶏林所伝者潤色善本。疏言之所摭将者訳場之草稿無疑也。」

(67)「八大祖師多依二有部受戒一。唯恵果高祖。依二四分空宗一受戒。然後高祖定二三学録一。令レ学二有部諸律一矣。有部律精真。誠人多所レ知也。」(長谷宝秀編『慈雲尊者全集』三巻、思文閣出版、一九七四年、三〇八頁。

(68)東大寺戒壇院の戒師は中国の南山、道宣の四分法派を相承する鑑真和尚であり、それが日本での受戒でも行われていた。

(69)密教文化研究所編『弘法大師全集』一巻、同朋舎、一九七八年、一二一〇—一二一一頁。

(70)上田天瑞『戒律の思想と歴史』、密教文化研究所、一九七六年、三三五頁。

(71)浅井証善『真言宗の清規』、高野山出版社、二〇〇三年、一五一頁。

(72)註(34)、松永知海、前掲論文、一九九二年、四三頁。

(73)註(51)、松永知海、前掲論文、二〇〇七年、一一〇頁。

第四章　高麗版大蔵経の影印本と版木

第一節　高麗版大蔵経影印本の問題点

Ⅰ．はじめに

現在、大正蔵をはじめとして、その他の大蔵経や各宗の宗典籍は電子テキスト化が進み、閲覧が可能となり、用語検索ができるなど、その全体を容易に見ることができる。高麗蔵に関しても同様に、高麗大蔵経研究所から二〇〇〇年、二〇〇一年、二〇〇四年と三次にわたりテキストファイル化されたＣＤ—Ｒが出版され、その後電子テキストがウェブで公開されている(1)。高麗蔵の電子テキストは、後述するように東国大学校から出版された影印本（以下、東国大学校本と呼称）(2)をもとにして作られている。

従来、高麗蔵の影印本には、前述した東国大学校本と東洋仏典研究会(3)（以下、東洋仏典研究会本と呼称）から出版されているものとの二種類あることが知られている。しかし、この二種類の影印本に関しては、その底本や編纂過程が明確ではない。また、これらは出版社と出版された年度が異なり、なぜ同じ影印本を二つ出版する必要があったのかという疑問が残る。

二種類の影印本を比較してみると、本の構成が異なること、双方で欠字に関する問題があることが確認できた。そこで、本節では東国大学校本と東洋仏典研究会本を比較して、そこにあらわれた欠字の問題、底本について検討する。

Ⅱ．高麗版大蔵経の版木に見える欠版と欠字の問題

二種類の影印本は、一九七〇年代にはすべて刊行されている。(4) そこで、影印本を比較する前に、版木の調査報告に見られる欠版と欠字の報告について考察する。

1．一九一五年の版木調査

海印寺に所蔵されている高麗蔵の版木の調査は、これまで三度行われている。まず初めは、大正時代に初代朝鮮総督寺内正毅が明治天皇の追慕のために高麗蔵の印刷を計画した時に調査が行われた。大蔵経印刷事業は大正三年（一九一四）から始められ、翌大正四年（一九一五）の大正天皇の即位の礼にあわせて三蔵が印刷された。当時、朝鮮総督府の事務次官であった小田幹治郎は、海印寺の大蔵経の版木には一八枚二六面の欠版と一三六ヵ所一〇一七文字の欠字があったと報告している。(5) これら欠版の補充は、朝鮮半島の五台山月精寺・金剛山正陽寺と、日本の増上寺・東本願寺に所蔵されていた古印本とで比較対照し補充が行われた。この時造られた版木を「大正四年雕刻」として、その補充を明らかにしている。また欠字に関しても欠版同様のことがなされ補充された。

2．一九三七年の版木調査

次に、昭和十二年（一九三七）に満州国皇帝の希望により、黄檗版と高麗蔵が印刷された際の調査報告である。海印寺蔵経閣の版木調査が、当時京城帝国大学（現ソウル大学校）の教授であった高橋亨を中心に行われた。この時にも大正四年（一九一五）と同様に一八枚二六面の欠版が報告されている。これらの補充については、金剛山正陽寺と東京の増上寺の高麗蔵を用い、該当部分の版木のレプリカを造ることで二蔵が印刷された。一蔵は満州国に、もう一蔵は妙香山普賢寺に送られた。この時印刷された大蔵経は「大正四年雕刻」と比べ、より古印本に近い出来栄えであった。欠字に関しても、大正四年に補充された活字がソウル大学に残されており、それをもって補充がなされた。

また、高橋亨は「是等の箇所の外若干漫漶不明の文字もあったが其の補充には及ばなかった。猶又高麗大蔵経補遺の一部に数葉読み難きものがあったが、此も亦古印経を得れないので補刻に及ばなかった。又華厳論及一切経音義は板材の質の為か漫漶殊に甚しく印刷鮮明を欠く所あるは遺憾である(6)」とあり、一九三七年当時にも小田幹治郎の報告にあるように文字が不鮮明な箇所があったことを述べている。しかし、その箇所がどれほどの規模あるいは量であったかはわからないが、補充するまでに至っていないことから、それほど多くはなかったとも推測できる。また、高麗蔵補遺の一部に読み難い箇所があったというのは、おそらく『禅門拈頌集』のことであろう。これも小田幹治郎が一九一五年に報告しているが、補遺に関してはそれ以外にも不鮮明な箇所がある(7)。

3. 一九六三年から一九六八年の調査報告

次に、一九六三年から一九六八年にかけ高麗蔵が印刷された際、徐首生が版木調査に関する報告をしている。それによると、この世界的国宝が作られて七〇〇年の歳月が経った。その経板の大部分が現状のまままきれいに保存されているが、落字不明の板がまた相当多い。（中略）

上に挙げた八九枚は大蔵経板の中でも摩滅してよく見えないもの、また落字が甚だしいものを摘記した。これは一九六三年秋から一九六八年春までの間に完帙の一〇部と未帙の三部を印経した時に調査したもので、およそ四七〇〇余字が不明または落字になり、国宝が毎日腐っている。この落字不明板を早く補完し、完全な板として後世に伝えていかなければならない。しかし一九一五年（大正四年）に印経した時、日本人の小田幹治郎が指揮監督の責任を負って印経事業を終わった後、「大蔵経奉献顚末」を書いたが、その顚末書に「経本印経のあと、製本前の欠字の有無を検閲した結果、欠泐した所が一三六ヵ所で一〇一七字があり、もう一度欠板の例によって各寺の印本を調査してこれを雕刻補充した」と言っているので、おそらくその時にも（今より五〇余年前）板の欠字が多かったのである。(8)

とある。この時、大蔵経が一三蔵（全蔵一〇蔵、部分蔵を三蔵の計一三蔵）印刷されている。その時点で、『大般若波羅蜜多経』『阿毘達磨順正理論』など、一張（版木片面）に対して一字以上の判読不明な文字がある場合を一ヵ所として、八九ヵ所の版木判読不明な文字があり、その総数が四六七七字であると述べ、小田幹治郎や高橋亨の報告時よりも欠字が増えていると指摘している。

以上、一九〇〇年代の三つの版木の欠版・欠字に関する報告を見たが、特に一九三七年から一九六〇年代までの間に多くの判読不明な文字が生じていること、つまり版木の劣化がかなり進んだことが窺える。

Ⅲ．二種類の影印本の比較

影印本には、東国大学校本と東洋仏典研究本の二種類あることは前述した通りである。一九一五年の小田幹治郎の報告によれば、一三六ヵ所一〇三六字の欠字（うち二〇一文字は『禅門拈頌集』巻第二〇である。これは高麗蔵の補遺に入蔵されているものであり、今回の対象からは除外する）があった。そこで、一三六ヵ所一〇三六字の欠字箇所を二種類の影印本で比較検証した結果、以下の三つのことが確認できた。

①東国大学校本では七八ヵ所五一三字の欠字があったが、東洋仏典研究会本には見られなかった。次の【表1】を参照。

表1　東国大学校本に見える欠字箇所と欠字数

番号	千字文	経典名	巻数	張数	行数	字数	東国本冊―頁	東国本の欠字
一	闕	大般若波羅蜜多経	五一八	六	一	一	四―五八〇	一
二	闕	大般若波羅蜜多経	五一八	六	二	一	四―五八〇	一
三	闕	大般若波羅蜜多経	五一八	六	三	一	四―五八〇	一
四	珠	大般若波羅蜜多経	五三〇	一六	一	一四	四―六九二	一四
五	珠	大般若波羅蜜多経	五三〇	一六	二	一三	四―六九二	一三
六	詞	八師経		一	一六	一六	一九―八八六	一六

七	優	摩訶僧祇律	一三	一一	五	一六	二二—一五七	一六
八	優	摩訶僧祇律	一三	一一	六	一六	二二—一五七	一六
九	優	摩訶僧祇律	一三	一一	七	一五	二二—一五七	一六
一〇	優	摩訶僧祇律	一三	一一	八	一六	二二—一五七	一六
一一	優	摩訶僧祇律	一五	二八	八	七	二二—一八一	七
一二	和	四分律	八	二七	一六	二	二三—七八	二
一三	受	根本説一切有部百一羯磨	一〇	三	一一	八	二三—八七二	八
一四	子	阿毘曇八犍度論	一	一五	一二	一	二四—六九九	一
一五	分	阿毘曇毘婆沙論	一一	八	一	一一	二五—四八四	一一
一六	分	阿毘曇毘婆沙論	一一	八	二	一一	二五—四八四	一一
一七	分	阿毘曇毘婆沙論	一九	三四	一五	二	二五—五八五	二
一八	分	阿毘曇毘婆沙論	二〇	四	四	七	二五—五八七	七
一九	切	阿毘曇毘婆沙論	二九	二	二三	三	二五—六八六	三
二〇	磨	阿毘曇毘婆沙論	三七	三五	五	一	二五—七九〇	二
二一	規	阿毘曇毘婆沙論	五五	二二	四	二	二五—九六五	一
二二	虧	阿毘達磨大毘婆沙論	一五六	一七	一七	一	二六—四四六九	一
二三	神	阿毘達磨倶舎釈論	二一	二	二三	四	二七—四一九	五

二四	神	阿毘達磨倶舎釈論	二一	七	二二	三	二七―四二〇	四
二五	神	阿毘達磨倶舎釈論	二一	七	二三	三	二七―四二〇	四
二六	物	阿毘達磨順正理論	三七	一	二〇	四	二七―一〇一六	四
二七	縻	雑阿毘曇心論	二	一三	一八	一四	二八―四一一	一四
二八	華	尊婆須蜜菩薩所集論	八	二四	五	八	二八―六六五	七
二九	華	三法度論	一	五	一二	四	二八―七一七	四
三〇	華	三法度論	一	九	一四	一〇	二八―七一八	一〇
三一	華	三法度論	二	二	一	五	二八―七二三	五
三二	二	解脱道論	九	二	一五	一六	二八―一〇七一	一六
三三	二	解脱道論	九	二	一六	一六	二八―一〇七一	一六
三四	二	解脱道論	九	二	一七	一六	二八―一〇七一	一六
三五	二	解脱道論	九	一九	一五	八	二八―一〇七七	七
三六	二	解脱道論	九	二〇	三	六	二八―一〇七七	六
三七	盤	出曜経	二八	二五	一三	二	二九―九八五	二
三八	靈	経律異相	一八	二九	二一	七	三〇―九五八	七
三九	舎	経律異相	三四	六	一	三	三〇―一〇八二	四
四〇	傍	経律異相	四六	二五	一〇	五	三〇―一一七一	六

四一	傍	経律異相	五〇	二八	一二	三	三〇—一二〇七	二
四二	甲	諸経要集	五	三六	一七	四	三一—六九	四
四三	甲	諸経要集	五	三六	一三	二	三一—六九	二
四四	對	諸経要集	一七	三八	一	一	三一—二三九	二
四五	左	続高僧伝	四	一	一〇	七	三二—九三九	六
四六	左	続高僧伝	四	八	四	八	三二—九四一	四
四七	左	続高僧伝	四	一一	一〇	七	三二—九四二	七
四八	典	広弘明集	一〇	二六	一三	二	三三—三七六	二
四九	亦	広弘明集	一五	四五	六	九	三三—四四五	九
五〇	府	大方広菩薩蔵文殊師利根本儀軌経	九	六	一三	二	三三—一一一八	一
五一	府	大方広菩薩蔵文殊師利根本儀軌経	九	六	一三	二	三三—一一一八	一
五二	轂	護国経	一	四	二	一四	三四—五七四	一四
五三	轂	護国経	一	四	三	七	三四—五七四	七
五四	勒	新華厳経論	二	一二	一八	一二	三六—二四二	一二
五五	碑	新華厳経論	一一	二〇	一二	五	三六—三一九	五
五六	碑	新華厳経論	一五	二〇	一〇	四	三六—三五四	四
五七	刻	新華厳経論	二七	二一	一五	二	三六—四六五	二

五八	刻	新華厳経論	二七	二二	一六	二	三六—四六五	三
五九	刻	新華厳経論	二八	一	一〇	七	三六—四六七	七
六〇	宅	大楽金剛不空真実三昧耶経般若波羅蜜多理趣釈	二	一三	二三	一	三六—一〇九六	一
六一	横	法苑珠林	三四	一一	二〇	九	三九—六三一	八
六二	横	法苑珠林	三四	一一	二一	九	三九—六三一	九
六三	會	法苑珠林	八〇	一五	三	一	三九—一一一四	一
六四	會	法苑珠林	八一	七	二〇	七	三九—一一二一	七
六五	會	法苑珠林	八三	二	四	八	三九—一一三七	九
六六	弊	仏母出生三法蔵般若波羅蜜多経	一四	一三	一四	六	四〇—二三五	六
六七	煩	仏母出生三法蔵般若波羅蜜多経	二〇	三	一〇	七	四〇—二六四	七
六八	起	大集法門経	一	二	一九	二	四〇—三六三	二
六九	云	大乗集菩薩学論	二三	五	四	四	四一—五七六	四
七〇	城	一切経音義	三〇	一九	一〇	九	四二—六三六	九
七一	碣	一切経音義	六〇	二〇	一〇	一〇	四二—六三六	一〇
七二	碣	一切経音義	六〇	二六	一〇	四	四三—二三六	四
七三	碣	一切経音義	六〇	二六	一一	三	四三—二三六	三

七四	碣	一切経音義	六〇	二六	一二	八	四三—二三六	八
七五	碣	一切経音義	六〇	二六	九	四	四三—二三六	四
七六	碣	一切経音義	六〇	二六	一〇	一〇	四三—二三六	一〇
七七	碣	一切経音義	六〇	二六	一一	一〇	四三—二三六	一〇
七八	碣	一切経音義	六〇	二六	一二	八	四三—二三六	七

②小田幹治郎の報告をもとにして東国大学校本と比較・検証した結果、欠字数の異なる箇所が一七ヵ所あった。この一七ヵ所には、小田幹治郎の報告より欠字数が多い箇所もあれば、少ない箇所もあった（上記の【表1】の二〇、二一、二三、二四、二五、二八、三五、三八、三九、四〇、四四、四五、四六、五八、六一、六五、七八番）。

③東国大学校本を見ると、小田幹治郎の報告以外にも一二〇ヵ所六五四字の欠字（金属活字で補っている部分も含む）が確認できた。以下の【表2】参照。

表2　東国大学校本で新たに見つかった欠字

番号	千字文	経典名	巻数	張数	行数	字数	東国本冊—頁	東洋本冊—頁
一	収	大般若波羅蜜多経	二一五	一二	一	七	二—五二三	二—六三二
二	収	大般若波羅蜜多経	二一五	一二	二	八	二—五二三	二—六三二

三	収	大般若波羅蜜多経	二一五	一二	三	九	二―五三一	二―六三一
四	収	大般若波羅蜜多経	二一五	一二	四	八	二―五三一	二―六三一
五	収	大般若波羅蜜多経	二一五	一二	五	二	二―五三一	二―六三一
六	収	大般若波羅蜜多経	二一五	一二	六	一	二―五三一	二―六三一
七	収	大般若波羅蜜多経	二一五	一二	七	一	二―五三一	二―六三一
八	収	大般若波羅蜜多経	二一五	一二	八	一	二―五三一	二―六三一
九	収	大般若波羅蜜多経	二一五	一二	九	一	二―五三一	二―六三一
一〇	収	大般若波羅蜜多経	二一五	一二	一〇	二	二―五三一	二―六三一
一一	収	大般若波羅蜜多経	二一五	一二	一一	一	二―五三一	二―六三一
一二	麗	大般若波羅蜜多経	四二一	二	二二	一	三―一〇一二	四―五二
一三	麗	大般若波羅蜜多経	四二一	二	二三	一	三―一〇一二	四―五二
一四	鱗	小品般若波羅蜜経	四	一八	一〇	五	五―七八七	六―六六
一五	鱗	小品般若波羅蜜経	四	一八	二〇	六	五―七八七	六―六六
一六	羽	金剛般若経		四	二三	二	五―九八〇	六―二六三
一七	従	十誦律	二一	四	八	四	二一―六九二	二四―三五
一八	従	十誦律	二一	四	九	四	二一―六九二	二四―三五
一九	従	十誦律	二一	四	一〇	三	二一―六九二	二四―三五

二〇	従	十誦律	二二	四	一一	一一	二二一―六九二	二四一―三五
二一	従	十誦律	二二	四	一二	七	二二一―六九二	二四一―三五
二二	従	十誦律	二二	四	一三	五	二二一―六九二	二四一―三五
二三	従	十誦律	二二	四	一四	五	二二一―六九二	二四一―三五
二四	従	十誦律	二二	四	一五	五	二二一―六九二	二四一―三五
二五	従	十誦律	二二	四	一六	四	二二一―六九二	二四一―三五
二六	従	十誦律	二二	四	一七	六	二二一―六九二	二四一―三五
二七	従	十誦律	二二	四	一八	三	二二一―六九二	二四一―三五
二八	従	十誦律	二二	四	一九	二	二二一―六九二	二四一―三五
二九	従	十誦律	二二	四	二〇	二	二二一―六九二	二四一―三五
三〇	切	阿毘曇毘婆沙論	二九	二〇	二一	一	二五―六八六	二八―三一三
三一	切	阿毘曇毘婆沙論	二九	二〇	二二	一	二五―六八六	二八―三一三
三二	廉	阿毘達磨大毘婆沙論	一〇一	二一	一	一四	二六―七七三	二九―二五一
三三	廉	阿毘達磨大毘婆沙論	一〇一	二一	二	一四	二六―七七三	二九―二五一
三四	廉	阿毘達磨大毘婆沙論	一〇一	二一	三	一四	二六―七七三	二九―二五一
三五	廉	阿毘達磨大毘婆沙論	一〇一	二一	四	一四	二六―七七三	二九―二五一
三六	廉	阿毘達磨大毘婆沙論	一〇一	二一	五	一四	二六―七七三	二九―二五一

三七	廉	阿毘達磨大毘婆沙論	一〇一	二一	六	一四	二六―七七三	二九―二五一
三八	廉	阿毘達磨大毘婆沙論	一〇一	二一	七	一四	二六―七七三	二九―二五一
三九	廉	阿毘達磨大毘婆沙論	一〇一	二一	八	一四	二六―七七三	二九―二五一
四〇	廉	阿毘達磨大毘婆沙論	一〇一	二一	九	一四	二六―七七三	二九―二五一
四一	廉	阿毘達磨大毘婆沙論	一〇一	二一	一〇	一四	二六―七七三	二九―二五一
四二	廉	阿毘達磨大毘婆沙論	一〇一	二一	一一	一四	二六―七七三	二九―二五一
四三	廉	阿毘達磨大毘婆沙論	一〇一	二一	一二	一四	二六―七七三	二九―二五一
四四	廉	阿毘達磨大毘婆沙論	一〇一	二一	一三	一四	二六―七七三	二九―二五一
四五	廉	阿毘達磨大毘婆沙論	一〇一	二一	一四	一四	二六―七七三	二九―二五一
四六	廉	阿毘達磨大毘婆沙論	一〇一	二一	一五	一四	二六―七七三	二九―二五一
四七	廉	阿毘達磨大毘婆沙論	一〇一	二一	一六	一四	二六―七七三	二九―二五一
四八	廉	阿毘達磨大毘婆沙論	一〇一	二一	一七	一四	二六―七七三	二九―二五一
四九	廉	阿毘達磨大毘婆沙論	一〇一	二一	一八	一四	二六―七七三	二九―二五一
五〇	廉	阿毘達磨大毘婆沙論	一〇一	二一	一九	一四	二六―七七三	二九―二五一
五一	廉	阿毘達磨大毘婆沙論	一〇一	二一	二〇	一四	二六―七七三	二九―二五一
五二	廉	阿毘達磨大毘婆沙論	一〇一	二一	二一	一四	二六―七七三	二九―二五一
五三	廉	阿毘達磨大毘婆沙論	一〇一	二一	二二	四	二六―七七三	二九―二五一

五四	堅	阿毘達磨順正理論	六九	二〇	一五	四	二七―一二七〇	三〇―八六一
五五	堅	阿毘達磨順正理論	六九	二〇	一六	五	二七―一二七〇	三〇―八六一
五六	二	解脱道論	八	一八	三	一	二八―一〇六七	三一―八六四
五七	二	解脱道論	八	一八	一〇	四	二八―一〇六七	三一―八六四
五八	二	解脱道論	八	一八	一一	五	二八―一〇六七	三一―八六四
五九	二	解脱道論	八	一八	一二	四	二八―一〇六七	三一―八六四
六〇	二	解脱道論	八	一八	一三	三	二八―一〇六七	三一―八六四
六一	二	解脱道論	八	一八	一四	三	二八―一〇六七	三一―八六四
六二	二	解脱道論	八	一八	一五	五	二八―一〇六七	三一―八六四
六三	二	解脱道論	八	一八	一六	三	二八―一〇六七	三一―八六四
六四	二	解脱道論	八	一八	一七	三	二八―一〇六七	三一―八六四
六五	二	解脱道論	八	一八	一八	三	二八―一〇六七	三一―八六四
六六	二	解脱道論	八	一八	一九	四	二八―一〇六七	三一―八六四
六七	二	解脱道論	八	一八	二〇	二	二八―一〇六七	三一―八六四
六八	渭	四諦論	四	二一	一八	一	二九―五五四	三二―三〇一
六九	渭	四諦論	四	二一	一九	一	二九―五五四	三二―三〇一
七〇	渭	四諦論	四	二一	二〇	一	二九―五五四	三二―三〇一

七一	對	諸経要集	一七	三八	四	一	三一—二三九	三四—二三九
七二	府	大方広菩薩蔵文殊師利根本儀軌経	九	六	二二	二	三三—一一一八	三七—二二八
七三	勒	新華厳経論	二	一二	二五	二	三六—二四二	三九—四二九
七四	困	法苑珠林	二三	一四	一	一	三九—四八四	四二—四九六
七五	困	法苑珠林	二三	一四	五	一	三九—四八四	四二—四九六
七六	困	法苑珠林	二三	一四	六	二	三九—四八四	四二—四九六
七七	困	法苑珠林	二三	一四	七	一	三九—四八四	四二—四九六
七八	困	法苑珠林	二三	一四	八	二	三九—四八四	四二—四九六
七九	困	法苑珠林	二三	一四	一二	三	三九—四八四	四二—四九六
八〇	困	法苑珠林	二三	一四	一三	二	三九—四八四	四二—四九六
八一	困	法苑珠林	二三	一四	一四	一	三九—四八四	四二—四九六
八二	困	法苑珠林	二三	一四	一五	三	三九—四八四	四二—四九六
八三	困	法苑珠林	二三	一四	一六	一	三九—四八四	四二—四九六
八四	困	法苑珠林	二三	一四	一七	七	三九—四八四	四二—四九六
八五	困	法苑珠林	二三	一四	一八	三	三九—四八四	四二—四九六
八六	困	法苑珠林	二三	一四	二一	一	三九—四八四	四二—四九六
八七	牧	仏吉祥徳讚	一	六	一	一〇	四〇—四六七	四三—六七三

八八	牧	仏吉祥徳讃	一	六	二	九	四〇―四六七	四三―六七三
八九	牧	仏吉祥徳讃	一	六	三	五	四〇―四六七	四三―六七三
九〇	牧	仏吉祥徳讃	一	六	四	七	四〇―四六七	四三―六七三
九一	牧	仏吉祥徳讃	一	六	五	六	四〇―四六七	四三―六七三
九二	牧	仏吉祥徳讃	一	六	六	七	四〇―四六七	四三―六七三
九三	牧	仏吉祥徳讃	一	六	七	七	四〇―四六七	四三―六七三
九四	牧	仏吉祥徳讃	一	六	八	七	四〇―四六七	四三―六七三
九五	牧	仏吉祥徳讃	一	六	九	七	四〇―四六七	四三―六七三
九六	牧	仏吉祥徳讃	一	六	一〇	六	四〇―四六七	四三―六七三
九七	牧	仏吉祥徳讃	一	六	一一	八	四〇―四六七	四三―六七三
九八	牧	仏吉祥徳讃	一	六	一二	七	四〇―四六七	四三―六七三
九九	牧	仏吉祥徳讃	一	六	一三	五	四〇―四六七	四三―六七三
一〇〇	牧	仏吉祥徳讃	一	六	一四	七	四〇―四六七	四三―六七三
一〇一	牧	仏吉祥徳讃	一	六	一五	五	四〇―四六七	四三―六七三
一〇二	牧	仏吉祥徳讃	一	六	一六	八	四〇―四六七	四三―六七三
一〇三	牧	仏吉祥徳讃	一	六	一七	六	四〇―四六七	四三―六七三
一〇四	牧	仏吉祥徳讃	一	六	一八	一二	四〇―四六七	四三―六七三

一〇五	牧	仏吉祥徳讃	一	六	一九	一〇	四〇—四六七	四三—六七三
一〇六	牧	仏吉祥徳讃	一	六	二〇	七	四〇—四六七	四三—六七三
一〇七	牧	仏吉祥徳讃	一	六	二一	六	四〇—四六七	四三—六七三
一〇八	牧	仏吉祥徳讃	一	六	二二	二	四〇—四六七	四三—六七三
一〇九	漠	無畏授所問大乗経	一	二	五	二	四〇—八一〇	四三—一〇一三
一一〇	漠	無畏授所問大乗経	一	二	七	二	四〇—八一〇	四三—一〇一三
一一一	漠	無畏授所問大乗経	一	二	八	二	四〇—八一〇	四三—一〇一三
一一二	漠	無畏授所問大乗経	一	二	一〇	二	四〇—八一〇	四三—一〇一三
一一三	漠	無畏授所問大乗経	一	二	一一	一	四〇—八一〇	四三—一〇一三
一一四	漠	無畏授所問大乗経	一	二	一二	一	四〇—八一〇	四三—一〇一三
一一五	漠	無畏授所問大乗経	一	二	一三	三	四〇—八一〇	四三—一〇一三
一一六	漠	無畏授所問大乗経	一	二	一四	三	四〇—八一〇	四三—一〇一三
一一七	漠	無畏授所問大乗経	一	二	一五	三	四〇—八一〇	四三—一〇一三
一一八	漠	無畏授所問大乗経	一	二	一六	三	四〇—八一〇	四三—一〇一三
一一九	漠	無畏授所問大乗経	一	二	一七	三	四〇—八一〇	四三—一〇一三
一二〇	漠	無畏授所問大乗経	一	二	一八	三	四〇—八一〇	四三—一〇一三

Ⅳ．欠版・欠字に関する各報告に見える問題点

小田幹治郎は一九一五年の版木調査で、一八枚二六面の欠版と一三六ヵ所一〇一七の欠字があったことを報告している。また、徐首生は一九六〇年代の調査によって、四六七七字の欠字があったことを報告している。

では、この二人により報告されている欠字箇所と欠字数を一部比較してみると、次の**【表3】**の通りである。

表3　小田幹治郎と徐首生の欠字報告

経典名	巻数と張数	小田報告	徐報告	東国本欠字
大般若波羅蜜多経	四〇一—七	一五字	一八字	／
大般若波羅蜜多経	四〇一—一八	二五字	二八字	／
大般若波羅蜜多経	四五四—七	三字	二字	／
大般若波羅蜜多経	五一六—二	六字	六字	／
大般若波羅蜜多経	五一八—六	三字	三字	／
十誦律	二一—四		三三字	六一字
仏吉祥徳讃	一—六		三一字	一五四字

これを見ると、『大般若波羅蜜多経』巻第五一六と同巻第五一八は同じ欠字数である。しかし、『大般若波羅蜜多

経』巻第四〇一第七張では、小田幹治郎が一五字、徐首生が一八字の欠字を、同第一八張では小田幹治郎が二五字、徐首生が二八字の欠字を報告しており、それぞれ三字の差がある。また『大般若波羅蜜多経』巻第四五四第七張では、小田幹治郎が三字、徐首生が二字の欠字を報告している。これをもとに、東国大学校本で再度確認してみると、

①完全に欠落しているもの
②半分欠落しているもの
③〃読み取れる〃が一部欠落しているもの

など、程度によって三つに分類できる。版木から見た欠字と影印本から見た欠字には差があるが、これらを見てわかるように、どの程度までを〃欠字〃と判断するのかという基準の問題であり、『大般若波羅蜜多経』巻第四〇一、巻第四五四で指摘した箇所については、二つの報告にそれほど差はないと考えられる。

しかし、徐首生は『十誦律』巻第二一では三三字、『仏吉祥徳讃』巻上では三一字の欠字があると報告しているが、東国大学校本を見るとそれぞれ六一字と一五四字の欠字であり、その数が大きく異なっている。この二種類の経典は、小田幹治郎の報告には無かった。

もう一度整理すると、『十誦律』巻第二一第四張については、徐首生の報告では三三字、東国大学校本では六一字が判読不可能であった。『仏吉祥徳讃』巻上第六張については、徐首生の報告では三一字、東国大学校本では一五四字が判読不可能であった。これら二種類の経典だけは、欠字数の差にかなりの開きがある。

徐首生の版木の調査報告は、一九六〇年代に海印寺で直接見て行われたものである。小田幹治郎の報告と除首生

の報告に若干の差はあるものの、ほぼ同じ数の欠字が報告されている。東国大学校本の底本となった高麗蔵がいつ印刷されたかは不明であるが、おそらく一九六〇年代に印刷されたものであると推測できる。同時期に、一方では版木調査が行われ、他方では大蔵経の印出が行われたわけであるが、このように欠字数が異なるのはなぜか。その原因として、

①東国大学校本の底本となった高麗蔵の印刷年代がもう少し新しい。
②徐首生の調査報告には多少の不備がある。

などが考えられる。①についてであるが、『十誦律』は、東国大学校本の二一冊に収録されており、それが一九六九年に刊行された。『仏吉祥徳讃』は、東国大学校本の四〇冊に収録されており、一九七六年に刊行されている。東国大学校本の刊行は、諸事情により二度の中断を経て一九五七年から一九七六年までの二〇年の歳月がかかっている。東国大学校本の底本については不明な点が多いため、今後の課題とする。しかし、東国学校本の刊行年度を考えた場合、一九六〇年以降に印出されたとは考えにくい。②については、当時の調査がどの程度であったかを再確認する必要がある。版木と版本を見ての比較だけに一概には言えないが、おそらくこの部分については徐首生の不備も指摘できるだろう。

そこで、一四五八年に印刷された増上寺所蔵の高麗蔵を確認すると、文字はまったく欠けていなかった[9]。海印寺での版木の保存状態にも依るが、増上寺の高麗蔵が印刷されてから六〇〇年の間にこのような版木の摩滅や文字の脱落が生じるのか。それとも『十誦律』は印刷され続けてきたのか。どちらにしても一九六〇年代の調査と東国大

学校本またはその底本とに多少の差があることは間違いない。

仮に東国大学校本の底本が一九六七年以前に印刷されたとすると、当然その報告がなされているはずである。また、東国大学校所蔵の高麗蔵が一九六〇年以降に印刷されたとすると、わずかの間にこれだけの摩滅や脱落が出来るというのも不自然である。

V．おわりに

以上、影印本の高麗蔵について、小田幹治郎の報告をもとに検証した結果、まず、東国大学校本と東洋仏典研究会本の底本となった高麗蔵は印刷された年代が異なることが考えられる。東国大学校本は手写と活字によって修正されていたが、中には修正されていない箇所もあった。東洋仏典研究会本では、活字ではなくすべてが手写で修正されている。また、小田幹治郎の報告と東国大学校本の欠字数が異なる箇所を見て、同氏の報告がどの程度信用できるのか再度確認する必要性を指摘できる。二種類の影印本についても欠字数の差があり、特に東国大学校本では七八ヵ所五一三字の欠字があった。従来、影印本とは同じものであると考えられたが、実際に比較してみると欠字についても異なることが確認できた。また、二種類の影印本で経典の冊次が異なること、東洋仏典研究会本では『一切経音義』以降の補遺一六部二三六巻と『大蔵目録』三巻が収録されていないこともわかった。

東国大学校本の底本については検証できなかったが、その欠字部分は手写で修正されている箇所もあるが、ほとんどは金属活字で施されている。金属活字で修正することによって欠字部分が明確にされているのである。一方の東洋仏典研究会本については、ほとんどが手写で修正されているため、欠字の箇所についても充分に注意する必要がある。影印本とは、写真製版によって古写や古版を原本の様子そのままに伝えようとするものであるが、不鮮明な箇所に修正を加えたり、別版で差し替えたりすることがあるため、利用に際しては充分に注意する必要があると指摘されている(10)。

『十誦律』や『仏吉祥徳讃』の例にもあるように、影印本と版木の欠版・欠字の報告書で、欠字数にこれだけの差が出ることには疑問が残る。特に、『十誦律』と『仏吉祥徳讃』に限ったが、まだ他にもこのような例があると考えられる。今後の展開としては、海印寺にある版木を見ることで、これらの報告を再度検証する必要がある。また、影印本の底本やそれが印刷された年代、その編集過程などについては不明であり、今後の検討が必要である。

第二節　高麗版大蔵経の影印本――東洋仏典研究会本を中心として――

I．はじめに

高麗蔵の影印本には、東国大学校本と東洋仏典研究会本の二種類がある。影印本の出版によって大正蔵に入蔵されることのなかった典籍類の閲覧が容易になり、また日韓両国での高麗蔵に関する研究が飛躍的に発展するなど、学界に及ぼした影響は計り知れないものがある。しかしながら、これら二種類の影印本については、出版の動機や底本として使われた高麗蔵が何なのかに対する明確な答えを未だ得ていない。

二種類の影印本を比較してみると、本の構成法や欠字補修の点などで明らかな違いが見られる。東国大学校本は全四八巻で、正蔵の他に補遺と呼ばれる一六部二三六巻も収録されているが、東洋仏典研究会本は全四五巻で、正蔵のみ収録されている。また、東国大学校本では七八ヵ所で五一三字の欠字（ほとんどが金属活字で補われている）

を確認できたが、東洋仏典研究会本には欠字がなかったことから、これらの底本が異なるとことは前節で指摘した(11)。このように、近年出版された影印本についても、その底本や出版動機が明確にされていない。

現在、高麗蔵の影印本として広く流布しているのは東国大学校本であり、仏教系大学の図書館では必ず目にするが、一方の東洋仏典研究会本は存在感が薄く流布にまで至っていないようである。筆者は、東洋仏典研究会本に関する調査を進め、さらに一九一五年に印刷されたソウル大学校奎章閣韓国学研究院所蔵の高麗蔵（以下ソウル大学校本と呼称）をマイクロフィルムで閲覧する機会を得た。こうした調査や資料を踏まえて、東洋仏典研究会本が出版されるまでの背景や、底本に関する疑問、欠字の補完などについて考察する。

Ⅱ．東国大学校本

東国大学校本は、全四八冊で構成されている。第一冊から第四七冊までは高麗蔵の正蔵と補遺を収録し、第四八冊は目録・索引・解題である。東国大学校本は、第一冊末の発行年代を見てみると一九五七年九月に発行されている。しかし、補遺の最終巻である第四七冊が出版されたのが一九七六年五月なので、この影印本は二〇年の歳月がかかってようやく完成を見たことになる。当時の様子について、李瑄根は次のように述べている。

この影印本刊行事業は一九五九年、当時の総長白性郁博士の主導の下に始められたのでした。しかしこの事業は最初の意図とは異なり、その間いろいろの思わぬ事情で延び延びとなりました。それは国の内外の混迷した事情を反映した不幸なことでもありました(12)。

李瑄根は東国大学校本が完成したことについて述べているが、この時同大学校の総長でもあった。ここで影印本の刊行事業が一九五九年に始まったとあるのは、その第一巻が一九五七年にすでに刊行されていることから、おそらく誤りであろうと思われる。

東国大学校本出版の変遷については**【表4】**（三〇六頁）でもわかるように、一九五七年に第一冊が刊行されている。東国大学校本は一九五七年当時の総長であった白性郁の主導のもとで始められ、まずは一九六六年までに第二〇冊が出版された。その後、作業は一時中断したが（中断理由については不明）、趙明基（一九〇五―八八）が総長の時に再開されて一九六九年に第二一冊が出版された。ところが、一九七一年に第二五冊が出版されると再び中断された。その後、李瑄根が総長の時に再び影印本出版の作業が開始され、一九七五年から第二八巻以降が刊行された（第二六冊と第二七冊の刊行年は不明）。このような経緯を経て、東国大学校訳経院から同大学校の創立七〇周年に合わせて全四八冊の刊行が終わったのである[13]。

さて、二〇年もの歳月がかかって刊行された東国大学校本ではあるが、その底本についてはいまだに不明な点が多い。東国大学校本の底本について金山正好は、「二種の影印本の原本は、ともに一九五八年から一九六一年、海印寺所蔵板木により一〇蔵印刷された中の東国大学校蔵本であり、後者には海印寺蔵追刻本一五種二二六巻が附載されている[14]」と述べている。ここで言う二種とは、東洋仏典研究会本と東国大学校本を指している。また、二種の影印本の底本は、一九五八年から一九六一年にかけて一〇蔵が印刷された高麗蔵であると述べている。当時印刷された一〇蔵の高麗蔵は、韓国や日本、香港などに納められたというが[15]、東国大学校本の第一冊が一九五七年に出版されていることから、金山正好の見解には矛盾が生じる。ただし、韓国では一九五八年から一九六一年に高麗蔵が印刷されたという報告はないが、一九六三年から一九六八年にかけて一三蔵が印刷されたという報告がある。そのうち、東国大学校や東亜大学校など韓国国内に四蔵、四天王寺・比叡山など日本に四蔵、イギリスに二蔵、アメリカ、台湾、オーストラリアにそれぞれ一蔵ずつが奉納されたことから[16]、現在東国大学校に所蔵されている高麗蔵はその時に印刷されたものである。金山正好が言う一九五八年から一九六一年に印刷された一〇蔵の高麗蔵については不明であるが、非公式に印刷された可能性もあるので、これに関しては別の機会に検討する。

金山正好が言うように、東国大学校本の底本が東国大学校に所蔵されている高麗蔵であるなら、それは一九六三年から一九六八年に印刷されたものであるため、一九六六年までに出版された東国大学校本の第二〇冊まではいつの時代のものを底本にしたかという問題が生じる。これに関しては、第一冊の発行年度が一九五七年であるため、金山の言う一九五八年から一九六一年にかけて印刷された高麗蔵を底本とすることはあり得ない。これに関する記録がない以上、検討の余地はないが、一九六八年以降東国大学校に高麗蔵が所蔵された後に、影印本の刊行事業が再開されたと考えるなら、趙明基が総長の時代からそれが底本とされたと考えることができる。なぜなら、一九六三年から一九六八年までの高麗蔵の印刷事業は、海印寺の住職であった曹錦潭が印刷許可を取得し、趙明基が刊行委員長となって行われたからである。一九六九年に趙明基によって東国大学校本の刊行事業が再開されたことを考えると、底本とする高麗蔵がどうしても必要であったに違いない。当時の高麗蔵の印刷事業には、こうした背景が絡んでいたのは確かであろう。つまり、一九六九年以降に刊行されている東国大学校本（第二一冊以降）は、東国大学校所蔵の高麗蔵を底本としたと考えるのが妥当である。それを裏付けるものとして、東国大学校所蔵の高麗蔵には、同大学校図書館の蔵書印が捺印されている。K—1469『仏説頂生王因縁経』巻第一（東国大学校本第四〇冊）には、その蔵書印がそのまま影印されている。東国大学校本の刊行事業が何度も中断し、二〇年以上もの歳月がかかったのは、底本の問題がその原因の一つになっていたのではないだろうか。

白性郁によって始められた時の底本については明確なことは言えないが、当時韓国国内で所蔵されていた通度寺や梵魚寺などの高麗蔵を底本としていたようである。しかし、東国大学校本の総発行部数については不明である。

表4　東国大学校本の冊別刊行年度

冊次	刊行年	冊次	刊行年	冊次	刊行年
第一冊	一九五七年※	第一七冊	一九六一年 刊行年不明	三三冊	一九七五年
第二冊	一九五七年※	第一八冊	一九六三年	三四冊	一九七六年
第三冊	一九五八年※	第一九冊	一九六五年 一九七五年	三五冊	一九七六年
第四冊	一九五八年※	第二〇冊	一九六六年 一九七五年	三六冊	一九七六年
第五冊	一九五八年※	第二一冊	一九六九年	三七冊	一九七六年
第六冊	一九五八年※	第二二冊	一九七〇年	三八冊	一九七六年
第七冊	一九五八年※	第二三冊	一九七〇年	三九冊	一九七六年
第八冊	一九五八年※	第二四冊	一九七一年	四〇冊	一九七六年
第九冊	一九五九年※	第二五冊	一九七一年	四一冊	一九七六年
第一〇冊	一九五九年※	第二六冊	刊行年不明	四二冊	一九七六年

第一一冊	一九五九年※	第二七冊	刊行年不明	四三冊	一九七六年
第一二冊	一九六〇年※	第二八冊	一九七五年	四四冊	一九七六年
第一三冊	一九六〇年※	第二九冊	一九七五年	四五冊	一九七六年
第一四冊	一九六〇年※ 一九七五年	第三〇冊	一九七五年	四六冊	一九七六年
第一五冊	一九六〇年※ 刊行年不明	第三一冊	一九七五年	四七冊	一九七六年
第一六冊	一九六〇年※ 刊行年不明	第三二冊	一九七五年	四八冊	一九七六年

※は、檀紀で表記されていたものを西暦に修正した。檀紀とは、檀君の朝鮮建国を称える年号である。紀元前二三三三年に建国したとされる。

一四・一九・二〇冊は、発行年が異なる二種類の本がある。また、一五・一六・一七冊も同様のことが考えられるが、刊行年が記されていない。二六・二七冊には発行年が明記されていない。

Ⅲ．東洋仏典研究会本の出版背景

東洋仏典研究会本は、一九七一年十一月から一九七五年七月までの間、毎月一冊のペースで全巻四五冊が、アジア文化事業株式会社から刊行されたことが、その刊記から確認できる。当初は一〇〇〇部限定、全四五冊が一セットとして販売されていたようである。[17]その後、アジアニュースセンターから再度五〇〇部限定、一冊四万八〇〇〇円で販売されたようだが、その詳細については不明である。刊記からわかることは、同本がこれまでに計一五〇〇部（セット）が販売されたということである。では、どのような目的で出版されたのか、その経緯を探ってみる。

東洋仏典研究会本の出版に際して、その販売案内書には以下のような文面が掲げられていた。

この時にあたり、弊社では韓国の国宝、人類古典芸術の最高峰、世界文化財の一つであり、仏教界超宗派の原典である「高麗大蔵経」板木が、七三〇余年の歳月を経て今は甚だしく毀損し、殆ど再び刷本不可能な状態にありますため、尊い一字一画にこめられた無量光明をアジアの一角より全人類平安の灯となさんと誓願して製作に長日時を費やし、今ここに完成致しました。[18]

これは、アジア文化事業株式会社の市田一夫が、「「高麗大蔵経」の御所蔵を賜りたく」という東洋仏典研究会本について刊行の辞を述べている部分である。当時、海印寺にある高麗蔵の版木が相当毀損していたため、印刷はこれ以上難しいと判断されていた。毀損の状態についてはそれ以前からも議論の対象となっており、前述のように過去三度の調査が行われている。最初は、大正四年（一九一五）に朝鮮総督寺内正毅が明治天皇の追慕にあたり高麗蔵の印刷を計画した際の調査である。この時には、一八枚二六面の欠版と一三六ヵ所一〇一七字の欠字があったと報告されている。[19] 続いて、昭和十二年（一九三七）に満州国皇帝が黄檗版と高麗蔵の大蔵経印刷を希望した際、高橋亨を中心に海印寺蔵経閣の版木調査が行われた。この時も一九一五年と同様の報告がなされた。[20] 最後に、一九六三年から一九六八年にかけて高麗蔵が印出された際の調査で、徐首生は当時四七〇〇余字の落字不明があったことを報告している。[21] これらの経過報告からして、版木の毀損は一九一五年からの約五〇年の間にも一層悪化が進んでおり、一九六〇年代の印刷を最後にして、それ以降は版木からの印刷は不可能であったと考えられている。

ここで、高麗蔵の性質についても触れておきたい。高麗蔵は契丹軍やモンゴル軍に侵入された際、仏力による退散を祈願して造られたもので、それ自体が護国的性格を帯びており、万民による信仰の対象となっていた。影印本の出版に際しても、全人類の平安が祈願されており、そうした性格を随所から窺い知ることができる。当時、韓国仏教文化研究院院長であった趙明基は、以下のように述べている。

此の大蔵経は、仏教の宝庫であり、一字一画も誤謬のない正確なることは、高麗大蔵経以外にないというのが定説で、仏教学界の至宝だといわれて居る。

その彫板技術の完璧さと、厖大なる数量と、刻字芸術の精密なることは他に比類のないものであり、仏教研究の根本資料になるばかりでなく、万邦和平の信仰対象ともなるものである。（中略）此度、韓国東洋出版社崔儀卿社長の利益を無視した熱意により、日本国アジア文化事業株式会社との業務提携成り、原型を保持しつつ影印本が作製され、国内外への普及活動が著についた。（以下略）[22]

高麗蔵は、彫版刻字技術が非常に高い点、開宝蔵や契丹蔵、高麗国内に流通していた典籍などを校訂して造られたという点から、最も完璧な大蔵経として評価されている。そのことは、日本においても縮刷蔵や大正蔵の底本として使われたことからも窺える。このように、高麗蔵が学術的に価値のある資料であることから、東洋仏典研究会本は日韓における企業の業務提携によって、韓国東洋出版社で影印本の製作作業が行われ、アジア文化事業株式会社を通して日本での販売に至ったようである。

では、その刊行に対して、日本ではどのような反応があったのだろうか。宮本正尊は次のように述べている。

これまで秘宝は秘蔵されて貴ばれてきた。しかし、現代は秘宝であれば公開されてこそ、社会的貢献度も高いのである。この点、高麗蔵経は、三縁山増上寺、高野山奥院経蔵、日光輪王寺天海蔵、その他にも襲蔵されているのであるが、一般への公開の便宜ということになると、保存のためもあって、秘蔵にひとしい。幸にして今回、高麗蔵の板面そのままが豪華影印本として公刊されることになった。その喜びは世界の喜びである。研究者としても、法宝の公開からしても、さらに世界の文運へ広く寄与する日本の国際的立場からしても、双手をあげて賛同の声を大にしたい[23]。

高麗時代や朝鮮時代に印刷された高麗蔵は、上記の通り日本各地で所蔵されているが、文化財保護の立場からそれを公開していないのが実情である。大正蔵の底本として知られている高麗蔵が非公開とされてしまうのは、学術的な面において大変不便であったようである。また、大谷光照も「日韓両国の有志の方々の御尽力により、この秘宝の影印本が出版されることとなり、入手が容易になったのは画期的なことである[24]」と、その出版を大いに喜んでいる。研究者の立場からも、東洋仏典研究会本の出版が切に望まれていたことは紛れもなかった。

以上のことを踏まえてみると、東洋仏典研究会本は、海印寺所蔵高麗蔵の版木の毀損状態、高い彫版刻字技術やその正確さで知られる高麗蔵の学術的要素、平和祈願という護国的性格を帯びた信仰面、文化財保護法により非公開にせざるを得ない日本での実状、これらすべての事柄が少しずつ絡みあった結果、日本側の切なる要望から生まれた産物だと言えるのではないか。高麗蔵に対する尊さが、日韓の国境を超えて東洋仏典研究会本の出版という大きな実を結んだように思われる。

Ⅳ．東洋仏典研究会本の底本の検討

1．東国大学校本と東洋仏典研究会本の比較

東洋仏典研究会本は、一九七一年十一月から一九七五年七月にかけて全四五冊が刊行されているが、この影印本はどの時代に印刷された高麗蔵を底本としたのか、について検討する必要がある。

一九一五年に小田幹治郎によって報告された欠字箇所を、東洋仏典研究会本で調査してみると、『仏説護国経』第四張三行目の七字が欠けているだけで、それ以外の箇所はすべて木活字で補われており、東国大学校本のように明らかな文字欠落を見出せなかったことから、二つの影印本はそれぞれ底本が異なると考えられる。

そこで、小田幹治郎の欠字報告箇所をもとにして、東国大学校本と東洋仏典研究会本、さらにソウル大学校本で比較し、東洋仏典研究会本の底本について検討する。

①『阿毘達磨倶舎釈論』巻第二一第二張二三行目の「中由但立」四字が欠字として報告されている。東国大学校本と東洋仏典研究会本を比べてみると、前者は金属活字で補われているが、後者は木活字で補われている。さらに、ソウル大学校本と比べてみると、後者と同じであることがわかる（**【図1、2、3】**参照）。

②『阿毘達磨順正理論』巻第三七第一張二〇行目の「近分如後」の四字が欠字として報告されている。東国大学校本と東洋仏典研究会本を比べてみると、前者は金属活字で補われているが、後者は木活字で補われている。さらに、ソウル大学校本と比べてみると、後者と同じであることがわかる（**【図4、5、6】**参照）。

③『経律異相』巻第一八巻第一九張の刊記部分「癸卯歳高麗国分司大蔵都監奉／勅雕造」の下線部七字（「麗」

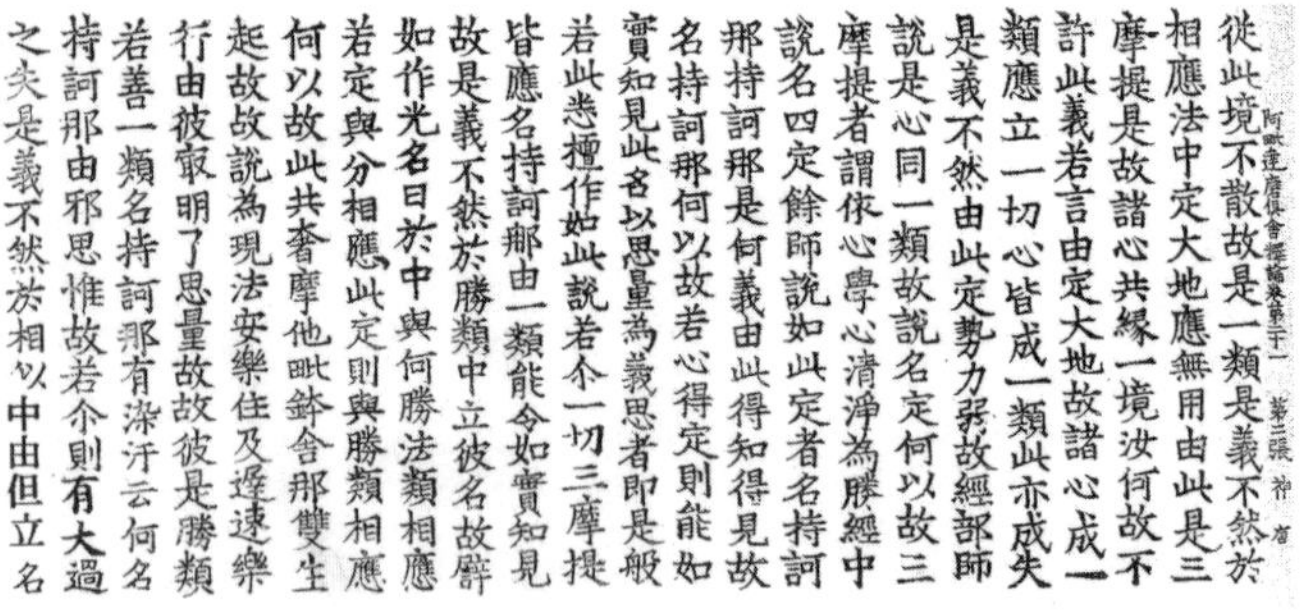

從此境不散故是一類是義不然於
相應法中定大地應無用由此是三
摩提是故諸心共緣一境汝何故不
許此義若言由定大地故諸心成一
類應立一切心皆成一類此亦成失
是義不然由此定勢力弱故經部師
説是心同一類故説名定何以故三
摩提者謂依心學心清淨為勝經中
説名四定餘師説如此定者名持訶
那持訶那是何義由此得知得見故
名持訶那何以故若心得定則能如
實知見此名以思量為義思者即是般
若此巻擅作如此説若尒一切三摩提
皆應名持訶那由一類能令如實知見
故是義不然於勝類中立彼名故譬
如作光名日於中與何勝法類相應
若定與分相應此定則與勝類相應
何以故此共奢摩他毗鉢舍那雙生
起故故説為現法安樂住及遅速樂
行由彼審明了思量故彼是勝類
若善一類名持訶那有染汙云何名
持訶那由邪思惟故若尒則有大過
之失是義不然於相似中由但立名

図１　『阿毘達磨倶舎釈論』巻第二一第二張（東国大学校本）

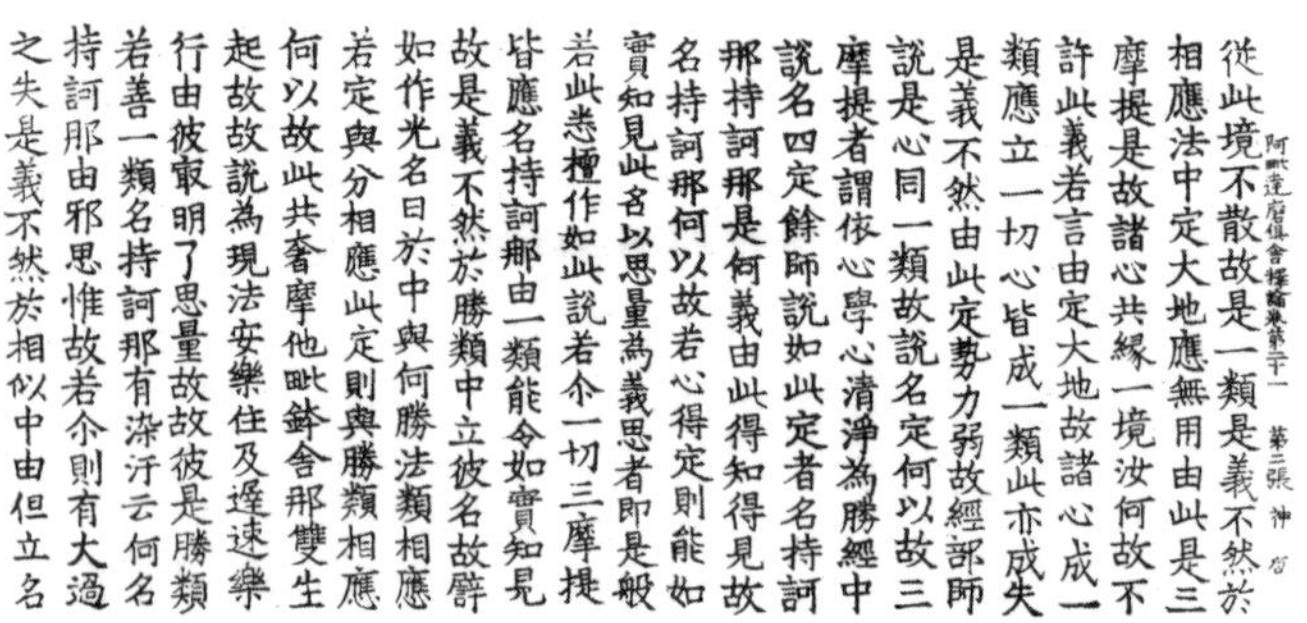

從此境不散故是一類是義不然於
相應法中定大地應無用由此是三
摩提是故諸心共緣一境汝何故不
許此義若言由定大地故諸心成一
類應立一切心皆成一類此亦成失
是義不然由此定勢力弱故經部師
説是心同一類故説名定何以故三
摩提者謂依心學心清淨為勝經中
説名四定餘師説如此定者名持訶
那持訶那是何義由此得知得見故
名持訶那何以故若心得定則能如
實知見此名以思量為義思者即是般
若此巻擅作如此説若尒一切三摩提
皆應名持訶那由一類能令如實知見
故是義不然於勝類中立彼名故譬
如作光名日於中與何勝法類相應
若定與分相應此定則與勝類相應
何以故此共奢摩他毗鉢舍那雙生
起故故説為現法安樂住及遅速樂
行由彼審明了思量故彼是勝類
若善一類名持訶那有染汙云何名
持訶那由邪思惟故若尒則有大過
之失是義不然於相似中由但立名

図２　『阿毘達磨倶舎釈論』巻第二一第二張（東洋仏典研究会本）

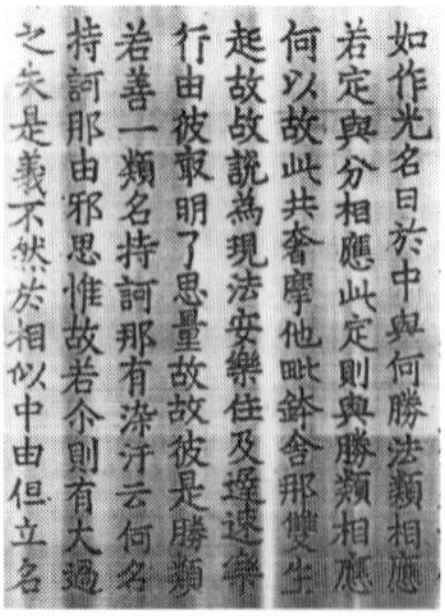

如作光名日於中與何勝法類相應
若定與分相應此定則與勝類相應
何以故此共奢摩他毗鉢舍那雙生
起故故説為現法安樂住及遅速樂
行由彼審明了思量故彼是勝類
若善一類名持訶那有染汙云何名
持訶那由邪思惟故若尒則有大過
之失是義不然於相似中由但立名

図３　『阿毘達磨倶舎釈論』巻第二一第二張
（ソウル大学校本）

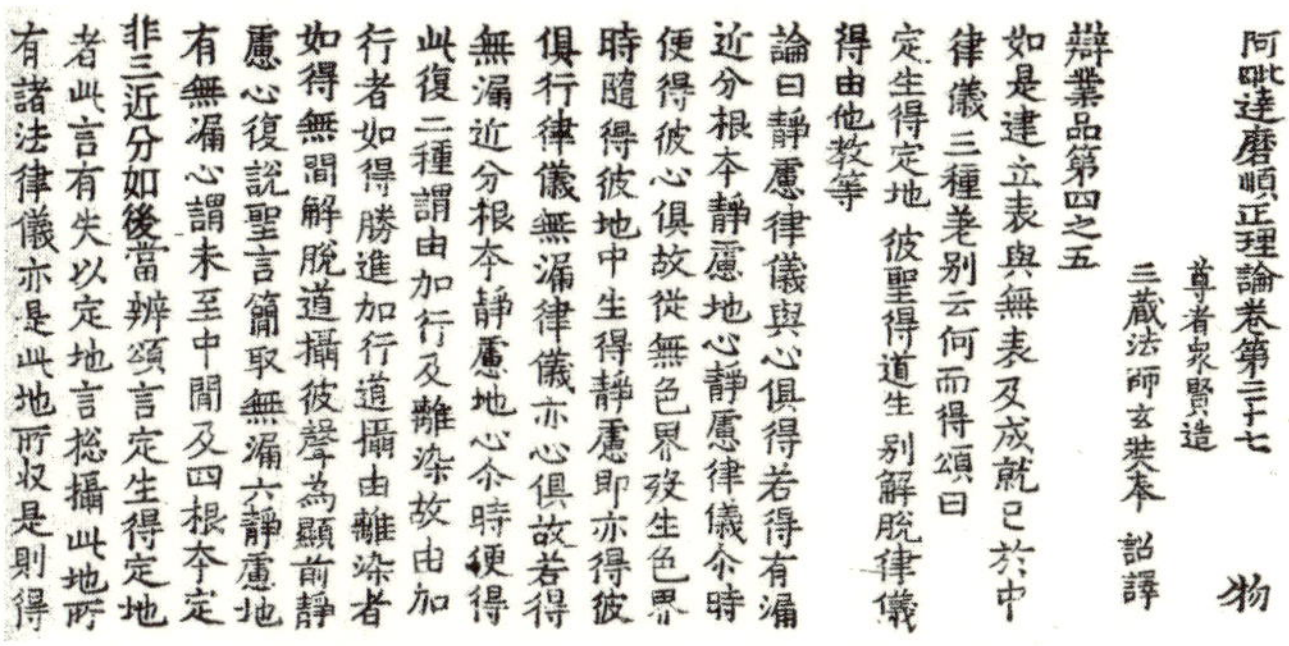

阿毗達磨順正理論巻第三十七　物
尊者衆賢造
三藏法師玄奘奉　詔譯
辯業品第四之五
如是建立表與無表又成就已於中
律儀三種差別云何而得頌曰
定生得定地　彼聖得道生　別解脱律儀
得由他教等
論曰靜慮律儀與心倶得若得有漏
近分根本靜慮地心靜慮律儀尒時
便得彼心倶故從無色界歿生色界
時隨得彼地中生得靜慮即亦得彼
倶行律儀無漏律儀亦心倶故若得
無漏近分根本靜慮地心尒時便得
此復二種謂由加行及離染故由加
行者如得勝進加行道攝由離染者
如得無間解脱道攝彼聲為顯前靜
慮心復説聖言簡取無漏六靜慮地
有無漏心謂未至中間及四根本定
非三近分如後當辨頌言定生得定地
者此言有失以定地言揔攝此地所
有諸法律儀亦是此地所収是則得

図 4　『阿毘達磨順正理論』巻第三七第一張（東国大学校本）

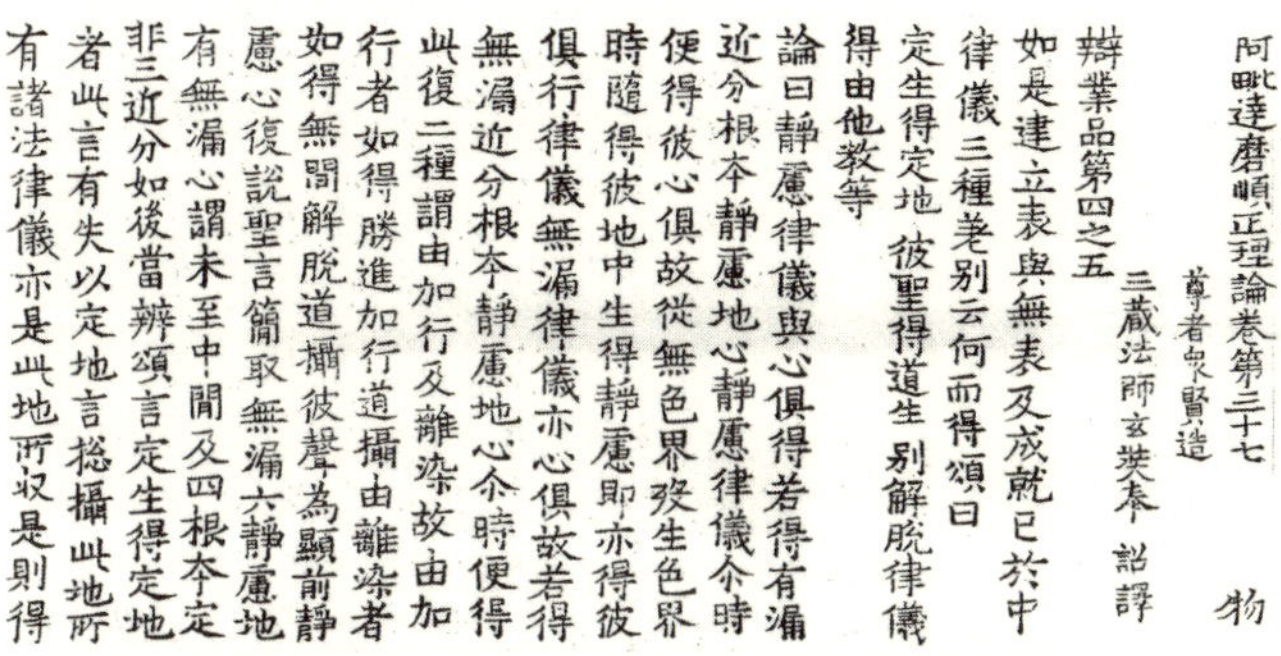

阿毗達磨順正理論巻第三十七　物
尊者衆賢造
三藏法師玄奘奉　詔譯
辯業品第四之五
如是建立表與無表又成就已於中
律儀三種差別云何而得頌曰
定生得定地　彼聖得道生　別解脱律儀
得由他教等
論曰靜慮律儀與心倶得若得有漏
近分根本靜慮地心靜慮律儀尒時
便得彼心倶故從無色界歿生色界
時隨得彼地中生得靜慮即亦得彼
倶行律儀無漏律儀亦心倶故若得
無漏近分根本靜慮地心尒時便得
此復二種謂由加行及離染故由加
行者如得勝進加行道攝由離染者
如得無間解脱道攝彼聲為顯前靜
慮心復説聖言簡取無漏六靜慮地
有無漏心謂未至中間及四根本定
非三近分如後當辨頌言定生得定地
者此言有失以定地言揔攝此地所
有諸法律儀亦是此地所収是則得

図 5　『阿毘達磨順正理論』巻第三七第一張（東洋仏典研究会本）

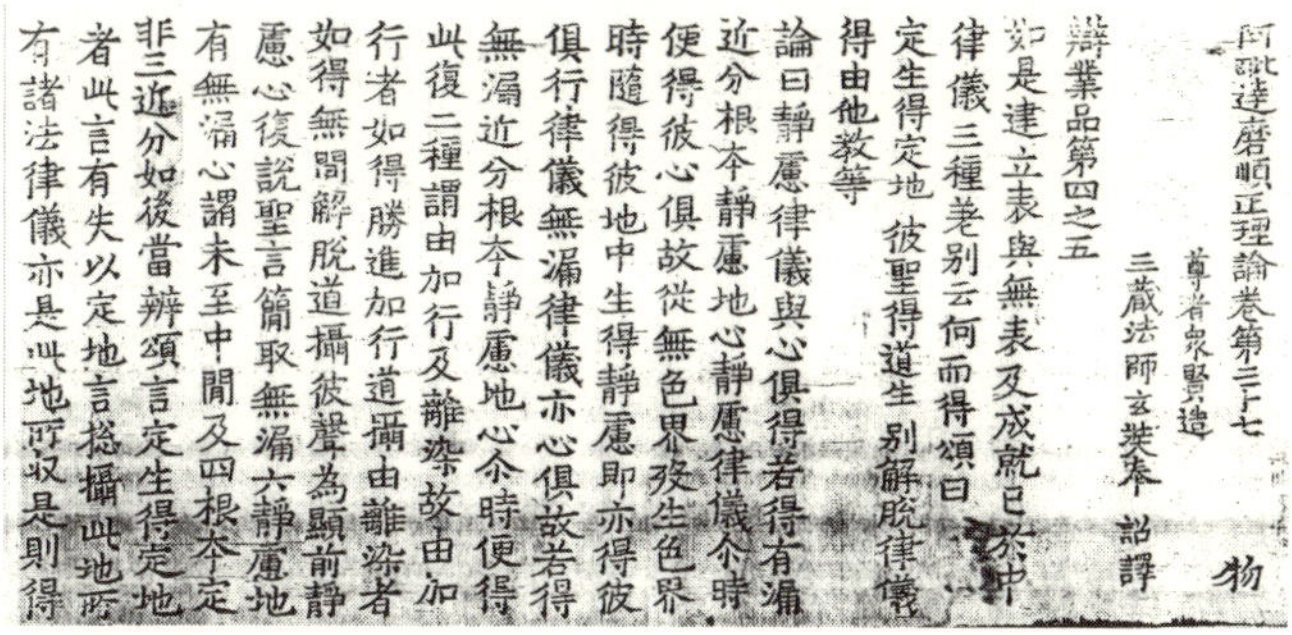

阿毗達磨順正理論巻第三十七　物
尊者衆賢造
三藏法師玄奘奉　詔譯
辯業品第四之五
如是建立表與無表又成就已於中
律儀三種差別云何而得頌曰
定生得定地　彼聖得道生　別解脱律儀
得由他教等
論曰靜慮律儀與心倶得若得有漏
近分根本靜慮地心靜慮律儀尒時
便得彼心倶故從無色界歿生色界
時隨得彼地中生得靜慮即亦得彼
倶行律儀無漏律儀亦心倶故若得
無漏近分根本靜慮地心尒時便得
此復二種謂由加行及離染故由加
行者如得勝進加行道攝由離染者
如得無間解脱道攝彼聲為顯前靜
慮心復説聖言簡取無漏六靜慮地
有無漏心謂未至中間及四根本定
非三近分如後當辨頌言定生得定地
者此言有失以定地言揔攝此地所
有諸法律儀亦是此地所収是則得

図 6　『阿毘達磨順正理論』巻第三七第一張（ソウル大学校本）

の下半分が欠落）が欠落している。刊記部分でもあり本文への影響は無いものの、小田幹治郎は欠字として報告している。東国大学校本と東洋仏典研究会本を比べてみると、前者はその箇所が欠落しているが、後者は木活字で補われている。ソウル大学校本と比べてみると後者と同じである（【図7、8、9】参照）。

④『経律異相』巻第四六第二五張一〇行目の「手捉一杓取自」の六字が欠字として報告されている。東国大学校本と東洋仏典研究会本を比べてみると、前者はその箇所が欠落しているが、後者は木活字で補われている。ソウル大学校本と比べてみると、後者と同じであることがわかる（【図10、11、12】参照）。

⑤『仏説護国経』第四張二行目の一四字と三行目の七字が欠字として報告されている。東国大学校本と東洋仏典研究会本を比べてみると、前者は二行目と三行目が欠落しているが、後者は木活字で補われている。ソウル大学校本と比べてみると後者と同じである。さて、『仏説護国経』第一張から第四張は大宋新訳三蔵聖教序の部分であり、大正蔵にも載っていない。ただ、大宋新訳三蔵聖教序は高麗蔵の他の経典にも付されていることから、これらを比べて見ると三行目はもともと「懇切致意専勤以」の七字のみであった。小田幹治郎は、一行二八字（二・三行目各一四字）が欠落していると報告しているが、一行二一字（二行目は一四字、三行目は七字）の誤りである（【図13、14、15】参照）。

以上、上記の経典について小田幹治郎の報告をもとにして、東国大学校本と東洋仏典研究会本を比較し、その上でソウル大学校本との類似点を確認した。その結果、東洋仏典研究会本とソウル大学校本は、欠字報告の箇所で明らかに類似していることが確認できた。しかしながら、すべての部分において類似しているとは言えない。例えば、『大般若波羅蜜多経』巻第五一八第六張の一行目「如」、二行目「言」、三行目「正」の文字は、東洋仏典研究会本では木活字で補われているが、ソウル大学校本では空白である。同じく『大般若波羅蜜多経』巻第五三〇第一六張

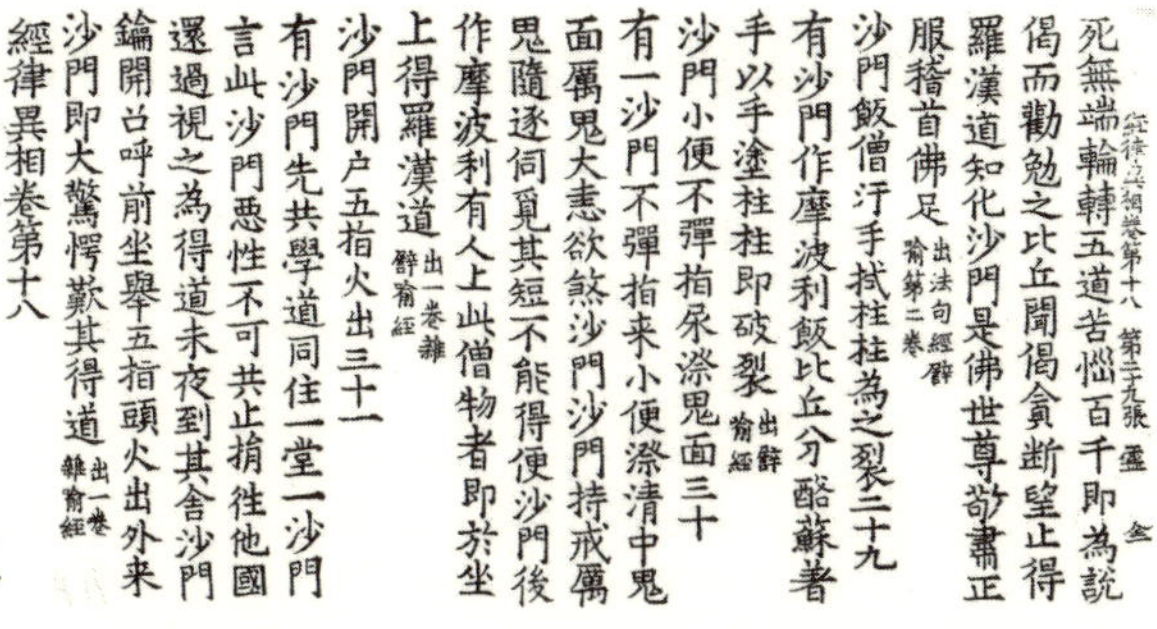

図７　『経律異相』巻第一八第二九張（東国大学校本）

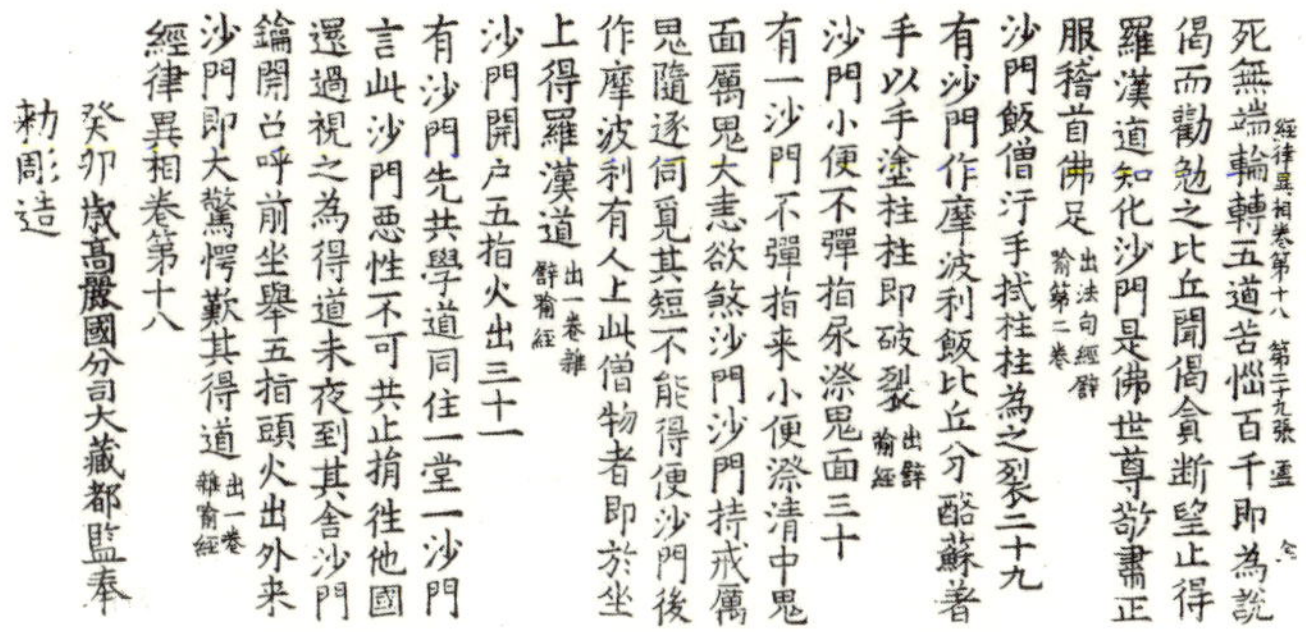

図８　『経律異相』巻第一八第二九張（東洋仏典研究会本）

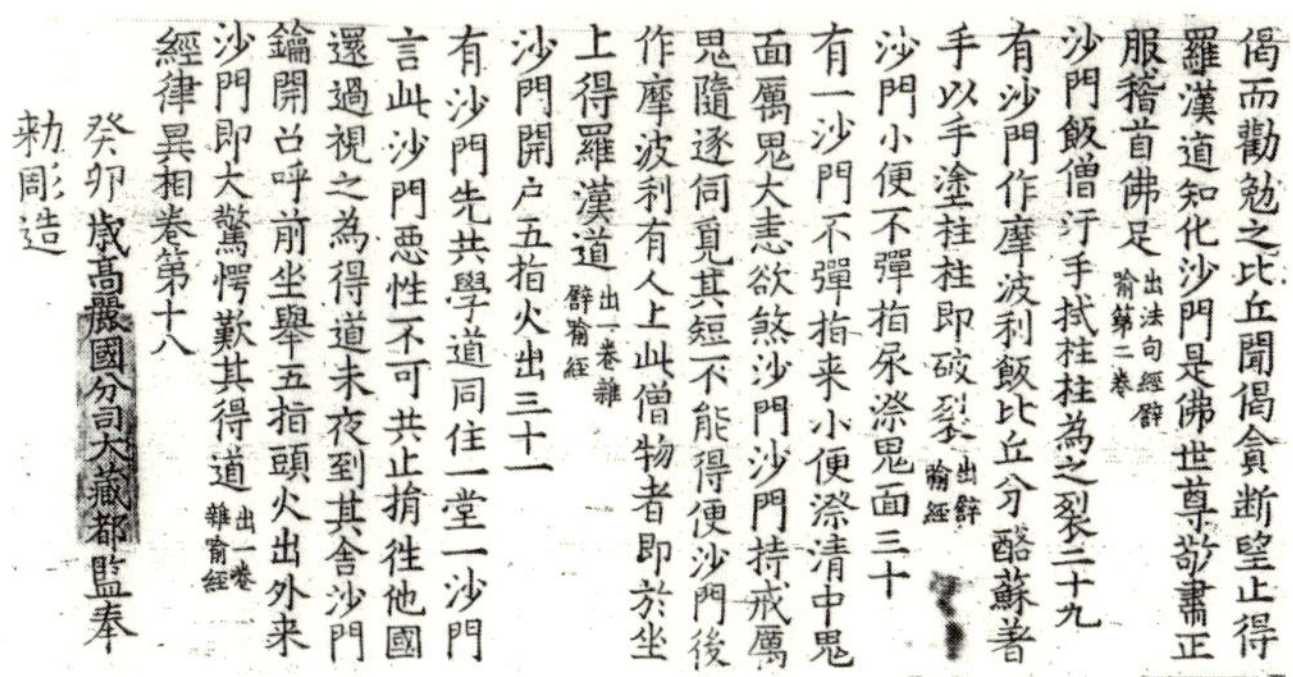

図９　『経律異相』巻第一八第二九張（ソウル大学校本）

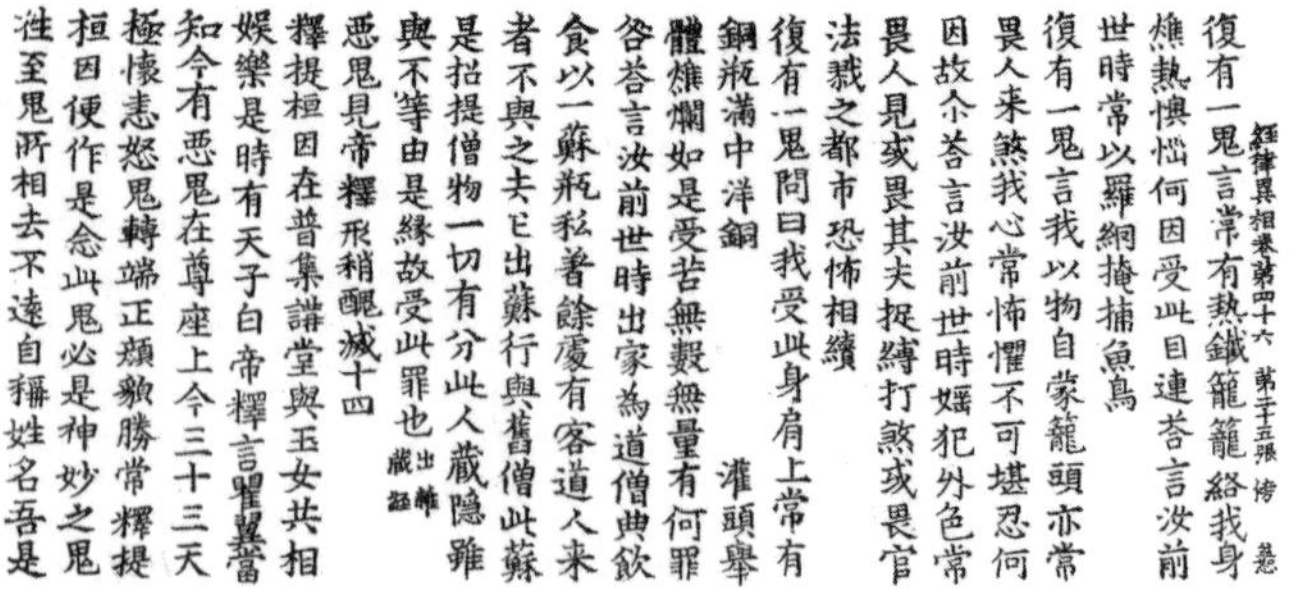

經律異相卷第四十六　第二十五張　傍　恙
復有一鬼言常有熱鐵籠籠絡我身
燋熱懊惱何因受此目連荅言汝前
世時常以羅網掩捕魚鳥
復有一鬼言我以物自蒙籠頭亦常
畏人来煞我心常怖懼不可堪忍何
因故尒荅言汝前世時媱犯外色常
畏人見或畏其夫捉縛打煞或畏官
法戮之都市恐怖相續
復有一鬼問曰我受此身肩上常有
銅瓶滿中洋銅　　　　　灌頭舉
體燋爛如是受苦無數無量有何罪
咎荅言汝前世時出家為道僧典飲
食以一蘇瓶私著餘處有客道人来
者不與之去已出蘇行與舊僧此蘇
是招提僧物一切有分此人藏隱雖
與不等由是緣故受此罪也出雜藏經
惡鬼見帝釋形稍醜滅十四
釋提桓因在普集講堂與玉女共相
娛樂是時有天子白帝釋言瞿翼當
知今有惡鬼在尊座上令三十三天
極懷恚怒鬼轉端正顏貌勝常釋提
桓因便作是念此鬼必是神妙之鬼
往至鬼所相去不遠自稱姓名吾是

図10　『経律異相』巻第四六第二五張（東国大学校本）

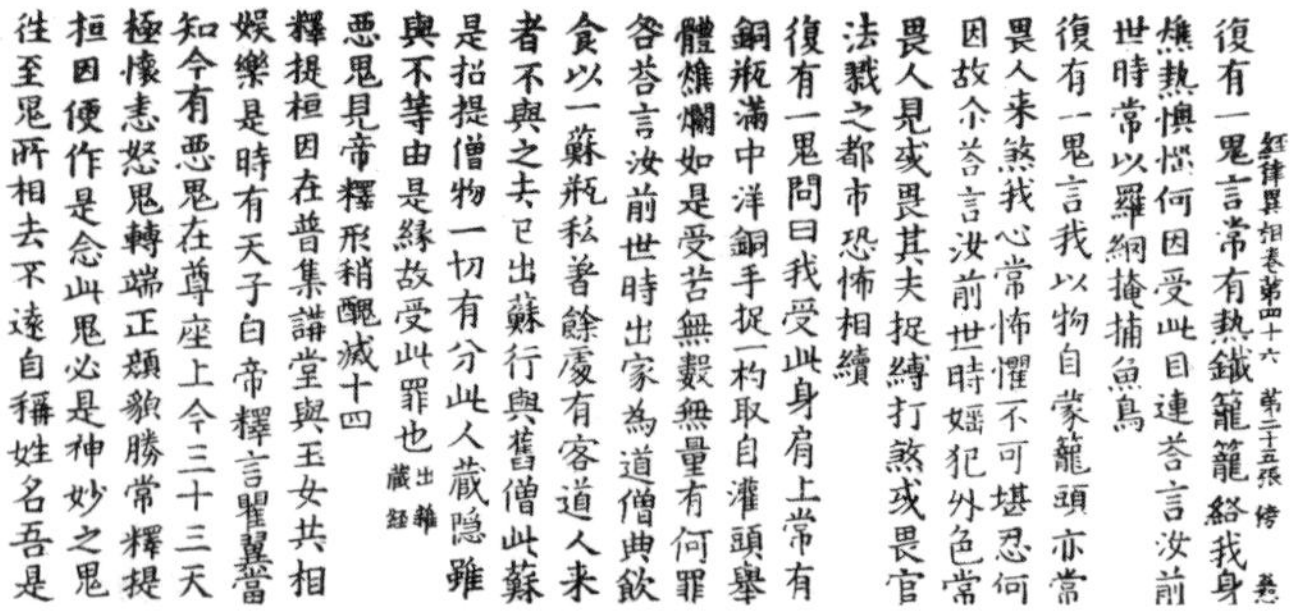

經律異相卷第四十六　第二十五張　傍　恙
復有一鬼言常有熱鐵籠籠絡我身
燋熱懊惱何因受此目連荅言汝前
世時常以羅網掩捕魚鳥
復有一鬼言我以物自蒙籠頭亦常
畏人来煞我心常怖懼不可堪忍何
因故尒荅言汝前世時媱犯外色常
畏人見或畏其夫捉縛打煞或畏官
法戮之都市恐怖相續
復有一鬼問曰我受此身肩上常有
銅瓶滿中洋銅手捉一杓取自灌頭舉
體燋爛如是受苦無數無量有何罪
咎荅言汝前世時出家為道僧典飲
食以一蘇瓶私著餘處有客道人来
者不與之去已出蘇行與舊僧此蘇
是招提僧物一切有分此人藏隱雖
與不等由是緣故受此罪也出雜藏經
惡鬼見帝釋形稍醜滅十四
釋提桓因在普集講堂與玉女共相
娛樂是時有天子白帝釋言瞿翼當
知今有惡鬼在尊座上令三十三天
極懷恚怒鬼轉端正顏貌勝常釋提
桓因便作是念此鬼必是神妙之鬼
往至鬼所相去不遠自稱姓名吾是

図11　『経律異相』巻第四六第二五張（東洋仏典研究会本）

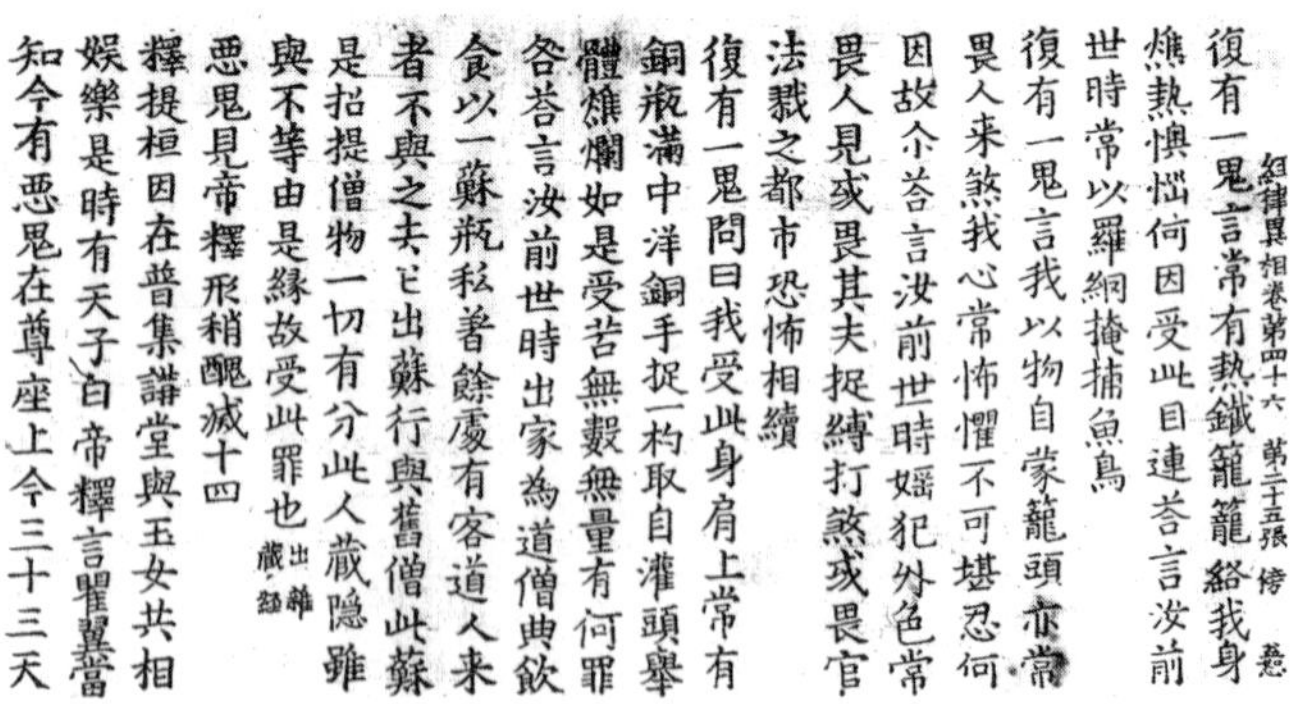

經律異相卷第四十六　第二十五張　傍　恙
復有一鬼言常有熱鐵籠籠絡我身
燋熱懊惱何因受此目連荅言汝前
世時常以羅網掩捕魚鳥
復有一鬼言我以物自蒙籠頭亦常
畏人来煞我心常怖懼不可堪忍何
因故尒荅言汝前世時媱犯外色常
畏人見或畏其夫捉縛打煞或畏官
法戮之都市恐怖相續
復有一鬼問曰我受此身肩上常有
銅瓶滿中洋銅手捉一杓取自灌頭舉
體燋爛如是受苦無數無量有何罪
咎荅言汝前世時出家為道僧典飲
食以一蘇瓶私著餘處有客道人来
者不與之去已出蘇行與舊僧此蘇
是招提僧物一切有分此人藏隱雖
與不等由是緣故受此罪也出雜藏經
惡鬼見帝釋形稍醜滅十四
釋提桓因在普集講堂與玉女共相
娛樂是時有天子白帝釋言瞿翼當
知今有惡鬼在尊座上令三十三天

図12　『経律異相』巻第四六第二五張（ソウル大学校本）

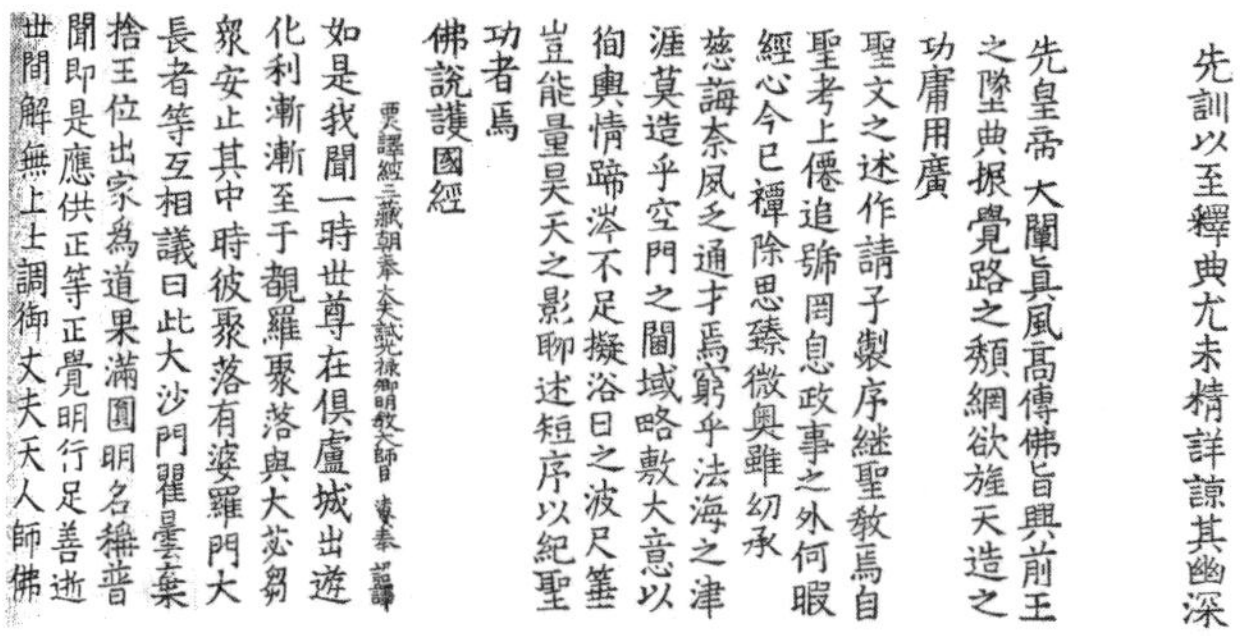
先訓以至釋典尤未精詳諒其幽深
先皇帝 大闡眞風高傳佛旨興前王
之墜典振覺路之頹綱欲旌天造之
功庸用廣
聖文之述作請子製序継聖教爲自
聖考上僊追蹤罔息政事之外何暇
經心今已禪除思臻微奧雖幼承
慈誨柰夙乏通才焉窮乎法海之津
涯莫造乎空門之閫域略敷大意以
徇輿情蹄涔不足擬浴日之波尺箠
豈能量昊天之影聊述短序以紀聖
功者焉
佛說護國經
西天譯經三藏朝奉大夫試光祿卿明教大師臣法賢奉 詔譯
如是我聞一時世尊在俱盧城出遊
化利漸漸至于覩羅聚落與大苾芻
衆安止其中時彼聚落有婆羅門大
長者等互相議曰此大沙門瞿曇棄
捨王位出家為道果滿圓明名稱普
聞即是應供正等正覺明行足善逝
世間解無上士調御丈夫天人師佛

図13　『仏説護国経』第四張（東国大学校本）

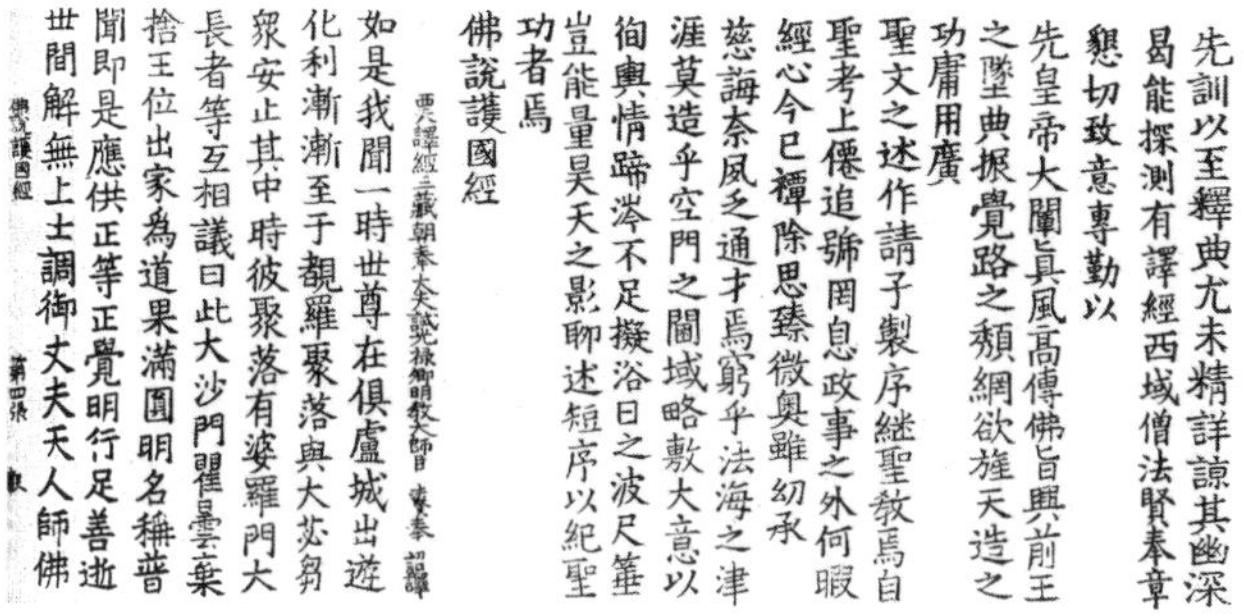
先訓以至釋典尤未精詳諒其幽深
曷能探測有譯經西域僧法賢奉章
懇切致意專勤以
先皇帝大闡眞風高傳佛旨興前王
之墜典振覺路之頹綱欲旌天造之
功庸用廣
聖文之述作請子製序継聖教爲自
聖考上僊追蹤罔息政事之外何暇
經心今已禪除思臻微奧雖幼承
慈誨柰夙乏通才焉窮乎法海之津
涯莫造乎空門之閫域略敷大意以
徇輿情蹄涔不足擬浴日之波尺箠
豈能量昊天之影聊述短序以紀聖
功者焉
佛說護國經
西天譯經三藏朝奉大夫試光祿卿明教大師臣法賢奉 詔譯
如是我聞一時世尊在俱盧城出遊
化利漸漸至于覩羅聚落與大苾芻
衆安止其中時彼聚落有婆羅門大
長者等互相議曰此大沙門瞿曇棄
捨王位出家為道果滿圓明名稱普
聞即是應供正等正覺明行足善逝
世間解無上士調御丈夫天人師佛
佛說護國經　第四張

図14　『仏説護国経』第四張（東洋仏典研究会本）

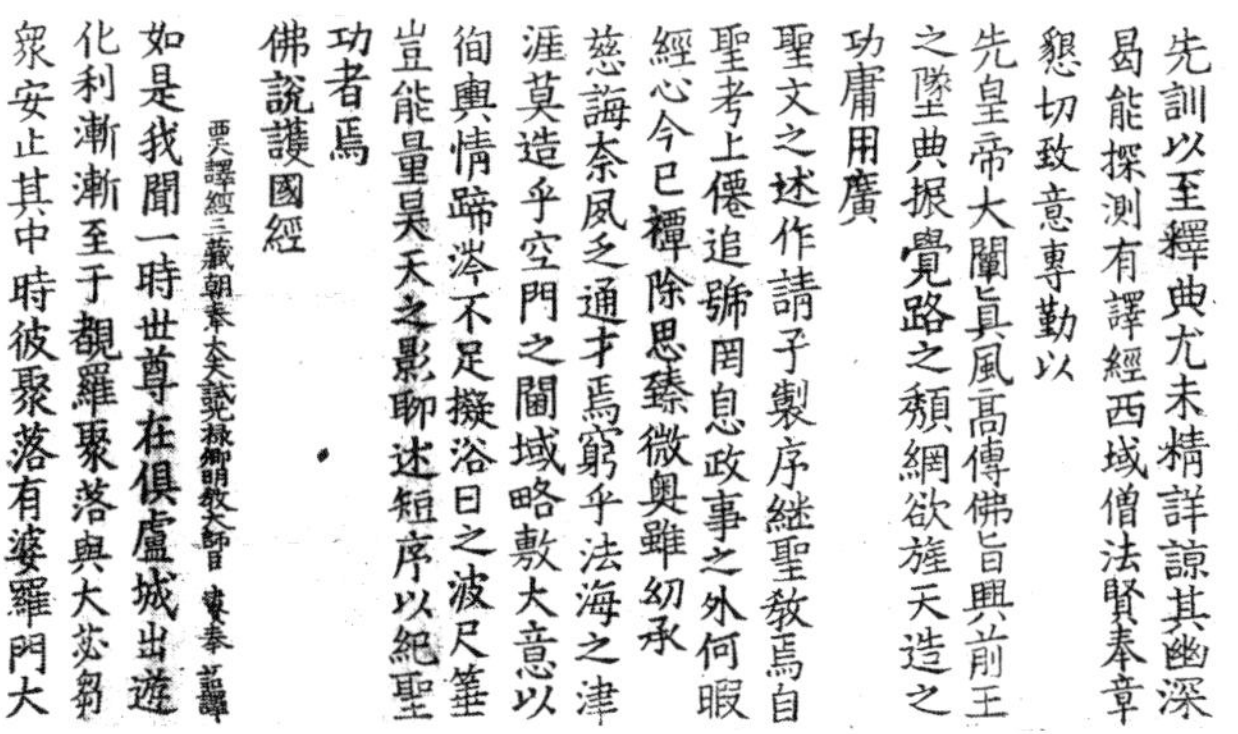
先訓以至釋典尤未精詳諒其幽深
曷能探測有譯經西域僧法賢奉章
懇切致意專勤以
先皇帝大闡眞風高傳佛旨興前王
之墜典振覺路之頹綱欲旌天造之
功庸用廣
聖文之述作請子製序継聖教爲自
聖考上僊追蹤罔息政事之外何暇
經心今已禪除思臻微奧雖幼承
慈誨柰夙乏通才焉窮乎法海之津
涯莫造乎空門之閫域略敷大意以
徇輿情蹄涔不足擬浴日之波尺箠
豈能量昊天之影聊述短序以紀聖
功者焉
佛說護國經
西天譯經三藏朝奉大夫試光祿卿明教大師臣法賢奉 詔譯
如是我聞一時世尊在俱盧城出遊
化利漸漸至于覩羅聚落與大苾芻
衆安止其中時彼聚落有婆羅門大

図15　『仏説護国経』第四張（ソウル大学校本）

の一行目の一四字、二行目の一三字は、東洋仏典研究会本ではすべて木活字で補われているが、ソウル大学校本は空白であった。

また、小田幹治郎の報告になかったか、もしくは漏れてしまったと考えられる箇所もある。例えば、『大般若波羅蜜多経』巻第二一五第一二張一行目から一〇行目までが部分的に欠落している。該当箇所を東国大学校本と東洋仏典研究会本とで比べてみると、前者は金属活字で補われているが、後者は木活字で補われており、一見すると欠字かどうかを判断できない。さらに、ソウル大学校本で確認してみると、その箇所が空白となっている。

小田幹治郎は欠字部分を「刷刻補充」したと述べているが、ソウル大学校本については欠字の報告があったすべての箇所について補充していなかったことが判明した。このことから、東洋仏典研究会本の影印出版に際して、再度欠字箇所を補充したと考えなければならない。

2．ソウル大学校本の特徴

これまで、二つの影印本とソウル大学校本を比較・検討した。その結果、東洋仏典研究会本とソウル大学校本が欠字部分で類似していることが明らかとなった。

ここで、東洋仏典研究会本とソウル大学校本をさらに比較して、その他の類似点についても追究してみたい。ソウル大学校本の特徴は、各冊の内題の右横に「大正八年十二月二十六日／伯爵　寺内正毅寄贈本」という印が施されていることである。同本は先にも述べたように、大正時代に前天皇の追慕にあたり三部印刷されたうちの一部である。印刷の経緯については、小田幹治郎によって詳細に報告されているため、本稿では省略する。(25)

この時印刷された三蔵の高麗蔵は、京都の泉涌寺、宮内庁書陵部、ソウル大学校奎章閣韓国学研究院にそれぞれ

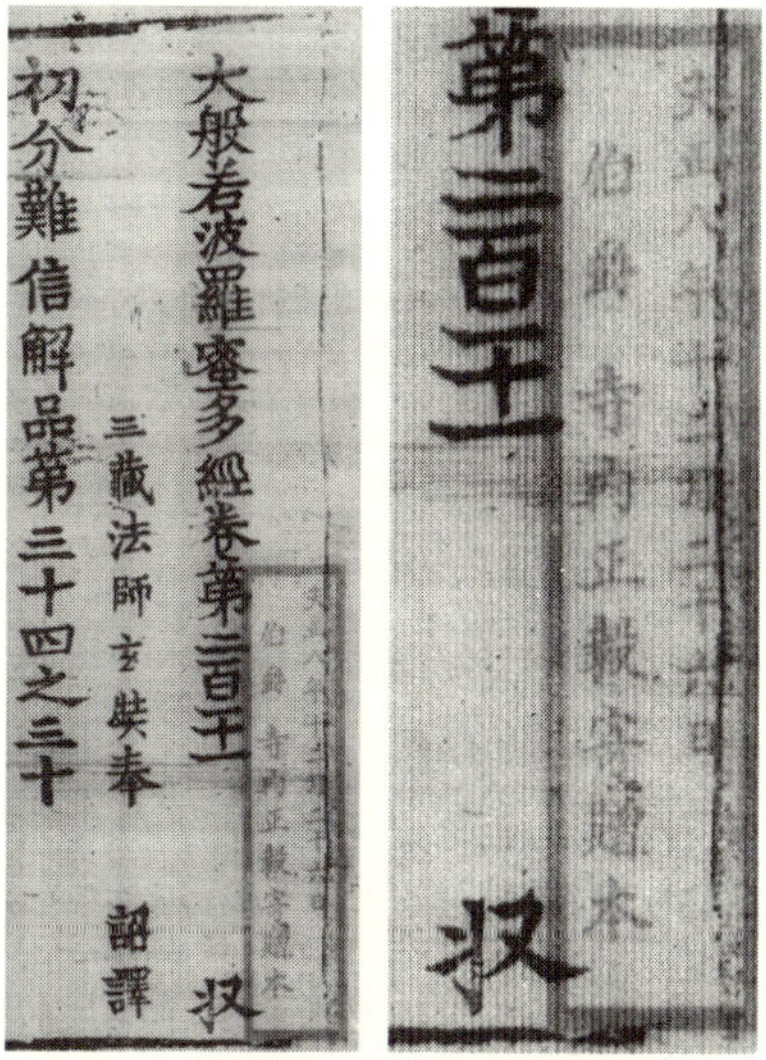

図16　『大般若波羅蜜多経』巻第二一一第一張（ソウル大学校本）

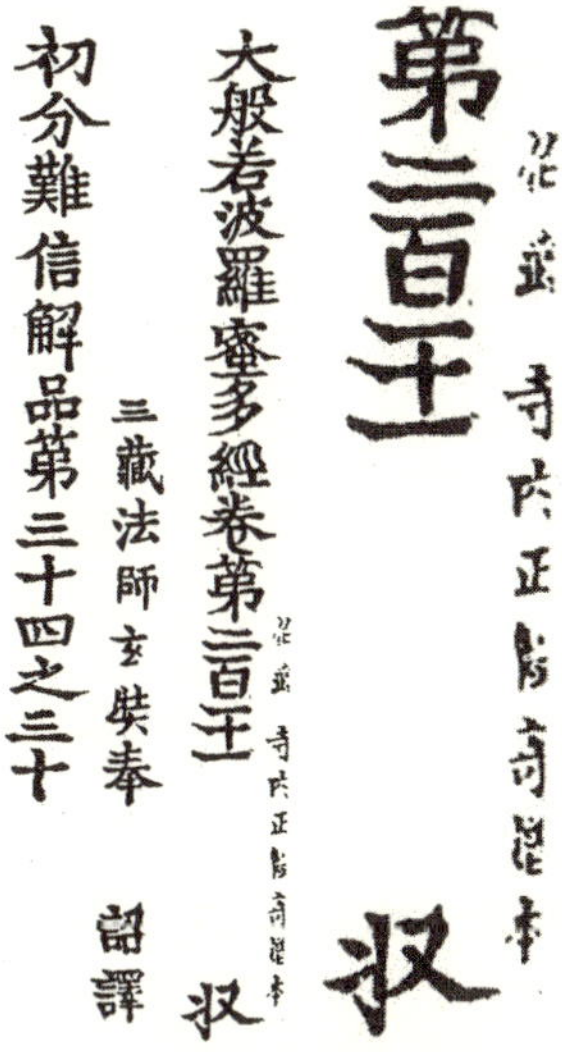

図17　『大般若波羅蜜多経』巻第二一一第一張（東洋仏典研究会本）

所蔵されている[26]。ただ、一九一五年に印刷されてから、直接ソウル大学校に寄贈されたのか、あるいは様々な経緯を経て寄贈されたのかについては不明である。高麗蔵が印刷、製本されて各所に奉納された後、寺内正毅がソウル大学校本に「大正八年十二月二十六日／伯爵　寺内正毅寄贈本」と捺印して寄贈したようである。

　さて、ソウル大学校本一一六〇冊の各所に特徴となる先の捺印が施されているが、東洋仏典研究会本にもそれと同様の捺印が確認できる。すなわち、『大般若波羅蜜多経』巻第二一一第一張の内題の右に「伯爵寺内正毅寄贈本」とあるのがそれである（**【図16、17】**参照）。これは明らかに、東洋仏典研究会本がソウル大学校本を底本にしているという確証になる。ソウル大学校本には随所にこの捺印が見られるが、泉涌寺所蔵の高麗蔵には寺内正毅の印は押されていなかった。

　影印本とは、影印印刷したものをそのまま出版するものであるが、東洋仏典研究会本は欠字箇所の補修や捺印の問題などから、刊本をそのまま出版せず、ある程度編集加工して手を加えた後に出版したようである。

もう一つ、東洋仏典研究会本の底本が、なぜソウル大学校本であるかという問題がある。これについての詳細は明らかではないが、当時三蔵が印刷されたうち二蔵は日本にあったものの、宮内庁の管轄であったため閲覧が容易でなかったことから、ソウル大学校本の方が閲覧や影印出版に際して都合がよかったと考えられる。さらに、日韓の業務提携ではあったが韓国国内で影印出版されたことから、ソウル大学校本が最も適していたのではないだろうか。

V．欠字補完の問題

東洋仏典研究会本は、ソウル大学校本を底本としたことが確認できた。当時、欠板・欠字の補充は、朝鮮半島の五台山月精寺と金剛山正陽寺、日本の増上寺と東本願寺にそれぞれ所蔵されていた四つの古印本と比較対照して行われた。この時造られた版木を「大正四年雕刻」として、その補充を明らかにしている。また、欠字に関しても、欠版同様のことがなされ補充されたと報告されている。(27)

『雑阿毘曇心論』巻第二第一三張一八行目の一四字の欠字は、東国大学校本では金属活字、東洋仏典研究会本では木活字でそれぞれ補われている（**【図18、19、20】**参照）。しかし、その部分については、当時参考にした四つの高麗蔵では補えないことが確認できた。

まず、それぞれの寺院が所蔵する高麗蔵がいつ印刷されたかについて見ることとする。月精寺の高麗蔵は、高宗二年（一八六五）に大蔵経を二部印刷したうちの一部である。(28)正陽寺の高麗蔵は、世祖三年（一四五七）に大蔵経五〇部を印刷して全国の主要寺院に奉安したうちの一部であることから、(29)増上寺のそれも同時代に印刷されたものであると言える。東本願寺所蔵の高麗蔵は、現在大谷大学に所蔵されており辛禑七年（一三八一）に印刷されたも

のである。(30)

そこで、東本願寺旧蔵で現在大谷大学所蔵の高麗蔵で該当箇所を見てみると、「法共有共□□□□□□□□□□□意」とあり、一一字が欠落していることが確認できた。しかし、『雑阿毘曇心論』巻第二は、第一から第二六張までが写本であった。この高麗蔵は、文政年間（一八一八―三〇）に高野山金剛峯寺や建仁寺のもので捕写されている。(31)『雑阿毘曇心論』は、どちらの高麗蔵によって捕写されたかは不明であるが、増上寺のものよりも印刷年代が古いと考えられる。つまり、四つの高麗蔵の中で印刷年代が最も古い大谷大学所蔵の『雑阿毘曇心論』で欠字箇所を補えないということは、残りの三つに関しても同様のことが言えるのではないか。

では、『雑阿毘曇心論』巻第二の欠落箇所をどのようにして補ったのか。大正蔵の該当箇所には、「法共有共有因謂十大地大地相四十意　一六字三宮」と注記されており、その箇所が宋版・元版・明版の大蔵経などで補われたことがわかる。しかし、大正蔵は大正十一年（一九二二）から刊行され始めたので、ソウル大学校本よりも年代が遅いことから比較対象にはならない。さらに、それ以前の大蔵経刊行を見てみると、明治十三年（一八八〇）から十八年（一八八五）にかけて、増上寺の高麗蔵を底本として縮刷蔵が刊行されている。『雑阿毘曇心論』巻第二の該当箇所を見てみると、「八下三本倶有法共有共有因謂十大地大地相四十意十六字」と注記されている。縮刷蔵の刊行時には、すでに宋・元・明の三種類の大蔵経でその箇所が補われていたと考えられる。

つまり、一九一五年に印刷された高麗蔵の欠字部分は、四ヵ所の古印本である程度補えたが、それでも補えない箇所は、増上寺所蔵の宋版・元版・明版の大蔵経を参考にしたか、あるいは縮刷蔵を参考にしたものと考えられる。

雜阿毘曇心論第二卷　第十三張　摩

墮一世生已說十種隨轉於中有漏
斷結道八種隨轉除不善无記世俗
方便道解脫道勝進道及餘善有漏
心七種隨轉除不善无記及解脫果
無漏斷結道七種隨轉除不善无記
及報无漏方便道解脫道勝進道六
種隨轉除不善无記解脫果及報不
善心七種隨轉除善无記及解脫果
無記心六種隨轉除善不善解脫果
及報有共有亦共有因有共有非共
有因彼眼於八法共有亦共有因謂
四相四隨相相於眼共有共有因隨
相於眼共有非共有因生於八法共
有共有因除生自性眼及餘相隨相
生此五法於生共有共有因餘隨相
共有非共有因如是餘相隨相亦如
是乃至觸入亦如是意入於五十八
法共有共有因謂十大地大地相四十意
入相隨相八法於餘共有非共有因
有五十四法於意入共有共有因除
四隨相又說十四法於意入共有共
有因謂十大地心相四餘八十四法
共有非共有因大地亦如是說五十

図18　『雜阿毘曇心論』巻第二第一三張（東国大学校本）

雜阿毘曇心論第二卷　第十三張　摩

墮一世生已說十種隨轉於中有漏
斷結道八種隨轉除不善无記世俗
方便道解脫道勝進道及餘善有漏
心七種隨轉除不善无記及解脫果
無漏斷結道七種隨轉除不善无記
及報无漏方便道解脫道勝進道六
種隨轉除不善无記解脫果及報不
善心七種隨轉除善无記及解脫果
無記心六種隨轉除善不善解脫果
及報有共有亦共有因有共有非共
有因彼眼於八法共有亦共有因謂
四相四隨相相於眼共有共有因隨
相於眼共有非共有因生於八法共
有共有因除生自性眼及餘相隨相
生此五法於生共有共有因餘隨相
共有非共有因如是餘相隨相亦如
是乃至觸入亦如是意入於五十八
法共有共有因謂十大地大地相四十意
入相隨相八法於餘共有非共有因
有五十四法於意入共有共有因除
四隨相又說十四法於意入共有共
有因謂十大地心相四餘八十四法
共有非共有因大地亦如是說五十

図19　『雜阿毘曇心論』巻第二第一三張（東洋仏典研究会本）

第二卷　第十三張　摩

墮一世生已說十種隨轉於中有漏
斷結道八種隨轉除不善无記世俗
方便道解脫道勝進道及餘善有漏
心七種隨轉除不善无記及解脫果
無漏斷結道七種隨轉除不善无記
及報无漏方便道解脫道勝進道六
種隨轉除不善无記解脫果及報不
善心七種隨轉除善无記及解脫果
無記心六種隨轉除善不善解脫果
及報有共有亦共有因有共有非共
有因彼眼於八法共有亦共有因謂
四相四隨相相於眼共有共有因隨
相於眼共有非共有因生於八法共
有共有因除生自性眼及餘相隨相
生此五法於生共有共有因餘隨相
共有非共有因如是餘相隨相亦如
是乃至觸入亦如是意入於五十八
法共有共有因謂十大地大地相四十意
入相隨相八法於餘共有非共有因
有五十四法於意入共有共有因除

図20　『雜阿毘曇心論』巻第二第一三張（ソウル大学校本）

Ⅵ. おわりに

以上、高麗蔵の影印本である東洋仏典研究会本について、その出版背景や底本に関する疑問、欠字の補完について検討した結果、以下のような答えが導き出せた。

東洋仏典研究会本の出版背景については、海印寺所蔵高麗蔵の版木の毀損状態、高い彫板刻字技術やその正確さで知られる高麗蔵の学術的要素、平和祈願という護国的性格を帯びている信仰的な面、文化財保護法により秘蔵されてしまうという日本での実状、これらすべての要素が少しずつ絡みあった結果、日本側の切なる要望から日韓双方の企業提携によって出版された。

東洋仏典研究会本の底本については、小田幹治郎の欠字報告をもとに、『阿毘達磨倶舎釈論』巻第二一第二張二三行目、『阿毘達磨順正理論』巻第三七第一張二〇行目、『経律異相』巻第一八第二九張刊記部分、『経律異相』巻第四六第二五張一〇行目、『仏説護国経』第四張二・三行目などの経典に関して、東国大学校本と東洋仏典研究会本、さらにソウル大学校本での比較を試みた。その結果、東洋仏典研究会本とソウル大学校本は類似している点が非常に多いことがわかった。また、ソウル大学校本の各経典の内題に、「大正八年十二月二十六日／伯爵　寺内正毅寄贈本」という印が押されている。これと同様の捺印が、東洋仏典研究会本の『大般若波羅蜜多経』巻第二一一にも一ヵ所だけ残されていることから、ソウル大学校本を底本にしていることが明らかとなった。

ソウル大学校本の印刷に際し、欠板や欠字箇所については、月精寺・正陽寺・増上寺・旧東本願寺蔵（現大谷大学）所蔵の四ヵ所の高麗蔵で補修が行われていた。しかし、『雑阿毘曇心論』のようにそれらだけでは補い切れない箇所は、増上寺にある宋・元・明の三種類の大蔵経か、あるいはすでに刊行されていた縮刷蔵を参考にしたものと考えられる。

註

(1) 現在、高麗大蔵経研究所では、高麗蔵の各経典の正字テキスト、異体字テキスト、月精寺蔵の刊本の写真などをウェブで公開している。それ以外にも、高麗蔵（初）の写真も公開されている。
(2) B5版の縮刷版。全部で四八冊。第四八冊は総目録・索引・解題である。
(3) 全部で四五巻。目録や索引等はなく、『大蔵目録』三巻も収録されていない。
(4) 東国大学校本の刊行については、第四章第二節を参照。
(5) 小田幹治郎は一〇一七字の欠字があると報告している。しかし、その内の二〇一字は『禅門拈頌集』にある。これは高麗蔵の補遺に収録されているものである。この補遺に現れた欠字については、東洋仏典研究会本には収録されていないので、今回は除外する。
(6) 高橋亨「高麗大蔵経板印出顚末」『朝鮮学報』二輯、一九五一年、二二二頁。
(7) 東国大学校本では、『祖堂集』巻六第三張、同巻一三第七張、『大蔵一覧集』巻第四第四〇張、『釈華厳旨帰章内通鈔』巻第四七第四張、『釈華厳教分記円通鈔』巻第一第一〇張、『華厳経探玄記』巻第一二第三張にも欠字がある。
(8) 徐首生「伽耶山海印寺　八万大蔵経研究（I）」『慶北大論文集』一二号、一九六八年（高麗大蔵経研究会編『高麗大蔵経資料集』I、一九八七年に収録のものを引用）、三〇〇―三頁。
(9) 松永知海編『高麗版大蔵経の諸相』佛教大学宗教文化ミュージアム、二〇一二年、二一―二頁。
(10) 梶浦晋「近代における大蔵経の編纂」『常照』五一号、佛教大学図書館、二〇〇二年、一四頁。
(11) 東国大学校本は、小田幹治郎の報告以外にも一二〇ヵ所六五四字の欠落箇所（金属活字での補修も含む）が確認できた。拙稿「高麗大蔵経の版木に関する一考察――影印本を中心として――」『印度学仏教学研究』一〇二号、二〇〇三年、一一二頁。
(12) 李瑄根「高麗大蔵経完刊に臨んで」『高麗大蔵経』第四八冊　総目録・索引・解題（日本語版）、同朋舎、一九七八年、三頁。

(13) 同右、三頁。

(14) 金子正好(他)、『増上寺三大蔵経目録解説』、大本山増上寺、一九八二年、四二頁。

(15) 兜木正亨の報告によれば、高麗蔵が一九五八年から一九六一年にかけて印刷された時、一蔵を一三四八冊に仕立てている。『一切経音義』一〇〇巻までで一二九一冊、補遺で一五部五〇冊である。この時一〇蔵が印刷され、東国大学校、香港・オーストラリア・コロンビア・カリフォルニアの各大学と、日本で二ヵ所に三蔵納められたという(兜木正亨「高麗板大蔵経・今昔」『学燈』七一巻一〇号、一九七四年。〈兜木正亨著、桐谷征一[他]編『法華版経の研究』、大東出版社、一九八二年所収、四五八―九頁〉)。

桐谷征一は、この時印刷された高麗蔵は、花園大学、霊友会(現在、国際仏教大学院大学に所蔵)、立正大学に納められたという。現在、立正大学図書館には、正蔵一三四一冊と諸版本(補遺と寺刊版)一〇九冊が所蔵されている(桐谷征一「立正大学図書館収蔵「韓国伽耶山海印寺諸版本」のこと」『大崎学報』一六四号、二〇〇八年、二二頁)。

(16) 李智冠「大蔵経の伝来及び再雕本印経考」『韓国仏教思想史――伽山李智冠スニム華甲紀念論叢――』上、伽山仏教文化振興院、一九九二年、五八頁。

(17) 日本での価格は全四五冊で一七五万五〇〇〇円(四五冊×三万九〇〇〇円)、贈呈品として豪華木製書架、索引書、解説書一冊などが付けられていた。

(18) 市田一夫「「高麗大蔵経」の御所蔵を賜りたく」『「高麗大蔵経」奉納の御案内』、アジア文化事業株式会社、一九七一年。

(19) 小田幹治郎『高麗板大蔵経印刷顛末』、泉涌寺、一九二三年、一〇頁。一八枚の欠版は、月精寺・正陽寺(以上朝鮮半島に所蔵)・増上寺・東本願寺の高麗蔵をもとに作られた。

(20) 註(6)、高橋亨、前掲論文、一九五一年、二一五頁。当時の調査結果も、一九一五年と同様に一八枚の欠版等が報告されている。ただし、一九一五年につくられた版木を使わず、新たにつくった。

(21) 註(8)、徐首生、前掲論文、三〇三頁。

(22) 趙明基「高麗大蔵経影印本推薦の辞」『「高麗大蔵経」奉納の御案内』、アジア文化事業株式会社、一九七一年。

(23) 宮本正尊「高麗大蔵経影印刊行にあたって」『「高麗大蔵経」奉納の御案内』、アジア文化事業株式会社、一九七一年。
(24) 大谷光照「画期的事業を声援する」『「高麗大蔵経」奉納の御案内』、アジア文化事業株式会社、一九七一年。
(25) 註(19)、小田幹治郎、前掲書、一九二三年。
(26) この時印刷された三蔵の高麗版大蔵経は、李智冠によると「一部は日本の泉涌寺に、一部はソウル大学校に、もう一部は統治地域にそれぞれ奉納された」とされており、一方の藤田亮策は「一本は明治天皇の冥福を祈るために宮内省に献上し、一本は山口県の菩提寺(当時朝鮮総督であった寺内正毅の菩提寺)に、一本は奎章閣に寄贈して学会に貢献させた」と述べている。註(16)、李智冠、前掲論文、一九九二年、五六頁。藤田亮策「海印寺雑板攷」(二)『朝鮮学報』一三九輯、一九九一年、一三〇頁。
(27) 註(19)、小田幹治郎、前掲書、一九二三年、一〇頁。註(6)、高橋亨、前掲論文、一九五一年、二一五―六頁。
(28) 金芳蔚「月精寺所蔵 高麗再雕大蔵経 印経本について」『書誌学報』三一号、二〇〇七年、一七六頁。
(29) 高橋亨によれば、「此部分を世祖朝の印本を蔵する金剛山正陽寺及東京芝増上寺の麗蔵に就いて写取り」とあり、どちらも世祖時代の印本であると述べている。増上寺の高麗蔵の特徴は金守温撰の「印経大蔵経跋」が付されていることであるが、正陽寺の大蔵経にも付されていたということであろう(註(6)、高橋亨、前掲論文、一九五一年、二一五―一六頁)。
『青荘館全書』には、世祖三年(一四五七)に印刷された高麗蔵は、正陽寺ではなく同じ金剛山にある楡占寺に奉納されたと書かれている。ただ、どちらも同じ山にあることから、後世に何らかの理由で正陽寺に移されたと考えられる。
(30) 拙稿「大谷大学所蔵高麗版大蔵経について」『印度学仏教学研究』一一九号、二〇〇九年、一六一―三頁。
(31) 大谷大学所蔵の高麗蔵は、『経律異相』巻第四六第九・一〇張に「以下九張十張者建仁寺ノ本但白紙/而已無文字故今亦但存二白紙一」という墨書がある。梶浦晋「本館所蔵高麗版大蔵経――伝来と現状――」(『書香』一一号、大谷大学図書館、一九九二年、二〇頁)。金剛峯寺所蔵の高麗蔵との相互補写については、加地哲定編『紀伊続風土記』高野之部巻一を参照。

初出一覧

序章　新稿

第一章

第一節　「高麗版大蔵経の日本伝存に関する研究」（『韓国宗教』二七号、二〇〇三年）　原文韓国語

第二節　「日本大谷大学所蔵高麗大蔵経の伝来と特徴」（国立文化財研究所無形文化財研究室編『海外典籍文化財調査目録　日本大谷大学所蔵高麗大蔵経』、二〇〇八年）　原文韓国語

「大谷大学所蔵高麗版大蔵経について」（『印度学仏教学研究』一一九号、二〇〇九年）

第三節　「日本所蔵の高麗版大蔵経――その諸本から見た印刷年代の検討――」（『東アジアと高麗版大蔵経』、佛教大学宗教文化ミュージアム、二〇一二年）

第二章

第一節　「日本における高麗版大蔵経の受容――足利氏を中心として――」（福原隆善先生古稀記念論集『仏法僧論集』、山喜房仏書林、二〇一三年）

第二節　「北野社一切経の底本とその伝来についての考察」（『洛中周辺地域の歴史的変容に関する総合的研究　佛教大学総合研究所紀要別冊』、二〇一三年）

第三節　「『高麗再雕大蔵経』の日本流通と活用――琉球国を中心として――」（『石堂論叢』五八号、二〇一四年）

第三章

第一節　「日本近世の大蔵経刊行と宗存」（『圓仏教思想と宗教文化』六三輯、二〇一五年）原文韓国語

第二節　「近世の大蔵経刊行と宗存」（『佛教大学国際学術研究叢書五　仏教と社会』、思文閣出版、二〇一五年

第四章

第一節　「日本仏教と『高麗大蔵経』――『高麗大蔵経』の学術的利用を中心に――」（『日本仏教史研究』六号、二〇一二年）

第二節　「東国大学校本高麗大蔵経について――高麗大蔵経の巻数を中心に――」（『印度学仏教学研究』一〇四号、二〇〇四年）

「高麗版大蔵経の影印本――東洋仏典研究会影印本について――」（『国際シンポジウム「日本仏教と高麗版大蔵経」』、佛教大学宗教文化ミュージアム、二〇一〇年）

付録Ⅰ　「高麗版大蔵経関係研究文献目録」（『国際シンポジウム「日本仏教と高麗版大蔵経」』、佛教大学宗教文化ミュージアム、二〇一〇年）

付録Ⅱ　「高麗版大蔵経（東国大学校本・東洋仏典研究会本）大正新脩大蔵経　五十音順対照目録」（佛教大学『仏教学部論集』九六号、二〇一二年）

あとがき

本書は二〇〇七年十一月、韓国圓光大学校に提出した博士学位請求論文「高麗大蔵経が日本仏教に及ぼした影響」をもとに加筆・修正を施したものである。学位論文を提出してから、本書が完成するまでに長い歳月を要してしまった。その間、諸先生方から本として出版するようお言葉をいただいていたが、なかなか作業を進められずにいた。時間はかかったが、ようやくこれまでの成果をまとめて刊行することができたことに感謝したい。

振り返ってみれば、大蔵経についての研究を始めたのは大学四回生の時である。当時、卒業論文について具体的なことを何も決めていなかったが、卒業論文を指導していただいた松永知海先生から、「大蔵経についてやってみないか」と言われたことがきっかけであった。それを機に、大蔵経のことを調べるようになり、卒業論文では園城寺の大蔵経について書くこととなった。こうしたご縁をいただき、香川県の法然寺所蔵の高麗版大蔵経の調査にも参加させて頂くことができた。当時、典籍の扱いに要領を得ず全くの無知であった小生であったが、大槻幹郎先生や梶浦晋先生に基礎的なことを一つずつご教示いただいたことを今でも鮮明に覚えている。実物に触れることができたのは大きな経験となり、やがて大蔵経研究に打ち込む第一歩となった。

さらに研究を深めるため大学院に進学し、成田俊治先生、杉山二郎先生、池見澄隆先生から仏教美術、仏教思想などの仏教文化について幅広く学んだ。特に、指導教授の関山和夫先生には、それまで知ることのなかった仏教と芸能や文学との関連について教えていただいた。また、牧田諦亮先生からは、大正新脩大蔵経には誤植があるということで、その底本である高麗版大蔵経で確認するようご指示いただき、仏教書誌学の重要性について教えていただいた。

博士課程に進学した頃より、日本での高麗版大蔵経研究に限界を感じるようになった。なぜなら、高麗版大蔵経が韓国で造られたものであり、韓国における研究成果についても検討しなければならなかったからである。そんな折、佛教大学の学術交流協定校である韓国圓光大学校への留学を希望し、一歩外へ踏み出す決心をした。

留学中は、これまでになく勉強や研究に集中でき、大変有意義な時間を過ごすことができた。もちろん、異国での生活は辛いことも多々あったが、それ以上に研究に集中できたことは非常にありがたかった。圓光大学校でご指導いただいた梁銀容先生からは、大蔵経に限らず幅広い知識を身につけるようご教示いただいたが、当時授業についていくことと学位論文の提出で精一杯だった私には、その意味を理解する余裕すらもなかった。しかし、今こうして教壇に立ってみるとその言葉が記憶によみがえり、その大切さを思い知らされる結果となった。特に、韓国の仏教思想や宗教については学ぶ機会に恵まれながらも、十二分に叩きこむことができなかったことが惜しまれる。

博士論文の審査においては、審査委員長の鄭舜日先生をはじめとする先生方に、ご多忙中にもかかわらず労をお取り頂いたこと、そして私の拙い韓国文に訂正を加えていただくなどしたことに心から御礼申し上げる。審査の最後に、鄭舜日先生から「これからは圓光大学校の出身者であることを忘れないように」と言われたことを今でも覚えている。大変重い言葉であると同時に、一人の研究者として認めていただけたとも感じられた。常に私の研究に対する姿勢を戒めるものとなっている。

留学中に多くの韓国人研究者と出会えたことは、私の貴い財産となっている。韓国での高麗版大蔵経研究の第一人者である朴相国先生には、研究面で助言をいただくなど公私ともに大変お世話になった。特に、当時朴相国先生がご在籍されていた国立文化財研究所の海外典籍文化財調査団の一員として、大谷大学所蔵の高麗版大蔵経の調査に参加することができたことは非常に大きい。その結果、同大学蔵の高麗版大蔵経は高麗末期に印刷されたことが判明した。このことは、本書でも重要な部分を占める成果である。さらに、高麗大蔵経研究所理事長の宗林法師からは、高麗版大蔵経やその版木に関するデジタルデータなど幅広い情報を提供していただいた。

そして、海印寺八万大蔵経研究院の性安法師には、二〇一二年に佛教大学宗教文化ミュージアムで開催されたシンポジウムで、高麗版大蔵経の版木に関する様々な資料を提供していただいた。これにご縁をいただき交流が深まり、二〇一三年九月にソウルで開催されたシンポジウム「大蔵経世界文化祝典」で発表する機会に恵まれた。性安法師におかれては、海印寺蔵の大蔵経版木（国宝三十二号）を今後どのように保存するべきかについて常々考えておられた。惜しくも、二〇一四年四月二十七日、不慮の交通事故に見舞われ入寂された。常に版木について考えを巡らせ奔走されていた最中の事故だったと聞いている。韓国仏教界にとっても、私個人においても非常に残念である。この場を借りて性安法師のご冥福を祈りたい。

本書は日本学術振興会平成二十七年度科学研究費補助金研究成果公開促進費（学術図書・課題番号15HP5027）の交付を受けて刊行されることとなった。「継続は力なり」。勉強や語学に秀でたわけでもない、ただひたすら続けることでこのような成果を得ることができた。もちろん自身の努力も必要であるが、それ以上に良き先生、学友に恵まれ、多方からご支援・ご指導を賜わったからこその結果である。永きに渡りご指導いただいている松永知海先生をはじめ、諸先生方、学友に感謝申し上げたい。

最後に、本書の刊行に際して、株式会社法藏館の秋月俊也氏には、企画の段階から相談に乗っていただき、校正など諸方面でご尽力いただいた。また、本書での写真掲載や転載については、大谷大学、浄土宗大本山増上寺、臨済宗大本山妙心寺、浄土真宗大谷派本證寺、佛教大学宗教文化ミュージアム、法宝宗刹海印寺、ソウル大学校に快くご理解ご協力をいただけたことに厚く御礼申し上げる。

また、これまで何も言わずに見守ってくれた父母と義父母、私の拙い文章を最初から最後まで目を通して訂正し、韓国留学中から常に支えてくれた妻には特別に感謝の意を表したい。

二〇一六年二月

馬場久幸

索　引

主要な人名（研究者名を含む)、書名、地名・寺社名・その他にわけて、適用的な読み方で採録し、五十音順に配列した。

韓国や中国の人名（研究者名を含む)、地名・寺社名はすべて日本語読みで採録した。

附録Ⅰの研究者名、附録Ⅱの経典名は、採録対象外とした。

人　名

あ行――

か行——

さ行——

た行——

な行——

は行——

ま行——

や行——

ら行——

わ行——

書　名

あ行——

か行――

さ行――

た行――

な行——

は行——

ま行——

や行——

ら行——

地名、寺院名、その他

あ行――

か行――

さ行——

た行——

な行——

は行——

ま行——

ら行——

附録 I

高麗版大蔵経関係研究文献目録

凡　例

本目録は、日本及び韓国で発表（刊行）された論文・著書・資料及びそれらの書評をそれぞれ分けて採録した。

本目録は、論文・著書に関係なく発表（刊行）された年代順で編集した。

韓国文献には、高麗版大蔵経に関係する学位論文も採録した。

高麗版大蔵経関係研究文献目録（日本）

	著者名	論文名（書名）	雑誌（書名）	号数（巻数）	出版社（発行所）	刊行年度
1		麗北両蔵函字対照	大蔵経報	10～39		1903
2		麗北両蔵相違補関録	大蔵経報	10～11		1903
3		奉賀忍澂大上人校讐大蔵経偈並序	大蔵経報	17～20		1903
4		忍澂上人撰輯蔵経書院補遺麗北大蔵対校録	大蔵経報	43～71		1905～07
5	南条文雄	朝鮮土産	宗教界	3-1		1907
6	関野貞	海印寺修多羅	宗教界	3-5		1907
7	関野貞	海印寺大蔵経板について	宗教界	3-6		1907
8	妻木直良	高麗版大蔵経に就て	禅宗	181		1909
9	小野玄妙	朝鮮伽耶山海印寺大蔵経板	宗教界	5-12		1909
10	村上龍佶	海印寺大蔵経版調査報告書			韓国政府宮内府	1910
11	浅見倫太郎	高麗板大蔵経雕造年代考	朝鮮	28・29		1910
12	小野玄妙	韓国海印寺の大蔵経に就て	東洋哲学	17-3		1910
13	妻木直良	高麗大蔵経雕板年代	新仏教	11-5・6		1910
14	武田範之	世界無類の珍宝（高麗大蔵経版八百八十年前の古宝）	日本国教大道叢誌	263		1910
15	妻木直良	再たび高麗大蔵経に就て	新仏教	11-6		1910
16	鷲尾順敬	我が国伝来の高麗版大蔵経	和融誌	15-1		1911
17	妻木直良	三たび高麗大蔵経雕造を論ず	新仏教	12-4・5		1911
18	妻木直良	東大寺に於ける高麗古版経に就て	考古学雑誌	1-8		1911
19	小野玄妙	高麗祐世僧統義天の大蔵経板雕造の事跡	東洋哲学	18-2		1911

20	常盤大定	大蔵経雕印考	哲学雑誌	322		1914
21	高橋亨	海印寺大蔵経板に就いて	哲学雑誌	327		1914
22	大屋徳城	室町時代の記録に見えたる高麗大蔵経	禅宗	247		1915
23		大蔵経奉献顚末	朝鮮彙報			1916
24	上村閑堂	足利時代本邦に齎されたる高麗蔵経に就きて	禅宗	285		1918
25	禿氏祐祥	高麗本を模倣せる活字大蔵経に就て	六条学報	228	第一書房	1920
26	小田幹治郎	内地に渡れる高麗板大蔵経	朝鮮	74		1921
27	菅野銀八	海印寺大蔵経板について	史林	7–3		1922
28	池内宏	新たに発見せられた涅槃経の疏	東洋学報	12–4		1922
29	小田幹治郎	高麗板大蔵経印刷顚末			泉涌寺	1923
30	大屋徳城	義天続蔵の日本伝来に就て	朝鮮	9–101		1923
31	池内宏	高麗朝の大蔵経（上・下）	東洋学報	13–3、14–1		1923～24
32	大屋徳城	法寶撰『涅槃経疏』の日本伝来に就て	朝鮮	10–110		1924
33	禿氏祐祥	朝鮮の名物大蔵経と梵鐘	中外日報	7431		1924
34	池内宏	再び朝鮮松広寺本大般涅槃経疏について	東洋学報	14–2		1924
35	池内宏	『高麗朝の大蔵経』に関する一二の補正	東洋学報	14–4		1924
36	大屋徳城	朝鮮海印寺板の研究	中外日報	7722～7737		1925
37	菅野銀八	高麗板大蔵経に就いて	朝鮮史講座		朝鮮史学会	1925
38	大屋徳城	朝鮮海印寺経板攷―特に大蔵経補板並びに蔵外雑板の仏教文献学的研究―	東洋学報	15–3		1925
39	二楞学人（小野玄妙）	高麗顕宗及文宗開版の古雕大蔵経	仏典研究	1–1		1929
40	小野玄妙	高麗大蔵経雕印考	仏典研究	1–4		1929
41	今村鞆	足利氏と朝鮮の大蔵経板	朝鮮	186		1930

42	川口卯橘	大蔵経請求と日鮮の交渉	青丘学報	3		1931
43	河村道器	義天蔵演義鈔の日本将来に就て	青丘学報	6		1931
44	水原尭栄	高野山見存目録	高野山学志	2	森江書店	1931
45	稲葉岩吉・末松保和	南禅寺大蔵経の瞥見	朝鮮	191		1931
46	末松保和	高麗文献小録（3）—新編諸宗教蔵総録—	青丘学叢	12		1933
47	朴奉石	義天続蔵の現存本に就て	朝鮮之図書館	3-6		1934
48	朴奉石	高麗蔵高宗板の伝来攷	朝鮮之図書館	4-3		1934
49	禿氏祐祥	大蔵経の宋本、契丹本並に高麗本の系統	仏教学の諸問題		岩波書店	1935
50	藤井誠一	高麗版大蔵経の紀州への伝来	紀州文化研究	6		1937
51	大屋徳城	高麗続蔵雕造攷１～３			便利堂	1937
52	江田俊雄	大屋徳城氏の大著「高麗続蔵雕造攷」を読む	支那仏教史学	1-3		1937
53	大屋徳城	高麗蔵の旧雕本と新雕本の考証に関する実証的研究—特に大唐西域記と大慈恩寺三蔵法師伝について—	支那仏教史学	3-1		1939
54	森田芳夫	海印寺と大蔵経経板	観光朝鮮	1939-8		1939
55	大屋徳城	寺内内閣の海印寺大蔵経印成に関する史料に就いて	書物同好会会報	12		1941
56	加藤宥雄	高麗蔵本菩提心論に就いて	密教研究	78		1941
57	藤田亮策	海印寺事蹟に就きて	書物同好会会報	18-3		1943
58	高橋亨	高麗大蔵経板印出顚末	朝鮮学報	2		1951
59	岡本敬二	高麗大蔵経の刻成—玄化寺創建と開雕への途—	歴史学研究	1953年特集号		1953
60	宮原兎一	岡本敬二　高麗大蔵経の刻成—玄化寺創建と開雕への途—	歴史学研究	172		1954
61	近藤喜博	高野山高麗一切経の対島八幡宮史料	神道史研究	3-5		1955
62	江田俊雄	足利義持による高麗蔵経板の強請顚末	印度学仏教学研究	6		1955

63	堀池春峰	高麗版輸入の一様相と観世音寺	古代学	6–2		1957
64	石原青雲	高麗大蔵経解説	金沢文庫研究	31		1958
65	堀池春峰	中世・日鮮交渉と高麗版蔵経—大和・円成寺栄弘と増上寺高麗版—	史林	43–6		1960
66	堀池春峰	室町時代における薬師・長谷両寺再興と高麗船	大和文化研究	5–9		1960
67	高野山文化財保存会編	高麗版一切経目録			高野山文化財保存会	1964
68	大蔵会編	大蔵経—成立と変遷—			百華苑	1964
69	丸亀金作	高麗の大蔵経と越後安国寺とについて	朝鮮学報	37・38		1966
70	植村高義	安国海印禅寺高麗版大般若経について	宗教研究	40–3		1966
71	小笠原宣秀	大蔵経の成立と開版	講座『仏教』	4	大蔵出版	1967
72	植村高義	対馬の高麗版大蔵経	宗教研究	42–3		1969
73	中村栄孝	朝鮮の古版印刷	日鮮関係史の研究	下	吉川弘文館	1969
74	天理図書館	古刊朝鮮本			天理大学出版部	1973
75	兜木正亨	高麗板大蔵経・今昔	学燈	71–10		1974
76	山口麻太郎	壱岐国安国寺蔵大般若経について	山口麻太郎著作集	3	佼成出版社	1974
77	山田勉	経堂（弁才天堂）と大蔵経の伝来	沖縄県図書館協会誌	5		1974
78	山本信吉	対馬の経典と文書	仏教芸術	95	毎日新聞社	1974
79	文化庁文化財保護部美術工芸課	長崎安国寺蔵高麗版大般若経			文化庁文化財保護部美術工芸課	1975
80	西村宣侑（他）	立正大学図書館新収『韓国海印寺伝来版本』目録ならびに解説（Ⅰ）	大崎学報	130		1977
81	山本信吉	版経—版本一切経を中心として	重要文化財	21	毎日新聞社	1977
82	李瑄根編	高麗大蔵経　総目録　索引　解題（日本語版）			同朋舎	1978

83	桐谷征一（他）	立正大学図書館新収『韓国海印寺伝来版本』目録ならびに解説（Ⅱ）	大崎学報	132		1979
84	水原堯栄	高野山見存蔵経目録	水原堯栄全集	4	同朋舎	1981
85	増上寺史料編纂所編	増上寺三大蔵経目録			大本山増上寺	1981
86	金山正好（他）	増上寺三大蔵経目録解説			大本山増上寺	1982
87	金山正好	増上寺三大蔵経について	三康文化研究所報	17	三康文化研究所	1982
88	田代俊孝	越前丹山文庫所蔵麗蔵校合黄檗版一切経について	印度学仏教学研究	60		1982
89	椎名宏雄	高麗版禅籍と宋元版	駒沢大学仏教学部論集	15		1984
90	金山正好	増上寺三大蔵経について（上・下）	増上寺史料編纂所所報	9・10		1984
91	朴相国	高麗大蔵経	月刊韓国文化	6-11		1984
92	小松勝助	長松寺の高麗版大般若経	上対馬町誌			1985
93		高麗大蔵経初雕本の発見	中外日報	23383		1985
94	村井章介	《倭人海商》の国際的位置―朝鮮に大蔵経を求請した偽使を例として―	田中健夫編日本前近代の国家と対外関係		吉川弘文館	1987
95	秋宗康子	禅昌寺旧蔵『南禅寺一切経』墨書奥書について	兵庫県の歴史	24		1988
96	佛教大学仏教文化研究所編	獅谷法然院所蔵麗蔵対校黄檗版大蔵経並新続入蔵経目録				1989
97	梶浦晋	本館所蔵高麗版大蔵経―伝来と現状―	書香	11	大谷大学図書館	1990
98	糸数兼治	朝鮮より伝来せる琉球の仏教転籍について	第三届中国域外漢籍国際学術会議論文集			1990
99	藤田亮策（遺稿）	海印寺雑板攷（1～3）	朝鮮学報	138～140		1991
100	松永知海	近世における「高麗版大蔵経」の受容―「麗蔵」を底本とした和刻本の出版について	第4回日韓仏教文化国際学術研究会議発表要旨		佛教大学	1992

101	寺田晃	古代塗料金漆を尋ねて伽耶山海印寺に高麗八万大蔵経の版木を見る	梅光女学院大学論集	26		1993
102	藤本幸夫	高麗大蔵経と契丹大蔵経について	中国仏教石経の研究—房山雲居寺石経を中心に		京都大学学術出版会	1996
103	佐藤厚・金天鶴	高麗時代の仏教に対する研究	韓国仏教学SEMINAR	8		2000
104	金光哲	高麗大藏経と室町幕府	東アジア研究	28		2000
105	朴相国	義天の教蔵—刊行とその名称を中心に—	仏教文化の基調と展開（石上善応教授古稀記念論文集）	2	山喜房仏書林	2001
106	宇都宮啓吾	十二世紀における義天版の書写とその伝持について—訓点資料を手掛かりとした諸宗交流の問題—	南都仏教	81		2002
107	横内裕人	高麗続蔵経と中世日本—院政期の東アジア世界観	仏教史学研究	45−1		2002
108	林鳴宇	『新編諸宗教蔵総録』からみた宋初天台の動向	印度学仏教学研究	102		2003
109	馬場久幸	高麗大蔵経の版木に関する一考察—影印本を中心として	印度学仏教学研究	102		2003
110		特集　韓国の世界遺産八万大蔵経と海印寺	月刊韓国文化	293		2004
111	貝英幸	室町期における地域権力と大蔵経	一切経の歴史的研究		佛教大学総合研究所紀要別冊	2004
112	馬場久幸	東国大学校本高麗大蔵経について—高麗大蔵経の巻数を中心に—	印度学仏教学研究	104		2004
113	小松勝助	高麗版大般若波羅蜜多経目録	上対馬町誌（雑誌編）			2004
114	朴相珍	韓国の仏経板刻木板（八万大蔵経板）と木棺材（2006年９月16日開催「文化財の解析と保存への新しいアプローチ３」報告）	奈良美術研究	5		2007

115	近藤利弘・任京美訳	大本山南禅寺蔵〈高麗版〉一切経の由来	花園大学国際禅学研究所論叢	2		2007
116	須田牧子	中世後期における大内氏の大蔵経輸入	年報中世史研究	32	中世史研究会	2007
117	桐谷征一	立正大学図書館収蔵「韓国伽耶山海印寺諸版本」のこと	大崎学報	164		2008
118	馬場久幸	高麗版大蔵経と蔵経道場	印度学仏教学研究	118		2009
119	馬場久幸	大谷大学所蔵高麗版大蔵経について	印度学仏教学研究	119		2009
120	押川信久	一五世紀朝鮮の日本通交における大蔵経の回賜とその意味—世祖代の大蔵経印刷事業の再検討—	日朝交流と相克の歴史		校倉書房	2009
121	橋本雄	大蔵経の値段—室町時代の輸入大蔵経を中心に—	北大史学	50		2010
122	末木文美士	日本仏教と高麗版大蔵経	国際シンポジウム「日本仏教と高麗版大蔵経」		佛教大学宗教文化ミュージアム	2010
123	藤本幸夫	高麗の出版文化	国際シンポジウム「日本仏教と高麗版大蔵経」		佛教大学宗教文化ミュージアム	2010
124	朴相国	高麗版大蔵経に対する理解	国際シンポジウム「日本仏教と高麗版大蔵経」		佛教大学宗教文化ミュージアム	2010
125	永崎研宣	現代のテキストDBと高麗蔵の意義	国際シンポジウム「日本仏教と高麗版大蔵経」		佛教大学宗教文化ミュージアム	2010
126	松永知海	近世における『高麗版大蔵経』の受容—忍澂承認の『麗蔵』と檗蔵との対校とその影響—	国際シンポジウム「日本仏教と高麗版大蔵経」		佛教大学宗教文化ミュージアム	2010
127	梶浦晋	近現代における日本の漢訳大蔵経編纂と高麗版大蔵経	国際シンポジウム「日本仏教と高麗版大蔵経」		佛教大学宗教文化ミュージアム	2010

128	貝英幸	室町期大蔵経の輸入と外交組織—請来の主体をめぐって—	国際シンポジウム「日本仏教と高麗版大蔵経」		佛教大学宗教文化ミュージアム	2010
129	馬場久幸	高麗版大蔵経の影印本—東洋仏典研究会影印本について—	国際シンポジウム「日本仏教と高麗版大蔵経」		佛教大学宗教文化ミュージアム	2010
130	馬場久幸	高麗版大蔵経関係研究文献目録	国際シンポジウム「日本仏教と高麗版大蔵経」		佛教大学宗教文化ミュージアム	2010
131	馬場久幸	高麗版大蔵経（東国大学校本・東洋仏典研究会本）大正新脩大蔵経　五十音順対照目録	佛教大学仏教学部論集	96		2012
132	楊婷婷	『四分比丘尼羯磨』の高麗初雕本テキストについて	印度学仏教学研究	128		2012
133	松永知海編	高麗版大蔵経の諸相			佛教大学宗教文化ミュージアム	2012
134	方廣錩	中国刻本蔵経の『高麗蔵』に対する影響	東アジアと高麗版大蔵経		佛教大学宗教文化ミュージアム	2012
135	朴相国	高麗版大蔵経の版刻場所は南海である—大蔵経版からの検討を中心に—	東アジアと高麗版大蔵経		佛教大学宗教文化ミュージアム	2012
136	梶浦晋	日本所在高麗版大蔵経の現状とその特色	東アジアと高麗版大蔵経		佛教大学宗教文化ミュージアム	2012
137	馬場久幸	日本所蔵の高麗版大蔵経—その諸本から見た印刷年代の検討—	東アジアと高麗版大蔵経		佛教大学宗教文化ミュージアム	2012
138	押川信久	十六世紀の日朝通交における大蔵経求請交渉の推移	福岡大学人文論叢	45		2013
139	須田牧子	対馬宗氏の大蔵経輸入—杏雨書屋所蔵大蔵経の紹介を兼ねて	日本歴史	784		2013

140	馬場久幸	日本における高麗版大蔵経の受容—足利氏を中心として—	福原隆善先生古稀記念論集『佛法僧論集』		山喜房仏書林	2013
141	馬場久幸	北野社一切経の底本とその伝来についての考察	洛中周辺地域の歴史的変容に関する総合的研究		佛教大学総合研究所紀要別冊	2013
142	朴相国	大谷大学の高麗版大蔵経	大谷大学所蔵高麗版大蔵経調査研究報告		大谷大学真宗総合学術センター	2013
143	馬場久幸	大谷大学所蔵高麗大蔵経の伝来と特徴	大谷大学所蔵高麗版大蔵経調査研究報告		大谷大学真宗総合学術センター	2013
144	梶浦晋	大谷大学蔵高麗再雕版大蔵経について—その伝来と特徴—	大谷大学所蔵高麗版大蔵経調査研究報告		大谷大学真宗総合学術センター	2013

高麗版大蔵経関係研究文献目録（韓国）

	著者名	論文名（書名）	雑誌（書名）	号数	出版社（発行所）	刊行年度
1	尚玄（李能和）	海印寺大蔵経板来歴	仏教振興会月報	7		1915
2	李能和	大法宝海印大蔵経板	朝鮮仏教通史		新文館	1918
3	無能居士	高麗板大蔵経と日本の請求（1・2）	仏教	4～5		1924-25
4	無能居士	高麗以来の大蔵経に関する事蹟	仏教	7		1925
5	無能居士	高麗雕造大蔵経板の考証	仏教	8		1925
6	金泰洽	大蔵経に就いて	仏教	39		1927
7	金映遂	海印寺蔵経板について	一光	8		1937
8	権相老	八万大蔵経の国寶的価値	朝光	4-3	朝鮮日報社	1938
9	東国大学校編	高麗大蔵経		1～48	東国大学校	1957-76
10	李載昌	高麗大蔵経を中心とした李朝初期の対日関係			東国大学校修士論文	1957

11	李鍾源	大蔵経刻板とその伝説	東国思想	1		1958
12	朴泳洙	高麗大蔵経版の研究	白性郁博士頌寿紀念仏教学論文集		東国文化社	1959
13	金斗鍾	高麗板本について	古文化	1		1962
14	東国訳経院編	ハングル大蔵経			東国大学校	1965–2000
15	李載昌	麗末鮮初の対日関係と高麗大蔵経	仏教学報	3・4合輯		1966
16	徐首生	伽耶山海印寺八万大蔵経研究（Ⅰ）	慶北大論文集（人文・社会）	12		1968
17	閔泳珪	義天の新編諸宗教蔵総録	韓国の古典百選	1969年1月号附録	東亜日報社	1969
18	徐首生	海印寺の寺刹蔵経について	国語国文学	46		1969
19	崔凡述	海印寺寺刊鏤板目録	東方学志	11		1970
20	東洋仏典研究会編	高麗大蔵経		1〜45	東洋出版社	1971–75
21	金斗鍾	韓国古印刷技術史			探求堂	1974
22	高翊晋	証道歌事実の著者について	韓国仏教学	1		1975
23	李東郁	高麗大蔵経に関する考察	釈林	9		1975
24	鄭炳浣	高麗大蔵経印刷顚末	図書館	30–5		1975
25	安啓賢	大蔵経の雕板	韓国史	6	国史編纂委員会	1975
26	文明大	大蔵都監禅源寺址の発見と大蔵都監板の由来	韓国学報	3		1976
27	千恵鳳	初雕大蔵経の現存本とその特性	大東文化研究	11		1976
28	徐首生	大蔵経の補遺蔵経板研究（Ⅰ）	慶北大論文集	22		1976
29	徐首生	海印寺大蔵目録の内容的価値批判	ソンポン キムソンベ博士華甲紀念論集			1976
30	徐首生	八万大蔵経の補遺蔵経板研究（上）	東洋文化研究	3		1976
31	李箕永	高麗大蔵経　その歴史と意義	高麗大蔵経	48	東国大学校出版部	1976

32	徐首生	大蔵経の二重板と補遺板の研究	東洋文化研究	4		1977
33	徐首生	八万大蔵経板研究　特に二重板と補遺板について	韓国学報	9		1977
34	千恵鳳	初蔵残存本　道行般若経と御製秘蔵詮	国学資料	24		1977
35	文明大・黄寿永	高麗禅源寺址の発見と高麗大蔵経板の由来	江華島学術調査報告書		東国大学校	1977
36	閔賢九	高麗の対蒙抗争と大蔵経	韓国学論叢	1		1978
37	朴尚均	高麗時代の経典輸伝についての考察	奎章閣	3		1979
38	千恵鳳	高麗初雕大蔵経―その源流、影響及び異説の検討を中心に―	成均館大学校人文科学	9		1980
39	千恵鳳	高麗初雕国前本　目連五百問事経について	東方学志	23・24		1980
40	千恵鳳	羅麗印刷術の研究			景仁文化社	1980
41	李永子	義天の新編諸宗教蔵総録の独自性	仏教学報	19		1982
42	朴相国	松広寺所蔵続蔵経復刻板本	伝統文化	131		1983
43	朴相国	海印寺大蔵経板に関する再考察―その名称と板刻内容を中心に―	韓国学報	33		1983
44	金聖洙	教蔵総録経部分類体系の分析	図書館学	10-1		1983
45	朴相国	高麗大蔵経	東国文化	6-11		1984
46	鄭駜謨	「大蔵目録」の体系―高麗大蔵経初雕分を中心に―	韓国ビブリア学会誌	6		1984
47	金ジャヨン	『八万大蔵経』の出版文化史的価値	歴史科学	11		1985
48	金聖洙	『大蔵目録』と『縮刷蔵目録』・『卍字蔵目録』の分類体系に関する研究	書誌学研究創刊号			1986
49	金聖洙	高麗再雕大蔵経の「大蔵目録」に関する研究	図書館	41-4		1986
50	権熹耕	高麗写経の研究			ミジン社	1986
51	呉龍燮	高麗国新雕大蔵校正別録研究	書誌学研究	創刊号		1986

52	李成美	高麗初雕大蔵経の『御製秘蔵詮』版画	美術史学研究	169・170		1986
53	李慧惺	八万大蔵経			普成文化社	1986
54	鄭駜謨	「新編諸宗教蔵総録」考	人文学研究	12・13		1986
55	李相哲	教育資料としての海印寺大蔵経の保存環境に関する研究			仁川大学校教育大学院修士論文	1987
56	鄭駜謨	高麗初雕大蔵目録の復元	書誌学研究	2		1987
57	千恵鳳	対馬・壱岐の高麗初雕大蔵経版　大般若派羅蜜多経	仏教と諸科学（開校八十周年紀念論叢）		東国大学校開校八十周年紀念論叢編纂委員会	1987
58	千恵鳳	義天の入宋求法と宋刻注華厳経板	東方学志			1987
59	高麗大蔵経研究会編	高麗大蔵経資料集		1	高麗大蔵経研究会	1987
60	呉龍燮	高麗国新雕大蔵経校正別録研究			中央大学校修士論文	1986
61	湖林博物館編	湖林博物館所蔵　初雕大蔵経調査研究			財団法人成保文化財団	1988
62	許興植	高麗高宗官板大蔵経補板の範囲と思想性	蕉雨黄寿永博士古稀紀念美術史学論叢			1988
63	金相鉉	『法界図記叢髓録』考	千寛宇先生還暦紀念　韓国史学論叢			1989
64	鄭駜謨	高麗再雕大蔵経目録考	図書館学	17-1		1989
65	姜相奎	高麗八万大蔵経の雕板に関する研究			公州師範大学校教育大学院修士論文	1989
66	高麗大蔵経研究会編	高麗大蔵経研究資料集		2	高麗大蔵経研究会	1989
67	徐首生	八万大蔵経と仏教文化史上の価値性及び保存策	高麗大蔵経研究資料集	2	高麗大蔵経研究会	1989
68	許興植	1306年高麗国大蔵移安記	高麗大蔵経研究資料集	2	高麗大蔵経研究会	1989

69	趙明基	国宝高麗大蔵経の価値	高麗大蔵経研究資料集	2	高麗大蔵経研究会	1989
70	千恵鳳	高麗再雕大蔵経の書誌学的視覚	高麗大蔵経研究資料集	2	高麗大蔵経研究会	1989
71	許興植	高麗高宗官版大蔵経の造成経緯と思想性	歴史教育論集	13・14		1990
72	金潤坤	高麗大蔵経の彫成機構と刻手の性分	碧史李佑成教授停年退職紀念論叢『民族史の展開とその文化』	上		1990
73	金甲周	高麗大蔵都監の研究	不聞聞		霊鷲仏教文化院	1990
74	梁桂鳳	光武３年刷「高麗大蔵経」	書誌学研究	5-1		1990
75	千恵鳳	韓国典籍印刷史			ポム社	
76	鄭駜謨	高麗仏典目録研究			亜細亜文化社	1990
77	蔡尚植	高麗後期仏教史研究			一潮閣	1991
78	文暻鉉	高麗大蔵経雕造の史的考察	李箕永博士古希紀念論叢『仏教と歴史』		韓国仏教研究院	1991
79	千恵鳳	韓国書誌学			民恩社	1991
80	崔柄憲	大覚国師義天の渡宋活動と高麗・宋の仏教交流	震壇学報	71・72		1991
81	朴相国	大蔵都監の板刻性格と禅源寺の問題	韓国仏教文化思想史―伽山李智冠スニム華甲紀念論叢	上	伽山仏教文化振興院	1992
82	李智冠	大蔵経伝来　再雕造本印経考	韓国仏教文化思想史―伽山李智冠スニム華甲記念論叢	上	伽山仏教文化振興院	1992
83	金光植	高麗崔氏武人政権の仏教界の運用に関する研究			建国大学校博士論文	1992
84	羅鐘宇	韓国中世対日交渉史研究			檀国大学校博士論文	1992
85	李智冠編	伽耶山海印寺誌			伽山文庫	1992
86	金潤坤	「江華京板高麗大蔵経」の体裁に関する一考	釜山女大史学	10・11		1993

87	尹ヨンテ	『八万大蔵経』木版の保存経緯について	歴史科学			1993
88	金潤坤	高麗大蔵経の刻板と国子監試出身	国史館論叢	46		1993
89	金光植	鄭晏の定林社創建と南海分司都監	建国史学	8		1993
90	崔永好	武人政権期崔氏家の家奴と『高麗大蔵経』の板刻事業	釜山女大史学	10・11		1993
91	金政鶴	特別寄稿—定林社と南海分司は果たしてどこにあるのか—	大衆仏教	1993年1月号		1993
92	金相永	一然と再雕大蔵経補板	中央僧伽大学教授論文集	2		1993
93	鄭駜謨	高麗四大蔵経板の顛末—妙香山普賢寺の大蔵経板—	書誌学研究	10		1994
94	鄭駜謨	高麗初雕大蔵経及び八万大蔵経の成立と意義	韓国仏教史の再照明		仏教時代史	1994
95	姜順愛	高麗国新雕大蔵校正別録の分析を通して見た初雕及び再雕大蔵経の変容に関する研究	韓国ビブリア学会誌	7		1994
96	呉龍燮	「高麗新雕大蔵経」後刷考			中央大学校博士論文	1994
97	許興植	韓国中世仏教史研究			一潮閣	1994
98	佛教放送学術調査団・南海郡	南海分司都監関連基礎調査報告書			佛教放送	1994
99	金ソナ・朴相珍	海印寺高麗大蔵経 経板庫柱の種類	韓国木材工学会95年発表論文集			1995
100	朴昭玧・朴相珍	海印寺高麗大蔵経板の細胞構造的変化	韓国木材工学会95年発表論文集			1995
101	朴昭玧・朴相珍	海印寺高麗大蔵経板の現況	韓国木材工学会95年発表論文集			1995
102	金潤坤	『大般若経』の刻成と反蒙抗戦	韓国中世史研究	2		1995

103	崔永好	『江華京板高麗大蔵経』辺界線所在 人名の板刻事業参与形態	韓国中世史研究	2		1995
104	崔永好	高麗武人執権期 僧侶知識人山人の『江華京板高麗大蔵経』の刻成事業参与	石堂論叢	21		1995
105	崔永好	華厳宗系列僧侶の『江華京板高麗大蔵経』の刻成事業参与	釜山史学	29		1995
106	金聖洙	『新編諸宗教蔵総録』の著録に関する研究	韓国図書館・情報学会誌	26		1995
107	高仁煥	八万大蔵経毀損微生物に関する研究			淑明女子大学校教育大学院修士論文	1995
108	李圭甲	高麗大蔵経の異体字研究	中国語文学論集	7		1995
109	姜順愛	旧大蔵目録の初雕大蔵経構成体系に関する研究—開元釈教録の比較を中心に—	書誌学研究	11		1995
110	金潤坤	高麗国分司大蔵都監と布施階層	民族文化論叢	16		1996
111	金潤坤	高麗大蔵経の東亜大本と彫成主体に対する考察	石堂論叢	24		1996
112	金潤坤・金ドンホ	『江華京板高麗大蔵経』刻成活動の参与階層—再雕官僚層と在郷勢力を中心に—	韓国中世史研究	3		1996
113	崔永好	江華京板 高麗大蔵経 刻成事業の研究			嶺南大学校博士論文	1996
114	朴昭玧	海印寺高麗大蔵経板の樹種と細胞壁劣化			慶北大学校修士論文	1996
115	朴相国	大蔵都監と高麗大蔵経板	韓国史	21	国史編纂委員会	1996
116	羅鐘宇	韓国中世対日交渉史研究			圓光大学校出版局	1996
117	姜順愛	旧大蔵目録杜函—楚函までの初雕大蔵経構成体系に関する研究—	書誌学研究	12		1996

118	呉龍燮	「新編諸宗教蔵総録」の続蔵受容性	書誌学研究	13		1997
119	裵象鉉	『高麗国新雕大蔵校正別録』と守其―〈高麗大蔵経〉の校勘と彫成に反映された13世紀仏教界の現実認識―	民族文化論叢	17		1997
120	柳富鉉	『高麗大蔵経』の底本と板刻に関する研究	韓国図書館・情報学会誌	32-3		1997
121	韓基汶	江華京板『高麗大蔵経』所在 均如の著述と思想	韓国中世史研究	4		1997
122	崔永好	海印寺所蔵『大方広仏華厳経疏』・『大方広仏華厳経随疏演義鈔』板刻の性格	韓国中世史研究	4		1997
123	崔永好	南海地域の江華京板『高麗大蔵経』刻成事業参与	石堂論叢	25		1997
124	崔永好	瑜伽宗の江華京板『高麗大蔵経』刻成事業参与	釜山史学	33		1997
125	崔永好	天台宗系列の『江華京板高麗大蔵経』刻成事業参与	地域と歴史	3		1997
126	李英淑	八万大蔵経の世界化、政府が先頭に	延世コミュニケーションズ	1997-7		1997
127	洪栄義	高麗後期大蔵都監刊『郷薬救急方』の刊行経緯と資料の性格	韓国史学史研究　于松趙東杰先生停年退職紀念論叢	1		1997
128	鄭東楽	『江華京板高麗大蔵経』造成の参与僧侶と対蒙抗争			嶺南大学校修士論文	1997
129	崔然柱	高宗24年『江華京板高麗大蔵経』の刻成事業	韓国中世史研究	5		1998
130	金潤坤	『高麗大蔵経』彫成の参与階層と雕造処	人文科学	12	慶北大学校人文科学研究所	1998
131	朴相珍	高麗大蔵経板の材質から見た板刻地に関する考察	人文科学	12		1998
132	金鍾鳴	「高麗大蔵経」の電子化と文献学的重要性	仏教研究	15		1998
133	金致雨	高麗大蔵経正蔵に関する研究	韓国ビブリア学会誌	8		1998

134	ドチュノ・李泰寧	高麗八万大蔵経経板の構造	保存科学学会誌	7-2		1998
135	姜順愛	旧大蔵目録の初雕大蔵経構成の累加的性格に関する研究	仏教学論叢月雲スニム古稀記念		東国訳経院	1998
136	崔哲煥	高麗大蔵経の校勘	仏教学論叢月雲スニム古稀記念		東国訳経院	1998
137	金相鉉	高麗大蔵経の刻板の思想的背景	仏教学論叢月雲スニム古稀記念		東国訳経院	1998
138	鄭承碩編	高麗大蔵経解題		1～6	高麗大蔵経研究所	1998
139	朴相国	義天の教蔵―教蔵総録の編纂と教蔵刊行に対する再考察―	普照思想	11		1998
140	金潤坤	江華京板『高麗大蔵経』内・外蔵の特徴	民族文化論叢	18・19		1998
141	呉龍燮	『八万大蔵経』名称の由来	書誌学研究	16		1998
142	閔賢九	高麗大蔵経	韓国史市民講座		一潮閣	1998
143	呉龍燮	『校正別録』の完成と入蔵に対する考察	書誌学研究	18		1999
144	金相鉉	八万大蔵経の板刻と護国思想	世界と言葉	5		1999
145	李圭甲	高麗大蔵経の異体字整理方案	中国語文学論集	11		1999
146	南イル	高麗大蔵経板殿補修工事を通して見た我が文化財保存の現住所	僧伽	16		1999
147	金潤坤	江華京板高麗大蔵経の外蔵に入蔵された『法界図記叢髄録』と『宗鏡録』の分析	民族文化論叢	20		1999
148	韓普光	高麗時代の大蔵経の歴史	電子仏典	1		1999
149	朴露子	義天の『新編諸宗教蔵総録』編纂、『教蔵』刊行の文化史的意味	史学研究	58・59		1999
150	ドチュノ・李泰寧	高麗八万大蔵経 経板の漆	保存科学学会誌	8-1		1999

151	崔永好	海印寺所蔵本『大蔵一覧集』刻成時期の再検討と板刻の現実観	韓国中世史研究	6		1999
152	朴相珍・鄭基浩・金ジェウ	高麗大蔵経 経板殿の柱の材質	木材工学	27		1999
153	朴相珍	もう一度見る八万大蔵経の話			運送新聞社	1999
154	姜順愛	高麗大蔵経校正別録の学術的意義	書誌学研究	20		2000
155	趙東一	大蔵経往来の文化的意義	東アジア比較文化	創刊号		2000
156	許仁燮	電算化本高麗大蔵経2000完成の学術的意味と未来の展望	電子仏典	2		2000
157	千恵鳳	高麗典籍の集散に関する研究	高麗時代研究	2	韓国精神文化研究院	2000
158	文暻鉉	高麗史研究			慶北大学校出版部	2000
159	李圭甲編	高麗大蔵経異体字典			高麗大蔵経研究所	2000
160	崔永好	江華京板『高麗大蔵経』刻成事業の主導層	韓国中世社会の諸問題		韓国中世史学会	2001
161	崔然柱	江華京板『高麗大蔵経』の刻成者参与実体とその特性	韓国中世社会の諸問題		韓国中世史学会	2001
162	柳富鉉	『高麗大蔵経』の底本と板刻に関する研究	韓国図書館・情報学会誌	32–3		2001
163	金潤坤編	高麗大蔵経彫成名録集			嶺南大学校出版部	2001
164	呉龍燮	『高麗国大蔵移安記』についての考察	書誌学研究	24		2002
165	金宰晟	高麗大蔵経電算化の現況	電子仏典	4		2002
166	崔然柱	12・3世紀典籍刊行の類型とその性格	考古歴史学志	17・18		2002
167	崔永好	13世紀中葉の江華京板『高麗大蔵経』の刻成事業と海印寺	韓国中世史研究	13		2002
168	蔡尚植	ハングル大蔵経『高麗国新雕大蔵校正別録』解題			東国訳経院	2002

169	南権熙	大蔵経	高麗時代の記録文化研究		清州古印刷博物館	2002
170	金潤坤	高麗大蔵経の新たな理解			仏教時代社	2002
171	馬場久幸	高麗版大蔵経の日本伝存に関する研究	韓国宗教	27		2003
172	金潤坤	高麗国本大蔵経の革新とその背景	民族文化論叢	27		2003
173	姜ヘグン	房山石経と華厳経石及び高麗大蔵経の比較研究	中国語文学論集	24		2003
174	裵象鉉	高麗時期晋州牧地域の寺院と仏典の彫成―分司南海大蔵都監との関連性を中心に―	大邱史学	72		2003
175	柳富鉉	高麗再雕大蔵経に収容された契丹大蔵経	韓国図書館・情報学会誌	35-2		2004
176	崔然柱	『高麗大蔵経』刻成人の参与形態と彫成空間	韓国中世史研究	16		2004
177	姜順愛	順天松広寺四天王象の腹蔵典籍考	書誌学研究	27		2004
178	崔ジュンホ	高麗大蔵経刻成者の異表記の国語学的意義	民族語文学	32		2004
179	朴ヨンスン	我々の文化遺産の香り52法宝宗刹と『高麗大蔵経』	国土	272		2004
180	金聖洙	13世紀前期刊行仏書の分析	書誌学研究	27		2004
181	呉龍燮	江都時期に完成した高麗大蔵経の意味と諸問題	仁川文化研究	2	仁川市立博物館	2004
182	崔然柱	『高麗大蔵経』の造成と刻成人の研究			東義大学校博士論文	2004
183	高麗大蔵経研究所編	高麗大蔵経勘校録			高麗大蔵経研究所	2004
184	崔然柱	修禅社と江華京板高麗大蔵経の彫成	大邱史学	81		2005
185	崔然柱	江華京板『高麗大蔵経』刻成人と都監の運営形態	歴史と境界	57		2005
186	崔然柱	『合部金光明経』の刊行と『高麗大蔵経』刻成事業	古文学	6		2005
187	崔ジュンホ	『高麗大蔵経』刻成人の表記類型と研究方法	ハンマル研究	17		2005

188	許仁燮	高麗大蔵経の南北翻訳用例研究を通じて見た韓国語統一大蔵経の未来の姿	人文科学研究	9		2005
189	金聖洙	高麗初雕大蔵経の研究課題	書誌学研究	32		2005
190	柳富鉉	分司大蔵都監版『宗鏡録』の底本考	書誌学研究	30		2005
191	高麗初雕大蔵経集成編纂委員会	高麗初雕大蔵経集成		1〜4	高麗大蔵経研究所	2005
192	裵チャンノ	高麗時代の木版画とその実用—八万大蔵経と韓日の木版画を中心に—			慶星大学校教育大学院修士論文	2005
193	川瀬幸夫	日本忍澂の大蔵経対校に関する研究—高麗大蔵経との関係を中心に—			東国大学校修士論文	2005
194	崔ジュンホ	高麗時代の音韻体系研究—高麗大蔵経の刻成人異表記を中心に—			東義大学校博士論文	2005
195	張愛順	高麗大蔵経編纂の背景	高麗大蔵経の研究		東国大学校出版部	2006
196	鄭承碩	高麗大蔵経の編制における仏典名の正式化様相	高麗大蔵経の研究		東国大学校出版部	2006
197	貝英幸	高麗版大蔵経と中世の日本	高麗大蔵経の研究		東国大学校出版部	2006
198	松永知海	高麗版と黄檗版との大蔵経対校—忍澂和尚の対校事業の発端の検討—	高麗大蔵経の研究		東国大学校出版部	2006
199	崔永好	13世紀中葉江華京板『高麗大蔵経』の彫成空間と慶州東泉社	韓国中世史研究	20		2006
200	柳富鉉	高麗再雕大蔵経と大蔵目録の構成	書誌学研究	33		2006
201	川瀬幸夫	高麗大蔵経とその研究者忍澂の年報	日本仏教史勉強室	2		2006
202	崔永好	13世紀中葉慶州地域分司東京大蔵都監の運営形態	新羅文化	27		2006
203	金聖洙	高麗初雕大蔵経の分類体系及び湖林博物館所蔵初雕本の分析に関する研究	韓国図書館・情報学会誌	37		2006
204	崔然柱	高麗大蔵経の研究			景仁文化社	2006

205	小松勝助	天和寺蔵書印のある高麗版大般若波羅蜜多経	蕉雨黄寿永博士九旬頌祝論集　考古学・美術史		韓国文化史学会	2007
206	崔永好	13世紀中葉『高麗大蔵経』研究の礎石	地域と歴史	20		2007
207	南権熙	日本南禅寺所蔵の高麗初雕大蔵経	書誌学研究	36		2007
208	金芳蔚	月精寺所蔵 高麗再雕大蔵経 印経本について	書誌学報	31		2007
209	裵泳基	高麗大蔵経（一名八万大蔵経）の隠れた部分を覗く	北韓	421		2007
210	厳ギョンフ	麗末鮮初日本使僧文溪の活動と使行詩	東南語文論集	23		2007
211	曺庚時	高麗顕宗の仏教信仰と政策	韓国思想史学	29		2007
212	柳富鉉	「高麗再雕大蔵経」と「開宝勅版大蔵経」の比較研究	仏教学研究	16		2007
213	尹ギヨプ	仏教史学及び応用仏教 日本大正時代仏教界の編纂事業―大正新脩大蔵経の編纂を中心に	韓国仏教学	48		2007
214	朴宗林	高麗大蔵経造成の精神―過去と未来―	第二十八次韓日・日韓仏教文化交流大会		韓日仏教文化交流協議会	2007
215	松永知海	大蔵経に学ぶ―日本近世における高麗大蔵経の評価―	第二十八次韓日・日韓仏教文化交流大会		韓日仏教文化交流協議会	2007
216	呉允熙	高麗大蔵経の価値と2011年の意味	民族文化論叢	40		2008
217	崔然柱	『高麗大蔵経』の韓日交流と認識推移	日本近代学研究	19		2008
218	柳富鉉	高麗『初雕大蔵経』華厳経（周本）巻60に現れた校正の痕跡	韓国図書館・情報学会誌	39-2		2008
219	崔ジュンホ	高麗時代の激音研究―『高麗大蔵経』の刻成人表記を中心に	韓国中世史研究	24		2008
220	鄭東楽	新羅、高麗時代符仁寺の変遷と現実対応	民族文化論叢	39		2008

221	金潤坤	大邱符仁寺蔵高麗大蔵経板とその特性—特に『仏名経』を中心に—	民族文化論叢	39		2008
222	文暻鉉	八公山符仁寺所蔵大蔵経の顛末	符仁寺蔵高麗大蔵経の再照明		嶺南大学校民族文化研究所	2008
223	南権熙	啓明大学校東山図書館所蔵の古書の資料的価値 啓明大学校東山図書館所蔵初雕大蔵経と『大方広仏華厳経疏』	韓国学論叢	37	啓明大学校	2008
224	国立文化財研究所　無形文化財研究室編	海外典籍文化財調査目録 日本大谷大学所蔵高麗大蔵経	国立文化財研究所			2008
225	朴相国	大谷大学の高麗版大蔵経	海外典籍文化財調査目録 日本　大谷大学所蔵　高麗大蔵経		国立文化財研究所	2008
226	馬場久幸	日本大谷大学所蔵高麗大蔵経の伝来と特徴	海外典籍文化財調査目録 日本　大谷大学所蔵　高麗大蔵経		国立文化財研究所	2008
227	馬場久幸	高麗大蔵経が日本仏教に及ぼした影響			圓光大学校博士論文	2008
228	崔永好	江華京板高麗大蔵経の板刻事業の研究			景仁文化社	2008
229	崔永好	13世紀中葉高麗国大蔵都監の組織体系と運営形態	石堂論叢	43		2009
230	崔永好	江華京板『高麗大蔵経』の彫成事業に対する近代100年の研究史の争点	石堂論叢	44		2009
231	崔然柱	高麗後期の慶尚道地方の書籍刊行体系と運営形態	石堂論叢	45		2009
232	趙恩秀	『梵網経』異本から見た高麗大蔵経と敦煌遺書の比較研究	普照思想	32		2009
233	鄭蓮実	敦煌写本と高麗大蔵経『金剛経』の異体字	中国語文学論集	56		2009
234	鄭ビョンサム	高麗後期鄭晏の仏書刊行と仏教信仰	仏教学研究	24		2009

235	都賢喆	高麗末士大夫の日本認識と文化交流	韓国思想史学	32		2009
236	李シチャン	宋元時期、高麗の書籍輸入とその歴史的意味	東方漢文学	29		2009
237	蔡尚植	書評　江華京板『高麗大蔵経』の板刻事業研究—経典の構成体制参与者の出身成分—	石堂論叢	45		2009
238	中央僧伽大学校仏教史学研究所編	符仁寺の歴史と文化			学術文化社	2009
239	金相永	符仁寺の歴史	符仁寺の歴史と文化		学術文化社	2009
240	崔永好	江華京板『高麗大蔵経』の造成機構と板刻空間			世宗出版社	2009
241	崔然柱	符仁寺蔵『高麗大蔵経』の呼称と造成	韓国中世史研究	28		2010
242	韓基汶	高麗前期符仁寺の位相と初雕大蔵経板所蔵の背景	韓国中世史研究	28		2010
243	崔ジョンファン	高麗時代の初雕大蔵経と符仁寺	韓国中世史研究	28		2010
244	南権熙	南禅寺初雕大蔵経の書誌的分析	韓国中世史研究	28		2010
245	尹龍爀	蒙古侵入と符仁寺大蔵経	韓国中世史研究	28		2010
246	金聖洙	高麗大蔵経彫造の動機及び背景に関する研究	仏教研究	32		2010
247	南権熙・鄭在永	日本南禅寺所蔵『高麗初雕大蔵経』調査報告書			高麗大蔵経研究所・花園大学国際禅学研究所	2010
248	柳富鉉	初雕蔵『御製秘蔵詮』版画の底本と板刻に対する研究	書誌学研究	45		2010
249	柳富鉉	『御製秘蔵詮』の大蔵経板本の文字異同と校勘	書誌学研究	47		2010
250	姜順愛	高麗八万大蔵経『瑜伽師地論』の板刻と奉安に関する事例研究	疏通と人文学	10		2010
251	崔然柱	江華島板『高麗大蔵経』造成に対する実証的研究	地域と歴史	26		2010

252	郭東和	高麗八万大蔵経「阿毘達磨大毘婆沙論」の板刻に関する事例研究	書誌学研究	46		2010
253	姜順愛	高麗八万大蔵経の板刻、奉安及び板架構成に関する研究	書誌学研究	46		2010
254	李丞宰	再雕本『華厳経』に附載された巻末音義の起源	震檀学報	109		2010
255	大韓仏教曹渓宗仏教中央博物館編	千年の知恵　千年の器			曹渓宗出版社	2011
256	朴相国	法宝：高麗大蔵経	千年の知恵　千年の器		曹渓宗出版社	2011
257	南権熙	世界の大蔵経と高麗初雕大蔵経	千年の知恵　千年の器		曹渓宗出版社	2011
258	文化財庁編	初雕大蔵経　初雕大蔵経板刻千年記念特別展			文化財庁有形文化財課	2011
259	崔光植	千年前の大蔵経、グローバル大蔵経としての課題と役割	初雕大蔵経　初雕大蔵経板刻千年記念特別展		文化財庁有形文化財課	2011
260	朴相国	高麗大蔵経の真実	初雕大蔵経　初雕大蔵経板刻千年記念特別展		文化財庁有形文化財課	2011
261	呉龍燮	初雕大蔵経の焼失と復活	初雕大蔵経　初雕大蔵経板刻千年記念特別展		文化財庁有形文化財課	2011
262	落合俊典	高麗初雕本より見えてきた諸大蔵経の系譜	大蔵経：2011年高麗大蔵経千年記念国際学術大会		(社)蔵経道場高麗大蔵経研究所・金剛大学校仏教文化研究所	2011
263	李スンテ	高麗大蔵経に現れた悉曇梵字について	大蔵経：2011年高麗大蔵経千年記念国際学術大会		(社)蔵経道場高麗大蔵経研究所・金剛大学校仏教文化研究所	2011

264	船山徹	高麗初雕大蔵経の梵網経研究；予備調査	大蔵経：2011年高麗大蔵経千年記念国際学術大会		(社)蔵経道場高麗大蔵経研究所・金剛大学校仏教文化研究所	2011
265	李富華	『高麗大蔵経』と『趙城蔵』の対照分析からみた『高麗大蔵経』の成果に対する約論	大蔵経：2011年高麗大蔵経千年記念国際学術大会		(社)蔵経道場高麗大蔵経研究所・金剛大学校仏教文化研究所	2011
266	韓基汶	高麗初期初雕大蔵経版の造成と所蔵処	大蔵経：2011年高麗大蔵経千年記念国際学術大会		(社)蔵経道場高麗大蔵経研究所・金剛大学校仏教文化研究所	2011
267	南権熙	初雕大蔵経の現存本の書誌的研究	大蔵経：2011年高麗大蔵経千年記念国際学術大会		(社)蔵経道場高麗大蔵経研究所・金剛大学校仏教文化研究所	2011
268	柳富鉉	高麗大蔵経の構成と底本及び板刻に対する研究	大蔵経：2011年高麗大蔵経千年記念国際学術大会		(社)蔵経道場高麗大蔵経研究所・金剛大学校仏教文化研究所	2011
269	崔テソン	初雕大蔵経関連遺蹟の現況と諸問題	大蔵経：2011年高麗大蔵経千年記念国際学術大会		(社)蔵経道場高麗大蔵経研究所・金剛大学校仏教文化研究所	2011
270	崔永好	江華京板『高麗大蔵経』の研究現況と文化コンテンツ開発方向	慶南発展	116		2011
271	崔然柱	高麗大蔵経の価値と大蔵経千年世界文化祝典	慶南発展	116		2011

272	崔然柱	仏教と芸術、心理、そして悟り：『高麗大蔵経』の仏教文化コンテンツ活用方向	東アジア仏教文化	7		2011
273	李ジェス	高麗大蔵経の文化コンテンツ活用方案	韓国禅学	30		2011
274	崔永好	高麗時代の大蔵経・文集・古文書資料の情報化の現況と電算化の方案	韓国中世史研究	30		2011
275	柳富鉉	『高麗大蔵経』に対する文献学的研究	書誌学研究	49		2011
276	チョミョンジェ	慶南の仏教文化	慶南文化研究	32		2011
277	宋日基	高麗再雕大蔵経の造成過程の研究	書誌学研究	49		2011
278	金聖洙	高麗初雕大蔵経 経板の発願場所及び日時に関する研究	韓国文献情報学会誌	45-2		2011
279	李ドフム	高麗大蔵経：文化論的解釈を中心として	仏教学研究	30		2011
280	韓相吉	高麗大蔵経の海印寺移運時期と経路	仏教学研究	30		2011
281	李テスン	高麗大蔵経に現われた悉曇梵字について	印度哲学	32		2011
282	姜順愛	世界記録遺産高麗大蔵経及び諸経板のデジタル化と大衆化	韓国ビブリア学会誌	22		2011
283	呉龍燮	守其の家系と巻内校勘記	書誌学研究	50		2011
284	李ギョンスク	『高麗大蔵経』所収「玄応音義」に収録された標題語「梵本」から見た外来語翻訳の様相	中国言語研究	35		2011
285	性安	海印寺、八万大蔵経	漢字研究	5		2011
286	李ジェス	高麗大蔵経の文化的価値と活用の方案	韓国教授仏子連合学会誌	17		2011
287	馬場久幸	日本仏教と『高麗大蔵経』—『高麗大蔵経』の学術的利用を中心に—	日本仏教史研究	6		2012
288	柳富鉉	高麗初雕大蔵経の構成と底本	初雕大蔵経と東アジアの大蔵経		国際学術会議発表論文集	2012

289	朴鎔辰	高麗時代の教蔵の刊行と流伝及び意義	初雕大蔵経と東アジアの大蔵経		国際学術会議発表論文集	2012
290	落合俊典	七寺一切経と高麗初雕大蔵経	初雕大蔵経と東アジアの大蔵経		国際学術会議発表論文集	2012
291	千恵鳳	高麗大蔵経と教蔵の研究			ポム社	2012
292	崔永好	江華京板高麗大蔵経の板刻空間と海印寺の役割	文物研究	21		2012
293	崔永好	海印寺所蔵の江華京板『高麗大蔵経』の「外蔵」研究(1)—高麗経板の造成時期の再検討—	石堂論叢	53		2012
294	柳富鉉	高麗大蔵経 経板の分司大蔵都監の刊記に対する研究	書誌学研究	51		2012
295	姜順愛	高麗八万大蔵経「法苑珠林」の板刻に関する研究	書誌学研究	51		2012
296	崔然柱	朝鮮時代『高麗大蔵経』の印経と海印寺	東アジア仏教文化	10		2012
297	ミョンヘジョン	中国敦煌写本の俄蔵本と韓国初雕本高麗大蔵経、日本金剛寺筆写本『玄応音義』の比較研究—各板本の相異項目内容の校勘を中心として—	中国言語研究	42		2012
298	任ドッキュン（性安）	『高麗大蔵経』の海印寺奉安と寺院の位相	石堂論叢	54		2012
299	金聖洙	高麗初雕大蔵経の雕造の価値と意味に関する研究	韓国文献情報学会誌	46-1		2012
300	朴鎔辰	高麗後期　元版大蔵経の印成と流通	中央史論	35		2012
301	崔永好	海印寺所蔵の江華京板『高麗大蔵経』の“外蔵”研究（2）：高麗経板の造成性格	文物研究	22		2012
302	崔然柱	刻成人から見た高麗国新雕大蔵校正別録彫成	東アジア仏教文化	15		2013
303	崔然柱	分司南海大蔵都監と『高麗大蔵経』の彫成空間	韓国中世史研究	37		2013
304	呉龍燮	教蔵の刊行方式と亡失	書誌学研究	54		2013
305	南ドンシン	李穡の高麗大蔵経の印出と奉安	韓国史研究	163		2013

306	柳富鉉	『御製秘蔵詮』の大蔵経板本の底本と板刻に対する研究	書誌学研究	55		2013
307	蔡尚植	高麗国新雕大蔵校正別録の編纂と資料的価値	韓国民俗文化	46		2013
308	東亜大学校石堂学術院編	国宝第32号　海印寺大蔵経板重複板調査領域事業報告書			法宝寺刹海印寺・陜川郡	2013
309	南海郡・㈶韓国文化遺産研究院編	高麗大蔵経の板刻と南海			南海郡・㈶韓国文化遺産研究院	2013
310	柳富鉉	高麗再雕大蔵経の構成と底本	再雕大蔵経と東アジアの大蔵経		国際学術会議発表論文集	2013
311	朴鎔辰	高麗時代の大蔵経雕造の組織と運営	再雕大蔵経と東アジアの大蔵経		国際学術会議発表論文集	2013
312	松永知海	日本における高麗大蔵経の目録について―大蔵目録を中心として―	再雕大蔵経と東アジアの大蔵経		国際学術会議発表論文集	2013
313	梶浦晋	日本所在高麗版大蔵経の現状と特色	再雕大蔵経と東アジアの大蔵経		国際学術会議発表論文集	2013
314	馬場久幸	日本所蔵の高麗再雕大蔵経―印経本から見た印刷年代の検討―	再雕大蔵経と東アジアの大蔵経		国際学術会議発表論文集	2013
315	崔然柱	『高麗大蔵経』と文化コンテンツの活用	文物研究	25		2014
316	柳富鉉	『仏説末羅王経』の大蔵経板本の文字異同と性格	書誌学研究	57		2014
317	馬場久幸	『高麗再雕大蔵経』の日本流通と活用―琉球国を中心として―	石堂論叢	58		2014
318	柳富鉉	高麗大蔵経の構成と底本及び板刻に対する研究			時間の糸車	2014

附録Ⅱ

高麗版大蔵経(東国大学校本・東洋仏典研究会本)
大正新脩大蔵経　五十音順対照目録

凡　例

1．本対照目録は、高麗版大蔵経に入蔵されている経典を五十音順に並べかえ、それらが２種類の影印高麗版大蔵経と大正新脩大蔵経の何巻何頁に収録されているかを見るものである。
2．「東国大学校本」とは東国大学校から出版された高麗版大蔵経の影印本、「東洋仏典研究会本」とは東洋仏典研究会から出版された影印本をそれぞれ指す。「大正蔵」は、大正新脩大蔵経を指す。
3．K番号は東国大学校本の経典番号を、T番号は大正蔵の経典番号をそれぞれ指す。
4．東国大学校本には、補遺と呼ばれる『宗鏡録』以下の15部231巻の経典も対照目録に入れた。
5．「冊-頁」は、巻数と頁数を指す。例えば『阿育王経』の場合、東国大学校本では「30-347」とあるが、これは、30冊347頁から始まることを意味する。
6．同一の経典で２巻以上にわたる場合は、その経典の第１巻１張目の冊数と頁数を記した。例えば、K-1『大般若波羅蜜多経』は「1-1」と表記されているが、これは１冊１頁から始まることを意味する。
7．「※」は、２冊以上にわたって収録されていることを意味する。例えば、『大般若波羅蜜多経』の場合、東国大学校本なら１～４冊、東洋仏典研究会本なら１～５冊に収録されている。
8．経典名検索の便宜上、「仏説」は除いた。
9．東国大学校本は、全48冊で構成されている。１から47冊に高麗版大蔵経の正蔵と補遺が収録され、48冊は目録・索引・解題である。東国大学校本は1957年から1976年の間に随時刊行されたので、底本が特定できない。ただ、1969年以降に刊行された影印本は、1960年代に印経された高麗版大蔵経（東国大学校所蔵）を底本にしていると考えられる。本対照目録では、１冊から47冊を対象とする。
10．東洋仏典研究会本は、1971年11月から1975年７月に刊行され、全45冊で構成されている。東洋仏典研究会本は、16部236巻の補遺と『大蔵目録』が収録されていない。東洋仏典研究会本の底本は、1915年に明治天皇の冥福を祈って印刷され、現在ソウル大学校奎章閣韓国学研究院に所蔵されているものである。
11．大正蔵は、本蔵篇85巻と図像篇の12巻、そして『昭和法宝総目録』３巻を合わせた全100巻を対象とする。
12．東国大学校本には金属活字で埋められていたり、空白の部分が何ヵ所かあるので注意を要する。そのため、東洋仏典研究会本で同箇所を確認できるように、対照目録を作成した。

東国大学校本での留意点

1．第２巻の1109頁の１～３枚にK-1『大般若波羅蜜多経』巻287の12・13・14張３枚が編入されており、これは同じ経の巻187の12・12・14の３枚を間違えて編入したものである。
2．K-530『菩薩瓔珞本業経』からK-548『十善業道経』までの総19部20巻349枚は影

印本第48巻の総目録では、第14巻の374～493頁に編入されている（総目録154頁）とあり、実際には、第15巻の１～178頁に収録されている。

3．K-563『妙法蓮華経憂波提舎』からK-800『転法輪経憂波提舎』までの総７部８巻155枚は、第48巻の総目録では、第15巻の412～465頁に編入されている（総目録164頁）とあり、実際には第16巻１～53頁に収録されている。

4．K-727『仏説奮崛髻経』からK-800『仏説義足経』までの総88巻1116枚は影印本の第19巻653～1030頁に編入されている（総目録209頁）とあり、実際には第20巻のK-888『仏説賢者五福徳経』のあと（第20巻679頁以降）に編入されており、また経典の一連の番号もついていない。

5．K-906『沙弥十戒法并威儀』、K-807『舎利弗問経』、K-908『四分尼戒本』、K-910『解脱戒経』などの順に羅列（総目録248頁）されており、ここでK-807とK-907の間違いが明確であり、次のK-909四分比丘戒本は漏落していることが明らかであるが、幸いにも第23巻779～789頁にK-909四分比丘戒本は収録されている。K-807は陰持入経であり、ここでは番号だけの間違いである。

6．K-596『仏性論』からK-647『仏説長阿含経』までの総52種103巻は以下の表に見るように順序が混ざっている（**表１**参照）。

表１　経番と経典の順序が入れ替わった例

函名	経番（K番号）と経典の編集順序の相異表									
當	経番	① 596	② 597	③ 598	④ 599					
	編次	①	③	④	②					
竭	経番	① 600	② 601	③ 602	603 ④	⑤ 604				
	編次									
力	経番	① 605	② 606	③ 607	④ 608	⑤ 609	⑥ 610	⑦ 611	⑧ 612	⑨ 613
	編次	①	③	②	④	⑤	⑥	⑦	⑧	⑨
則	経番	① 615	② 616	③ 617	④ 618	⑤ 619	⑥ 620	⑦ 621		
	編次	①	③	②	⑥	⑦	⑤	④		
盡	経番	① 622	② 623	③ 624	④ 625	⑤ 626	⑥ 627	⑦ 628	⑧ 629	
	編次	②	⑥	③	⑧	④	①	⑦	⑤	

命	経番	① 630	② 631	③ 632	④ 633	⑤ 634	⑥ 635	⑦ 636	⑧ 637	⑨ 638
	編次	①	⑫	⑭	⑧	⑩	⑥	⑬	⑦	⑪
	経番	⑩ 639	⑪ 640	⑫ 641	⑬ 642	⑭ 643	⑮ 644	⑯ 645	⑰ 646	
	編次	⑯	⑰	④	②	⑨	⑤	③	⑮	

1は「図書出版民族文化」の再影印本の第2巻1107頁で、K-1『大般若波羅蜜多経』巻287の12・13・14張3枚が編入されており、これは同じ経の巻187の12・12・14の3枚を間違えて編入したものであり、製作当時に間違えて編集されたものであり、それ以外は総目録の編纂過程で生じた間違いである(1)。

また、第41冊（1976年出版）99～417頁まではK-1481『仏説海意菩薩所問浄印法門経』巻18とK-1482『大乗中観釈論』巻1・2・3が連続して編入されており、『仏説大乗菩薩蔵正法経』巻24（K-1487）までが6部123巻落丁している(2)。

以上、1から6までの箇所と第41冊99～417頁までは、影印本を使用する際に充分注意する必要がある。東国大学校本には、少なくとも刊行された年度が異なる2種類の本があるようである。そのため、対照表の頁数と照合しないものもある。

附録Ⅱ　高麗版大蔵経（東国大学校本・東洋仏典研究会本）　大正新脩大蔵経　五十音順対照目録

経典名	千字文	巻数	K 番号	東国本 冊−頁	東洋本 冊−頁	T 番号	大正蔵 冊−頁
あ行							
阿育王経	寫	10	1013	30-347	33-195	2043	50-131
阿育王太子法益壊目因縁経	禽	1	1018	30-479	33-328	2045	50-172
阿育王伝	禽	7	1017	30-431	33-279	2042	50-99
阿鳩留経	甚	1	822	20-1135	23-354	529	14-804
阿含口解十二因縁経	獸	1	1023	30-583	33-434	1508	25-53
阿含正行経	甚	1	813	20-1120	23-338	151	2-883
阿闍世王経	恭	2	179	10-1367	12-137	626	15-389
阿闍世王授決経	毀	1	253	11-551	12-680	509	14-777
阿闍貰王女阿術達菩薩経	服	1	40	6-1197	7-335	337	12-83
阿闍世王問五逆経	詞	1	791	19-902	22-243	508	14-775
阿差末菩薩経	罪	7	70	7-963	8-319	403	13-583
阿閦如来念誦供養法	衡	1	1313	36-1011	40-53	921	19-15
阿閦仏国経	乃	2	27	6-1059	7-208	313	11-751
阿遬達経	思	1	774	19-800	22-137	141	2-863
阿吒婆拘鬼神大将上仏陀羅尼神呪経	讃	1	442	13-1157	15-565	1237	21-178
阿那邠邸化七子経	若	1	739	19-679	22-9	140	2-862
阿那律八念経	容	1	686	19-555	21-1035	46	1-835
阿難四事経	甚	1	817	20-1127	23-346	493	14-756
阿難七夢経	無	1	836	20-1174	23-396	494	14-758

経典名	千字文	巻数	K 番号	東国本 冊－頁	東洋本 冊－頁	T 番号	大正蔵 冊－頁
阿難陀目佉尼呵離陀経	良	1	327	11-1309	13-255	1013	19-685
阿難陀目佉尼呵離陀鄰尼経	良	1	328	11-1315	13-260	1015	19-692
阿難同学経	若	1	740	19-681	22-11	149	2-874
阿難分別経	思	1	770	19-793	22-129	495	14-758
阿難問事仏吉凶経	思	1	761	19-735	22-69	492	14-753
阿耨風経	容	1	685	19-552	21-1032	58	1-853
阿毘達磨界身足論	連	3	948	25-130	27-907	1540	26-614
阿毘達磨倶舎釈論	心	22	953	27-214	29-958※	1559	29-161
阿毘達磨倶舎論	疲	30	955	27-453	30-44	1558	29-1
阿毘達磨倶舎論本頌	神	1	954	27-440	30-31	1560	29-310
阿毘達磨識身足論	氣連	16	947	25-1	27-778	1539	26-531
阿毘達磨集異門足論	弟同	20	946	24-1183	27-644	1536	26-367
阿毘達磨順正理論	志	80	956	27-680	30-271	1562	29-329
阿毘達磨蔵顕宗論	雅	40	957	28-1	30-948※	1563	29-777
阿毘達磨大毘婆沙論	仁慈惻造次弗離節義廉退顛沛匪虧性静情逸	200	952	26-1※	28-629※	1545	27-1
阿毘達磨法蘊足論	兄	12	945	24-1091	27-552	1537	26-453
阿毘達磨発智論	孔懐	20	944	24-918	27-379	1544	26-918
阿毘達磨品類足論	枝交	18	949	25-149	27-926	1542	26-692
阿毘曇甘露味論	都	2	961	28-533	31-327	1553	28-966
阿毘曇五法行経	獸	1	1026	30-596	33-448	1557	28-998
阿毘曇心論	自	4	959	28-355	31-149	1550	28-809
阿毘曇心論経	自	6	958	28-302	31-96	1551	28-833
阿毘曇八犍度論	子比兒	30	943	24-695	27-155	1543	26-771
阿毘曇毘婆沙論	投分切磨箴規	60	951	25-370	28-1	1546	28-1
阿弥陀経	鞠	1	192	11-185	12-345	366	12-346
阿弥陀鼓音声王陀羅尼経	讃	1	443	13-1159	15-568	370	12-352
阿弥陀三耶三仏薩楼仏檀過度人道経	字	2	25	6-1011	7-162	362	12-300
阿惟越致遮経	草	3	135	10-197	11-150	266	9-198
阿羅漢具徳経	冠	1	1229	34-492	37-870	126	2-831
阿唎多羅阿嚕力経	伊	1	1281	36-794	39-985	1039	20-23
安宅神呪経	讃	1	437	13-1148	15-555	1394	21-911
安宅陀羅尼呪経	讃	1	438-8	13-1152	15-559	1029	19-744
頞多和多耆経	竟	1	876	20-1249	23-479	740	17-543
意経	止	1	706	19-595	21-1079	82	1-901
郁迦羅越問菩薩行経	服	1	33	6-1141	7-283	323	12-23
異出菩薩本起経	羔	1	468	13-1235	15-649	188	3-617
一字奇特仏頂経	伊	3	1277	36-743	39-934	953	19-285
一字頂輪王念誦儀軌	奄	1	1321	36-1044	40-90	954A	19-307
一字頂輪王瑜伽観行儀軌	奄	1	1320	36-1041	40-87	955	19-313
一字仏頂輪王経	悲	5	425	13-731	15-135	951	19-224
壹輸盧迦論	命	1	632	17-773	19-1071	1573	30-253

附録Ⅱ　高麗版大蔵経（東国大学校本・東洋仏典研究会本）大正新脩大蔵経　五十音順対照目録

経典名	千字文	巻数	K 番号	東国本 冊−頁	東洋本 冊−頁	T 番号	大正蔵 冊−頁
一髻尊陀羅尼経	旦	1	1360	37-239	40-423	1110	20-484
一向出生菩薩経	良	1	330	11-1325	13-269	1017	19-698
一切経音義	納陛弁	25	1063	32-1	35-123		
一切経音義	田赤城昆池碣石鉅野洞	100	1498	42-1※	44-902	2128	54-311※
一切功徳荘厳王経	羔	1	455	13-1190	15-601	1374	21-890
一切智光明仙人慈心因縁不食肉経	景	1	509	14-36	15-786	183	3-457
一切如来安像三昧儀軌経	將	1	1146	33-1187	37-299	1418	21-933
一切如来烏瑟膩沙最勝総持経	家	1	1204	34-286	37-659	978	19-407
一切如来金剛三業最上秘密大教王経	法	7	1418	40-90	43-287	885	18-469
一切如来金剛寿命陀羅尼経	佐	1	1292	36-883	39-1078	1135	20-578
一切如来正法秘密篋印心陀羅尼経	隷	1	1113	33-922	37-25	1023	19-715
一切如来真実摂大乗現証三昧大教王経	宣威沙	30	1466	40-658	43-870	882	18-341
一切如来心秘密全身舎利宝篋陀羅尼経	佐	1	1287	36-831	39-1025	1022	19-710
一切如来説仏頂輪王一百八名讃	八	1	1197	34-226	37-598	960	19-330
一切如来大秘密王未曽有最上微妙大曼拏羅経	路	5	1155	34-1	37-396	889	18-541
一切如来名号陀羅尼経	陪	1	1242	34-521	37-904	1350	21-864
一切秘密最上名義大教王儀軌	用	2	1452	40-520	43-727	888	18-536
一切仏摂相応大教王経聖観自在菩薩念誦儀軌	高	1	1222	34-468	37-844	1051	20-64
一切法高王経	養	1	201	11-231	12-387	823	17-852
一切流摂守因経	容	1	672	19-519	21-995	31	1-813
一百五十讃仏頌	獸	1	1024	30-587	33-438	1680	32-758
異部宗輪論	渭	1	977	29-567	32-316	2031	49-15
医喩経	牧	1	1446	40-481	43-688	219	4-802
因縁僧護経	竟	1	858	20-1208	23-433	749	17-565
因明正理門論	力	1	606	17-469	19-761	1629	32-6
因明正理門論本	竭	1	604	17-430	19-722	1628	32-1
因明入正理論	力	1	607	17-477	19-769	1630	32-11
優塡王経	服	1	38	6-1189	7-328	332	12-70
有徳女所問大乗経	羊	1	489	13-1307	15-727	568	14-940
右繞仏塔功徳経	羊	1	486	13-1300	15-720	700	16-801
優婆夷浄行法門経	景	2	500	14-1	15-749	579	14-951
優波夷堕舎迦経	止	1	714	19-614	21-1100	88	1-912
優婆塞戒経	賢	7	526	14-251	15-1006	1488	24-1034
優婆塞五戒威儀経	念	1	536	14-426	16-23	1503	24-1116
優婆塞五戒相経	入	1	930	23-1150	26-603	1476	24-939
優波離問仏経	傳	1	921	23-961	26-414	1466	24-903
雨宝陀羅尼経	時	1	1295	36-921	39-1117	1163	20-667
盂蘭盆経	傷	1	277	11-621	12-739	685	16-779
慧印三昧経	五	1	172	10-1227	12-1	632	15-460
廻向輪経	合	1	1387	37-541	40-737	998	19-577
穢跡金剛禁百変法経	磻	1	1264	36-588	39-776	1229	21-159
穢跡金剛説神通大満陀羅尼法術霊要門	磻	1	1265	36-590	39-778	1228	21-158
慧上菩薩問大善権経	裳	2	48	6-1307	7-440	345	12-156

経典名	千字文	巻数	K 番号	東国本冊−頁	東洋本冊−頁	T 番号	大正蔵冊−頁
廻諍論	命	1	630	17-756	19-1054	1631	32-13
縁起経	若	1	736	19-668	21-1158	124	2-547
縁起聖道経	傷	1	259	11-569	12-695	714	16-827
延寿妙門陀羅尼経	陪	1	1236	34-513	37-893	1140	20-587
縁生初勝分法本経	此	2	157	10-761	11-700	716	16-830
縁生論	命	1	641	17-798	19-1098	1652	32-482
演道俗業経	過	1	364	12-147	13-430	820	17-834
縁本致経	容	1	669	19-515	21-990	37	1-820
閻羅王五天使者経	容	1	682	19-545	21-1023	43	1-828
鴦崛髻経	若	1	727	19-653	21-1142	119	2-510
鴦掘摩経	止	1	708	19-598	21-1083	118	2-508
央掘魔羅経	難	4	410	13-462	14-1009	120	2-512
応法経	止	1	709	19-601	21-1086	83	1-902
王法正理論	璧	1	574	16-212	18-342	1615	31-855
鸚鵡経	止	1	695	19-576	21-1058	79	1-888
越難経	詞	1	794	19-908	22-250	537	14-820
温室洗欲衆僧経	過	1	367	12-158	13-441	701	16-802
陰持入経	甚	2	807	20-1078	23-295	603	15-173
園生樹経	約	1	1413	40-76	43-270	28	1-810
か行							
海意菩薩所問浄印法門経	州禹	18	1481	41-27	44-69	400	13-473
開覚自性般若波羅蜜多経	秦	4	1485	41-241	44-285	260	8-854
開元釈教録	笙陞	20	1062	31-965	34-969※	2154	55-477
戒香経	陪	1	1240	34-520	37-902	117	2-508
戒消災経	入	1	933	23-1160	26-613	1477	24-944
戒徳香経	止	1	713	19-613	21-1099	116	2-507
海八徳経	言	1	779	19-868	22-206	35	1-819
海龍王経	改	4	377	12-259	13-542	598	15-131
餓鬼報応経	思	1	763	19-739	22-74	746	17-560
過去現在因果経	言	4	777	19-818	22-156	189	3-620
過去荘厳劫千仏名経	己	1	391	12-1192	14-323	446	14-365
過去世仏分衛経	景	1	517	14-53	15-806	180	3-452
迦葉結経	獸	1	1027	30-601	33-453	2027	49-4
迦葉禁戒経	入	1	931	23-1157	26-610	1469	24-912
迦葉仙人説医女人経	兵	1	1219	34-420	37-795	1691	32-787
迦葉赴仏般涅槃経	飛	1	994	30-161	33-4	393	12-1115
呵鵰阿那鋡経	無	1	834	20-1169	23-391	538	14-821
迦丁比丘説当来変経	畫	1	1034	30-648	33-502	2028	49-7
月光童子経	敢	1	219	11-399	12-544	534	14-815
月光菩薩経	戸	1	1173	34-165	37-530	166	3-406
月上女経	量	2	415	13-570	14-1118	480	14-615
月灯三昧経	惟	10	181	11-1	12-168	639	15-549
月灯三昧経	鞠	1	182	11-91	12-257	641	15-623
月灯三昧経	鞠	1	183	11-101	12-262	640	15-620
月明菩薩経	羔	1	466	13-1228	15-641	169	3-411

経典名	千字文	巻数	K 番号	東国本 冊−頁	東洋本 冊−頁	T 番号	大正蔵 冊−頁
月喩経	牧	1	1447	40-483	43-690	121	2-544
伽耶山頂経	敢	1	223	11-423	12-568	465	14-483
訶利帝母真言経	阿	1	1306	36-971	40-12	1261	21-289
観虚空蔵菩薩経	弔	1	64	7-821	8-179	409	13-677
観察諸法行経	器	4	405	13-312	14-856	649	15-727
観自在大悲成就瑜伽蓮華部念誦法門	營	1	1374	37-297	40-487	1030	20-1
観自在如意輪菩薩瑜伽法要	羔	1	472	13-1245	15-660	1087	20-211
観自在菩薩化身襄麌哩曳童女銷伏毒害陀羅尼経	時	1	1296	36-924	39-1120	1264	21-292
観自在菩薩随心呪経	良	1	317	11-1255	13-206	1103	20-457
観自在菩薩説普賢陀羅尼経	阿	1	1308	36-976	40-17	1037	20-19
観自在菩薩如意心陀羅尼呪経	男	1	297	11-981	12-1091	1081	20-196
観自在菩薩如意輪念誦儀軌	奄	1	1323	36-1052	40-98	1085	20-203
観自在菩薩如意輪瑜伽	營	1	1379	37-319	40-511	1086	20-206
観自在菩薩母陀羅尼経	陪	1	1239	34-519	37-900	1117	20-506
灌頂王喩経	最	1	1460	40-595	43-805	218	4-801
灌頂三帰五戒帯佩護身呪経	常	1	174-3	10-1257	12-30	1331	21-501
灌頂七万二千神王護比丘呪経	常	1	174-1	10-1247	12-20	1331	21-495
灌頂十二万神王護比丘尼経	常	1	174-2	10-1253	12-26	1331	21-499
灌頂呪宮宅神王守鎮左右経	常	1	174-5	10-1267	12-40	1331	21-508
灌頂随願往生十方浄土経	常	1	174-11	10-1294	12-67	1331	21-528
灌頂善五分龍王摂疫毒神呪上品経	常	1	174-9	10-1285	12-58	1331	21-521
灌頂塚墓因縁四方神呪経	常	1	174-6	10-1272	12-45	1331	21-512
灌頂抜除過罪生死得度経	常	1	174-12	10-1300	12-73	1331	21-532
灌頂百結神王護身呪経	常	1	174-4	10-1262	12-35	1331	21-504
灌頂伏魔封印大神呪経	常	1	174-7	10-1276	12-49	1331	21-515
灌頂梵天神策経	常	1	174-10	10-1290	12-63	1331	21-523
灌頂摩尼羅亶大神呪経	常	1	174-8	10-1280	12-53	1331	21-517
観所縁縁論	盡	1	628	17-753	19-1050	1624	31-888
観所縁論釈	盡	1	625	17-728	19-1024	1625	31-889
鹹水喩経	容	1	668	19-514	21-989	29	1-811
観世音菩薩授記経	必	1	376	12-252	13-535	371	12-353
観世音菩薩如意摩尼陀羅尼経	潔	1	295	11-973	12-1083	1083	20-200
観世音菩薩秘密蔵如意輪陀羅尼神呪経	潔	1	296	11-977	12-1087	1082	20-197
灌洗仏形像経	傷	1	278	11-623	12-740	695	16-796
観総相論頌	命	1	635	17-782	19-1081	1623	31-887
観想仏母般若波羅蜜多菩薩経	將	1	1139	33-1175	37-285	259	8-854
諫王経	傷	1	260	11-573	12-698	514	14-785
観普賢菩薩行法経	改	1	380	12-329	13-612	277	9-389
観仏三昧海経	可	10	401	13-88	14-632	643	15-645
勧発諸王要偈	畫	1	1037	30-657	33-511	1673	32-748
観弥勒菩薩上生兜率天経	鞠	1	194	11-195	12-353	452	14-418
観無量寿仏経	鞠	1	191	11-177	12-337	365	12-340
観薬王薬上二菩薩経	改	1	379	12-320	13-603	1161	20-660
甘露軍荼利菩薩供養念誦成就儀軌	奄	1	1326	36-1061	40-109	1211	21-42

経典名	千字文	巻数	K 番号	東国本 冊−頁	東洋本 冊−頁	T 番号	大正蔵 冊−頁
鬼子母経	竟	1	875	20-1247	23-477	1262	21-290
起世因本経	取	10	661	19-344	21-818	25	1-365
起世経	澄	10	660	19-263	21-737	24	1-310
義足経	安	2	800	19-1012	22-355	198	4-174
給孤独長者女得度因縁経	起	3	1428	40-343	43-544	130	2-845
鬼問目連経	思	1	760	19-733	22-67	734	17-535
蟻喩経	用	1	1451	40-517	43-724	95	1-918
経律異相	仙靈丙舍傍	50	1050	30-810	33-667	2121	53-1
較量一切仏刹功徳経	兵	1	1217	34-417	37-791	290	10-592
校量数珠功徳経	傷	1	285	11-637	12-753	788	17-727
較量寿命経	鍾	1	1105	33-896	36-1156	759	17-601
玉耶経	思	1	771	19-795	22-132	143	2-865
玉耶女経	思	1	772	19-797	22-134	142	2-863
御製縁識	輕	5	1261	35-998	39-161		
御製逍遥詠	輕	11	1260	35-959	39-121		
御製秘蔵詮	車	30	1259	35-821	38-1138※		
御製蓮華心輪廻文偈頌	富	25	1258	35-729	38-1046		
九横経	竟	1	882	20-1256	23-488	150B	2-883
苦陰因事経	容	1	678	19-537	21-1014	55	1-849
苦陰経	容	1	692	19-566	21-1047	53	1-846
究竟一乗宝性論	竭	4	600	17-354	19-645	1611	31-813
倶枳羅陀羅尼経	高	1	1224-1	34-474	37-851	1385	21-905
九色鹿経	豈	1	211	11-375	12-527	181	3-452
孔雀王呪経	男	2	307	11-1045	13-1	984	19-446
孔雀王呪経	男	1	304	11-1033	12-1141	988	19-481
旧城喩経	輦	1	1245	34-529	37-913	715	16-829
旧雑譬喩経	圖	2	1005	30-301	33-146	206	4-510
弘道広顕三昧経	欲	4	407	13-399	14-944	635	15-488
瞿曇弥記果経	容	1	683	19-546	21-1025	60	1-856
救抜焔口餓鬼陀羅尼経	阿	1	1302	36-963	40-3	1313	21-464
弘明集	集	14	1080	33-143	36-395	2102	52-1
救面然餓鬼陀羅尼神呪経	羔	1	474	13-1251	15-667	1314	21-465
求欲経	容	1	677	19-532	21-1009	49	1-839
群牛譬経	竟	1	885	20-1259	23-491	215	4-800
解憂経	戸	1	1184	34-199	37-569	804	17-749
希有校量功徳経	毀	1	249	11-533	12-665	690	16-783
解夏経	驅	1	1253	34-569	37-956	63	1-861
解捲論	命	1	643	17-807	19-1107	1620	31-883
華厳経三宝章円通記	冥	2	1509	47-135			
華厳経探玄記	農務	20	1513	47-458		1733	35-107
華積陀羅尼神呪経	知	1	344	12-49	13-332	1356	21-874
花積楼閣陀羅尼経	俠	1	1159	34-71	37-431	1359	21-877
華手経	信	10	396	12-1298	14-429	657	16-127
花聚陀羅尼呪経	知	1	339	12-37	13-320	1358	21-876

経典名	千字文	巻数	K 番号	東国本 冊−頁	東洋本 冊−頁	T 番号	大正蔵 冊−頁
解深密経	盖	5	154	10-709	11-651	676	16-688
解節経	此	1	155	10-745	11-686	677	16-711
懈怠耕者経	無	1	852	20-1198	23-422	827	17-870
解脱戒経	外	1	910	23-790	26-243	1460	24-659
解脱道論	二	12	968	28-1009	31-806	1648	32-399
決定義経	驅	1	1250	34-543	37-929	762	17-650
決定総持経	毀	1	238	11-491	12-629	811	17-770
決定蔵論	當	3	598	17-325	19-616	1584	30-1018
決定毘尼経	服	1	35	6-1163	7-304	325	12-37
外道問聖大乗法無我義経	經	1	1128	33-1053	37-161	846	17-934
堅意経	詞	1	789	19-897	22-238	733	17-534
賢愚経	鬱	13	983	29-1002	32-754	202	4-349
幻化網大瑜伽教十忿怒明王大明観相儀軌経	千	1	1210	34-371	37-745	891	18-583
賢劫経	罔	8	387	12-700	13-983	425	14-1
堅固女経	羊	1	487	13-1302	15-722	574	14-946
現在賢劫千仏名経	己	1	392	12-1202	14-333	447	14-376
顕識論	力	1	611	17-491	19-784	1618	31-878
幻士仁賢経	服	1	34	6-1153	7-295	324	12-31
玄師颰陀所説神呪経	讃	1	439	13-1153	15-561	1378	21-901
賢者五福徳経	竟	1	888	20-1262	23-495	777	17-714
賢首経	羔	1	469	13-1240	15-654	570	14-943
見正経	無	1	835	20-1170	23-392	796	17-740
賢聖集伽陀一百頌	俠	1	1163	34-77	37-439	1686	32-773
甄正論	集	3	1078	33-113	36-363	2112	52-559
犍陀国王経	甚	1	826	20-1142	23-361	506	14-774
揵稚梵讃	戸	1	1175	34-170	37-536	1683	32-770
顕無辺仏土功徳経	戎	1	101	8-1239	9-720	289	10-591
顕揚聖教論	慶尺	20	571	16-1	18-130	1602	31-480
顕揚聖教論頌	璧	1	573	16-206	18-336	1603	31-583
香王菩薩陀羅尼呪経	羔	1	457	13-1197	15-609	1157	20-651
興起行経	籍	2	804	20-1041	23-257	197	4-163
広義法門経	止	1	725	19-647	21-1135	97	1-919
広弘明集	典亦聚群	30	1081	33-284	36-537	2103	52-97
光讃経	醎河	10	4	5-527	5-956	222	8-147
孝子経	甚	1	827	20-1143	23-362	687	16-780
広釈菩提心論	用	4	1449	40-492	43-699	1664	32-563
業成就論	竭	1	602	17-416	19-708	1608	31-777
恒水経	容	1	675	19-527	21-1004	33	1-817
高僧伝	廣内	14	1074	32-764	35-889	2059	50-322
高僧法顕伝	廣	1	1073	32-749	35-874	2085	51-857
広大宝楼閣善住秘密陀羅尼経	悲	3	422	13-671	15-74	1006	19-636
広大発願頌	最	1	1461	40-596	43-807	1676	32-756
広大蓮華荘厳曼拏羅滅一切罪陀羅尼経	將	1	1148	33-1193	37-307	1116	20-503
広博厳浄不退転輪経	木	6	136	10-231	11-184	268	9-254

経典名	千字文	巻数	K 番号	東国本 冊−頁	東洋本 冊−頁	T 番号	大正蔵 冊−頁
広百論本	陰	1	582	16-568	18-700	1570	30-182
光明童子因縁経	頗	4	1437	40-429	43-633	549	14-854
高麗国新雕大蔵校正別録	俊乂密	30	1402	38-512	41-640		
高麗大蔵経補遺目録	希		1514	47-819			
五蘊皆空経	若	1	731	19-662	21-1151	102	2-499
五王経	竟	1	863	20-1227	23-453	523	14-795
五陰譬喩経	若	1	743	19-685	22-15	105	2-501
虚空蔵菩薩経	弔	1	62	7-799	8-158	405	13-647
虚空蔵菩薩神呪経	弔	1	63	7-813	8-171	407	13-662
虚空蔵菩薩陀羅尼	冠	1	1230-5	34-498	37-875	1148	20-607
虚空蔵菩薩能満諸願最勝心陀羅尼求聞持法	羔	1	473	13-1249	15-665	1145	20-601
虚空蔵菩薩問七仏陀羅尼呪経	知	1	346	12-53	13-336	1333	21-561
虚空孕菩薩経	弔	2	61	7-783	8-143	408	13-667
国王不梨先泥十夢経	若	1	758	19-730	22-63	148	2-873
黒氏梵志経	甚	1	819	20-1130	23-349	583	14-967
五苦章句経	詞	1	797	19-913	22-255	741	17-543
五恐怖世経	無	1	841	20-1181	23-403	1481	24-957
護国経	轂	1	1255	34-573	37-961	69	1-872
護国尊者所問大乗経	給	4	1206	34-292	37-665	321	12-1
古今訳経図記	吹	4	1059	31-920	34-923	2151	55-348
五字陀羅尼頌	微	1	1345	37-139	40-318	1174	20-713
五事毘婆沙論	面	2	970	29-294	32-40	1555	28-989
五十頌聖般若波羅蜜経	八	1	1192	34-221	37-592	248	8-845
枯樹経	若	1	746-2	19-710	22-42	806	17-751
後出阿弥陀仏偈	鞠	1	190	11-175	12-336	373	12-364
護浄経	竟	1	864	20-1229	23-456	748	17-564
護諸童子陀羅尼経	讃	1	440	13-1154	15-562	1028A	19-741
五千五百仏名神呪除障滅罪経	長	8	394	12-1225	14-356	443	14-318
五大施経	馳	1	1471	40-841	43-1055	706	16-813
五仏頂三昧陀羅尼経	悲	4	423	13-691	15-95	952	19-263
五分比丘尼戒本	外	1	905	23-736	26-189	1423	22-206
護命放生軌儀法	英	1	1085	33-719	36-973	1901	45-902
護命法門神呪経	知	1	351	12-72	13-355	1139	20-584
五無反復経	無	1	847	20-1191	23-414	751	17-573
五母子経	思	1	768	19-791	22-127	555	14-906
五門禅経要用法	圖	1	1006	30-319	33-164	619	15-325
古来世時経	容	1	670	19-516	21-991	44	1-829
金光王童子経	戸	1	1174	34-168	37-534	548	14-853
金剛王菩薩秘密念誦儀軌	衡	1	1316	36-1024	40-68	1132	20-570
金剛恐怖集会方広軌儀観自在菩薩三世最勝心明王経	伊	1	1278	36-772	39-963	1033	20-9
金剛光焔止風雨陀羅尼経	讃	1	436	13-1137	15-544	1027	19-728
金剛香菩薩大明成就儀軌経	給	3	1207	34-310	37-684	1170	20-691
金剛薩埵説頻那夜迦天成就儀軌経	千	4	1209	34-349	37-722	1272	21-306

経典名	千字文	巻数	K 番号	東国本 冊−頁	東洋本 冊−頁	T 番号	大正蔵 冊−頁
金剛三昧経	景	1	521	14-57	15-810	273	9-365
金剛三昧経論	庭	3	1501	45-60		1730	34-961
金剛三昧本性清浄不壊不滅経	景	1	501	14-16	15-765	644	15-697
金剛手光明灌頂経最勝立印聖無動尊大威怒王念誦儀軌法品	營	1	1376	37-305	40-496	1199	21-1
金剛手菩薩降伏一切部多大教王経	家	3	1202	34-254	37-626	1129	20-548
金剛寿命陀羅尼念誦法	奄	1	1319	36-1040	40-85	1133	20-575
金剛場荘厳般若波羅蜜多教中一分	頗	1	1442	40-460	43-666	886	18-511
金剛場陀羅尼経	知	1	337	12-25	13-308	1345	21-854
金剛上味陀羅尼経	知	1	336	12-18	13-301	1344	21-850
金剛針論	經	1	1132	33-1060	37-170	1642	32-169
金剛頂一切如来真実摂大乗現証大教王経	伊	3	1274	36-712	39-901	865	18-207
金剛頂経一字頂輪王瑜伽一切時処念誦成仏儀軌	旦	1	1358	37-225	40-409	957	19-320
金剛頂経観自在王如来修行法	孰	1	1368	37-280	40-468	931	19-72
金剛頂経金剛界大道場毘盧遮那如来自受用身内証智眷属法身異名仏最上乗秘密三摩地礼懺文	宅	1	1332	36-1083	40-134	878	18-335
金剛頂経多羅菩薩念誦法	奄	1	1328	36-1072	40-121	1102	20-454
金剛頂経曼殊室利菩薩五字心陀羅尼品経	羔	1	465	13-1223	15-636	1173	20-710
金剛頂経瑜伽十八会指帰	佐	1	1289	36-835	39-1029	869	18-284
金剛頂経瑜伽修習毘盧遮那三摩地経	磻	1	1268	36-617	39-805	876	18-326
金剛頂経瑜伽文殊師利菩薩供養儀軌	孰	1	1363	37-249	40-435	1175	20-716
金剛頂経瑜伽文殊師利菩薩法	伊	1	1280	36-788	39-979	1171	20-705
金剛頂降三世大儀軌法王教中観在菩薩心真言一切如来蓮花大曼拏攞品	孰	1	1366	37-259	40-447	1040	20-30
金剛頂勝初瑜伽経中略出大楽金剛薩埵念誦儀	微	1	1346	37-142	40-322	1120A	20-513
金剛頂勝初瑜伽普賢菩薩念誦法	衡	1	1315	36-1021	40-64	1123	20-528
金剛頂超勝三界経説文殊五字真言勝相	微	1	1350	37-174	40-355	1172	20-709
金剛頂瑜伽降三世成就極深密門	營	1	1380	37-324	40-516	1209	21-39
金剛頂瑜伽護摩儀軌	宅	1	1335	36-1103	40-155	908	18-916
金剛頂瑜伽金剛薩埵五秘密修行念誦儀軌	衡	1	1318	36-1035	40-79	1125	20-535
金剛頂瑜伽千手千眼観自在菩薩修行儀軌経	衡	2	1311	36-991	40-32	1056	20-72
金剛頂瑜伽中発阿耨多羅三藐三菩提心論	孰	1	1369	37-283	40-471	1665	32-572
金剛頂瑜伽中略出念誦経	詩	4	429	13-952	15-357	866	18-223
金剛頂瑜伽念珠経	伊	1	1273	36-711	39-900	789	17-727
金剛頂蓮華部心念誦儀軌	衡	1	1310	36-979	40-20	873	18-299
金剛般若波羅蜜経	羽	1	13	5-979	6-256	235	8-748
金剛般若波羅蜜経	羽	1	14	5-985	6-262	236	8-752
金剛般若波羅蜜経	羽	1	15	5-993	6-269	237	8-762
金剛般若波羅蜜経破取着不壊仮名論	聲	2	559	15-341	17-285	1515	25-887
金剛般若波羅蜜経論	聲	3	558	15-317	17-261	1511	25-781
金剛般若論	傳	2	555	15-284	17-228	1510	25-757
金剛秘密善門陀羅尼呪経	知	1	343	12-47	13-330	1138	20-581

経典名	千字文	巻数	K 番号	東国本冊-頁	東洋本冊-頁	T 番号	大正蔵冊-頁
金光明経	精	4	1465	40-626	43-838	663	16-335
金光明最勝王経	食	10	127	9-1291	10-946	665	16-403
金色王経	過	1	370	12-166	13-449	162	3-388
金色童子因縁経	郡	12	1483	41-174	44-217	550	14-865
銀色女経	毀	1	252	11-547	12-677	179	3-450
金身陀羅尼経	頗	1	1440	40-455	43-660	1414	21-928
金七十論	晝	3	1032	30-610	33-463	2137	54-1245
合部金光明経	塲	8	128	9-1363	10-1018	664	16-359
根本薩婆多部律摂	奉母	14	934	24-1	26-615	1458	24-525
根本説一切有部戒経	随	1	898	23-654	26-107	1454	24-500
根本説一切有部尼陀那	別	10	894	22-909	25-264	1452	24-415
根本説一切有部苾蒭尼戒経	随	1	897	23-639	26-92	1455	24-508
根本説一切有部苾蒭尼毘奈耶	詠樂	20	892	22-423	24-937	1443	23-907
根本説一切有部毘奈耶	甘棠去而益	50	891	22-1	24-514	1442	23-627
根本説一切有部毘奈耶安居事	綺	1	1392	37-926	40-1125	1445	23-1041
根本説一切有部毘奈耶羯恥那衣事	綺	1	1395	37-951	40-1151	1449	24-97
根本説一切有部毘奈耶頌	入	3	925	23-1073	26-526	1459	24-617
根本説一切有部毘奈耶出家事	綺	4	1391	37-895	40-1093	1444	23-1020
根本説一切有部毘奈耶随意事	綺	1	1393	37-932	40-1131	1446	23-1044
根本説一切有部毘奈耶雑事	殊貴賤禮	40	893	22-596	24-1110※	1451	24-207
根本説一切有部毘奈耶雑事摂頌	入	1	928	23-1130	26-583	1457	24-520
根本説一切有部毘奈耶尼陀那目得迦摂頌	入	1	927	23-1125	26-578	1456	24-517
根本説一切有部毘奈耶破僧事	扶傾	20	1390	37-734	40-932	1450	24-99
根本説一切有部毘奈耶皮革事	綺	2	1394	37-938	40-1137	1447	23-1048
根本説一切有部毘奈耶薬事	濟弱	18	1389	37-601	40-798	1448	24-1
根本説一切有部百一羯磨	受	10	914	23-809	26-262	1453	24-455
羯磨	傳	1	915	23-878	26-331	1433	22-1051
金耀童子経	鍾	1	1103	33-890	36-1149	546	14-850
金輪王仏頂要略念誦法	營	1	1372	37-292	40-481	948	19-189
さ行							
斎経	止	1	721	19-636	21-1124	87	1-910
採花違王上仏授決号妙花経	毀	1	254	11-553	12-682	510	14-778
罪業応報教化地獄経	言	1	781	19-870	22-209	724	17-450
最上意陀羅尼経	槐	1	1169	34-91	37-456	1408	21-922
最上根本大楽金剛不空三昧大教王経	轂	7	1256	34-578	37-967	244	8-786
最上大乗金剛大教宝王経	家	2	1203	34-277	37-650	1128	20-542
最上秘密那拏天経	驅	3	1251	34-548	37-935	1288	21-358
最勝仏頂陀羅尼経	杜	1	1091	33-797	36-1052	974A	19-383
最勝仏頂陀羅尼浄除業障呪経	良	1	322	11-1281	13-231	970	19-357
最勝妙吉祥根本智最上秘密一切名義三摩地分	法	2	1419	40-140	43-338	1187	20-808
最勝問菩薩十住除垢断結経	得	10	382	12-343	13-626	309	10-966
済諸方等学経	萬	1	147	10-579	11-526	274	9-374
罪福報応経	無	1	838	20-1176	23-398	747	17-562

経典名	千字文	巻数	K 番号	東国本 冊−頁	東洋本 冊−頁	T 番号	大正蔵 冊−頁
最無比経	毀	1	250	11-537	12-668	691	16-785
坐禅三昧経	飛	2	991	30-128	32-1122	614	15-269
薩曇分陀利経	鳴	1	115	9-723	10-382	265	9-197
薩鉢多酥哩踰捺野経	縣	1	1201	34-251	37-624	30	1-811
薩婆多毘尼毘婆沙	猶	9	941	24-592	27-52	1440	23-503
薩婆多部毘尼摩得勒伽	儀	10	935	24-129	26-743	1441	23-564
作仏形像経	傷	1	281	11-629	12-746	692	16-788
三曼陀跋陀羅菩薩経	念	1	544	14-479	16-77	483	14-666
薩羅国経	景	1	503	14-24	15-773	520	14-793
三慧経	獣	1	1025	30-590	33-442	768	17-701
讃観世音菩薩頌	獣	1	1031	30-608	33-461	1052	20-67
三帰五戒慈心厭離功徳経	止	1	700	19-587	21-1070	72	1-878
三具足経憂波提舎	虚	1	568	15-451	17-396	1534	26-359
三十五仏名礼懺文	阿	1	1303	36-965	40-5	326	12-42
三身梵讃	冠	1	1228-3	34-491	37-868	1677	32-757
三転法輪経	若	1	730	19-659	21-1148	110	2-504
三法度論	華	3	965	28-716	31-512	1506	25-15
讃法界頌	隷	1	1115	33-927	37-31	1675	32-754
三品弟子経	景	1	522	14-69	15-823	767	17-700
三摩竭経	詞	1	790	19-898	22-239	129	2-843
三弥底部論	浮	3	972	29-470	32-216	1649	32-462
三無性論	盡	2	622	17-684	19-979	1617	31-867
讃揚聖徳多羅菩薩一百八名経	書	1	1120	33-994	37-99	1106	20-474
自愛経	無	1	832	20-1164	23-385	742	17-548
四阿鋡暮抄	禽	2	1019	30-493	33-342	1505	25-1
治意経	飛	1	999	30-169	33-13	96	1-919
私呵昧経	過	1	358	12-110	13-393	532	14-809
尸迦羅越六方礼経	淵	1	656	19-236	21-709	16	1-250
四願経	甚	1	820	20-1132	23-351	735	17-536
止観門論頌	命	1	638	17-789	19-1088	1655	32-491
食施獲五福報経	止	1	699	19-586	21-1069	132	2-854
持句神呪経	知	1	347	12-59	13-342	1351	21-864
自在王菩薩経	發	2	75	7-1161	8-515	420	13-924
師子月仏本生経	景	1	502	14-20	15-769	176	3-442
師子荘厳王菩薩請問経	羊	1	497	13-1322	15-743	486	14-697
四自侵経	無	1	830	20-1159	23-379	736	17-538
師子素駄娑王断肉経	羊	1	488	13-1305	15-725	164	3-392
師子奮迅菩薩所問経	知	1	340	12-39	13-322	1357	21-875
事師法五十頌	亭	1	1493	41-612	44-660	1687	32-775
慈氏菩薩所説大乗縁生稲幹喩経	時	1	1297	36-925	39-1121	710	16-819
慈氏菩薩陀羅尼	冠	1	1230-4	34-498	37-875	1142	20-600
慈氏菩薩誓願陀羅尼経	高	1	1224-7	34-479	37-856	1143	20-600
四十二章経	言	1	778	19-865	22-203	784	17-722
熾盛光消災経	槐	1	1171-2	34-96	37-460	964	19-338
持心梵天所問経	頼	4	142	10-379	11-328	585	15-1

経典名	千字文	巻数	K 番号	東国本 冊-頁	東洋本 冊-頁	T 番号	大正蔵 冊-頁
自誓三昧経	傷	1	273	11-609	12-727	622	15-343
持世経	萬	4	146	10-541	11-488	482	14-642
持世陀羅尼経	讃	1	448	13-1165	15-575	1162	20-666
治禅病秘要法	若	2	744	19-686	22-16	620	15-333
四諦経	容	1	673	19-522	21-998	32	1-814
四諦論	渭	4	974	29-521	32-269	1647	32-375
七倶胝仏母准提大明陀羅尼経	才	1	315	11-1245	13-197	1075	20-173
七倶胝仏母所説准提陀羅尼経	宅	1	1338	36-1115	40-169	1076	20-178
七倶胝仏母心大准提陀羅尼経	才	1	314	11-1243	13-195	1077	20-185
七処三観経	若	1	738	19-671	22-1	150A	2-875
七知経	容	1	665	19-509	21-984	27	1-810
七女経	詞	1	784	19-882	22-222	556	14-907
七仏経	戸	1	1182	34-193	37-561	2	1-150
七仏讃唄伽他	杜	1	1092	33-798	36-1054	1682	32-769
七仏八菩薩所説大陀羅尼神呪経	讃	4	433	13-1074	15-481	1332	21-536
七仏父母姓字経	若	1	747	19-713	22-44	4	1-159
十句章円通記	冥	2	1507	47-84			
十支居士八城人経	止	1	704	19-593	21-1076	92	1-916
実相般若波羅蜜経	羽	1	18	5-1017	6-291	240	8-776
四天王経	無	1	856	20-1205	23-430	590	15-118
四童子三昧経	賓	3	109	9-471	10-131	379	12-928
四泥犁経	若	1	732	19-663	21-1152	139	2-861
四人出現世間経	止	1	696	19-580	21-1063	127	2-834
持人菩薩経	萬	4	145	10-515	11-462	481	14-625
四輩経	景	1	516	14-52	15-804	769	17-705
時非時経	無	1	857	20-1207	23-432	794	17-738
慈悲道場懺法	於	10	1512	47-376		1909	45-922
四不可得経	過	1	357	12-107	13-390	770	17-706
四分僧戒本	外	1	904	23-725	26-178	1430	22-1023
四分比丘尼戒本	外	1	908	23-764	26-217	1431	22-1030
四分比丘尼羯磨法	傳	1	919	23-940	26-393	1434	22-1065
四分律	和下睦夫唱婦	60	896	23-1	25-617※	1428	22-567
四分律比丘戒本	外	1	909	23-779	26-232	1429	22-1015
四品学法経	飛	1	995	30-162	33-6	771	17-707
四品法門経	驅	1	1254	24-570	37-958	776	17-712
四未曽有法経	若	1	748	19-715	22-46	136	2-859
持明蔵八大総持王経	槐	1	1167	34-85	37-449	1370	21-886
持明蔵瑜伽大教尊那菩薩大明成就儀軌経	兵	4	1213	34-383	37-756	1169	20-677
四無所畏経	八	1	1193	34-222	37-593	775	17-711
舎衛国王十夢経	若	1	735	19-667	21-1156	147	2-872
舎衛国王夢見十事経	若	1	734	19-665	21-1154	146	2-870
釈迦氏譜	彩	1	1049	30-789	33-646	2041	50-84
沙曷比丘功徳経	無	1	851	20-1196	23-420	501	14-770
釈迦譜	彩	5	1047	30-690	33-546	2040	50-1

附録Ⅱ　高麗版大蔵経（東国大学校本・東洋仏典研究会本）大正新脩大蔵経　五十音順対照目録

経典名	千字文	巻数	K 番号	東国本 冊−頁	東洋本 冊−頁	T 番号	大正蔵 冊−頁
釈迦方志	彩	2	1048	30-748	33-605	2088	51-948
釈華厳経教分記円通鈔	治	10	1510	47-161			
釈華厳旨帰章円通鈔	冥	2	1508	47-104			
寂志果経	淵	1	658	19-245	21-719	22	1-270
寂照神変三摩地経	羊	1	482	13-1286	15-704	648	15-723
寂調音所問経	念	1	540	14-458	16-56	1490	24-1081
思益梵天所問経	及	4	143	10-425	11-373	586	15-33
釈摩訶衍論	漢	10	1397	37-989	41-37	1668	32-591
釈摩男本四子経	容	1	691	19-564	21-1045	54	1-848
邪見経	止	1	702	19-590	21-1073	93	1-917
舎頭諫太子二十八宿経	思	1	764	19-742	22-77	1301	21-410
嗟韈曩法天子受三帰依獲免悪道経	隷	1	1111	33-919	37-22	595	15-129
差摩婆帝授記経	羊	1	492	13-1315	15-735	573	14-945
沙弥威儀	外	1	911	23-800	26-253	1472	24-932
沙弥十戒儀則経	壁	1	1126	33-1043	37-151	1473	24-935
沙弥十戒法幷威儀	外	1	906	23-749	26-202	1471	24-926
沙弥尼戒経	外	1	913	23-807	26-260	1474	24-937
沙弥尼離戒文	外	1	912	23-805	26-258	1475	24-938
沙弥羅経	思	1	769	19-792	22-128	750	17-572
舎利弗阿毘曇論	京背芒面	30	969	29-1	31-900※	1548	28-525
舎利弗悔過経	念	1	546	14-484	16-83	1492	24-1090
舎利弗陀羅尼経	良	1	329	11-1321	13-265	1016	19-695
舎利弗摩訶目連遊四衢経	若	1	751	19-720	22-51	137	2-860
舎利弗問経	外	1	907	23-759	26-212	1465	24-899
思惟略要法	圖	1	1010	30-339	33-186	617	15-297
取因仮設論	命	1	636	17-783	19-1082	1622	31-885
十一面観自在菩薩心密言儀軌経	伊	3	1286	36-820	39-1013	1069	20-139
十一面観世音神呪経	才	1	309	11-1225	13-181	1070	20-149
十一面神呪心経	才	1	310	11-1231	13-186	1071	20-152
集一切福徳三昧経	賴	3	141	10-355	11-304	382	12-988
十一想思念如来経	若	1	756	19-728	22-61	138	2-861
十吉祥経	景	1	508	14-35	15-785	432	14-77
十号経	將	1	1141	33-1181	37-292	782	17-719
集古今仏道論衡	星	4	1066	32-481	35-604	2104	52-363
十地経	合	9	1388	37-543	40-739	287	10-535
十地経論	空	12	550	15-8	16-1101※	1522	26-123
集沙門不応拝俗等事	右	6	1068	32-542	35-665	2108	52-443
十住経	戎	4	98	8-1131	9-613	286	10-497
十住毘婆娑論	競資	17	584	16-670	18-802	1521	26-20
十誦羯磨比丘要用	傳	1	920	23-949	26-402	1439	23-496
十誦比丘尼波羅提木叉戒本	隨	1	899	23-666	26-119	1437	23-479
十誦比丘波羅提木叉戒本	隨	1	902	23-703	26-156	1436	23-470
十誦律	攝職従政存以	61	890	21-478	23-973※	1435	23-1
集諸経礼懺儀	英	2	1087	33-740	36-995	1982	47-456

経典名	千字文	巻数	K 番号	東国本 冊－頁	東洋本 冊－頁	T 番号	大正蔵 冊－頁
集諸法宝最上義論	起	2	1430	40-368	43-571	1638	32-150
集神州三宝感通録	右	3	1069	32-589	35-713	2106	52-404
十善業道経	念	1	548	14-490	16-90	600	15-157
集大乗相論	剪	2	1435	40-418	43-621	1637	32-145
十二因縁論	命	1	646	17-812	19-1113	1651	32-480
十二縁生祥瑞経	壁	2	1127	33-1045	37-153	719	16-845
十二頭陀経	景	1	504	14-26	15-775	783	17-720
十二仏名神呪校量功徳除障滅罪経	男	1	301	11-999	12-1109	1348	21-860
十二品生死経	無	1	840	20-1180	23-402	753	17-575
十二門論品目	陰	1	579	16-526	18-657	1568	30-159
十二遊経	圖	1	1009	30-337	33-183	195	4-146
十八空論	陰	1	580	16-538	18-669	1616	31-861
十八泥犁経	甚	1	812	20-1117	23-335	731	17-528
十八部論	渭	1	976	29-563	32-312	2032	49-17
十八臂陀羅尼経	高	1	1224-10	34-481	37-857	1118	20-507
十不善業道経	亭	1	1491	41-610	44-657	727	17-457
十門弁惑論	集	3	1079	33-130	36-381	2111	52-551
十力経	合	1	1386	37-537	40-732	780	17-715
修行道地経	樓	7	984	29-1125	32-877	606	15-181
修行本起経	思	2	765	19-755	22-90	184	3-461
衆経目録	肆	7	1054	31-434	34-436	2146	55-115
衆経目録	設	5	1056	31-612	34-614	2148	55-180
宿命智陀羅尼	冠	1	1230-3	34-497	37-875	1382	21-904
宿命智陀羅尼経	高	1	1224-6	34-479	37-855	1383	21-904
守護国界主陀羅尼経	公	10	1384	37-405	40-599	997	19-525
呪五首	才	1	312	11-1239	13-192	1034	20-17
守護大千国土経	藁	3	1096	33-835	36-1093	999	19-578
衆許摩訶帝経	卿戸	13	1172	34-97	37-462	191	3-932
受歳経	容	1	688	19-559	21-1039	50	1-842
呪歯経	讃	1	438-6	13-1152	15-559	1327	21-491
呪時気病経	讃	1	438-2	13-1151	15-558	1326	21-491
受持七仏名号所生功徳経	羊	1	484	13-1294	15-714	436	14-107
衆事分阿毘曇論	交友	12	950	25-271	27-1048	1541	26-627
受十善戒経	賢	1	528	14-332	15-1087	1486	24-1023
修習般若波羅蜜菩薩観行念誦儀軌	營	1	1371	37-287	40-476	1151	20-610
種種雑呪経	良	1	318	11-1265	13-215	1337	21-637
濡首菩薩無上清浄分衛経	羽	2	12	5-965	6-242	234	8-740
呪小児経	讃	1	438-5	13-1152	15-559	1329	21-491
手杖論	命	1	634	17-779	19-1078	1657	32-505
受新歳経	竟	1	871	20-1240	23-469	61	1-858
須真天子経	必	4	372	12-198	13-481	588	15-96
樹提伽経	景	1	505	14-29	15-778	540	14-825
須達経	止	1	726	19-651	21-1140	73	1-879
出家功徳因縁経	甚	1	811	20-1116	23-334	791	17-736
出家功徳経	竟	1	860	20-1223	23-448	707	16-813

経典名	千字文	巻数	K 番号	東国本 冊−頁	東洋本 冊−頁	T 番号	大正蔵 冊−頁
出三蔵記集	楹	15	1053	31-283	34-284	2145	55-1
出生一切如来法眼徧照大力明王経	藁	2	1097	33-858	36-1116	1243	21-207
出生菩提心経	羔	1	467	13-1229	15-643	837	17-891
出生無辺門陀羅尼経	良	1	331	11-1331	13-275	1018	19-702
出生無辺門陀羅尼経	伊	1	1279	36-783	39-974	1009	19-675
出生無量門持経	良	1	325	11-1299	13-246	1012	19-682
出曜経	宮殿盤	30	982	29-756	32-508	212	4-609
受菩提心戒儀	宅	1	1331	36-1081	40-132	915	18-940
須摩提経	服	1	36	6-1171	7-312	336	12-81
須摩提長者経	甚	1	816	20-1123	23-342	530	14-805
須摩提女経	止	1	723	19-643	21-1131	128	2-835
須摩提菩薩経	服	1	39	6-1193	7-331	334	12-76
呪目経	讃	1	438-7	13-1152	15-559	1328	21-491
受用三水要行法	英	1	1083	33-715	36-969	1902	45-902
須頼経	過	1	362	12-127	13-410	329	12-57
首楞厳三昧経	改	2	378	12-295	13-578	642	15-629
順権方便経	養	2	204	11-257	12-412	565	14-921
順中論義入大般若波羅蜜経初品法門	君	2	589	16-1081	19-57	1565	30-39
除一切疾病陀羅尼経	阿	1	1300	36-961	40-1	1323	21-489
長阿含経	臨深	22	647	17-815	19-1115※	1	1-1
長阿含十報法経	暎	2	664	19-497	21-971	13	1-233
浄意優婆塞所問経	起	1	1431	40-377	43-580	755	17-588
聖閻曼徳迦威怒王立成大神験念誦法	微	1	1351-1	37-176	40-357	1214	21-73
証契大乗経	方	2	152	10-657	11-600	674	16-653
聖迦抳忿怒金剛童子菩薩成就儀軌経	旦	3	1355	37-193	40-376	1222	21-102
聖観自在菩薩一百八名経	書	1	1122	33-1012	37-118	1054	20-69
聖観自在菩薩功徳讃	約	1	1414	40-78	43-273	1053	20-68
聖観自在菩薩心真言瑜伽観行儀軌	奄	1	1327	36-1070	40-118	1031	20-4
聖観自在菩薩不空王秘密心陀羅尼経	軍	1	1456	40-564	43-774	1099	20-443
聖観自在菩薩梵讃	戸	1	1186	34-204	37-575	1055	20-70
請観世音菩薩消伏毒害陀羅尼呪経	知	1	353	12-83	13-366	1043	20-34
勝義空経	馳	1	1470	40-839	43-1053	655	15-806
生経	安	5	799	19-959	22-302	154	3-70
正恭敬経	毀	1	255	11-555	12-683	1496	24-1102
成具光明定意経	過	1	363	12-136	13-419	630	15-451
勝軍化世百喩伽他経	漆	1	1118	33-969	37-74	1692	32-788
勝軍王所問経	約	1	1417	40-87	43-283	516	14-789
貞元新定釈教目録	說感武丁	30	1401	38-70	41-197	2157	55-771
聖虚空蔵菩薩陀羅尼経	鍾	1	1106	33-900	37-1	1147	20-604
浄業障経	維	1	525	14-244	15-998	1494	24-1095
荘厳王陀羅尼呪経	羔	1	458	13-1198	15-610	1375	21-894
聖金剛手菩薩一百八名梵讃	高	1	1223	34-472	37-849	1131	20-569
荘厳菩提心経	伏	1	95	8-1121	9-603	307	10-961
聖最勝陀羅尼経	八	1	1188	34-210	37-580	1409	21-924
聖最上灯明如来陀羅尼経	隷	1	1108	33-911	37-13	1355	21-872

経典名	千字文	巻数	K 番号	東国本 冊−頁	東洋本 冊−頁	T 番号	大正蔵 冊−頁
称讃浄土仏摂受経	鞠	1	193	11-189	12-348	367	12-348
称讃大乗功徳経	毀	1	256	11-559	12-686	840	17-910
称讃如来功徳神呪経	男	1	302	11-1003	12-1112	1349	21-863
聖持世陀羅尼経	壁	1	1125	33-1040	37-147	1165	20-672
成実論	夏	16	966	28-737	31-534	1646	32-239
勝思惟梵天所問経	及	6	144	10-465	11-413	587	15-62
勝思惟梵天所問経論	虚	4	562	15-383	17-327	1532	26-337
勝宗十句義論	畫	1	1045	30-681	33-536	2138	54-1262
商主天子所問経	羊	1	481	13-1278	15-696	591	15-119
成就妙法蓮華経王瑜伽観智儀軌	阜	1	1343	37-102	40-281	1000	19-594
消除一切災障宝髻陀羅尼経	高	1	1224-2	34-475	37-851	1400	21-916
消除一切閃電障難随求如意陀羅尼経	隷	1	1109	33-914	37-17	1402	21-918
清浄観世音普賢陀羅尼経	讃	1	449	13-1167	15-577	1038	20-21
聖荘厳陀羅尼経	俠	2	1158	34-66	37-426	1376	21-895
清浄心経	馳	1	1474	40-848	43-1063	803	17-749
清浄毘尼方広経	念	1	539	14-449	16-47	1489	24-1075
聖善住意天子所問経	衣	3	45	6-1273	7-408	341	12-115
摂大乗論	君	3	588	16-1052	19-27	1593	31-113
摂大乗論	嚴	2	591	16-1262	19-239	1592	31-97
摂大乗論釈	曰嚴	15	590	16-1097	19-73	1595	31-152
摂大乗論釈	敬	10	594	17-76	19-365	1597	31-321
摂大乗論釈	孝	10	595	17-161	19-451	1598	31-380
摂大乗論釈論	與	10	593	17-1	19-290	1596	31-271
摂大乗論本	嚴	3	592	16-1284	19-261	1594	31-132
聖大総持王経	槐	1	1164	34-80	37-442	1371	21-888
聖多羅菩薩一百八名陀羅尼経	經	1	1131	33-1057	37-166	1105	20-472
聖多羅菩薩経	陪	1	1235	34-510	37-890	1104	20-470
聖多羅菩薩梵讃	八	1	1187	34-206	37-576	1107	20-476
掌中論	命	1	637	17-787	19-1086	1621	31-884
勝天王般若波羅蜜経	潜	7	8	5-837	6-115	231	8-687
小道地経	獸	1	1028	30-605	33-457	608	15-236
聖八千頌般若波羅蜜多一百八名真実円義陀羅尼経	軍	1	1455	40-562	43-771	230	8-684
勝幢臂印陀羅尼経	良	1	332	11-1339	13-282	1363	21-882
勝幡瓔珞陀羅尼経	俠	1	1162	34-76	37-437	1410	21-925
請賓頭盧経	畫	1	1042	30-673	33-527	1689	32-784
聖仏母小字般若波羅蜜多経	杜	1	1090	33-795	36-1050	258	8-852
聖仏母般若波羅蜜多経	刑	1	1427	40-341	43-542	257	8-852
聖仏母般若波羅蜜多九頌精義論	九	2	1478	41-15	44-56	1516	25-898
聖法印経	若	1	750	19-719	22-50	103	2-500
聖宝蔵神儀軌経	相	2	1154	33-1236	37-352	1284	21-349
正法念処経	定篤初誠美慎終	70	801	20-1	22-376	721	17-1
正法華経	鳳	10	117	9-801	10-460	263	9-63
浄飯王般涅槃経	詞	1	796	19-910	22-252	512	14-781

経典名	千字文	巻数	K 番号	東国本 冊–頁	東洋本 冊–頁	T 番号	大正蔵 冊–頁
小品般若波羅蜜経	鱗	10	7	5-759	6-38	227	8-536
勝鬘師子吼一乗大方便方広経	裳	1	54	6-1361	7-491	353	12-217
聖無能勝金剛火陀羅尼経	俠	1	1157	34-64	37-423	1236	21-176
成唯識宝生論	力	5	605	17-438	19-730	1591	31-77
成唯識論	忠	10	614	17-510	19-804	1585	31-1
称揚諸仏功徳経	必	3	371	12-170	13-453	434	14-87
聖曜母陀羅尼経	戸	1	1180	34-187	37-555	1303	21-421
聖六字増寿大明陀羅尼経	八	1	1196	34-225	37-597	1049	20-46
聖六字大明王陀羅尼経	槐	1	1170	34-94	37-459	1047	20-44
除蓋障菩薩所問経	丹青	20	1476	40-890	43-1106※	489	14-704
諸行有為経	隷	1	1112	33-921	37-24	758	17-600
諸教決定名義論	法	1	1420	40-149	43-347	1658	32-507
諸経要集	甲帳	20	1052	31-1	34-1	2123	54-1
除恐災患経	必	1	374	12-234	13-517	744	17-552
処処経	甚	1	808	20-1093	23-311	730	17-523
諸徳福田経	過	1	366	12-155	13-438	683	16-777
諸仏経	八	1	1194	34-223	37-594	439	14-112
諸仏集会陀羅尼経	羔	1	475	13-1253	15-669	1346	21-858
諸仏心印陀羅尼経	經	1	1134	33-1065	37-175	919	19-1
諸仏心陀羅尼経	讃	1	444	13-1161	15-570	918	19-1
諸仏要集経	能	2	384	12-487	13-770	810	17-756
初分説経	牧	2	1448	40-484	43-691	498	14-763
諸法最上王経	羊	1	478	13-1257	15-674	824	17-859
諸法集要経	鴈	10	1494	41-614	44-662	728	17-458
諸法本経	容	1	666	19-510	21-985	59	1-855
諸法本無経	五	3	169	10-1171	11-1104	651	15-761
諸法無行経	五	2	168	10-1155	11-1088	650	15-750
諸法勇王経	養	1	200	11-221	12-378	822	17-846
諸菩薩求仏本業経	伏	1	93	8-1109	9-592	282	10-451
所欲致患経	詞	1	788	19-894	22-235	737	17-539
進学経	詞	1	795	19-909	22-251	798	17-744
身観経	竟	1	874	20-1246	23-476	612	15-242
甚希有経	毀	1	236	11-485	12-624	689	16-782
新華厳経論	勒碑刻銘	40	1263	36-230	39-417	1739	36-721
信解智力経	輦	1	1244	34-526	37-910	802	17-747
新歳経	竟	1	872	20-1242	23-471	62	1-859
新集蔵経音義随函録	振纓	12	1257	34-628※	37-1016※		
甚深大廻向経	景	1	507	14-33	15-783	825	17-867
申日経	敢	1	234	11-465	12-606	535	14-817
申日児本経	敢	1	220	11-403	12-548	536	14-819
信仏功徳経	輦	1	1248	34-536	37-922	18	1-255
深密解脱経	盖	5	153	10-673	11-616	675	16-665
心明経	羔	1	461	13-1207	15-620	569	14-942
身毛喜竪経	九	3	1477	41-1	44-41	757	17-591
新訳大方広仏華厳経音義	轉	2	1064	32-340	35-463		

経典名	千字文	巻数	K 番号	東国本 冊−頁	東洋本 冊−頁	T 番号	大正蔵 冊−頁
信力入印法門経	臣	5	81	8-945	9-434	305	10-928
随求即得大自在陀羅尼神呪経	羔	1	454	13-1183	15-594	1154	20-637
随相論	都	1	962	28-555	31-350	1641	32-158
水沫所漂経	若	1	733	19-664	21-1153	106	2-501
随勇尊者経	馳	1	1472	40-842	43-1057	505	14-773
数経	止	1	710	19-603	21-1088	70	1-875
宗鏡録	祿侈富車駕肥輕策功茂	100	1499	44-1		2016	48-415
猘狗経	甚	1	818	20-1129	23-348	214	4-799
施一切無畏陀羅尼経	軍	1	1457	40-570	43-780	1373	21-889
逝童子経	敢	1	228	11-443	12-586	527	14-801
施設論	秦	7	1484	41-217	44-260	1538	26-514
説罪要行法	英	1	1084	33-717	36-971	1903	45-903
説妙法決定業障経	毀	1	257	11-563	12-689	841	17-912
説無垢称経	樹	6	121	9-1035	10-692	476	14-557
施灯功徳経	欲	1	408	13-425	14-971	702	16-803
是法非法経	容	1	690	19-562	21-1043	48	1-837
禅行三十七品経	竟	1	887	20-1261	23-493	604	15-180
禅行法想経	甚	1	814	20-1121	23-340	605	15-181
善恭敬経	毀	1	248	11-529	12-661	1495	24-1100
千眼千臂観世音菩薩陀羅尼神呪経	潔	2	292	11-941	12-1053	1057	20-83
善見律毘婆沙	姑伯	18	937	24-294	26-908	1462	24-673
占察善悪業報経	黒	2	421	13-657	15-60	839	17-901
睒子経	豈	1	209	11-369	12-522	175	3-438
善思童子経	白	2	124	9-1101	10-757	479	14-605
撰集三蔵及雑蔵伝	獸	1	1022	30-579	33-429	2026	49-1
撰集百縁経	涇	10	981	29-684	32-436	200	4-203
千手千眼観自在菩薩広大円満無礙大悲心陀羅尼呪本	磻	1	1270	36-624	39-812	1061	20-112
千手千眼観世音菩薩広大円満無礙大悲心陀羅尼経	潔	1	294	11-963	12-1074	1060	20-105
千手千眼観世菩薩大身呪本	磻	1	1269	36-623	39-811	1062A	20-113
千手千眼観世音菩薩姥陀羅尼身経	潔	1	293	11-951	12-1063	1058	20-96
善生子経	止	1	718	19-624	21-1111	17	1-252
前世三転経	毀	1	251	11-543	12-674	178	3-447
旃陀越国王経	無	1	846	20-1190	23-412	518	14-791
栴檀香身陀羅尼経	高	1	1224-4	34-477	37-854	1387	21-906
栴檀樹経	竟	1	880	20-1254	23-485	805	17-750
千転大明陀羅尼経	磻	1	1160	34-73	37-433	1036	20-18
千転陀羅尼観世音菩薩呪	才	1	313	11-1241	13-193	1035	20-17
瞻婆比丘経	容	1	679	19-540	21-1017	64	1-862
漸備一切智徳経	伏	5	89	8-1047	9-531	285	10-458
禅秘要法経	詞	3	798	19-919	22-261	613	15-242
千仏因縁経	羔	1	452	13-1171	15-582	426	14-65

経典名	千字文	巻数	K 番号	東国本冊–頁	東洋本冊–頁	T 番号	大正蔵冊–頁
善法方便陀羅尼経	知	1	342	12-44	13-327	1137	20-580
禅法要解	圖	2	1004	30-284	33-129	616	15-286
禅門拈頌集	邈巖岫	30	1505	46-1			
善夜経	羔	1	459	13-1200	15-612	1362	21-881
箭喩経	止	1	698	19-584	21-1067	94	1-917
禅要経	圖	1	1012	30-345	33-193	609	15-237
善楽長者経	輦	1	1246	34-531	37-916	1380	21-902
雑阿含経	松之盛川流	50	650	18-707	20-1120※	99	2-1
雑阿含経	若	1	745	19-700	22-31	101	2-493
雑阿毘曇心論	縻	11	960	28-391	31-185	1552	28-869
増一阿含経	似蘭斯馨如	51	649	18-313	20-724	125	2-549
象腋経	鞠	1	185	11-117	12-280	814	17-781
増慧陀羅尼経	八	1	1198	34-227	37-599	1372	21-889
相応相可経	若	1	729	19-658	21-1147	111	2-504
僧伽吒経	使	4	398	13-32	14-574	423	13-959
僧伽羅刹所集経	樓	3	985	29-1189	32-942	194	4-115
僧羯磨	訓	3	923	23-998	26-451	1809	40-511
象頭精舎経	敢	1	224	11-429	12-573	466	14-487
雑蔵経	思	1	767	19-786	22-122	745	17-557
相続解脱地波羅蜜了義経	此	1	156	10-751	11-691	678	16-714
造塔功徳経	羊	1	498	13-1324	15-745	699	16-800
雑譬喩経	圖	1	1007	30-330	33-175	204	4-499
雑譬喩経	寫	2	1014	30-402	33-250	205	4-502
雑譬喩経	寫	1	1016	30-417	33-265	207	4-522
雑宝蔵経	驚	10	1001	30-170	33-15	203	4-447
造立形像福報経	傷	1	280	11-627	12-744	693	16-788
続一切経音義	雞	10	1497	41-785	44-834	2129	54-934
続高僧伝	左達承明	30	1075	32-908	35-1033※	2060	50-425
続古今訳経図記	吹	1	1060	31-949	34-953	2152	55-367
速疾立験魔醯首羅天説阿尾奢法	旦	1	1361	37-245	40-430	1277	21-329
続集古今仏道論衡	星	1	1067	32-531	35-655	2105	52-397
息諍因縁経	牧	1	1444	40-474	43-681	85	1-904
息除賊難陀羅尼経	陪	1	1241	34-521	37-903	1405	21-921
息除中夭陀羅尼経	隷	1	1114	33-926	37-29	1347	21-860
続大唐内典録	吹	1	1061	31-958	34-961	2150	55-342
蘇悉地羯囉経	詩	3	432	13-1027	15-434	893	18-603
蘇悉地羯羅供養法	詩	3	431	13-1011	15-417	894	18-692
祖堂集	曠遠	20	1503	45-233			
蘇波呼童子請問経	染	3	428	13-927	15-332	895	18-719
尊上経	止	1	707	19-596	21-1081	77	1-886
尊勝大明王経	槐	1	1165	34-82	37-445	1413	21-927
尊勝菩薩所問一切諸法入無量門陀羅尼経	知	1	335	12-9	13-292	1343	21-843
孫多耶致経	竟	1	884	20-1258	23-490	582	14-966

経典名	千字文	巻数	K 番号	東国本 冊-頁	東洋本 冊-頁	T 番号	大正蔵 冊-頁
尊那経	冠	1	1231	34-498	37-877	845	17-932
尊婆須蜜菩薩所集論	邑	10	963	28-572	31-367	1549	28-721
た行							
大哀経	周	8	72	7-1053	8-408	398	13-409
大愛陀羅尼経	冠	1	1233	34-502	37-881	1379	21-902
大愛道般泥洹経	若	1	754	19-724	22-56	144	2-867
大愛道比丘尼経	入	2	926	23-1110	26-563	1478	24-945
大阿羅漢難提蜜多羅所説法住記	晝	1	1046	30-686	33-542	2030	49-12
大安般守意経	甚	2	806	20-1062	23-279	602	15-163
大意経	羊	1	499	13-1325	15-746	177	3-446
第一義法勝経	養	1	202	11-241	12-397	833	17-879
大威灯光仙人問疑経	養	1	203	11-249	12-404	834	17-883
大威徳金輪仏頂熾盛光如来消除一切災難陀羅尼経	槐	1	1171-1	34-95	37-460	964	19-338
大威徳陀羅尼経	短靡	20	389	12-936	14-67	1341	21-755
大威怒烏蒭渋麼儀軌経	旦	1	1356	37-216	40-399	1225	21-135
大威力烏枢瑟摩明王経	磻	3	1266	36-592	39-780	1227	21-142
大雲経（請雨品第六十四）	大	1	165	10-1121	11-1056	993	19-506
大雲輪請雨経	大	2	166	10-1133	11-1067	991	19-493
大雲輪請雨経	時	2	1294	36-910	39-1106	989	19-484
大迦葉本経	無	1	831	20-1162	23-382	496	14-760
大迦葉問大宝積正法経	壁	5	1123	33-1015	37-121	352	12-200
大寒林聖難拏陀羅尼経	鍾	1	1104	33-893	36-1153	1392	21-908
大吉義神呪経	讃	4	434	13-1109	15-516	1335	21-568
大吉祥陀羅尼経	陪	1	1238-1	34-517	37-898	1381	21-903
大吉祥天女十二契一百八名無垢大乗経	伊	1	1284	36-810	39-1002	1253	21-253
大吉祥天女十二名号経	佐	1	1288	36-834	39-1028	1252	21-252
大魚事経	無	1	853	20-1199	23-423	216	4-800
大孔雀呪王経	男	3	303	11-1005	12-1114	985	19-459
大孔雀明王画像壇場儀軌	營	1	1375	37-303	40-493	983A	19-439
大花厳長者問仏那羅延力経	桓	1	1382	37-403	40-597	547	14-853
大堅固婆羅門縁起経	軍	2	1453	40-526	43-734	8	1-207
大虚空蔵菩薩念誦法	奄	1	1324	36-1056	40-102	1146	20-603
大護明大陀羅尼経	鍾	1	1102	33-887	36-1146	1048	20-44
大金剛香陀羅尼経	將	1	1144	33-1183	37-295	1401	21-917
大金剛妙高山楼閣陀羅尼	相	1	1150	33-1200	37-314	1415	21-928
大金色孔雀王呪経	男	1	305	11-1039	12-1146	986	19-477
大金色孔雀王呪経	男	1	306	11-1041	12-1148	987	19-479
大薩遮尼乾子所説経	四	10	163	10-1005	11-942	272	9-317
大三摩惹経	戸	1	1179	34-185	37-552	19	1-258
大自在天子因地経	將	1	1147	33-1190	37-303	594	15-127
太子須大拏経	豈	1	207	11-357	12-511	171	3-418
太子瑞応本起経	言	2	775	19-801	22-138	185	3-472
太子刷護経	衣	1	46	6-1303	7-436	343	12-153
大七宝陀羅尼経	讃	1	450	13-1170	15-580	1368	21-885

経典名	千字文	巻数	K 番号	東国本 冊−頁	東洋本 冊−頁	T 番号	大正蔵 冊−頁
太子墓魄経	豈	1	210	11-373	12-525	168	3-410
太子慕魄経	豈	1	212	11-377	12-529	167	3-408
帝釈巌秘密成就儀軌	約	1	1416	40-83	43-279	940	19-95
帝釈所問経	驅	1	1252	34-563	37-950	15	1-246
帝釈般若波羅蜜多心経	八	1	1190	34-215	37-586	249	8-846
大沙門百一羯磨法	傳	1	917	23-914	26-367	1438	23-489
大集会正法経	約	5	1412	40-46	43-240	424	13-976
大周刊定衆経目録	瑟	15	1058	31-794	34-796	2153	55-372
大宗地玄文本論	廻	20	1396	37-954	41-1	1669	32-668
大集譬喩王経	周	2	73	7-1111	8-466	422	13-948
大集法門経	起	2	1429	40-357	43-559	12	1-226
大樹緊那羅王所問経	化	4	130	10-1	10-1107	625	15-367
大集大虚空蔵菩薩所問経	曲	8	1339	37-1	40-178	404	13-613
大乗阿毘達磨集論	璧	7	572	1-157	18-287	1605	31-663
大乗阿毘達磨雑集論	非寶	16	576	16-228	18-358	1606	31-694
大乗縁生論	宅	1	1337	36-1109	40-163	1653	32-486
大乗戒経	八	1	1195	34-224	37-596	1497	24-1104
大乗伽耶山頂経	敢	1	225	11-435	12-578	467	14-489
大乗観想曼拏羅浄諸悪趣経	高	2	1221	34-457	37-833	939	19-88
大生義経	遵	1	1410	40-38	43-232	52	1-844
大乗起信論	則	1	616	11-614	19-908	1666	32-575
大乗起信論	盡	2	623	17-701	19-997	1667	32-583
大正句王経	陪	2	1234	34-503	37-882	45	1-831
大乗顕識経	裳	2	49	6-1323	7-455	347	12-178
大乗広五蘊論	則	1	619	17-641	19-935	1613	31-850
大乗広百論釈論	是	10	583	16-573	18-705	1571	30-187
大乗五蘊論	則	1	618	17-637	19-931	1612	31-848
大乗金剛髻珠菩薩修行分	臣	1	83	8-1005	9-492	1130	20-563
大荘厳法門経	鞠	2	187	11-137	12-300	818	17-825
大荘厳論経	事君	15	587	16-947	18-1082※	201	4-257
大乗三聚懺悔経	念	1	541	14-467	16-65	1493	24-1901
大乗十法経	乃	1	28	6-1079	7-227	314	11-764
大乗四法経	毀	1	246	11-525	12-659	772	17-708
大乗四法経	羊	1	485	13-1296	15-716	774	17-709
大乗舎黎娑担摩経	八	1	1191	34-217	37-588	711	16-821
大乗集菩薩学論	主云	25	1488	41-484	44-530	1636	32-75
大乗修行菩薩行門諸経要集	觀	3	989	30-48	32-1041	847	17-935
大乗聖吉祥持世陀羅尼経	杜	1	1094	33-801	36-1058	1164	20-669
大乗成業論	竭	1	603	17-422	19-714	1609	31-781
大乗荘厳経論	父	13	586	16-843	18-977	1604	31-589
大乗荘厳宝王経	杜	4	1088	33-766	36-1020	1050	20-47
大乗掌珍論	則	2	620	17-649	19-943	1578	30-268
大乗聖無量寿決定光明王如来陀羅尼経	杜	1	1089	33-792	36-1047	937	19-85
大乗善見変化文殊師利問法経	鍾	1	1099	33-877	36-1136	472	14-514
大乗造像功徳経	黒	2	419	13-636	15-39	694	16-790

経典名	千字文	巻数	K 番号	東国本 冊−頁	東洋本 冊−頁	T 番号	大正蔵 冊−頁
大乗大集経	唐	2	59	7-717	8-78	397-16	13-381
大乗大集地蔵十輪経	陶	10	57	7-581	7-1096※	411	13-721
大乗大方広仏冠経	九	2	1479	41-20	44-61	438	14-110
大乗中観釈論	跡	18	1482	41-101	44-144	1567	30-136
大乗頂王経	樹	1	123	9-1091	10-748	478	14-597
大聖天歓喜双身毘那夜迦法	營	1	1378	37-317	40-509	1266	21-296
大乗同性経	方	2	151	10-639	11-582	673	16-640
大乗二十頌論	牧	1	1445	40-479	43-686	1576	30-256
大乗日子王所問経	鍾	1	1100	33-880	36-1139	333	12-72
大乗入諸仏境界智光明荘厳経	亭	5	1489	41-588	44-634	359	12-253
大乗入楞伽経	髪	7	161	10-919	11-856	672	16-587
大乗破有論	起	1	1433	40-386	43-589	1574	30-254
大乗八大曼拏羅経	兵	1	1215	34-411	37-785	1168A	20-676
大乗悲分陀利経	白	8	125	9-1113	10-768	158	3-233
大乗百福荘厳相経	毀	1	245	11-521	12-655	662	16-330
大乗百福相経	毀	1	244	11-517	12-651	661	16-328
大乗百法明門論本事分中略録名数	命	1	644	17-808	19-1109	1614	31-855
大乗不思議神通境界経	刑	3	1425	40-318	43-519	843	17-922
大丈夫論	則	2	615	17-597	19-891	1577	30-256
大乗遍照光明蔵無字法門経	敢	1	215	11-389	12-538	830	17-874
大乗宝月童子問法経	將	1	1145	33-1185	37-297	437	14-108
大乗方広総持経	萬	1	148	10-587	11-533	275	9-379
大乗方広曼殊室利菩薩華厳本教閻曼徳迦忿怒王真言大威徳儀軌品第三十	微	1	1351-2	37-178	40-360	1215	21-76
大乗方等要慧経	裳	1	50	6-1337	7-468	348	12-186
大浄法門経	鞠	1	186	11-125	12-288	817	17-817
大乗宝要義論	譽	10	1475	40-849	43-1065	1635	32-49
大乗菩薩蔵正法経	宗恆岱禪	40	1487	41-330	44-375	316	11-781
大乗法界無差別論	命	1	639	17-790	19-1090	1626	31-892
大乗法界無差別論	命	1	640	17-794	19-1094	1627	31-894
大乗本生心地観経	匡	8	1385	37-479	40-674	159	3-291
大乗密厳経	黒	1	417	13-598	15-1	681	16-723
大乗密厳経	阜	3	1344	37-112	40-291	682	16-747
大乗無量寿荘厳経	縣	3	1199	34-228	37-600	363	12-318
大聖文殊師利菩薩讃仏法身礼	宅	1	1330	36-1080	40-130	1195	20-936
大聖文殊師利菩薩仏刹功徳荘厳経	阜	3	1341	37-68	40-246	319	11-902
大乗唯識論	力	1	610	17-486	19-779	1589	31-70
大乗瑜伽金剛性海曼殊室利千臂千鉢大教王経	溪	10	1272	36-631	39-820	1177A	20-724
大乗理趣六波羅蜜多経	桓	10	1381	37-325	40-518	261	8-865
大乗離文字普光明蔵経	敢	1	214	11-385	12-535	829	17-872
大乗流転諸有経	羊	1	494	13-1318	15-739	577	14-949
太子和休経	衣	1	47	6-1305	7-438	344	12-155
大蔵一覧集	縣	10	1504	45-362			
大蔵目録	更	3	1405	39-174			昭法2-93

附録Ⅱ　高麗版大蔵経（東国大学校本・東洋仏典研究会本）大正新脩大蔵経　五十音順対照目録

経典名	千字文	巻数	K 番号	東国本 冊–頁	東洋本 冊–頁	T 番号	大正蔵 冊–頁
大陀羅尼末法中一字心呪経	悲	1	424	13-724	15-128	956	19-315
大智度論	作聖徳建名立形端表正	100	549	14-493	16-93	1509	25-57
大唐西域記	疑	12	1065	32-369	35-492	2087	51-867
大唐西域求法高僧伝	廣	2	1072	32-732	35-856	2066	51-1
大唐貞元続開元釈教録	惠	3	1398	38-1	41-126	2156	55-748
大唐大慈恩寺三蔵法師伝	通	10	1071	32-647	35-770	2053	50-220
大唐内典録	席	10	1057	31-658	34-660	2149	55-219
大唐保大乙巳歳続貞元釈教録	惠	1	1399	38-37	41-163	2158	55-1048
大日経略摂念誦随行法	孰	1	1362	37-247	40-433	857	18-176
大般泥洹経	率	6	106	9-361	10-22	376	12-853
大般涅槃経	遐邇壹體	40	105	9-1	9-819※	374	12-365
大般涅槃経	淵	3	652	19-157	21-630	7	1-191
大般涅槃経	勿多士寔	36	1403	38-725	41-854※	375	12-605
大般涅槃経後分	率	2	107	9-429	10-90	377	12-900
提婆菩薩釈楞伽経中外道小乗涅槃論	命	1	642	17-804	19-1104	1640	32-156
提婆菩薩伝	畫	1	1040	30-669	33-523	2048	50-186
提婆菩薩破楞伽経中外道小乗四宗論	命	1	645	17-809	19-1110	1639	32-155
大般若波羅蜜多経	天地玄黄宇宙洪荒日月盈昃辰宿列張寒來暑往秋収冬藏閏餘成歳律呂調陽雲騰致雨露結為霜金生麗水玉出崑岡劍號巨闕珠稱夜光果珍李奈	600	1	1-1※	1-1※	220	5-1※
大悲経	賓	5	110	9-493	10-153	380	12-945
大比丘三千威儀	叔	2	940	24-572	27-32	1470	24-912
大毘盧遮那成仏神変加持経	染	7	427	13-863	15-268	848	18-1
大毘盧遮那成仏神変加持経略示七支念誦随行法	孰	1	1364	37-257	40-444	856	18-174
大普賢陀羅尼経	讃	1	441	13-1156	15-564	1367	21-884
大仏頂如来密因修証了義諸菩薩万行首楞厳経	絲	10	426	13-793	15-197	945	19-105
大方広円覚修多羅了義経	使	1	400	13-75	14-619	842	17-913
大方広三戒経	字	3	23	6-955	7-108	311	11-687
大方広師子吼経	毀	1	243	11-513	12-648	836	17-890
大方広十輪経	唐	8	58	7-663	8-24	410	13-681
大方広善巧方便経	刑	4	1424	40-298	43-498	346	12-166

経典名	千字文	巻数	K 番号	東国本 冊-頁	東洋本 冊-頁	T 番号	大正蔵 冊-頁
大方広総持宝光明経	藁	5	1095	33-805	36-1062	299	10-884
大方広入如来智徳不思議経	臣	1	86	8-1027	9-513	304	10-924
大方広如来蔵経	旦	1	1359	37-231	40-415	667	16-460
大方広如来秘密蔵経	量	2	413	13-545	14-1092	821	17-837
大方広如来不思議境界経	臣	1	87	8-1035	9-520	301	10-909
大宝広博楼閣善住秘密陀羅尼経	時	3	1298	36-929	39-1125	1005A	19-619
大方広普賢所説経	伏	1	91	8-1103	9-586	298	10-883
大方広仏華厳経	湯坐朝問道	60	79	8-1	8-636	278	9-395
大方広仏華厳経	垂拱平章愛育黎首	80	80	8-425	8-1060※	279	10-1
大方広仏華厳経	策功茂實	40	1262	36-1	39-187	293	10-661
大方広仏華厳経修慈分	臣	1	84	8-1015	9-501	306	10-959
大方広仏華厳経捜玄分斉通智方軌	杳	5	1506	47-1		1732	35-13
大方広仏華厳経入法界品	羌	1	104	8-1337	9-815	295	10-876
大方広仏華厳経入法界品四十二字観門	宅	1	1329	36-1077	40-126	1019	19-707
大方広仏華厳経不思議仏境界分	臣	1	88	8-1041	9-525	300	10-905
大方広宝篋経	方	3	150	10-617	11-561	462	14-466
大方広菩薩十地経	伏	1	96	8-1125	9-607	308	10-963
大方広菩薩蔵経中文殊根本一字陀羅尼経	男	1	299	11-995	12-1105	1181	20-780
大方広菩薩蔵文殊師利根本儀軌経	府	20	1138	33-1075	37-185	1191	20-835
大方広曼殊室利経	伊	1	1276	36-738	39-928	1101	20-450
大方広曼殊室利童真菩薩華厳本教閻曼徳迦忿怒王品第三十二	微	1	1351-4	37-182	40-363	1216	21-79
大方広曼殊室利童真菩薩華厳本教讚閻曼徳迦忿怒王真言阿毘遮嚕迦儀軌品第三十	微	1	1351-3	37-179	40-361	1216	21-77
大方広未曽有経善巧方便品	法	1	1421	40-152	43-350	844	17-931
大法炬陀羅尼経	談	20	388	12-791	13-1074※	1340	21-661
大宝積経	翔龍師火帝鳥官人皇始制文	120	22	6-1	6-310※	310	11-1
大宝積経論	谷	4	552	15-181	17-124	1523	26-204
大方等修多羅王経	傷	1	264	11-583	12-706	575	14-948
大方等大雲経	大	1	167	10-1145	11-1079	992	19-500
大方等大集経	推位讓國有虞	60	56	7-1	7-517	397	13-1
大方等大集経賢護分	伐	5	66	7-887	8-244	416	13-872
大方等大集経菩薩念仏三昧分	民	10	65	7-827	8-184	415	13-830
大方等陀羅尼経	使	4	397	13-1	14-542	1339	21-641
大方等頂王経	樹	1	122	9-1081	10-738	477	14-588
大方等如来蔵経	過	1	360	12-118	13-401	666	16-457
大方等無想経	大	6	164	10-1075	11-1011	387	12-1077
大方便仏報恩経	覆	7	402	13-166	14-709	156	3-124
大法鼓経	量	2	416	13-583	14-1131	270	9-290
大摩里支菩薩経	路俠	7	1156	34-28	37-360	1257	21-262
大明度経	潜	6	9	5-897	6-175	225	8-478

経典名	千字文	巻数	K 番号	東国本 冊−頁	東洋本 冊−頁	T 番号	大正蔵 冊−頁
大薬叉女歓喜母并愛子成就法	微	1	1348	37-154	40-334	1260	21-286
大楽金剛薩埵修行成就儀軌	微	1	1347	37-147	40-327	1119	20-509
大楽金剛不空真実三摩耶経	伊	1	1275	36-734	39-924	243	8-784
大楽金剛不空真実三昧耶経般若波羅蜜多理趣釈	宅	2	1333	36-1085	40-137	1003	19-607
大楼炭経	暎	6	662	19-425	21-899	23	1-277
陀羅尼集経	效才	12	308	11-1063	13-19	901	18-785
陀羅尼雑集	啓	10	1051	30-1208	33-1067	1336	21-580
陀憐尼鉢経	知	1	348	12-60	13-343	1352	21-865
達摩多羅禅経	圖	2	1003	30-258	33-103	618	15-300
檀特羅麻油述経	讃	1	438-3	13-1151	15-558	1391	21-908
智光滅一切業障陀羅尼経	俠	1	1161	34-74	37-435	1398	21-914
智炬陀羅尼経	羔	1	476	13-1255	15-671	1397	21-913
中阿含経	履薄夙興温清	60	648	17-1025※	20-165	26	1-421
中陰経	量	2	414	13-556	14-1104	385	12-1058
忠心経	無	1	833	20-1167	23-388	743	17-550
中辺分別論	當	2	597	17-306	19-597	1599	31-451
中本起経	暎	2	663	19-474	21-948	196	4-147
中論	寶	4	577	16-350	18-480	1564	30-1
長者音悦経	言	1	776	19-816	22-153	531	14-808
長者子懊悩三処経	甚	1	815	20-1122	23-341	525	14-800
長者子制経	敢	1	226	11-439	12-582	526	14-800
長者子六過出家経	止	1	724	19-646	21-1134	134	2-857
長者施報経	戸	1	1181	34-189	37-557	74	1-880
長者女菴提遮師子吼了義経	景	1	514	14-48	15-800	580	14-962
長者法志妻経	景	1	511	14-40	15-791	572	14-944
長寿王経	景	1	506	14-30	15-780	161	3-386
頂生王因縁経	馳	6	1469	40-817	43-1031	165	3-393
頂生王故事経	容	1	676	19-529	21-1006	39	1-822
長爪梵志請問経	竟	1	869	20-1237	23-465	584	14-968
超日明三昧経	忘	2	386	12-676	13-959	638	15-531
底哩三昧耶不動尊威怒王使者念誦法	伊	1	1285	36-813	39-1005	1200	21-7
弟子死復生経	無	1	842	20-1182	23-404	826	17-868
鉄城泥犁経	容	1	684	19-550	21-1029	42	1-826
転有経	傷	1	266	11-589	12-710	576	14-949
天王太子辟羅経	景	1	513	14-47	15-799	596	15-130
転識論	力	1	612	17-497	19-790	1587	31-61
天請問経	竟	1	881	20-1255	23-487	592	15-124
天尊説阿育王譬喩経	寫	1	1015	30-414	33-262	2044	50-170
転女身経	敢	1	233	11-455	12-596	564	14-915
転法輪経	若	1	741	19-683	22-13	109	2-503
転法輪経憂波提舎	虚	1	569	15-459	17-405	1533	26-355
添品妙法蓮華経	在	7	118	9-899	10-557	264	9-134
度一切諸仏境界智厳経	鞠	1	189	11-169	12-330	358	12-250

経典名	千字文	巻数	K 番号	東国本 冊-頁	東洋本 冊-頁	T 番号	大正蔵 冊-頁
稲芋経	傷	1	272	11-605	12-723	709	16-816
道行般若経	淡	10	6	5-677	5-1106※	224	8-425
唐護法沙門法琳別伝	惠	3	1400	38-47	41-173	2051	50-198
灯指因縁経	無	1	828	20-1144	23-363	703	16-808
道地経	樓	1	986	29-1232	32-985	607	15-230
等集衆徳三昧経	頼	3	140	10-329	11-279	381	12-973
道神足無極変化経	化	4	131	10-33	10-1139※	816	17-799
道宣律師感通録	右	1	1070	32-635	35-759	2107	52-435
東方最勝灯王陀羅尼経	知	1	349	12-62	13-345	1353	21-866
東方最勝灯王如来経	知	1	350	12-66	13-349	1354	21-868
等目菩薩所問三昧経	戎	3	100	8-1213	9-694	288	10-574
当来変経	景	1	518	14-54	15-807	395	12-1118
徳護長者経	敢	2	221	11-405	12-550	545	14-840
犢子経	敢	1	229	11-445	12-588	808	17-754
得道梯橙錫杖経	詞	1	793	19-906	22-248	785	17-724
得無垢女経	衣	1	42	6-1219	7-355	339	12-97
兜沙経	伏	1	90	8-1099	9-583	280	10-445
度諸仏境界智光厳経	臣	1	85	8-1019	9-505	302	10-912
度世品経	羌	6	103	8-1277	9-756	292	10-617
兜調経	止	1	701	19-588	21-1071	78	1-887
徳光太子経	羊	1	479	13-1268	15-686	170	3-412
都部陀羅尼目	宅	1	1336	36-1107	40-160	903	18-898
伅真陀羅所問如来三昧経	場	3	129	9-1423	10-1078	624	15-348
曇無徳部四分律刪補随機羯磨	訓	2	922	23-972	26-425	1808	40-492
曇無徳律部雑羯磨	傳	1	918	23-924	26-377	1432	22-1041
な行							
内身観章句経	圖	1	1011	30-344	33-191	610	15-239
内蔵百宝経	過	1	361	12-123	13-406	807	17-751
泥犁経	止	1	712	19-607	21-1093	86	1-907
那先比丘経	驚	2	1002	30-243	33-88	1670	32-694
棕女祇域因縁経	言	1	782	19-873	22-212	553	14-896
南海寄帰内法伝	英	4	1082	33-672	36-926	2125	54-204
難提釈経	若	1	728	19-656	21-1145	113	2-505
難儞計湿嚩囉天説支輪経	兵	1	1218	34-417	37-792	1312	21-463
南明泉和尚頌証道歌事実	庭	3	1500	45-1			
尼拘陀梵志経	精	2	1463	40-609	43-820	11	1-222
尼乾子問無我義経	亭	1	1492	41-611	44-658	1643	32-172
尼羯磨	訓	3	924	23-1038	26-491	1810	40-538
入阿毘達磨論	華	2	964	28-702	31-498	1554	28-980
乳光仏経	敢	1	230	11-447	12-589	809	17-754
入定不定印経	木	1	139	10-321	11-271	646	15-706
入大乗論	則	2	621	17-664	19-959	1634	32-36
入法界体性経	毀	1	241	11-503	12-640	355	12-234
入無分別法門経	頗	1	1438	40-446	43-650	654	15-805
入楞伽経	身	10	160	10-831	11-769	671	16-514

経典名	千字文	巻数	K 番号	東国本 冊−頁	東洋本 冊−頁	T 番号	大正蔵 冊−頁
如意宝総持王経	槐	1	1166	34-84	37-447	1404	21-920
如意摩尼陀羅尼経	將	1	1149	33-1198	37-312	1403	21-919
如意輪陀羅尼経	男	1	298	11-983	12-1093	1080	20-188
如幻三昧経	衣	2	44	6-1245	7-380	342	12-134
如幻三摩地無量印法門経	用	3	1450	40-506	43-713	372	12-357
如実論反質難品	盡	1	626	17-733	19-1029	1633	32-28
如来興顕経	戎	4	99	8-1179	9-661	291	10-592
如来示教勝軍王経	傷	1	258	11-565	12-691	515	14-786
如来師子吼経	毀	1	242	11-509	12-645	835	17-888
如来荘厳智慧光明入一切仏境界経	鞠	2	188	11-151	12-313	357	12-239
如来智印経	五	1	173	10-1237	12-11	633	15-468
如来独証自誓三昧経	傷	1	274	11-613	12-731	623	15-346
如来不思議秘密大乗経	并嶽	20	1486	41-258	44-302	312	11-704
如来方便善巧呪経	知	1	338	12-32	13-315	1334	21-565
人仙経	輦	1	1247	34-533	37-918	9	1-213
仁王護国般若波羅蜜多経	阜	2	1340	37-52	40-230	246	8-834
仁王護国般若波羅蜜多経陀羅尼念誦儀軌	阜	1	1342	37-93	40-271	994	19-513
仁王般若陀羅尼釈	營	1	1373	37-294	40-483	996	19-522
仁王般若念誦法	奄	1	1322	36-1048	40-94	995	19-519
仁王般若波羅蜜経	羽	2	19	5-1021	6-295	245	8-825
人本欲生経	淵	1	655	19-227	21-700	14	1-241
涅槃経本有今無偈論	虚	1	566	15-443	17-388	1528	26-281
涅槃論	虚	1	567	15-446	17-391	1527	26-277
能浄一切眼疾病陀羅尼経	阿	1	1301	36-962	40-2	1324	21-490
能断金剛般若波羅蜜多経	羽	1	16	5-1001	6-276	220	7-979
能断金剛般若波羅蜜多経	羽	1	17	5-1011	6-285	239	8-771
能断金剛般若波羅蜜多経論釈	聲	3	557	15-301	17-245	1513	25-875
能断金剛般若波羅蜜多経論頌	傳	1	556	15-299	17-243	1514	25-885
は行							
孛経抄	必	1	375	12-243	13-526	790	17-729
貝多樹下思惟十二因縁経	傷	1	269	11-599	12-718	713	16-826
波斯匿王太后崩塵土坌身経	止	1	711	19-605	21-1091	122	2-545
破邪論	既	2	1077	33-91	36-341	2109	52-474
婆藪盤豆法師伝	畫	1	1038	30-660	33-514	2049	50-188
八吉祥経	傷	1	286	11-639	12-754	430	14-75
八吉祥神呪経	傷	1	271	11-603	12-721	427	14-72
八大人覚経	景	1	515	14-51	15-803	779	17-715
八大菩薩経	千	1	1212	34-381	37-755	490	14-751
八大菩薩曼荼羅経	阿	1	1304	36-966	40-6	1167	20-675
八大霊塔梵讃	冠	1	1228-2	34-490	37-868	1684	32-772
八大霊塔名号経	冠	1	1228-1	34-490	37-867	1685	32-773
八仏名号経	傷	1	282	11-631	12-748	431	14-76
八部仏名経	羊	1	493	13-1317	15-737	429	14-74
八名普密陀羅尼経	讃	1	445	13-1162	15-572	1365	21-883
八無暇有暇経	竟	1	865	20-1231	23-458	756	17-590

経典名	千字文	巻数	K 番号	東国本 冊-頁	東洋本 冊-頁	T 番号	大正蔵 冊-頁
八陽神呪経	傷	1	276	11-619	12-737	428	14-73
八関斎経	甚	1	823	20-1137	23-356	89	1-913
抜済苦難陀羅尼経	讃	1	446	13-1163	15-573	1395	21-912
八師経	詞	1	786	19-889	22-229	581	14-965
八種長養功徳経	九	1	1480	41-25	44-67	1498	24-1104
八正道経	若	1	742	19-684	22-14	112	2-504
抜除罪障呪王経	羔	1	456	13-1196	15-608	1396	21-913
般泥洹経	淵	2	654	19-205	21-678	6	1-176
般泥洹後灌臘経	羊	1	480	13-1277	15-695	391	12-1114
抜陂菩薩経	伐	1	69	7-956	8-312	419	13-920
鉢蘭那賒嚩哩大陀羅尼経	高	1	1224-5	34-478	37-854	1384	21-904
婆羅門子命終愛念不離経	止	1	703	19-591	21-1074	91	1-915
婆羅門避死経	止	1	705	19-594	21-1078	131	2-854
般舟三昧経	伐	3	67	7-925	8-282	418	13-902
般舟三昧経	伐	1	68	7-949	8-305	417	13-897
般若灯論釈	寸陰	15	578	16-401	18-532	1566	30-51
般若波羅蜜多心経	羽	1	20	5-1035	6-308	251	8-848
般若波羅蜜多心経	桓	1	1383	37-404	40-598	253	8-849
般若波羅蜜多理趣経大楽不空三昧真実金剛薩埵菩薩等一十七聖大曼荼羅儀述	宅	1	1334	36-1101	40-153	1004	19-617
毘倶胝菩薩一百八名経	經	1	1137	33-1073	37-183	1114	20-501
比丘聴施経	竟	1	873	20-1245	23-474	504	14-772
比丘尼伝	英	4	1086	33-720	36-974	2063	50-934
比丘避女悪名欲自殺経	竟	1	886	20-1260	23-492	503	14-771
悲華経	駒	10	126	9-1195	10-850	157	3-167
毘沙門天王経	戸	1	1185	34-201	37-571	1245	21-217
毘沙門天王経	阿	1	1307	36-973	40-14	1244	21-215
苾芻迦尸迦十法経	經	1	1129	33-1055	37-163	1480	24-956
苾芻五法経	經	1	1135	33-1066	37-176	1479	24-955
鼻奈耶	諸	10	936	24-220	26-834	1464	24-851
毘尼母経	叔	8	939	24-495	26-1109※	1463	24-801
毘婆尸仏経	戸	2	1177	34-176	37-542	3	1-154
鞞婆沙論	洛浮	14	971	29-306	32-52	1547	28-416
鞞摩粛経	止	1	697	19-582	21-1065	90	1-913
秘密三昧大教王経	軍	4	1454	40-536	43-745	883	18-446
秘密相経	精	3	1462	40-598	43-809	884	18-463
秘密八名陀羅尼経	陪	1	1237	34-516	37-897	1366	21-884
白衣金幢二婆羅門縁起経	精	3	1464	40-616	43-828	10	1-216
辟支仏因縁論	渭	2	978	29-570	32-320	1650	32-473
辟除諸悪陀羅尼経	高	1	1224-12	34-482	37-858	1407	21-922
辟除賊害呪経	讃	1	438-4	13-1151	15-558	1406	21-922
百字論	命	1	631	17-769	19-1067	1572	30-250
百千印陀羅尼経	羔	1	477	13-1256	15-673	1369	21-885
百千頌大集経地蔵菩薩請問法身讃	伊	1	1283	36-807	39-999	413	13-790
百仏名経	過	1	365	12-152	13-435	444	14-354

経典名	千字文	巻数	K 番号	東国本 冊－頁	東洋本 冊－頁	T 番号	大正蔵 冊－頁
百喩経	觀	4	987	30-1	32-994	209	4-543
百論	陰	2	581	16-548	18-679	1569	30-168
毘耶娑問経	裳	2	55	6-1371	7-501	354	12-223
譬喩経	竟	1	868	20-1236	23-464	217	4-801
蓱沙王五願経	詞	1	785	19-885	22-225	511	14-779
貧窮老公経	詞	1	792	19-904	22-246	797	17-742
賓頭盧突羅闍為優陀延王説法経	晝	1	1039	30-665	33-519	1690	32-784
頻婆娑羅王経	韓	1	1243	34-523	37-906	41	1-825
頻毘娑羅王詣仏供養経	止	1	716	19-618	21-1104	133	2-855
伏婬経	容	1	680	19-542	21-1019	65	1-863
不空羂索呪経	潔	1	288	11-893	12-1007	1093	20-399
不空羂索神呪心経	潔	1	289	11-899	12-1012	1094	20-402
不空羂索神変真言経	女慕貞	30	287	11-641	12-755	1092	20-227
不空羂索陀羅尼経	潔	1	291	11-923	12-1035	1096	20-409
不空羂索陀羅尼自在王呪経	潔	3	290	11-905	12-1018	1097	20-421
不空羂索毘盧遮那仏大灌頂光真言	微	1	1353	37-190	40-373	1002	19-606
福蓋正行所集経	門	12	1495	41-664	44-713	1671	32-719
腹中女聴経	敢	1	232	11-453	12-594	563	14-914
福力太子因縁経	漠	4	1467	40-797	43-1010	173	3-428
普賢金剛薩埵略瑜伽念誦儀軌	衡	1	1317	36-1030	40-74	1124	20-531
普賢菩薩行願讃	伊	1	1282	36-805	39-996	297	10-880
普賢菩薩陀羅尼経	相	1	1151	33-1204	37-319	1127	20-541
普賢曼拏羅経	槐	1	1168	34-88	37-452	1126	20-539
不思議功徳諸仏所護念経	長	2	395	12-1282	14-413	445	14-356
不思議光菩薩所説経	改	1	381	12-337	13-620	484	14-668
父子合集経	紫塞	20	1496	41-702	44-751	320	11-919
不自守意経	若	1	737	19-670	21-1160	107	2-502
部執異論	渭	1	975	29-558	32-307	2033	49-20
布施経	戸	1	1176	34-174	37-540	705	16-812
不増不減経	羊	1	490	13-1309	15-729	668	16-466
不退転法輪経	木	4	137	10-271	11-223	267	9-226
普達王経	竟	1	877	20-1250	23-480	522	14-794
仏阿毘曇経出家相品	伯	2	938	24-473	26-1087	1482	24-958
仏為優塡王説王法政論経	旦	1	1357	37-221	40-405	524	14-797
仏為黄竹園老婆羅門説学経	止	1	715	19-616	21-1102	75	1-882
仏為海龍王説法印経	羊	1	495	13-1319	15-740	599	15-157
仏医経	飛	1	998	30-167	33-11	793	17-737
仏為娑伽羅龍王所説大乗経	將	1	1140	33-1176	37-287	601	15-159
仏為首迦長者説業報差別経	籍	1	805	20-1056	23-272	80	1-891
仏為勝光天子説王法経	傷	1	261	11-575	12-700	593	15-125
仏一百八名讃	戸	1	1183	34-198	37-567	1679	32-757
仏為年少比丘説正事経	無	1	849	20-1194	23-417	502	14-771
仏印三昧経	羔	1	471	13-1243	15-658	621	15-343
仏開解梵志阿颰経	淵	1	657	19-238	21-712	20	1-259
仏吉祥徳讃	牧	3	1443	40-465	43-672	1681	32-762

経典名	千字文	巻数	K 番号	東国本 冊−頁	東洋本 冊−頁	T 番号	大正蔵 冊−頁
仏華厳入如来徳智不思議境界経	臣	2	82	8-993	9-481	303	10-917
仏語経	過	1	368	12-160	13-443	832	17-878
仏五百弟子自説本起経	無	1	829	20-1148	23-368	199	4-190
仏三身讃	冠	1	1225	34-483	37-860	1678	32-757
仏地経	羔	1	460	13-1201	15-614	680	16-720
仏地経論	傳	7	554	15-228	17-171	1530	26-291
仏治身経	飛	1	1000	30-169	33-14	795	17-739
仏使比丘迦旃延説法没尽偈百二十章	飛	1	993	30-158	33-1	2029	49-9
仏十力経	馳	1	1473	40-845	43-1060	781	17-718
仏昇忉利天為母説法経	化	3	132	10-57	11-13	815	17-787
仏性論	當	4	596	17-266	19-557	1610	31-787
仏所行讃	據	5	980	29-638	32-389	192	4-1
仏垂般涅槃略説教誡経	羔	1	453	13-1180	15-591	389	12-1110
仏蔵経	尅	3	529	14-340	15-1095	653	15-782
仏大僧大経	無	1	843	20-1185	23-407	541	14-826
仏頂最勝陀羅尼経	良	1	320	11-1273	13-223	969	19-355
仏頂尊勝陀羅尼経	良	1	319	11-1269	13-219	971	19-361
仏頂尊勝陀羅尼経	良	1	321	11-1277	13-227	968	19-353
仏頂尊勝陀羅尼経	良	1	323	11-1289	13-238	967	19-349
仏頂尊勝陀羅尼念誦儀軌法	衡	1	1314	36-1016	40-59	972	19-364
仏頂放無垢光明入普門観察一切如来心陀羅尼経	隸	2	1107	33-904	37-5	1025	19-721
仏入涅槃密迹金剛力士哀恋経	飛	1	997	30-164	33-8	394	12-1116
仏般泥洹経	淵	2	653	19-182	21-655	5	1-160
仏本行経	據	7	979	29-580	32-330	193	4-54
仏本行集経	宜令榮業所基	60	802	20-586	22-963※	190	3-655
仏名経	恃己	12	390	12-1066	14-197	440	14-114
仏名経	寧晉楚	30	1404	39-1	42-55	441	14-185
仏滅度後棺斂葬送経	竟	1	878	20-1252	23-482	392	12-1114
仏母出生三法蔵般若波羅蜜多経	韓弊煩	25	1423	40-158	43-358	228	8-587
仏母大孔雀明王経	時	3	1293	36-884	39-1080	982	19-415
仏母般泥洹経	若	1	753	19-722	22-54	145	2-869
仏母般若波羅蜜多円集要義釈論	最	4	1459	40-576	43-786	1517	25-900
仏母般若波羅蜜多円集要義論	最	1	1458	40-573	43-783	1518	25-912
仏母般若波羅蜜多大明観想儀軌	剪	1	1436	40-426	43-630	1152	20-614
仏母宝徳蔵般若波羅蜜経	縣	3	1200	34-241	37-614	229	8-676
仏臨涅槃記法住経	羊	1	483	13-1292	15-711	390	12-1112
不動使者陀羅尼秘密法	磻	1	1271	36-626	39-814	1202	21-23
婦人遇辜経	無	1	837	20-1175	23-397	571	14-944
不必定入定入印経	木	1	138	10-309	11-260	645	15-699
普遍光明清浄熾盛如意宝印心無能勝大明王大随求陀羅尼経	微	2	1349	37-159	40-339	1153	20-616
普遍智蔵般若波羅蜜多心経	磻	1	1267	36-615	39-804	252	8-849
普法義経	止	1	717	19-620	21-1107	98	1-922

経典名	千字文	巻数	K 番号	東国本冊-頁	東洋本冊-頁	T 番号	大正蔵冊-頁
付法蔵因縁伝	飛	6	990	30-88	32-1082	2058	50-297
父母恩難報経	竟	1	883	20-1257	23-489	684	16-778
普門品経	乃	1	29	6-1089	7-237	315	11-770
普曜経	王	8	112	9-639	10-298	186	3-483
奮迅王問経	發	2	76	7-1179	8-532	421	13-935
分別縁起初勝法門経	此	2	158	10-773	11-711	717	16-837
分別縁生経	遵	1	1409	40-36	43-229	718	16-844
分別経	甚	1	824	20-1138	23-357	738	17-541
分別功徳論	渭	5	973	29-486	32-233	1507	25-30
分別業報略経	畫	1	1044	30-677	33-532	723	17-446
分別善悪所起経	甚	1	810	20-1108	23-326	729	17-516
分別善悪報応経	鍾	2	1098	33-868	36-1126	81	1-895
分別布施経	遵	1	1411	40-43	43-237	84	1-903
弊魔試目連経	容	1	667	19-511	21-986	67	1-867
別訳雑阿含経	不息	16	651	19-1	21-474	100	2-374
弁意長者子経	無	1	854	20-1200	23-424	544	14-837
徧照般若波羅蜜経	八	1	1189	34-212	37-582	242	8-781
弁正論	既	8	1076	33-1	36-249	2110	52-489
弁中辺論	竭	3	601	17-397	19-689	1600	31-464
弁中辺論頌	當	1	599	17-351	19-642	1601	31-477
法印経	遵	1	1407	40-1	43-193	104	2-500
宝雨経	被	10	133	10-77	11-32	660	16-283
宝雲経	草	7	134	10-147	11-101	658	16-209
法苑珠林	霸趙魏困横假途滅虢踐土會盟何	100	1406	39-216	42-228※	2122	53-269
報恩奉盆経	傷	1	283	11-633	12-750	686	16-780
法観経	圖	1	1008	30-334	33-180	611	15-240
宝行王正論	則	1	617	17-626	19-920	1656	32-493
法鏡経	乃	1	32	6-1129	7-272	322	12-15
宝髻経四法憂波提舎	谷	1	553	15-222	17-165	1526	26-273
宝賢陀羅尼経	陪	1	1238-2	34-517	37-898	1285	21-353
方広大荘厳経	歸王	12	111	9-535	10-195	187	3-539
放光般若波羅蜜経	菜重	20	2	5-1	5-431	221	8-1
放牛経	若	1	746-1	19-710	22-41	123	2-546
宝積三昧文殊師利菩薩問法身経	毀	1	240	11-499	12-637	356	12-237
法集経	器	6	404	13-251	14-795	761	17-609
法集名数経	壁	1	1124	33-1036	37-143	764	17-660
法集要頌経	漆	4	1119	33-973	37-77	213	4-777
法受塵経	甚	1	825	20-1141	23-360	792	17-736
宝授菩薩菩提行経	冠	1	1227	34-485	37-862	488	14-700
法常住経	景	1	519	14-55	15-808	819	17-833
宝星陀羅尼経	殷	10	78	7-1221	8-573	402	13-536
宝生陀羅尼経	將	1	1142	33-1182	37-294	1412	21-926

経典名	千字文	巻数	K 番号	東国本 冊-頁	東洋本 冊-頁	T 番号	大正蔵 冊-頁
宝蔵神大明曼拏羅儀軌経	相	2	1153	33-1227	37-343	1283	21-343
胞胎経	乃	1	30	6-1101	7-248	317	11-886
宝帯陀羅尼経	頗	1	1439	40-450	43-654	1377	21-898
方等般泥洹経	賓	2	108	9-449	10-109	378	12-912
宝女所問経	發	4	74	7-1129	8-483	399	13-452
宝如来三昧経	五	2	171	10-1207	11-1139	637	15-518
放鉢経	恭	1	180	10-1395	12-164	629	15-449
謗仏経	毀	1	239	11-495	12-633	831	17-876
方便心論	盡	1	627	17-745	19-1041	1632	32-23
法滅尽経	景	1	520	14-56	15-809	396	12-1118
宝網経	過	1	354	12-89	13-372	433	14-78
法律三昧経	念	1	547	14-486	16-86	631	15-458
菩薩戒羯磨文	尅	1	534	14-414	16-10	1499	24-1104
菩薩戒本	尅	1	531	14-393	15-1149	1500	24-1107
菩薩戒本	尅	1	533	14-405	16-1	1501	24-1110
菩薩訶色欲法経	飛	1	996	30-163	33-7	615	15-286
菩薩行五十縁身経	過	1	355	12-101	13-384	812	17-773
菩薩行方便境界神通変化経	髪	3	162	10-983	11-920	271	9-300
菩薩五法懺悔文	念	1	542	14-473	16-71	1504	24-1121
菩薩地持経	行	10	523	14-71	15-825	1581	30-888
菩薩十住経	伏	1	97	8-1129	9-611	284	10-456
菩薩十住行道品	伏	1	92	8-1105	9-588	283	10-454
菩薩従兜術天降神母胎説広普経	欲	7	406	13-341	14-886	384	12-1015
菩薩修行経	過	1	369	12-162	13-445	330	12-63
菩薩修行四法経	毀	1	247	11-527	12-660	773	17-708
菩薩受斎経	念	1	545	14-482	16-81	1502	24-1115
菩薩生地経	過	1	359	12-116	13-399	533	14-814
菩薩逝経	敢	1	227	11-441	12-584	528	14-803
菩薩善戒経	維	9	524	14-161	15-915	1582	30-960
菩薩善戒経	尅	1	532	14-398	15-1154	1583	30-1013
菩薩睒子経	豈	1	208	11-365	12-519	174	3-436
菩薩蔵経	念	1	543	14-474	16-72	1491	24-1086
菩薩投身飴餓虎起塔因縁経	景	1	512	14-42	15-793	172	3-424
菩薩内戒経	念	1	535	14-417	16-14	1487	24-1028
菩薩内習六波羅蜜経	景	1	510	14-38	15-789	778	17-714
菩薩念仏三昧経	弔	5	60	7-737	8-97	414	13-793
菩薩本縁経	觀	3	988	30-22	32-1015	153	3-52
菩薩本行経	覆	3	403	13-228	14-772	155	3-108
菩薩本業経	伏	1	94	8-1115	9-597	281	10-446
菩薩瓔珞経	莫忘	14	385	12-508	13-791	656	16-1
菩薩瓔珞本業経	尅	2	530	14-384	15-1129	1485	24-1010
菩提行経	書	4	1121	33-996	37-101	1662	32-543
菩提場荘厳陀羅尼経	阿	1	1299	36-951	39-1147	1008	19-668
菩提場所説一字頂輪王経	佐	5	1290	36-839	39-1034	950	19-193
菩提資糧論	資	6	585	16-809	18-942	1660	32-517

経典名	千字文	巻数	K 番号	東国本 冊−頁	東洋本 冊−頁	T 番号	大正蔵 冊−頁
菩提心観釈	家	1	1205	34-290	37-663	1663	32-562
菩提心離相論	起	1	1432	40-381	43-584	1661	32-541
法海経	言	1	783	19-881	22-220	34	1-818
法界図記叢髄録	庭	4	1502	45-141		1887B	45-716
発覚浄心経	服	2	37	6-1175	7-315	327	12-43
法句経	獸	2	1021	30-560	33-410	210	4-559
法句譬喩経	禽	4	1020	30-514	33-364	211	4-575
法華三昧経	鳴	1	113	9-709	10-368	269	9-285
法身経	輦	1	1249	34-541	37-927	766	17-699
発菩提心経論	盡	2	624	17-714	19-1010	1659	32-508
発菩提心破諸魔経	刑	2	1426	40-333	43-534	838	17-896
犯戒罪報軽重経	入	1	932	23-1159	26-612	1467	24-910
梵志頞波羅延問種尊経	止	1	719	19-628	21-1115	71	1-876
本事経	籍	7	803	20-993	23-209	765	17-662
梵志計水浄経	容	1	671	19-518	21-994	51	1-843
梵志女首意経	過	1	356	12-104	13-387	567	14-939
本相猗致経	容	1	674	19-526	21-1002	36	1-819
梵摩難国王経	竟	1	879	20-1253	23-484	521	14-794
梵摩渝経	止	1	722	19-638	21-1126	76	1-883
梵網経盧舎那仏説菩薩心地戒品第十	賢	2	527	14-314	15-1069	1484	24-997
梵網六十二見経	淵	1	659	19-253	21-727	21	1-264
ま行							
摩訶衍宝厳経	裳	1	53	6-1351	7-481	351	12-194
摩訶迦葉度貧母経	無	1	839	20-1178	23-400	497	14-761
摩訶刹頭経	傷	1	279	11-625	12-742	696	16-797
摩訶僧祇比丘尼戒本	隨	1	900	23-680	26-133	1427	22-556
摩訶僧祇律	學優登仕	40	889	21-1	23-496	1425	22-227
摩訶僧祇律大比丘戒本	隨	1	903	23-715	26-168	1426	22-549
摩訶般若鈔経	河	5	5	5-633	5-1062	226	8-508
摩訶般若波羅蜜経	芥薑海	27	3	5-225	5-654	223	8-217
摩訶般若波羅蜜大明呪経	羽	1	21	5-1037	6-309	250	8-847
摩訶摩耶経	必	2	373	12-221	13-504	383	12-1005
魔逆経	羔	1	463	13-1211	15-624	589	15-112
摩達国王経	無	1	845	20-1189	23-411	519	14-792
末羅王経	無	1	848	20-1193	23-416	517	14-791
摩鄧女経	思	1	759	19-732	22-65	551	14-895
摩登女解形中六事経	思	1	762	19-737	22-72	552	14-895
摩登伽経	思	2	766	19-770	22-106	1300	21-399
魔嬈乱経	容	1	694	19-572	21-1054	66	1-864
摩尼羅亶経	讃	1	438-1	13-1150	15-557	1393	21-910
末利支提婆華鬘経	營	1	1377	37-312	40-503	1254	21-255
摩利支天陀羅尼呪経	才	1	311	11-1237	13-191	1256	21-261
摩利支天菩薩陀羅尼経	旦	1	1354	37-191	40-374	1255	21-259
満願子経	若	1	755	19-727	22-60	108	2-502
曼殊室利呪蔵中校量数珠功徳経	傷	1	263	11-581	12-705	787	17-726

経典名	千字文	巻数	K 番号	東国本 冊-頁	東洋本 冊-頁	T 番号	大正蔵 冊-頁
曼殊室利童子菩薩五字瑜伽法	孰	1	1365	37-259	40-446	1176	20-723
曼殊室利菩薩吉祥伽陀	冠	1	1226	34-484	37-861	1196	20-938
曼殊室利菩薩呪蔵中一字呪王経	男	1	300	11-997	12-1107	1182	20-781
慢法経	思	1	773	19-799	22-136	739	17-542
弥沙塞五分戒本	隨	1	901	23-692	26-145	1422	22-194
弥沙塞羯磨本	傳	1	916	23-898	26-351	1424	22-214
弥沙塞部和醯五分律	尊	30	895	22-971	25-326	1421	22-1
未生寃経	甚	1	821	20-1133	23-352	507	14-774
未曽有因縁経	能	2	383	12-467	13-750	754	17-575
未曽有経	毀	1	237	11-489	12-627	688	16-781
未曽有正法経	遵	6	1408	40-3	43-195	628	15-428
妙吉祥最勝根本大教経	千	3	1208	34-330	37-703	1217	21-81
妙吉祥菩薩所問大乗法螺経	千	1	1211	34-378	37-752	473	14-516
妙吉祥菩薩陀羅尼	冠	1	1230-1	34-496	37-874	1186	20-807
妙吉祥瑜伽大教金剛陪囉嚩輪観想成就儀軌経	兵	1	1214	34-405	37-778	1242	21-203
妙色王因縁経	羊	1	496	13-1320	15-741	163	3-390
妙色陀羅尼経	高	1	1224-3	34-477	37-853	1386	21-905
明度五十校計経	難	2	411	13-501	14-1048	397-17	13-394
妙臂印幢陀羅尼経	良	1	333	11-1341	13-283	1364	21-883
妙臂菩薩所問経	相	4	1152	33-1206	37-321	896	18-746
妙法聖念処経	漆	8	1116	33-931	37-34	722	17-419
妙法蓮華経	鳴	7	116	9-725	10-384	262	9-1
妙法蓮華経憂波提舎	虚	2	563	15-412	17-356	1519	26-1
妙法蓮華経論優波提舎	聲	1	561	15-371	17-315	1520	26-10
未来星宿劫千仏名経	己	1	393	12-1215	14-346	448	14-388
弥勒下生経	養	1	197	11-209	12-367	453	14-421
弥勒下生成仏経	養	1	198	11-213	12-371	454	14-423
弥勒下生成仏経	養	1	199	11-217	12-374	455	14-426
弥勒大成仏経	養	1	195	11-199	12-357	456	14-428
弥勒菩薩所問経論	空	9	551	15-119	17-61	1525	26-233
弥勒菩薩所問本願経	裳	1	51	6-1339	7-469	349	12-186
弥勒来時経	養	1	196	11-207	12-365	457	14-434
無畏授所問大乗経	漠	3	1468	40-810	43-1023	331	12-66
無畏陀羅尼経	冠	1	1232	34-501	37-880	1388	21-906
無崖際総持法門経	知	1	334	12-1	13-284	1342	21-839
無垢優婆夷問経	無	1	855	20-1204	23-428	578	14-950
無垢賢女経	敢	1	231	11-451	12-592	562	14-913
無垢浄光大陀羅尼経	知	1	352	12-77	13-360	1024	19-717
無希望経	鞠	1	184	11-107	12-271	813	17-775
無極宝三昧経	五	2	170	10-1191	11-1123	636	15-507
無言童子経	發	2	77	7-1201	8-553	401	13-522
無字宝篋経	敢	1	213	11-381	12-532	828	17-870
無上依経	毀	2	235	11-469	12-609	669	16-468
無常経	竟	1	870	20-1238	23-467	801	17-745

経典名	千字文	巻数	K 番号	東国本冊−頁	東洋本冊−頁	T 番号	大正蔵冊−頁
無上処経	竟	1	861	20-1225	23-451	800	17-745
無所有菩薩経	欲	4	409	13-432	14-978	485	14-673
無尽意菩薩経	罪	6	71	7-1009	8-364	397-12	13-184
無相思塵論	盡	1	629	17-754	19-1052	1619	31-882
無二平等最上瑜伽大教王経	剪	6	1434	40-388	43-591	887	18-514
無能勝大明王陀羅尼経	隸	1	1110	33-916	37-19	1233	21-171
無能勝大明心陀羅尼経	經	1	1130	33-1056	37-165	1235	21-176
無能勝大明陀羅尼経	經	1	1136	33-1069	37-179	1234	21-173
無能勝幡王如来荘厳陀羅尼経	杜	1	1093	33-799	36-1056	943	19-98
無明羅刹集	畫	3	1033	30-636	33-490	720	16-850
牟梨曼陀羅呪経	詩	1	430	13-995	15-401	1007	19-657
無量義経徳行品	鳴	1	114	9-715	10-374	276	9-383
無量功徳陀羅尼経	高	1	1224-9	34-480	37-856	934	19-80
無量寿経	字	2	26	6-1039	7-189	360	12-265
無量寿経優波提舎願生偈	虚	1	565	15-439	17-384	1524	26-230
無量寿大智陀羅尼	冠	1	1230-2	34-497	37-875	1389	21-907
無量寿如来観行供養儀軌	衡	1	1312	36-1005	40-47	930	19-67
無量清浄平等覚経	字	4	24	6-979	7-131	361	12-279
無量門破魔陀羅尼経	良	1	326	11-1303	13-250	1014	19-688
無量門微密持経	良	1	324	11-1295	13-243	1011	19-680
罵意経	甚	1	809	20-1101	23-319	732	17-530
馬有三相経	若	1	757	19-729	22-62	114	2-506
馬有八態譬人経	若	1	752	19-721	22-53	115	2-507
滅十方冥経	羔	1	464	13-1220	15-633	435	14-105
滅除五逆罪大陀羅尼経	高	1	1224-8	34-480	37-856	1399	21-915
馬鳴菩薩伝	畫	1	1035	30-652	33-506	2046	50-183
木槵子経	竟	1	862	20-1226	23-452	786	17-726
目連所問経	經	1	1133	33-1064	37-174	1468	24-911
目連問戒律中五百軽重事	入	1	929	23-1133	26-586	1483	24-972
文殊悔過経	念	1	538	14-439	16-37	459	14-441
文殊師利一百八名梵讃	戸	1	1178	34-183	37-550	1197	20-938
文殊尸利行経	傷	1	267	11-591	12-711	471	14-512
文殊師利現宝蔵経	方	2	149	10-595	11-540	461	14-452
文殊師利巡行経	傷	1	265	11-585	12-707	470	14-510
文殊師利浄律経	念	1	537	14-433	16-30	460	14-448
文殊師利所説般若波羅蜜経	羽		11	5-955	6-232	233	8-732
文殊師利所説不思議仏境界経	衣	2	43	6-1233	7-368	340	12-108
文殊師利所説摩訶般若波羅蜜経	羽	2	10	5-943	6-221	232	8-726
文殊師利般涅槃経	羔	1	470	13-1241	15-656	463	14-480
文殊師利普超三昧経	恭	3	175	10-1307	12-79	627	15-406
文殊師利仏土厳浄経	乃	2	31	6-1109	7-255	318	11-890
文殊師利法宝蔵陀羅尼経	讃	1	435	13-1128	15-535	1185A	20-791
文殊師利菩薩及諸仙所説吉凶時日善悪宿曜経	孰	2	1367	37-261	40-449	1299	21-387
文殊師利菩薩根本大教王経金翅鳥王品	微	1	1352	37-185	40-367	1276	21-325

経典名	千字文	巻数	K 番号	東国本 冊−頁	東洋本 冊−頁	T 番号	大正蔵 冊−頁
文殊師利菩薩問菩提経論	聲	2	560	15-357	17-301	1531	26-328
文殊師利発願経	獸	1	1029	30-607	33-459	296	10-878
文殊師利問経	量	2	412	13-520	14-1067	468	14-492
文殊師利問菩薩署経	黒	2	418	13-626	15-29	458	14-435
文殊師利問菩提経	敢	1	222	11-419	12-564	464	14-481
文殊問経字母品第十四	衡	1	1309	36-978	40-19	469	14-509
文陀竭王経	容	1	681	19-543	21-1021	40	1-824
や行							
耶祇経	無	1	844	20-1188	23-410	542	14-829
薬師如来本願経	恭	1	176	10-1341	12-112	449	14-401
薬師琉璃光七仏本願功徳経	恭	2	178	10-1353	12-123	451	14-409
薬師琉璃光如来本願功徳経	恭	1	177	10-1347	12-117	450	14-404
遺教経論	虚	1	564	15-426	17-371	1529	26-283
唯識三十論頌	力	1	609	17-484	19-777	1586	31-60
唯識二十論	力	1	608	17-480	19-772	1590	31-74
唯識論	力	1	613	17-500	19-794	1588	31-63
惟日雑難経	飛	1	992	30-151	32-1146	760	17-605
遺日摩尼宝経	裳	1	52	6-1343	7-473	350	12-189
維摩詰経	樹	2	120	9-1007	10-665	474	14-519
維摩詰所説経	在	3	119	9-977	10-635	475	14-537
瑜伽金剛頂経釈字母品	營	1	1370	37-286	40-475	880	18-338
瑜伽師地論	堂習聽禍因悪積福縁善	100	570	15-464	17-410※	1579	30-279
瑜伽師地論釈	壁	1	575	16-220	18-350	1580	30-883
瑜伽大教王経	高	5	1220	34-421	37-797	890	18-559
瑜伽蓮華部念誦法	奄	1	1325	36-1058	40-105	1032	20-6
葉衣観自在菩薩経	阿	1	1305	36-967	40-8	1100	20-447
浴像功徳経	傷	1	284	11-635	12-751	697	16-798
浴仏功徳経	傷	1	262	11-579	12-703	698	16-799
ら行							
頼吒和羅経	止	1	720	19-631	21-1119	68	1-868
礼念弥陀道場懺法	本	10	1511	47-263			
羅云忍辱経	無	1	850	20-1195	23-418	500	14-769
洛叉陀羅尼経	高	1	1224-11	34-481	37-857	1390	21-907
楽想経	容	1	689	19-561	21-1042	56	1-851
楽瓔珞荘厳方便品経	養	1	205	11-271	12-426	566	14-930
囉嚩拏説救療小児疾病経	兵	1	1216	34-412	37-786	1330	21-491
羅摩伽経	羌	3	102	8-1241	9-721	294	10-851
力士移山経	若	1	749	19-716	22-47	135	2-857
力荘厳三昧経	使	3	399	13-57	14-600	647	15-711
離垢慧菩薩所問礼仏法経	羊	1	491	13-1312	15-732	487	14-698
離垢施女経	服	1	41	6-1207	7-344	338	12-89
離睡経	容	1	687	19-557	21-1037	47	1-837
立世阿毘曇論	西	10	967	28-930	31-727	1644	32-173

附録Ⅱ　高麗版大蔵経（東国大学校本・東洋仏典研究会本）大正新脩大蔵経　五十音順対照目録

経典名	千字文	巻数	K 番号	東国本冊−頁	東洋本冊−頁	T 番号	大正蔵冊−頁
律二十二明了論	猶	1	942	24-683	27-143	1461	24-665
略述金剛頂瑜伽分別聖位修証法門	佐	1	1291	36-877	39-1072	870	18-287
略教誡経	竟	1	867	20-1235	23-463	799	17-744
龍王兄弟経	言	1	780	19-869	22-208	597	15-131
龍樹菩薩為禅陀迦王説法要偈	畫	1	1043	30-674	33-528	1672	32-745
龍樹菩薩勧誡王頌	畫	1	1036	30-654	33-508	1674	32-751
龍樹菩薩伝	畫	1	1041	30-671	33-525	2047	50-184
龍施女経	傷	1	270	11-601	12-720	557	14-909
龍施菩薩本起経	傷	1	275	11-617	12-735	558	14-910
楞伽阿跋多羅宝経	此	4	159	10-785	11-723	670	16-479
了義般若波羅蜜多経	約	1	1415	40-81	43-276	247	8-845
療痔病経	竟	1	866	20-1234	23-462	1325	21-490
了本生死経	傷	1	268	11-595	12-715	708	16-815
輪王七宝経	法	1	1422	40-155	43-354	38	1-821
琉璃王経	詞	1	787	19-891	22-231	513	14-783
歴代三宝紀	筵	15	1055	31-476	34-478	2034	49-22
蓮華眼陀羅尼経	將	1	1143	33-1182	37-294	1411	21-926
蓮華面経	黒	2	420	13-646	15-49	386	12-1070
楼閣正法甘露鼓経	鍾	1	1101	33-885	36-1144	704	16-811
老女人経	敢	1	216	11-393	12-541	559	14-911
漏分布経	容	1	693	19-569	21-1050	57	1-851
老母経	敢	1	217	11-395	12-542	561	14-912
老母女六英経	敢	1	218	11-397	12-543	560	14-912
六字呪王経	知	1	345	12-50	13-333	1044	20-38
六字神呪王経	知	1	341	12-41	13-324	1045	20-39
六字神呪経	才	1	316	11-1253	13-205	1180	20-779
六字大陀羅尼呪経	讃	1	451	13-1170	15-581	1046	20-43
六趣輪廻経	亭	1	1490	41-607	44-653	726	17-455
六十頌如理論	頗	1	1441	40-457	43-663	1575	30-254
六道伽陀経	漆	1	1117	33-967	37-71	725	17-452
六度集経	豈	8	206	11-285	12-439	152	3-1
六菩薩亦当誦持経	獸	1	1030	30-608	33-460	491	14-752
鹿母経	羔	1	462	13-1209	15-622	182	3-454
六門教授習定論	命	1	633	17-775	19-1073	1607	31-774
六門陀羅尼経	讃	1	447	13-1164	15-574	1360	21-878
盧至長者因縁経	竟	1	859	20-1218	23-443	539	14-821

註

（１）　金潤坤編『高麗大蔵経彫成名録集』、嶺南大学校出版部、2001年、37−38頁。

（２）　李瑄根編『高麗大蔵経』48冊　総目録・索引・解題（日本語版）、同朋舎、1978年、472−477頁。

후기

본서는 필자가 2007 년 11 월에 원광대학교에 제출한 박사학위청구논문「고려대장경이 일본불교에 미친 영향」을 바탕으로 가필・수정한 것이다. 학위논문을 제출하고 나서 본서가 완성될 때까지 오랜 시간이 걸렸다. 그 동안 여러 선생님들로부터 '박사논문을 책으로 출판할 계획은 없느냐' 는 말씀을 들었지만 여러 사정으로 그 일을 진행할 수 없었다. 시간이 걸리기는 했지만, 드디어 지금까지의 성과를 보완・정리해서 간행할 수 있게 되었음에 감사드린다.

뒤돌아보면, 대장경에 대한 연구를 시작한 것은 대학 4 학년 때였다. 당시 졸업논문에 대해 구체적으로 어떤 것도 정하지 않고 있었는데, 마침 졸업논문을 지도해주시던 마츠나가 치카이 (松永知海) 교수님께서 "대장경에 대해서 해보지 않겠는가?" 라고 말씀해주신 것이 계기가 되었다. 그 후로 대장경에 관해 조사하게 되었고, 졸업논문은 온조지 (園城寺, 滋賀県 소재) 의 대장경에 대해 쓰기로 했다. 이와 같은 인연으로 호넨지 (法然寺, 香川県 소재) 에 소장되어 있는 고려대장경의 조사에도 참가할 수 있게 되었다. 당시 전적 취급에 대한 요령을 알지 못했던 필자에게 오오츠기 미기오 (大槻幹郎) 와 카지우라 스스무 (梶浦晋) 양 교수님께서 서지학의 기초를 가르쳐 주신 것을 지금도 선명히 기억하고 있다. 실물을 다룰 수 있었음은 내게 큰 경험이 되었고, 나중에 대장경 연구에 전념하는 첫 걸음이 되었다.

더욱 깊이 연구하기 위해 대학원에 진학하여 나리타 슌지 (成田俊治), 스기야마 지로 (杉山二郎), 이케미 초류 (池見澄隆) 교수님들로부터 불교미술이나 불교사상 등 불교문화에 대해 폭넓게 배웠다. 특히 지도교

수였던 세키야마 카즈오 (関山和夫) 교수님으로부터는 그 때까지 무지였던 불교와 예능, 문학과의 관계에 대해서 배웠다. 또한 마키타 타이료 (牧田諦亮) 교수님으로부터 대정신수대장경에는 오류가 있으므로 그 저본 (底本) 인 고려대장경으로 꼭 확인해야 한다는 가르침을 받고나서는 불교서지학의 중요성을 인식하게 되었다.

박사과정에 진학하여 공부할 때, 고려대장경에 대한 일본 내에서의 연구에 한계를 느끼게 되었다. 왜냐하면, 고려대장경은 한국에서 만들어진 것이며, 따라서 한국의 연구 성과도 검토하지 않으면 안 된다고 판단했기 때문이다. 마침내 교토 (京都) 불교대학 (佛敎大學) 과 자매교류를 맺고 있는 원광대학교에 유학을 희망하여 한 걸음 밖으로 나아가기로 결심을 했다.

유학 중, 외국에서의 생활에 어려운 일도 많았지만, 그것을 극복할 수 있었던 것은 공부와 연구에 집중할 수 있는 시간을 얻게 된 것이다. 참으로 고마운 시간이었다. 원광대학교에서 지도해주신 양은용 (梁銀容) 교수님께서는 필자에게 대장경뿐만이 아니라 폭넓은 지식을 습득하도록 가르쳐주셨지만, 당시 수업 준비와 박사논문 제출에 힘을 쏟고 있던 입장에서는 그 뜻을 이해할 마음의 여유가 없었다. 그러나 지금 이렇게 교단에 서고 보니, 떠오르는 그 말씀의 소중함을 깨닫게 되었다. 특히 한국의 불교사상과 종교에 대해서 배울 기회가 있었음에도 불구하고, 충분히 배울 수 없었던 것이 아쉽다.

박사논문 심사 때, 심사위원장을 맡아주신 정순일 (鄭舜日) 교수님을 비롯한 여러 교수님들께서 바쁘신 와중에도 불구하고 일일이 검토해주시고, 특히 필자의 서투른 한국어 문장을 친절하게 수정해주신 노고에 대해 마음 깊이 감사의 말씀을 올린다. 논문 심사의 마지막 즈음에 정순일 교수님께서 "앞으로는 원광대학교 출신임을 잊지 않길 바란다" 고 하신 말씀을 지금도 기억하고 있다. 이것은 참으로 의미 있는 말씀인 동시에, 이를 통해 연구자의 한 사람으로서 인정받았음을 느낄 수 있었다. 이 말씀은 항상 나의 연구 자세를 바로 잡는 일침 (一針) 이 되고 있다.

유학 중, 한국의 많은 연구자들을 만날 수 있던 점은 필자의 소중한 재산이 되었다. 먼저 한국에서 고려대장경 연구의 제일인자인 박상국 (朴相国, 한국문화유산연구원장) 선생님이시다. 선생님으로부터는 연구에 관해 조언을 받았고, 공적으로나 사적으로나 모두 큰 신세를 졌다. 특히 당시 박상국 선생님이 재직하신 국립문화재연구소의 해외전적문화재 조사단 일원으로 교토 오오타니대학 (大谷大學) 이 소장하고 있는 고려대장경 조사에 참가할 수 있었던 것은 매우 큰 기쁨이었다. 그 조사 결과, 이 대학 소장의 고려대장경은 고려 말기에 인경 (印經) 된 것으로 판명되었다. 이것은 본서에서도 중요한 부분을 차지하는 성과이다. 또 고려대장경연구소 이사장님이신 종림 (宗林) 스님께서는 대장경판이나 인경본에 관한 디지털 데이터 등 폭 넓은 정보를 제공해 주셨다.

그리고 해인사 팔만대장경연구원의 성안 (性安) 스님께서는 2012 년 교토 불교대학의 종교문화 박물관 (宗教文化 Museum) 에서 개최된 심포지엄에서 대장경판에 관한 여러 가지 자료를 제공해 주셨다. 이를 계기로 교류가 깊어지고, 2013 년 9 월 서울에서 개최된 '대장경 세계문화축전' 심포지엄에서 발표하는 기회를 얻었다. 성안 스님께서는 국보 32 호인 해인사 소장 대장경판을 앞으로 어떻게 보존해야만 할 것인가 하는 점을 늘 고민하고 계셨다. 안타깝게도 2014 년 4 월 27 일 불의의 사고로 입적하시고 말았다. 항상 대장경판을 생각하시고, 이를 위해 분주하게 뛰어다니시던 중에 일어난 사고였다고 들었다. 한국불교계는 물론 개인적으로도 너무나 가슴 아픈 일이다. 이 자리를 빌려 성안 스님의 왕생극락을 축원 올린다.

본서는 '일본학술진흥회 2015 년도 과학연구비 보조금 연구성과 공개촉진비 (학술도서・과제번호 15HP5027)' 의 지원을 받아 간행된 것이다. '지속은 힘이다' 는 말이 있다. 필자는 공부나 어학에 뛰어난 것도 아니다. 오직 쉬지 않고 연구함으로써 이와 같은 성과를 얻을 수 있었다. 물론 자신의 노력도 필요하지만 그 이상의 좋은 스승님, 좋은 학우들을 만날 수 있었고, 또한 여러 곳으로부터 지도와 지원을 받았기 때문에 낼

수 있는 결과이다. 오랜 동안 지도해주시고 계신 마츠나가 치카이 교수님을 비롯하여 많은 도움을 주고 계신 제현들께 다시 한 번 감사를 올린다.

마지막으로, 본서의 간행을 위해 주식회사 호조칸 (法藏館) 의 아키즈키 토시야 (秋月俊也) 씨께서 기획 단계에서의 상담은 물론, 책 출간을 위한 교정 등 여러 측면에서 힘써 주신 것에 감사를 드린다. 그리고 본서의 사진 게재나 전재 (轉載) 를 위해 오오타니대학, 정토종 대본산 조죠지 (增上寺), 임제종 대본산 묘신지 (妙心寺), 정토진종 (浄土真宗) 혼쇼지 (本證寺), 불교대학 종교문화 박물관, 법보종찰 해인사, 서울대학교에 협조해 주신 것에 깊은 감사를 드린다.

또한 지금까지 아무 말씀도 하지 않고 묵묵히 지켜봐주시고 계시는 아버님과 어머님, 장인어른과 장모님, 그리고 필자의 서투른 문장을 처음부터 끝까지 읽고서 정정해주고, 한국 유학 때부터 옆에서 늘 든든한 버팀목이 되어준 아내에게는 특별한 감사의 마음을 전한다.

2016 년 2 월

바바 히사유키

馬場久幸（ばば・ひさゆき）

1971年、京都府生まれ。圓光大学校大学院博士課程修了（大韓民国）（哲学博士）。佛教大学非常勤講師。
主論文に「近世の大蔵経刊行と宗存」（第23回国際仏教文化学術会議実行委員会編『仏教と社会』、思文閣出版、2015年）、「일본 소장 고려재조대장경—인경본으로 본 인쇄연대의 검토—」（유부현 편『고려 재조대장경과 동아시아의 대장경』、한국학중앙연구원 출판부、2015年）、「『高麗再雕大蔵経』の日本流通と活用—琉球国を中心として—」（『石堂論叢』第58輯、東亜大学校石堂学術院、2014年）、「大谷大学所蔵高麗大蔵経の伝来と特徴」（大谷大学真宗総合学術センター編『大谷大学所蔵高麗版大蔵経調査研究報告』、大谷大学真宗総合学術センター、2013年）、「日本における高麗版大蔵経の受容—足利氏を中心として—」（『福原隆善先生古稀記念論集　佛法僧論集』下、山喜房佛書林、2013年）、「北野社一切経の底本とその伝来についての考察」（佛教大学総合研究所紀要別冊『洛中周辺地域の歴史的変容に関する総合的研究』、2013年）など。

日韓交流と高麗版大蔵経

二〇一六年二月二九日　初版第一刷発行

著　者　馬場久幸
発行者　西村明高
発行所　株式会社　法藏館
京都市下京区正面通烏丸東入
郵便番号　六〇〇-八一五三
電話　〇七五-三四三-〇〇三〇（編集）
〇七五-三四三-五六五六（営業）

装幀者　高麗隆彦
印刷・製本　亜細亜印刷株式会社

ISBN 978-4-8318-7396-5　C3021

東アジア古代金石文研究　門田誠一著　一三、〇〇〇円

近世出版の板木研究　金子貴昭著　七、五〇〇円

黄檗禅と浄土教　萬福寺第四祖獨湛の思想と行動　田中実マルコス著　七、〇〇〇円

足利義満と禅宗　シリーズ権力者と仏教3　上田純一著　二、〇〇〇円

契丹仏教史の研究　藤原崇人著　七、〇〇〇円

永明延寿と『宗鏡録』の研究　一心による中国仏教の再編　柳　幹康著　七、〇〇〇円

モンゴル仏教の研究　嘉木揚凱朝著　一三、〇〇〇円

日本仏教版画史論考　内田啓一著　一〇、〇〇〇円

アジアの仏教と神々　立川武蔵編　三、〇〇〇円

法藏館　価格税別